인공지능과 법

인공지능과 법

Artificial Intelligence
and Law

오병철 · 김종철 · 김남철 · 김정환 · 나종갑 지음

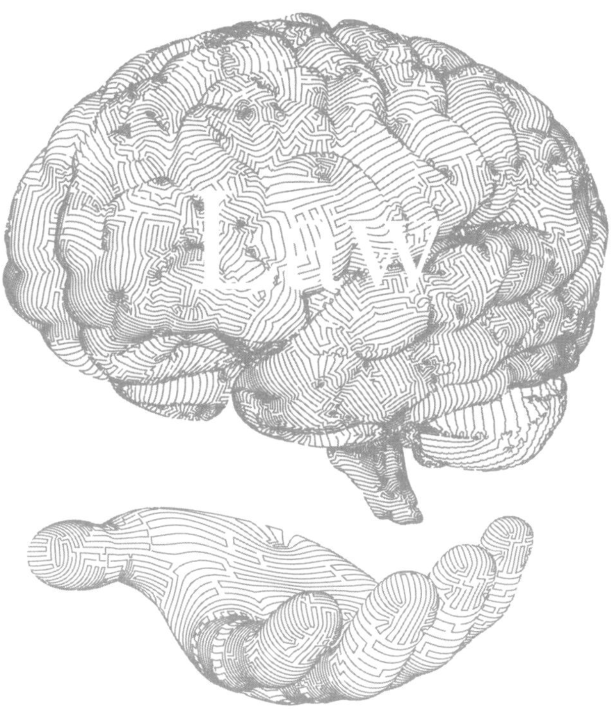

연세대학교 출판문화원

머리말

2016년 3월 인공지능 알파고가 이세돌과의 대국에서 거둔 4승 1패의 승리를 통해 인간을 능가하는 인공지능은 공상영화 속에만 존재하는 것은 아니라는 충격을 주었다. 한편으로는 챗GPT의 등장으로 인공지능이 무엇이든 물어보면 즉시 답을 내놓은 '척척박사'로 행세하는 모습을 목격하면서 많은 사람들이 자기 직업의 미래가 어두울 것이라 불안해하고 있다. 인공지능은 그간 수 차례 꽁꽁 얼어붙은 차가운 겨울을 겪으면서, 새로운 기술을 통해 더 강한 체력을 다져왔고 고도화된 네트워크에 힘입어 끈질긴 생존능력을 키웠기에 당분간 사회 전 분야에서 영향력을 빠른 속도로 확장할 것으로 예상된다.

인공지능은 근본적으로는 과학기술의 자유로운 영역에서 태어나고 성장하는 것이지만, 일상생활에 접목되는 순간 법적 문제로 부터 벗어날 수는 없는 사회적 영역의 존재가 된다. 인공지능의 근본적인 과학적 지식을 연구하고 응용기술을 개발하는 과정에서부터 인공지능과 관련된 규범적 인식이 바탕을 이루지 못하면, 사회적 존재로서의 인공지능은 불완전할 수밖에 없다. 따라서 인공지능 과학자들을 위한 법학적 융합 연구와 교육은 오늘날 과학자와 법학자 모두에게 가장 시급한 당면과제라고 할 것이다.

이에 연세대학교 인공지능대학원에 "인공지능과 법"이라는 교과목을 개설하여 다양한 전공 분야의 법학전문대학원 교수들이 이를 분담하기로 하였고, 그 강좌에 필요한 교재를 집필하여 한 권의 책으로 엮게 되었다. 법학의 근간을 이루는 헌법, 민법, 형법을 포함하여 인공지능과 특히 밀접한 관계가 있는 행정법과 지식재산법의 다섯 분야에서 인공지능과 관련된 법률, 법제도, 법이론을 정리한 것이다. 인공지능의 기술과 응용이 하루가 다르게 빠른 속도로 진화하는데 비하여, 이를 규율하는 법학의 발전 속도는 상대적으로 매우 느린 내재적인 한계가 있음을 부인할 수 없다. 따라서 지속적으로 새로운 법학 분야의 성과를 반영하는 노력을 기울일 것을 약속하면서, 이 책의 출간에 도움을 주신 연세대학교 인공지능대학원 관계자 분들과 연세대학교 학술문화처 출판문화원 전혜민 선생께 감사의 뜻을 전한다.

2023년 2월

저자 일동

목차

제7장 ─ 형법의 개념과 인공지능의 처벌 _ 김정환

제8장 ─ 일반 자동차 사고와 자율주행 자동차 사고의 형사책임 _ 김정환

제9장 ─ 형사소송법의 개념과 인공지능의 활용 _ 김정환

제10장 ─ 인공지능과 지식재산권 _ 나종갑

제1장

인공지능의 헌법적 의의

| 김종철 |

Ⅰ. 헌법의 의의와 기능 그리고 지능정보사회

1. 헌법의 의의와 기능

(1) 헌법의 의의

헌법(憲法, constitution)은 공동체의 최고규범이다. 공동체(community)란 ① 동일한 공간에서 ② 동일한 규범의 적용을 받아 ③ 동등한 지위로 공동생활을 영위하는 인간의 집합으로 이해된다. 공동체는 각 요소의 특성에 따라 다양한 형태로 발현되는데 공간적 차원에서는 국가공동체와 지역공동체가, 규범적 차원에서는 정치공동체, 경제공동체, 종교공동체, 교육공동체 등으로 구분할 수 있다. 이 중 헌법의 의미를 보편적으로 담아내는 가장 전형적인 공동체가 최고권력인 주권(主權, sovereignty)에 의해 통합되어 동일한 규범질서를 형성하고 그 주권이 미치는 공간인 영토를 배경으로 생활하는 개인들의 공동체인 국가[1]이다. 따라서 헌법의 대명사는 국가의 헌법이고, 우리나라의 헌법은 대한민국이라는 국호를 가진 국가의 최고규범이다.

헌법이 공동체의 최고규범이라는 의미는 공동체가 헌법에 의하여 형성되어 조직되고 그 영역 내의 모든 질서는 헌법에 따라 이루어지고 또 이루어져야 한다는 것이다. 그런데 최고규범인 헌법은 가치중립적인 것이 아니라 공동체 형성의 이념과 목적에 따라 그 정체성이 결정된다(헌법의 가치지향성).

대한민국 헌법의 정체성(identity)을 이루는 이념의 표상은 입헌민주공화국이다. 입헌주의(constitutionalism)는 특정한 가치지향을 가지는 헌법에 의해 공동체가 구성되고 운영되는 정치이념이다. 즉, 입헌주의는 한마디로 '헌법에 의한 통치 혹은 지배'를 의

---

1 국가공동체는 두 가지 의미로 통용된다. 넓은 의미로는 정치, 경제, 사회, 문화의 모든 생활경역을 포괄하는 공동체로서 근대적 의미로는 국제질서 속에서 독립적 지위를 가지는 공동체를 뜻하지만 좁은 의미로는 헌법 이전의 자연상태에 환원될 수 있는 개인들의 자율성에 입각한 연대와 교환의 상호관계가 이루어지는 사회공동체와 구별되어 헌법에 의하여 창설되어 제도화되는 국가 권력을 중심으로 한 정치공동체를 뜻하기도 한다. 가장 전형적인 공동체로 국가를 특정하는 것은 넓은 의미의 국가공동체의 용례에 따른 것이다.

미하지만 이 때의 헌법은 민주공화주의를 기본가치로 삼는 헌법을 의미하며 민주공화주의와 조화되지 못하는 가치를 추구하는 헌법에 의해 형성된 공동체는 입헌공동체라 할 수 없다.

또한 입헌주의의 내용을 이루는 민주공화주의는 대한민국 헌법 제1조 제1항이 선언한 바와 같이 민주공화국이라는 국가형태와 헌법 제10조에서 국가의 개인이 가지는 불가침의 기본적 인권에 대한 확인 및 보장의무로 압축되어 설명될 수 있다. 전통적으로 민주공화국은 공동체의 최고권력이자 공동체의 대외적 독립성과 자주성을 상징하는 주권이 공동체 구성원의 통일체인 국민에게 있으며, 모든 국가 권력의 정당성을 국민에게서 찾는 주권재민(主權在民) 혹은 국민주권(國民主權)의 원리에 따라 조직되고 운영되는 정치공동체를 의미한다. 그러나 민주공화국에서 국민의 주권적 지위는 인간의 존엄과 가치 및 행복추구권에 기초한 개인의 기본적 인권에 의해 규정되기 때문에 현대의 민주공화국은 "국민의, 국민에 의한, 국민을 위한" 정치공동체를 의미하게 된다. 즉, 공동체 구성원의 기본적 인권을 확인하고 최대한 보장하며 민주적 자치를 추구하는 것을 목적으로 한다는 점에서 자유민주주의의 가치지향을 가지는 것으로 볼 수도 있고, 기본적 인권의 존중과 민주적 자치를 사람에 의한 통치, 즉 인치(人治)가 아닌 법치(法治)의 질서 속에서 추구한다는 점에서 민주적 법치주의 혹은 법치적 민주주의라고 부르기도 한다. 종합하면 대한민국 헌법이 추구하는 기본이념인 입헌민주공화주의는 자유민주주의나 민주적 법치주의를 공동체의 최고규범인 헌법의 기본가치로 하는 입헌민주공화국으로 구현된다.

한편, 대한민국은 한(韓)민족이라는 혈연적 근친의식에 따라 한반도를 중심으로 동일한 언어를 사용하면서 공동의 정치적·경제적·사회적·문화적 생활을 통일된 규범체계 아래에서 영위하는 대한국민을 구성원으로 하는 국민국가(nation-state)이다. 민족주의를 표방한다는 점에서 민족국가일 수 있으나 이때의 민족국가는 자긍심의 원천으로 역사적 기원을 강조하지만 민족만을 고집하는 배타적이고 폐쇄적인 민족주의가 아니다. 입헌민주공화국의 이념에 충실하게 개인의 인간으로서의 존엄과 가치를 존중하는 것을 전제로 삼는 포용적이고 개방적인 민족주의를 표방할 뿐만 아니라 민족적 혈연관계를 넘어서서 국제평화와 인류공영을 지향하며 구성원의 자격은 물론 공동체 생활의 기본규범의 평등성을 보장한다는 점에서 민족국가보다는 국민국가의 정체성을 강조할 수 있다.

(2) 헌법의 기능과 법체계

공동체의 최고규범인 헌법은 구성원인 국민의 모든 생활관계를 규율한다. 그러나 헌법이 이 모든 관계를 직접 규율하기 보다는 규율에 필요한 기본가치 및 기본원리를 제시하고 세부적인 사항을 주어진 시간과 공간의 제약 속에서 결정할 하위법체계의 대강을 정한다.

하위법체계는 국가권력이 강제력을 수반하여 제정하는 국가법체계와 국가법의 체계와 조화를 이루는 범위 내에서 이해관계자들이 자율적으로 정하는 자율법체계로 구별된다. 또한 국가법체계는 민법이나 형법과 같은 관련 생활영역의 일반적인 사항을 규율하는 일반법과 「개인정보보호법」과 같이 특정사안에 대해 규율하는 특별법으로 구성된다. 국가법은 법의 위계에 따라 법률-명령-규칙 순으로 수직적 체계를 구축하고 있기도 하다.

한편 국가법은 국가권력을 중심으로 국가권력의 조직이나 운영, 그리고 국가권력과 개인사이의 관계에 관하여 규율하는 공법과 공동체 내의 개인이나 집단들이 헌법이 보장하는 기본적 인권을 교환이나 자발성에 기초한 상호연대의 방식으로 향유하는 영역, 즉 개인과 단체들 서로 사이의 관계를 규율하는 사법으로 구분된다. 이와 같은 전통적인 공법과 사법의 구별은 현대 사회가 한층 복합적으로 변모함에 따라 그 경계가 많이 허물어지고 전통적으로 사법으로 불리던 영역에서 공법의 원리나 가치가 중요한 역할을 하게 되는 사회법으로 불리는 제3의 법영역이 출현하는 등 법체계의 변화가 지속되고 있다. 특히 헌법은 전통적으로 국가권력의 창설과 그 운용에 관한 기본규범이라는 차원에서 공법으로 분류되어 왔으나 사회법의 출현은 물론 사법에서도 중요한 가치지침으로 작용하기 때문에 공법과 사법을 초월하는 기본법으로서의 위상이 강화되고 있다. 즉, 국가권력을 중심으로 한 정치적 통합뿐만 아니라 자율적 생활영역의 사회적 통합도 동시에 추구하면서 헌법의 기능이 국민생활의 최고도덕규범이자 정치와 사회질서의 지침을 제공하는 기본법으로서의 역할이 강조되고 있다.

기본법인 헌법은 정치·경제·사회·문화로 구분되는 생활영역들의 기본가치와 기본원리를 담고 있다. 즉, 헌법은 모든 생활영역을 규율하는 국가권력의 기초를 마련하는 한편 국가와 개인의 관계, 개인 사이의 평등한 연대와 교환행위의 지침이 되는 기본원리와 가치를 담고 있다. 우선 헌법은 앞서 언급한 대로 민주공화국이라는 국가형태를 통해 공동체의 구성원인 국민이 주체가 되어 정치질서를 형성하고 운영하는 민주적 자치, 즉 민주주의를 기본가치이자 원리로 채택하고 있다. 그런데 이 민주적 자치의 주체인 국민은 인간으로서의 존엄과 가치 및 행복추구권에 기초하여 어떤 경우에도 그 본질적 내용을 침해할 수 없는 기본적 인권을 향유하는 개인이며, 이들의 기본적 인권의 보장이 공동체를 형성하고 국가권력을 창설하여 질서를 유지하면서 공공복리를 추구하도록 하는 자유민주국가 혹은 민주적 법치국가의 기본가치이자 원리가 된다. 헌법은 이러한 기본가치이자 원리들의 효과적인 구현을 위하여 선거제도, 정당제도, 지방자치제도, 공무원제도, 헌법재판제도 등 필요한 다양한 법제도를 채택하고 있다.

아울러 인류공동체, 즉 지구촌의 다른 국가와의 관계에 관한 기본원리와 가치를 결단하고 있는데, 대한민국 헌법은, 예컨대, 헌법 전문과 헌법 제6조 등에서 국제법 존중주의, 국제평화주의, 외국인의 보호원칙을 채택하여 전지구적 상호공존과 공동번영을 추구하고 있다.

2. 지능정보사회의 도래와 헌법에의 영향

(1) 지능정보사회와 인공지능의 의의와 특성

1) 지능정보사회의 의의

고도화된 정보통신기술 인프라를 통해 생성, 수집, 축적된 정보와 인공지능이 결합한 기술을 의미하는 지능정보기술이 다양한 생활영역에 보편적으로 활용됨으로써 새로운 가치가 창출되고 발전하는 사회를 지능정보사회라고 한다.[2] 지능정보사회는 정보접근성과 활용성의 증가로 인간의 정보활동능력을 향상시키는 지식정보기술에 더하여 인공지능의 사고력 증가를 통해 인간의 의사결정력에 질적 변화를 초래하는 사회라는 점에서 지식정보사회가 한 단계 변화된 사회라고 할 수 있다.[3]

2) 인공지능의 다양한 개념과 유형

인공지능에 대해서는 다양한 견해가 있어 통일된 논의에 혼선을 초래하기로 하지만 그 주요한 공통점을 중심으로 정리해 보면 "인간이 고유하게 보유하고 있다고 생각되는 인지능력, 추론 능력, 학습 능력, 이해 능력 등이 가능한 기계나 SW로 만들어진 지능"[4]으로 정의할 수 있다. 인간의 역사가 시작된 이래 인간이 지구촌의 중심이 되어 온 핵심적 비결인 지능과 대비될 수 있는 수준을 보여주는 인공지능의 핵심은 전자적 알고리즘(electronic algorithm)이다. "주어진 문제를 풀기 위한 절차나 방법을 기술한"[5] 정보를 처리하는 규칙으로 정의되는 알고리즘이 구축한 경로를 따라 정보를 대량·고속처리함으로써 인간의 행위를 지원하거나 대체하는 것이 인공지능인 것이다.

인공지능을 다양한 기준에서 구별하지만 자율성·창발성·사회성을 기준으로 연결형, 융합형, 변환형으로 발전적 단계에 대응하여 유형화할 수 있다.[6] 인간의 지시와 명령 부호에 따라 설계된 감독학습위주로 다양한 정보를 대량·고속으로 연계하는 기능이 중시된 연결형은 지식정보사회에 대응하여 정보의 대량·고속처리의 편의성에 중점을 둔 인공지능이다. 사람과 기계 사이의 단순 연결을 넘어서 연결된 정보를 다양하게 결합하여 인간수준의 강화학습이 가능한 융합형이나 딥러닝에 의한 혁신적인 자율학습이 가능한 초인간 수준까지 나아갈 수 있는 인공지능인 변환형은 연결·융합된 정보를 인간만이 할 수 있다고 생각되는 창조적인 영역과 높은 수준의 분석·평가·판단이 필요한 분야에서 질적인 변환까지 가능하게 된 인공지능이다.

---

2 김배원, "지능정보사회와 헌법 - 인공지능(AI)의 발전과 헌법적 접근 -", 『공법학연구』 제21권 제3호, 2020, 70쪽.

3 김용신, "지능정보사회의 인공지능과 인권", 『국제지역연구』 제25권 제1호, 2020, 4쪽.

4 김일환, "지능정보사회에서 헌법의 역할과 기능", 『성균관법학』 제32권 제3호, 2020, 40쪽.

5 심우민, "인공지능의 발전과 알고리즘의 규제적 속성", 『법과사회』 제53호, 2016, 56쪽.

6 김용신, 앞의 글(주 3), 16-17쪽.

이러한 변화를 반영하여 인간의 능력과의 비교를 통해 인공지능을 '약한'(weak AI) 인공지능과 '강한' 인공지능(strong AI)으로 구별하는 것이 일반적이다. '약한' 인공지능은 바둑이나 체스와 같이 정형화된 특정 분야나 영역에 한정하여 인간에 버금가는 능력을 발휘하는 인공지능으로 정의되고, "인간 지능의 모든 국면을 포괄하는 인공적인 일반 지능(general intelligence)"을 뜻하는 '강한' 인공지능과 구별하는 것이 대표적이지만, 인간의 마음과 의식에 내재하는 고유성을 전제로 아무리 '강한' 인공지능도 인간의 마음에는 못미친다는 입장도 있고, 인간보다 우월한 지능을 '강한' 인간지능으로 이해하는 관점도 있다.[7]

'강한' 인간지능의 경우 인간과 같이 사고하는 인간형과 인간과 다른 형태의 지각과 추론을 발전시키는 비인간형으로 구별되는데, 특히 비인간형 인공지능으로 끊임없이 자가발전이 가능한 경우 초인공지능(super AI 또는 Artificial Super Intellingence[ASI])으로 분류하는 경향이 확대되고 있다.[8]

인공지능이 분석과 평가를 곁들인 글이나 심지어는 새로운 미술이나 음악과 같은 결과물을 내어놓을 수 있을 정도로 발달되고, 비인간형 초인공지능이 등장할 조짐을 보이다 보니 인공지능이 인간을 능가하게 되어 인간중심의 질서가 해체되고 인공지능에 의한 인간 지배가 가능할 수도 있겠다는 인식이 점점 강화되고 있는 것이 현실이지만 이러한 전망, 즉 '강한' 인공지능은 현실성 보다는 그 잠재력에 대한 논쟁이 진행중이다. 따라서 현재까지의 현실에서 당장 문제되는 인공지능은 '약한' 인공지능과 그 잠재력이 현실화되고 있는 낮은 단계의 '강한' 인공지능이 주로 문제될 것이다.

3) 인공지능과 지능정보사회의 특성

거대한 정보축적체제를 구축하고 대량으로 신속하게 정보를 처리할 수 있는 정보기술의 발전에 의존하고 있는 인공지능과 지식정보사회는 다음과 같은 몇 가지 특성을 가진다.

---

7 김진석, "'약한' 인공지능과 '강한' 인공지능의 구별의 문제", 『철학연구』 제117집, 2012, 113-114, 128쪽 참조.

8 한희원, "인공지능(AI)의 법인격 주체 가능성의 이론적 기틀에 대한 기초 연구", 『중앙법학』 제20권 제3호, 2018, 5-6쪽.

첫째, 컴퓨터 등 정보처리장치의 소형화·고속화·대용량화에 힘입어 정보의 대량생성·축적·관리가 가능해지고 그 처리가 고도화되어 분석 및 평가까지 가능해진 지능정보기술의 질적 변화를 기반으로 하고 있다. 지능정보사회에서 인터넷을 통한 일차원적 정보화를 넘어 사물인터넷을 통한 다차원적 지능정보화가 새로운 가치를 스스로 창출하게 된다. 이러한 초연결 혁명은 개인정보와 사생활의 비밀에 대한 지식정보시대의 인권문제를 더욱 심화시키는 한편 기계화된 인공지능이 인간의 존엄과 가치의 실체, 그리고 그 결과로서 공동체의 운용에 미치는 영향에 대해 제기하는 도전에 대응해야 한다.

둘째, 지식정보사회의 경우 정보의 처리가 고속화·대량화되더라도 인간의 주도적 관리하에 있었다면 지능정보사회의 경우 완전히 인간의 관리에서 벗어나는 경우를 원론적으로 전제할 수 없다고 하더라도 인공지능이 작동하는 내부적 정보처리과정의 복잡성과 불투명성이 매우 높기 때문에, 즉, 인공지능(혹은 인공지능 운영자)의 자율적 운용가능성이 매우 높기 때문에 특히 정보이용자의 주도성과 자율성이 왜소화될 위험성이 매우 높다. '강한' 인공지능이 인간중심의 민주적 자치체제를 해체하는 위험성에 대한 경고가 작동하는 지점이다.

셋째, 인공지능은 초연결성을 구현하기 때문에 다양한 경계와 공간적 제약을 뛰어넘는 특성을 주목할 필요가 있다. 우선 공간적 제약과 관련하여 인공지능의 인프라 형성과 그에 대한 규율체계의 정립은 이러한 초국가적 연결성의 특성상 국제규범의 중요성이 커지게 되고 법적 규율체계외에 윤리·도덕적 규율체계의 필요성이 강화되는 배경을 이룬다. 한편 다양한 생활영역 사이의 경계 또한 인공지능을 매개로 융합이 추구됨으로써 개인을 비롯한 공동체의 다양한 활동단위의 영역 간 경계를 허물게 되고 전통적 공-사법 이원론과 같은 규율체계의 변화를 요구하게 된다.

(2) 인공지능이 입헌민주공화헌법에 미치는 영향

이러한 특성을 가진 인공지능은 개인 혹은 집단, 나아가 국가권력이 공동체에서 수행하는 생활과 기능을 지원하는 등 다양한 영향을 주게 되므로 정치주체들의 상호작용에 의해 기능하는 입헌민주공화국(자유민주국가=민주적 법치국가)의 질서에도 다양한 변화를 초래할 수 있다.

무엇보다 인공지능은 인간 고유의 능력을 일부 수행하게 되므로 인간의 존엄과 가치라는 헌법적 공동체의 기본가치와 관련한 영향을 초래할 수 있다. 아울러 인간의 존엄에 기초한 기본적 인권과 관련하여 다양한 새로운 문제를 제기하게 된다. 이 문제는 인공지능을 활용하는 정보이용자의 기본적 인권이 서로 충돌하는 경우와 인공지능이 인간과 같이 기본적 인권을 독자적으로 향유할 수 있느냐의 문제로 구별된다.[9] 특히 가상공간에서 이루어지는 다양한 개인의 활동과 외부적으로는 잘 구별되지 아니하는 인공지능의 지원이나 보조는 개인이 가지는 인권의 주체성이나 효력에 있어 혼선을 초래하기에 충분하다. 즉, 입헌민주공화국의 핵심적 기본가치인 기본적 인권의 보장에 양면성을 가지는 영향을 미치게 된다.

아울러 인공지능의 출현은 '초연결사회'(hyper-connected society)를 가능하게 함으로써 시간과 공간적 제약을 극복하여 국민들의 의사소통을 효율적이고 효과적으로 구현할 수 있게 하기 때문에 시민의 정치적 권리를 대폭 신장시킨 기술환경적 기반을 제공함으로써 공동체의 민주적 자치의 실현방식에 대해서도 새로운 가능성을 모색할 수 있는 환경을 제공해 준다. 동시에 인공지능은 그 인공적 본질 때문에 의사의 자주성과 진정성과 관련한 논란을 유발하고 다양한 기술적 장치를 통해 조작 혹은 왜곡 위험성을 증폭시킴으로써 민주적 자치의 기반을 허물어뜨릴 수 있는 부정적 영향력도 내포하고 있다.

결국, 기본적 인권과 민주주의라는 헌법의 핵심적 가치와 원리에 대한 인공지능의 영향은 사실은 하위법체계의 다양한 법률관계들의 차원에서 해소될 수 있고 또 해소되어야 할 사항들도 적지 않지만 기본적 인권과 민주주의의 원론적 차원에서 검토되고 해결되어야 할 것들도 적지 않다. 예컨대, 인공지능에 의해 작성된 언론보도로 인해 사회적 평판인 명예가 훼손된 경우 민사상 불법행위에 의한 손해배상 책임이, 형사상 명예훼손

9 김배원, 앞의 글(주 2), 82쪽 참조.

죄에 대한 책임이 발생하므로 각각의 법적 책임을 인공지능에게 부과할 수 있는지의 개별법적 문제가 제기된다. 그러나 다른 한편으로는 민·형사상의 책임과 관련한 법률분쟁은 재판과 같은 사법절차를 통해 해결되어야 하는데 인공지능에게 그러한 절차와 관련하여 적법절차의 원리를 실현하기 위한 기본적 인권, 예컨대 재판청구권이나 형사사법절차상의 진술거부권, 변호인의 조력을 받을 권리 등을 인정할 수 있겠는지의 문제가 제기될 수 있다. 민주주의와 관련하여서는 인공지능에 의해 작성된 선거관련 허위사실의 보도로 당사자의 명예훼손은 물론 선거의 당락에 결정적 영향이 초래된 경우 민주적 자치가 위협받는 문제가 제기될 수 있다.

또 다른 예로, 자율주행차량이 교통사고로 보행자가 상해를 입은 경우 민·형사상의 책임문제와 더불어 인공지능이 자율주행을 할 수 있도록 국가법체계가 허용한 것이므로 국민의 생명·신체의 안전과 관련한 기본적 인권에 대해 헌법이 국가에 부과한 보장의무를 충실히 이행했는지라는 헌법적 문제가 결부되어 있다.

Ⅱ. 인공지능과 민주주의

1. 민주공화국과 민주주의 원리

(1) 민주적 자치의 이념과 민주주의 원리

입헌민주공화국에서 헌법이 기본가치로 삼은 핵심 중의 하나가 민주적 자치이다. 국민의 자기통치를 의미하는 민주적 자치를 효과적으로 구현하기 위한 헌법의 기본원리가 민주주의의 원리이다. 헌법의 기본원리는 “헌법을 지배하는 지도원리로서 입법이나 정책결정의 방향을 제시하며 공무원을 비롯한 모든 국민·국가기관이 헌법을 존중하고 수호하도록 하는 지침”이므로 국가권력의 구성 및 운영은 민주주의의 원리에 따라야 하는 것이 입헌민주공화국의 기본과제이다.

민주주의 원리는 흔히들 인용하듯이 링컨이 게티스버그(Gettysburg) 연설에서 "인민의, 인민에 의한, 인민을 위한 정부"(the government of the people, by the people and for the people)로 민주주의(democracy)를 정의한 바에 따라 주권재민 혹은 국민주권의 원리에 입각하여 국가권력의 구성과 운영은 주권자인 국민의 의사에 따라 그 이익을 존중하여 결정되고 실행되어야 한다는 원리이다.

국민주권주의는 사실 전체 국민에 의해 직접 국가권력이 행사되는 직접민주제와 대표를 선출하여 대표들에 위임된 국가권력이 행사하여 국민의 의사가 간접적으로 구현되는 간접민주제 혹은 대의민주제의 방식으로 실현되는데 거대화되고 복합화된 현대 국가에서 대의민주제를 기본으로 하고 직접민주제가 보완적으로 채택되는 것이 일반적이다.

직접민주제를 실현하는 구체적인 제도로는 국민투표, 국민발안, 국민소환 등이 있고 근래에는 시민심의제(citizen's jury)나 공론회의(deliberative conference)와 같이 대의제와 병행하여 완화된 형태로 직접민주제를 현실화하는 참여민주주의(participatory democracy)나 숙의민주주의(deliberative democracy)가 제안되어 도입되고 있다.

한편 지배적 민주주의의 형태인 대의민주제는 대의제와 민주주의를 결합하는 정당한 대표의 구성을 위한 공정한 선거제도, 대의민주제의 실현을 위한 활동단위이자 정치적 의사형성의 통로인 정당제도, 의회를 중심으로 대의민주제를 정립하는 의회민주주의를 실현장치와 원리로 삼는다. 또한 대의민주제에서는 국민대표기관은 권력을 위임한 주권자로부터 독립하여 국가전체의 이익을 위하여 자율적으로 권력을 행사하며(자유위임의 원칙), 자신의 행위에 대하여 정치적 책임을 지는 것(책임정치의 원칙)이 핵심적인 특징을 이룬다.

또한 민주주의 원리를 구현하는 의사결정의 방식으로는 다수결의 원칙이 일반적이다. 다수결의 원리란 한 조직 내에서 복수의 의견들이 대립되는 경우 일정한 기준을 넘는 다수의 지지를 받는 의견을 그 조직의 단일의견으로 하는 의사결정원리를 말한다.

(2) 민주적 자치와 시민성(citizenship)

민주적 자치가 모든 생활영역, 그 가운데에서도 가장 철저히 관철되어야 할 정치영역에서 효과적으로 구현되기 위해서 국민의 정치적 능동성이 매우 중요하다. 민주공화국에서 구성원인 국민이 구성원으로서 갖추어야 할 덕성과 역량, 그리고 그에 결부된 권리와 의무를 시민성 혹은 시민권이라 한다.

이 시민성은 공동체의 최고규범인 헌법의 기본가치와 결부된 것이기 때문에 '헌법적 시민성'이라 부를 수 있고 시민이 민주적 자치를 능동적으로 구현하기 위해 갖추어야 할 덕성과 역량을 내용으로 삼기 때문에 '민주시민성'이라고도 부를 수 있다. 헌법이 이러한 민주시민성이 효과적으로 구현될 수 있도록 보장하는 권리가 국민의 선거권과 공무담임권과 같은 참정권과 정치적 자유이다. 이처럼 국민의 능동적이고 자유로운 정치적 권리가 발현되어 공동체의 주요 정책이 국민의 의지대로 결정되고 집행되는 것이 바로 민주적 자치라고 할 수 있다.

인공지능은 국민의 헌법적 시민성 혹은 민주시민성을 발휘하는데 다양한 영향을 줄 수 있기 때문에 인공지능에 대한 이해는 이러한 민주적 자치와의 관련성을 배경으로 삼아 이루어질 필요가 있다.

2. 국민의 권능화(empowerment)에 기여하는 인공지능의 긍정적 효과

(1) 직접민주제의 확대

인공지능은 무엇보다 시간과 공간의 제약 속에서 이루어진 의사소통을 가상공간이나 정보통신기술을 활용하여 더욱 활성화시킬 수 있는 장점을 가지고 있다. 온라인 투표, 전자투표, 온라인 공청회, 여론조사가 일상화되면 모든 의사주체들이 한 장소에 모여 불완전한 방식으로 소통해야 하는 한계를 극복할 수 있게 한다. 이러한 직접민주제의 확대가능성을 두고 다양한 민주주의 개념이 등장하고 있다. 원래 정보통신기술의 등장으로 의회민주주의로 대변되는 대의민주주의의 새로운 대안으로 전자민주주의, 원격민주주의, 모뎀민주주의, 사이버 민주주의, 디지털 민주주의, 온라인 민주주의 등이 대두되었으나 통신수단적 차원을 넘어 인지 및 평가 능력까지 시현하는 인공지능의 발전으로 데이터 기반 민주주의(data-driven democracy), 알고리즘 민주주의(algorithmic democracy), 헤테라키(heterarchy) 등이 새롭게 제안되고 있다.

초기의 전자민주주의가 소통수단과 기술적 정보처리의 난점을 극복한 것으로 궁극적으로 정보이용자인 개인의 사고와 숙의, 그리고 최종적인 결정에 미치는 영향이 부차적이었다면 인공지능 민주주의는 개인의 사고-숙의-결정 모두에 직접적 영향을 미친다는 점에서 차원을 달리한다. 정보이용자는 아날로그 시대보다 이전보다 훨씬 많고, 효과적으로 분석되어 고급화된 정보를 더욱 이해하기 쉽게 접할 수 있게 된다. 정보부족으로 인지도나 언론과 같은 외부적 평가 혹은 이미지에 의존하여 투표하던 유권자는 다양한 정보를 효과적으로 분석한 인공지능의 지원으로 후보자를 고르거나 정책결정에 영향을 미칠 수 있는 권능을 강화할 수 있다.

(2) 정보접근성의 강화를 통한 공론의 실질화

직접민주제의 강화에도 중요한 기능을 하지만 인공지능을 통한 정보접근성의 강화는 공론의 실질화에도 기여할 수 있다. 의회와 정당 중심의 대의민주주의가 민주주의의 지배적 형태가 된 핵심적 이유는 통제불가능한 규모의 회의체가 효과적으로 작동하기 어렵다는 제약 때문이다. 그러나 인공지능의 발전은 효과적으로 수집, 분석, 추론, 평가된 정보를 중심으로 집중적이며 수평적인 공론이 가능할 수 있는 조건을 마련해 준다.

(3) 정보편재에 의한 불평등한 정치적 지배구조의 극복

지능정보시대가 도래하기 전의 정치과정은 법 앞의 평등이라는 일반원칙이 보편적으로 수용되었지만 형식적 수준에 그치고 실질적으로는 사회경제적 조건의 차이에 따른 정보편재현상이 존재했다. 정보편재는 사회경제적 불평등 구조를 정치적 불평등 구조로 전환시키는 중요한 원인이 되었고 선거라는 과정을 치르지만 후보자는 정보의 우위를 가지는 사회경제세력과 기성정치권에게 차별적 우월성을 구조적으로 보장함으로써 정치적 지배구조의 민주적 정당성이 약화되는 문제를 안고 있었다. 그러나 인공지능의 발전은 이러한 정보편재를 해소하고 정치과정에서 보다 평등한 지위가 다양한 사회경제적 계층에게 보장될 수 있는 환경을 제공해 줄 수 있다. 특히 국가 등 공공기관이 독점하던 정보가 알권리의 보장이라는 기본적 인권 체계의 변화와 더불어 인공지능과 같이 일반적으로 공개된 정보의 대량·신속 유통과 고도화된 정보의 공유가 가능해지는 환경은 국가후견적 정치과정의 문제점을 극복하고 다극화된 정치적 지배구조가 조성될 수 있는 가능성을 강화시킨다.

3. 민주적 자치를 위협하는 인공지능의 부정적 효과[10]

(1) 자율적 주체성과 민주적 자치의 기반 약화

인공지능이 흔히 인간만의 고유영역이었던 인지, 추론, 학습, 이해와 관련된 능력이 발현된 결과물을 산출할 수 있게 되자 인공지능 자체를 인간과 동일한 존재로 간주할 수 있는 능력과 권능을 가진 것으로 혼동하는 경향이 확대되고 있다. 그러나 이러한 혼동은 인간은 생명력을 가진 자연인임을 전제로 존엄과 가치를 가진다는 점, 즉, 설사 법인이나 단체와 같이 인위적 가공물에 인간과 같은 법적 지위를 부여하더라도 이는 오로지 인간의 존엄에서 도출되는 긍정적 효과를 더욱 강하게 보장하려는 기능적 필요에서 인정되는 것임을 소홀히 이해한 탓이다. 특히 인공지능은 정치적 행위 주체인 개인이 알고리즘과 같이 그 정보처리 과정을 주도적으로 관리하기 어려운 기술적 과정에 의해 작동하기 때문에 개인의 의사형성에 불가피한 영향을 주게 되므로 자기결정권이나 자율성

10 김중권, “인공지능시대 알고크라시(Algocracy)에서의 민주적 정당화의 문제”. 『법조』 제69권 제5호, 2020, 181-207쪽; 조소영, “인공지능과 민주주의”. 『공법연구』 제49권 제2호, 2020, 156-158쪽; 홍석한, “민주주의에 대한 인공지능의 위험과 규범적 대응방안”, 『헌법학연구』 제28권 제1호, 2022, 135-144쪽 참조.

의 위축이나 왜곡이 발생할 수 있는 요소를 가지고 있다.

(2) 선택적 노출로 인한 정보오염과 정보편향에 의한 민의의 왜곡

인공지능은 알고리즘 등과 같은 정보처리기제를 활용하여 정보이용자에게 맞춤형 정보를 제공하는 소위 선택적 노출(selected exposure)을 전제로 한다. 정보의 취사선택에 있어 정보이용자의 취향이 간접적으로 반영되기는 하나 주도적이지 아니한 취사선택이 이루어지는 것이고 이로 인한 정보의 편향적 선택이 확증편향이나 진영적 이해를 강화시킬 수 있는 위험이 있다. 또한 조작되거나 왜곡된 정보 등 정보오염에 정보이용자가 노출될 위험이 크기 때문에 민의가 왜곡될 수 있는 구조적 위험을 안고 있다. 이처럼 인공지능이 선택적 노출과 같은 맞춤형 정보제공을 하게 되는 몇가지 현상을 예시하면 다음과 같다.[11]

① 필터 버블(filter bubbles)

정보서비스제공자가 정보이용자의 이용추세를 반영하여 맞춤형 알고리즘을 구성하고 작동하여 개인화된 선별정보를 지속적으로 제공하는 방법으로 정보이용자가 편향적인 정보망에 갇히는 현상을 말한다.

② 에코 체임버(echo chamber)

정보체계에서 동종의 유사한 의견이 반복적으로 메아리처럼 증폭되는 현상으로 비슷한 성향의 정보이용자들끼리만 소통하게 됨으로써 확증편향이 증폭되는 현상이다.

③ 빅 넛징(big nudging)

빅데이터와 간접적인 행위 유도를 의미하는 넛징을 합성한 개념으로 광범위한 정보

---

11 조소영, 앞의 글(주 10), 157쪽; 홍석한, 앞의 글(주 10), 138쪽.

체계에서 개인 맞춤형 정보만을 제공함으로써 특정한 성향과 그에 따른 행위를 유도하는 매우 강력한 의견형성 기술형태이다.

(3) 정보체계 집중에 의한 정보독재 혹은 정보감시 극대화의 위험

인공지능은 거대한 정보집적체계를 기반으로 하기 때문에 바로 이 체계를 장악한 주체는 정보에 기반하여 정보감시를 강화하고 그로 인하여 구축된 정보와 정보망을 바탕으로 효과적인 사회통제를 실행할 수 있는 구조적 위험성을 안고 있다. 신속하고 대량으로 정보를 처리할 수 있는 인공지능이 국민을 선별, 추적, 평가할 수 있는 정보집적체계를 구축하게 되면 개인에 대한 지속적 감시와 통제가 가능하게 된다. 예컨대, 중국은 인공지능 체제의 발전을 위해 '중국 두뇌 기획'(China brain project)를 추진하고 있는데, 이 기획은 '스카이넷'으로 알려진 영상감시체계를 두고 개인을 선별적으로 추적하여 수치로 평가하여 정보화하는 '사회신용체계'를 구축하여 인공지능을 이용한 매우 강력한 사회통제체제를 구축하고 있다.[12]

이러한 정보감시체제의 강화는 인간의 존엄, 개인정보보호, 사생활의 자유와 비밀 등 다양한 기본적 인권에 대한 중대한 침해를 구성하기도 하지만 정보감시주체에 의한 전체주의적 후견체제를 구축하는 기반이 된다. 입헌민주공화국에서 민주적 자치와 조화될 수 없는 전체주의적 지배, 즉 정보독재체제를 구축하게 된다.

(4) 디지털 기업의 영향력 강화로 인한 정치과정의 공공성 약화

인공지능의 영향력이 확대되는 지능정보사회에서는 인공지능 기술의 개발과 발전이 민간의 거대 디지털 기업에 의해 주도되고 그 관련 사회적 인프라가 민간기업의 관리하에 있게 되는 것이 일반화 되어 있다. 따라서 정보이용자인 개인과 공공기관 등 공사영역의 모든 주체들이 디지털 기업에 종속될 수 있는 위험성이 있다. 이러한 현실은 국가

12 홍석한, 앞의 글(주 10), 139쪽 주 40 참조.

이익 혹은 국민 전체의 이익 혹은 공공복리로 간주되는 정치적 정책결정과정의 공공성이 훼손될 수 있는 구조적 원인으로 작용한다.

Ⅲ. 인공지능과 기본적 인권

1. 민주공화국과 기본적 인권의 보장, 그리고 인공지능의 영향

(1) 민주공화국에서 기본적 인권 보장의 위상과 체계

1) 민주공화국에서 기본적 인권의 의의

민주공화국은 민주적 자치가 실현되는 국가공동체이다. 민주적 자치는 오로지 국민이 인간 존엄의 정수에 해당되는 자율성(autonomy) 혹은 자기결정권(right to self-determination)을 사생활의 영역을 넘어 공동체의 현안을 논의하고 결정할 때 실효적으로 행사할 때라야 제대로 구현될 수 있다. 즉 민주적 자치의 전제는 인간으로서 그 존엄과 가치를 지키지 위해 침해되어서는 안되는 기본적 인권이 효과적으로 보장되는 것이다.

대한민국 헌법 제10조는 “모든 국민은 인간으로서의 존엄과 가치를 가지며, 행복을 추구할 권리를 가진다. 국가는 개인이 가지는 불가침의 기본적 인권을 확인하고 이를 보장할 의무를 진다”고 규정하여 헌법이 민주공화국을 형성하는 기본 목적을 개인의 기본적 인권 보장에 있음을 확인하고 국가는 오로지 이 목적을 위해 복무하는 수단적 지위에 있음을 분명히 하고 있다.

기본적 인권은 우리나라에서 편의상 기본권으로 줄여서 부르기도 하는데 그 본질이 인간의 존엄에 기초한 인간의 권리 가운데 최고규범인 헌법적 위상을 가지는 것으로 그 본질적 내용은 그 어떤 국가권력으로도 침해할 수 없는 권리이다. 또한 인권은 국가나 헌법 이전에 생명을 확보함으로써 자연적으로 삶의 주체가 된 인간의 권리이므로 국경을 초월하는 보편적 성격을 가진다. 따라서 입헌민주공화국을 표방하는 대한민국은 항구적인 세계평화와 인류공영에 이바지하는 것을 헌법제정의 목적으로 헌법전문에서 밝히고 있을 뿐만 아니라 국제인권법을 포함한 국제법에 국내법적 효력을 부여하고 헌법 제6조 제1항을 두고 있다. 따라서 국제인권법 또한 국내법적 효력을 가지고 국가권력을 규율하고 인권을 보장하는 법적 규율체계의 준거법이 된다.

2) 헌법상 기본적 인권의 보장 체계

헌법은 제2장에서 국민의 권리와 의무라는 표제로 기본적 인권에 대하여 규정하고 있다. 이 장은 크게 세 부분으로 구분할 수 있다.

첫째 부분은 앞서 인용한 헌법 제10조가 기본적 인권의 기본이념이자 그 원형이 되는 개별적인 기본적 인권인 인간의 존엄과 가치 및 행복추구권의 보장을 확인하고 국가의 기본적 인권 확인 보장 의무를 규정하고 있는 것이다.

두 번째 부분은 제11조부터 제36조까지 인간의 존엄과 가치 및 행복추구권으로부터 파생되는 불가침의 기본적 인권의 개별적 내용이 목록으로 제시되고 있다. 제11조는 기본적 인권의 방법적 요소인 평등원칙과 평등권을 규정하고 있다. 제12조부터 제23조까지 기본적 인권의 실체적 요소인 시민적 자유가 보장되고 있는데, 신체의 자유, 거주이전의 자유, 직업선택의 자유, 주거의 자유, 사생활의 비밀과 자유, 통신의 비밀, 양심의 자유, 종교의 자유, 언론·출판 및 집회·결사의 자유, 학문과 예술의 자유 등이 개별적 자유로 규정되어 있다. 제24조부터 제25조까지 기본적 인권의 정치적 요소인 참정권이 선거권과 공무담임권으로 구분되어 규정되어 있다. 제26조부터 제30조까지 기본적 인권의 절차적 요소인 청구권적 기본권이 보장되고 있는데 재판청구권이 대표적이다. 제31조부터 제36조까지 기본적 인권의 실현적 요소인 사회권적 기본권이 보장되고 있는데 교육을 받을 권리, 근로의 권리와 근로3권, 인간다운 생활을 할 권리, 환경권 등이다. 마지막으로 제37조 제1항은 앞서 개별적으로 헌법화된 기본적 인권만이 헌법적 보장을 받는 것이 아니라 헌법 제10조의 기본이념에 따라 존중된다는 원칙을 선언하고 있다. 이

조항은 제10조의 이념과 원리 및 기본적 인권의 원형을 확인하는 의미를 가질 수도 있고 그 자체로 헌법에서 열거되지 아니한 자유와 권리를 독자적으로 인정할 수 있는 근거조항으로서의 의미를 가질 수도 있다.

기본적 인권 보장체계의 마지막인 세 번째 부분은 기본적 인권의 제한과 그 한계와 관련한 부분이다. 누군가의 기본적 인권도 공동체 속에서 실현되어야 하는 만큼 다른 사람의 기본적 인권과 조화를 이루어야 하고 또 공동체의 존속과 질서의 유지 및 공동선인 공공복리를 위하여 일정한 조건에 따라 제한될 수밖에 없다(기본적 인권의 상대성). 헌법 제37조 제2항은 국가안전보장, 질서유지 또는 공공복리를 위하여 필요한 경우에 한하여 기본적 인권이 법률로써 제한될 수 있으되, 그 본질적 내용은 침해할 수 없다는 대원칙을 선언하고 있다. 이 조항에 따라 기본적 인권을 제한하는 국가 권력의 작용은 비례원칙, 평등원칙, 신뢰보호원칙 등 법치주의나 적법절차의 원리와 같은 헌법의 기본원리에서 파생되는 헌법적 원칙을 준수해야 할 한계가 있다.

(2) 인공지능의 기본적 인권 보장에의 영향과 효과

1) 긍정적 효과

인공지능의 발달은 인간이 기본적 인권을 향유하는 적절한 조건을 향상시키는데 기여한다. 인공지능은 인간의 다양한 능력을 지원하거나 보조하기 때문에 인간의 존엄과 가치를 효과적으로 실현하는데 인공지능이 기여하는 것이다. 구체적인 예를 들어 보면 다음과 같다.

인공지능을 통해 이미 높은 수준까지 발전된 음성인식이나 통번역을 통해 표현의 자유와 같은 시민적 자유나 외국인이나 장애인의 재판청구권과 같은 기본적 인권의 질적 수준이 향상되고 있다. 지도제작과 활용, 교통정보 공유나 위치추적, 자율주행 자동차 등의 기술 발전은 인간의 시간과 공간 활용도를 획기적으로 개선하여 거주이전의 자유와 같은 인권과 그에 수반된 경제활동의 자유를 신장시킨다. 안면인식이나 의료 서비스에 투입된 인공지능은 의학과 관련한 직업수행의 자유를 강화하고 건강권을 신장시킬 뿐만 아니라 개인정보 등의 보안을 강화함으로써 개인정보자기결정권을 보다 높은 수준에서 보장할 수 있는 조건을 형성한다. 청소나 반려를 지원하는 로봇은 인간다운 생활을 할 권리의 실체적 내용을 더욱 내실화하여 복지수요자가 다양한 생활영역에 참여할 수 있는 가능성을 높여 주고 있다. 판례등 자료 분석에 인공지능이 투입될 때나 이를 이용한 결정이나 평가가 도입되는 경우 보다 공정하고 효과적인 직업수행이 가능해지고 학문의 자유의 실질적 보장 수단이 확보되는 한편 신속하고 공정한 재판청구권의 보장이 신장될 수 있다. 상담이나 소통을 위한 인공지능의 경우 좀 더 알권리나 표현의 자유를 효과적으로 보장하는데 기여하는 긍정적 효과를 기대할 수 있다.

2) 부정적 효과

인공지능이 인권에 미치는 긍정적 효과가 적지 않지만 그 부정적 효과 또한 만만하지 않다. 예컨대, 지도제작과 활용, 교통정보 공유나 위치추적, 안면인식 등은 개인정보자기결정권이나 사생활의 비밀과 자유가 침해될 수 있는 위험성을 심화시킨다. 청소·반려로봇 관리나 활용의 오용가능성이 열려 있어 역시 사생활의 비밀과 자유나 인간의 존엄과 가치에 기반한 인격권이 침해될 수 있는 위험을 내재하고 있다. 자료분석 인공지능의 경우 알고리즘의 왜곡으로 출처를 잘 찾을 수 없는 조작정보를 양산하거나 오히려 공정하지 못한 평가나 결정을 유도하여 관련 헌법적 권리를 침해할 수 있는 위험이 있다. 상담이나 소통을 위한 인공지능 또한 개인정보자기결정권이나 사생활의 비밀과 자유가 표현의 자유 등과 충돌될 수 있는 구조를 가지고 있다. 또한 이러한 인공지능에 기반한 지능정보사회가 획기적으로 진전될 때 정보격차나 인공지능에 대한 접근가능성의 차이 등으로 인하여 평등이나 형평의 문제가 구조화될 수 있다. 인공지능에 기반한 자동화가 전쟁무기에 활용되는 경우 생명권이나 인간의 존엄을 상당한 위협에 빠뜨릴 수 있는 위험성이 경고되고 국제인권법상 규제가 도입되기도 했다.[13]

---

13 임예준, "인공지능 시대의 전쟁자동화와 인권에 관한 소고 -국제법상 자율살상무기의 규제를 중심으로-", 『고려법학』 제92호, 2019 참조.

3) 인공지능의 발전이 기본적 인권에 미치는 영향과 관련한 특징

인공지능의 발전이 긍정적 효과와 부정적 효과를 모두 가지고 있지만 한 가지 주목할 만한 특징이 있다. 인공지능의 발전에 의해 가장 수혜를 창출하는 인권의 영역은 인공지능을 통해 경제적 수익을 창출하는 경제활동의 자유(구체적으로는 헌법상 직업선택의 자유)와 재산권이라고 할 수 있다. 반면 이러한 인공지능의 발전으로 가장 큰 위협에 직면하게 되는 인권은 개인정보자기결정권과 사생활의 비밀과 자유이고, 인공지능이 더욱 더 고도화될수록 인간의 존엄과 가치에 직결된 인권들(인격권, 자율성 혹은 자기결정권)에 미치는 부정적 영향이 더욱 커진다. 결국 인공지능의 경제산업적 이용이라는 사회적 요구와 그로 인하여 발생할 수 있는 인간의 존엄과 관련한 기본적 인권의 침해위섬성을 어떻게 조화시킬 것인지가 현재와 가까운 미래에 인공지능과 기본적 인권의 문제에서 주로 논쟁이 벌어질 대상이라고 할 수 있다.

2. 인공지능의 기본적 인권 관련 쟁점

(1) 인공지능에 활용되는 빅데이터의 활용과 기본적 인권

현재까지 인공지능의 발전으로 기본적 인권과 관련하여 가장 논란이 일고 있고 입법적 규율체계가 마련된 영역은 개인정보의 활용과 보호와 관련되어 있다. 최근 우리나라에서 소위 '데이터3법'이라고 불리는 「개인정보보호법」, 「정보통신망 이용촉진 및 정보보호 등에 관한 법률」(정보통신망법), 「신용정보의 이용 및 보호에 관한 법률」(신용정보법)이 정비된 것은 인공지능의 경제산업적 활용을 위한 사회적 요구와 개인정보 등과 관련한 인권 보호의 필요성이 충돌하는 대표적 사례이다. 특히 개인정보보호법은 빅데이터가 대량·고속으로 처리하는 정보가 개인정보를 포함하는 경우 그 이용과 보호를 조화시키기 위한 특별법이다.

2020년 개정된 개인정보보호법은 클라우드, 사물인터넷과 인공지능이 신기술을 활용한 정보 이용이 필수적이기 때문에 그 이용을 촉진하기 위하여 활용조건을 완화하면서도 그 안정성을 확보하기 위하여 이전에 행정안전부, 방송통신위원회, 개인정보보호위원회 등으로 분산되어 있던 개인정보 보호 감독기능과 개인정보보호법과 정보통신망법 등으로 분산되어 있는 개인정보 보호 관련 법령을 통합·일원화하여 체계적으로 정비하는 것을 주요 내용으로 한다. 그러나 여전히 정보 이용과 관련 기본적 인권의 보호를 둘러싼 논쟁이 완전히 해결되지 못하고 있다.[14]

입법에 따른 개별적 쟁점은 별론으로 하고 기본적 인권의 일반론의 차원에서 빅데이터 기술로 개인정보를 활용하는 것은 구체적으로 헌법 제15조가 보장하고 있는 직업선택과 수행의 자유나 그로부터 파생된 영업 혹은 경영의 자유 등이 배경을 이루게 된다. 반면에 개인정보의 생성, 처리, 소멸에 대해 자율적으로 판단하고 처리할 자기결정권, 즉 개인정보자기결정권은 헌법에 명문으로 규정된 기본적 인권은 아니고 판례를 통해 헌법에 열거되지 아니하였지만 제10조의 인간의 존엄과 가치나 제17조의 사생활의 비밀과 자유를 헌법적 근거로 하여 그 헌법적 지위가 인정되고 있는데 빅데이터 기술의 활용으로 침해의 위험에 처하게 된다.

입법기관은 두 충돌되는 기본적 인권 차원의 이익충돌을 조화롭게 해소하여 모두 최대한의 보호를 받을 수 있는 입법예측에 따라 입법을 해야 한다. 헌법재판권 등 사법기관은 이러한 입법이 헌법상 기본적 인권의 제한과 그 한계에 관한 헌법정신과 원칙을 위반하지는 않았는지에 대하여 사법절차를 통해 심사할 권한을 가지고 있다. 특히 국민의 기본적 인권의 제한은 비례의 원칙 혹은 과잉금지의 원칙이 요구하는 바에 따라 입법목적이 정당해야 하고(목적의 정당성), 그 목적을 달성하기 위한 집행적 수단이 적절하고도 유효하여야 하며(수단의 적절성), 가능한 범위 내에서 관련 기본적 인권에 최소한의 침해가 발생하는 수단을 채택하여야 하고(침해의 최소성), 제한하는 경우에도 그로부터 얻을 수 있는 공익의 크기가 그로 인하여 발생하는 개인의 기본적 인권의 제한수준보다 최소한 같거나 커야 한다(법익의 균형성).

한편 빅데이터에 기반한 인공지능의 개인정보 활용이 개인정보자기결정권외에도 사생

---

14 예컨대, 김송옥, "가명정보의 안전한 처리와 합리적 이용을 위한 균형점 - 데이터3법에 대한 헌법적 평가를 겸하여 -", 『공법연구』 제49권 제2호, 2020 참조.

활의 비밀과 자유를 침해하는 문제가 별도로 제기되기도 한다. 흔히 국제인권법적 용례에 따라 프라이버시에 관한 권리로 소개되기도 하는 사생활의 비밀 및 자유는 헌법 제17조에 의해 명문으로 보장되고 있고, 세계인권선언 제12조와 「시민적·정치적 권리에 관한 국제규약」(International Covenant on Civil and Poltical Rights, 자유권 규약) 제17조 등에서도 보장되고 있다. 최근 코로나19와 같은 전지구적 감염병이 전파되면서 전사회적 대응을 위하여 감영병 발생상황이나 관리에 관한 정보와 대응방법에 대한 알권리와 공적 사용의 필요성이 사생활의 비밀과 자유에 대한 반대공익으로 비교형량의 대상이 된다.

(2) 인공지능의 발전과 차별에 따른 평등권 침해의 문제

헌법은 제11조에서 법 앞의 평등 원칙을 선언하는 한편 정치적·경제적·사회적·문화적 생활의 모든 영역에 있어서 누구든지 차별받지 않는다고 선언하고 있다. 이와 같은 평등원칙 혹은 평등한 대우를 받을 권리는 유엔 세계인권선언(Universal Declaration of Human Rights)의 제7조[15], 자유권규약 제2조 제1항이나 다양한 개별적 차별금지 협약[16] 등 국제인권법에서도 가장 근본적 보호가 필요한 인권으로 인정되고 있다.

인공지능과 그에 기반한 지능정보사회의 주요한 특징이 정보처리나 알고리즘 차원에서의 불투명성과 편향성의 위험인데, 이러한 특성은 다양한 구조적 차별문제를 야기한다. 우선 정보격차에 따라 사회적 취약계층에게 지능정보사회의 혜택이 배제되거나 소외되는 불평등한 결과가 초래되는 것이 구조화될 수 있다. 정보격차의 문제는 인공지능 개발과 정보복지서비스를 결합시키는 등의 방법 등 정책적 대응노력으로 개선의 여지가 있다. 따라서 인공지능의 발전으로 차별에 따른 평등권 침해의 문제가 발생하는 심각한 문제는 인공지능 알고리즘의 불투명성과 편향성으로 인공지능 자체가 구조적 오

---

15 구체적으로 법앞의 평등 원칙외에 평등의 근본적 가치에 대한 확인은 유엔 세계인권선언 제1조와 제2조에서도 명확히 확인되고 있다.

16 대표적으로 「모든 형태의 인종적 차별금지에 관한 국제협약」(International Convention on the Elimination of All Forms of Racial Discrimination)이나 「모든 형태의 여성차별금지 협약」(Convention on the Elimination of All Forms of Discrimination Against Women), 「장애인 차별금지 협약」(Convention on the Rights of Persons with Disabilities) 등이 있다.

류를 낳는 등 통제불능의 상태가 초래되고 그 예측가능성이 현저히 떨어지면서 공정한 평가와 결정이 힘들어지고 차별적 결과가 발생하게 될 위험성이 커지게 되는 것이다.

현재까지의 인공지능의 수준, 즉 초인공지능이 잠재적 위상을 가지는 수준에서 인공지능은 기성정보로 빅데이터를 형성하게 되므로 기성정보에 포함된 사회적·역사적 편견이 활용된다면 개발자나 정보서비스제공자의 의도와는 무관하게 사회적 차별을 확대 재생산할 수 있다. 예컨대, 잠재적 범죄를 빅데이터 기술을 활용하여 예측하는 '예측 치안 체계'(predictive policing)를 실무에 도입한 사례들에서 기성 정보자료의 인종차별적 편견이 확대·재생산되는 문제점이 보고되고 있다.[17] 기성 데이터베이스를 활용한 고용이나 인사과정에 인공지능이 투입되는 경우 기성 데이터베이스가 성별에 따른 가중치조정이 제대로 이루어지지 않을 경우 특정 직업군이나 업무에 특정한 성별이 유리하거나 불리하게 작용할 수 있는 위험성을 안고 있게 된다.[18]

(3) 인공지능과 표현의 자유

헌법 제21조에서 언론·출판 및 집회·결사의 자유를 보장하고 있다. 일반적으로 표현의 자유라 불리는 이 자유는 세계인권선언 제19조와 자유권규약 제19조 등 국제인권법에서도 보장되고 있다. 표현의 자유는 개인의 인격을 발현시키는 핵심적인 시민적 자유이기도 하지만 표현을 매개로 다양한 의사소통이 이루어지므로 사회적 상호작용과 사회적 연대나 민주적 자치를 위해 최대한 보장되어야 할 중요한 기본적 인권이기도 하다.

그러나 표현의 자유는 그 표현 때문에 명예권과 같은 헌법상 인격권이나 사생활의 비밀과 자유처럼 개인의 기본적 인권은 물론 공공질서에 심대한 해악을 초래하기도 한다. 따라서 질서유지를 위하여 필요한 경우 제한하는 것이 허용되어야 한다. 최근 정보조작이나 정보오염에 의한 폐해가 급증하고 있고, 악성게시물과 댓글에서 혐오표현이 확대되어 중요한 사회문제로 전화되고 있기도 하다.

---

17 오시진, "인공지능과 국제인권법 - 표현의 자유, 차별, 프라이버시를 중심으로 -", 『동아법학』 제91호, 2021, 248-249쪽 참조.

18 오시진, 위의 글(주17), 247-248쪽 참조.

따라서 표현의 자유를 최대한 보장하면서도 법치주의나 적법절차의 원리가 설정한 한계를 준수하면서 다른 사람의 기본적 인권이나 공공질서를 심대하게 침해하는 경우에는 제한이 불가피하다.

그런데 이러한 공익적 목적을 달성하기 위하여 인공지능을 이용한, 표현물에 대한 사전 필터링이 활용되고 있다. 예를 들어, 인터넷 포털인 네이버가 악플 대응 인공지능으로 '클린봇 2.0'이라는 필터링 프로그램을 운용하고 있는 것이 대표적이다. 이와 같이 인공지능에 의한 필터링은 사기업에게 헌법상 중요한 기본적 인권인 표현의 자유에 대한 규제권을 부여하는 것의 헌법적 정당성 문제를 제기한다.[19] 이 문제는 헌법학과 헌법실무상 사회적 권력화한 사인에 의한 기본권 침해의 문제, 즉 기본적 인권의 수평효(horizontal effect) 혹은 제3자효와 관련한 문제이다. 그러나 오늘날 공법과 사법의 구별이 상대화되고, '조성국가'(enabling state)[20] 혹은 '보장국가'(Gewährleistungsstaat)의 개념에 따라 공사협력에 의한 국가과제의 수행이 모색되는 현실에서 사기업에 의한 규제 자체가 반헌법적이라는 일차원적 문제제기는 설득력이 약하다. 오히려 사기업에 공적 기능에 상응하는 법적 지위를 인정하여 '공적 책임을 지는 자율규제'(publicly responsible self-regulation) 모델을 검토할 필요가 있다.

한편 필터링의 주요한 과정이 불투명하고 편향성에 의한 조작 가능성에 대한 의혹 때문에 소수자의 표현이 투명하지 않고 공정성과 적정성이 의문인 상태로 통제되는 문제점이 지적되고 있다.[21]

(4) 인공지능과 인간의 존엄

인공지능이 청소로봇 등 순수한 기능적 활용이나 인간의 이성적 능력과 관련되어 많

---

19 이와 같은 다원주의적 규제 패러다임에 대한 아이디어는 G. Teubner, "The 'State' of Private Networks: The Emerging Legal Regime of Polycorporatism in Germany", Brigham Young University Law Review, Iss.2, 1993, pp.553-575; 김종철, "ESG의 민주공화헌법적 기초", 이슈페이퍼22-19-②, 법제연구원, 2022, 32-33쪽 참조.

20 Neil Gilbert & Barbara Gilbert, The Enabling State: Modern Welfare Capitalism in America, Oxford University Press, 1989 ; 홍석한, "새로운 국가역할 모델로서 보장국가론의 의미와 가능성", 『공법학연구』 제17권 제2호, 2016, 3-28쪽 참조.

21 오시진, 앞의 글(주 17), 245-247쪽 참조.

은 지원이나 보조적 역할을 수행하고 있고 법적 논의도 이와 관련하여 많이 논의되고 있지만 감성적 능력과 연계되어 활용되는 인공지능의 문제도 적지 않다. 상담로봇은 물론 섹스로봇의 경우 인간의 형상을 이용하거나 인간과 유사한 감정적 교류의 실상을 가지게 된다는 점에서 인간유사의 인격적 지위를 인정하고 성적 욕망을 매개로 한 지배의 도구로 사용하게 되는 것은 결국 인간성 훼손에 버금가는 것으로 보아야 한다는 논란이 야기된다.[22] 인공지능의 발전 수준과 단계가 향후 추가적인 논쟁의 여지를 내포하고 있는 것과는 별론으로 하고 인공지능에게 인간의 존엄에 기초한 인격적 지위를 법적으로 인정하는 것은 "인간성을 위한 인공지능"(AI for Humanity)[23]이라는 목적론적 한계를 뛰어넘어 인공지능의 위상을 인정하는 결과를 낳기 때문에 쉽게 수용하기 힘들다. 다만 이러한 본질론적 지위와 구별되게 순수한 기능적인 차원에서 그 윤리적 정당성의 문제를 논의하는 것은 충분히 가능하다고 할 것이다.

(5) 인공지능과 사회적 기본권

인공지능의 발전이 사회적 기본권으로 헌법 제34조에서 보장되는 인간다운 생활을 할 권리를 실질화하는 의미가 있음은 앞서 청소로봇과 반려로봇의 예로 설명한 바 있다. 이외에도 교육이나 사회서비스에서의 인공지능의 활용은 교육을 받을 권리와 인간다운 생활을 할 권리 등을 실질화하는데 효과적 기여를 할 수 있다. 한편, 인공지능은 고용과 근로의 형태에 긍정적인 영향뿐만 아니라 부정적 영향을 주게 되어 근로의 권리와 인간다운 생활을 할 권리에 관한 쟁점을 제기하고 있다.[24] 헌법 제32조에서 보장하는 근로의 권리는 인간의 존엄에 입각하여 일할 권리, 특히 인간의 존엄에 기반한 환경에서 일할 권리로 이해되는데 인공지능의 활용은 고용과 근로환경의 변화에 긍정적 기여를 할 가능성이 크다. 반면 근로감시의 강화 등을 통해 부정적 영향 또한 위험요인으로 쉽

---

22 김배원, 앞의 글(주 2), 90-91쪽 참조.

23 AI for Humanity : French Strategy for Artificial Intelligence(출처: Mission Villani on AI - "https://www.aiforhumanity.fr" [최종방문: 2023.1.7.]).

24 김배원, 앞의 글(주 2), 92-93쪽 참조.

게 상정할 수 있다.

(6) 인공지능과 청구권적 기본권

인공지능은 치안, 교통관리, 재난 및 안전관리 등 행정영역과 사법영역에서 재범의 위험성 예측 인공지능을 통해 가석방 심사나 판결과정의 형량 결정등이 이루어지는 것이 현실화되는 단계에 있다. 이러한 국가적 정책이나 직무상의 결정에 인공지능이 사용되는 경우 알고리즘의 불투명성과 편향성이 야기하는 국가권력 작용의 공정성과 합리성에 대한 신뢰의 위기문제는 불가피하고, 결국에는 그러한 왜곡된 국가작용의 적용을 받는 개인의 기본적 인권이 침해될 수 있는 위험성이 있다. 특히 재판절차와 사법적 결정의 경우 헌법 제27조가 보장하는 신속하고 공정한 재판을 받을 권리가 침해될 수 있는 개연성에 대해 논란이 분분하다.[25]

IV. 헌법에 입각한 인공지능 규율체계의 기본원칙과 체계

1. 인공지능 규율체계의 필요성

앞서 인공지능이 입헌민주공화국 헌법의 기본가치인 민주적 자치와 인권의 보장에 양면적 영향을 미친다는 점을 확인하였다. 그러므로 인공지능의 발전이 초래하는 부정적 효과를 최소화하면서 그 긍정적 효과를 최대화하기 위한 규율체계를 정비할 필요가 있다. 이처럼 균형잡힌 인공지능 규율체계를 마련하기 위해 공동체의 최고규범인 헌법의 차원에서 규율체계의 대강을 정할 필요가 있다.

25 김배원, 앞의 글(주 2), 93-95쪽; 조소영, "지능정보사회에서의 기본권체계 및 보장내용의 변화", 『동아법학』 제94호, 2022, 9-13쪽 참조.

2. 인공지능 규율체계의 기본 구조

(1) 법적 규율체계 및 윤리·도덕적 규율체계와 그 혼성체제

우선 규율체계에는 법적 규율체계와 윤리·도덕적 규율체계의 구분이 필요하다. 법적 규율체계가 국가법을 중심으로 한 경성적(hard) 규율체계라면 윤리·도덕적 규율체계는 사회규범을 중심으로 한 연성적(soft) 규율체계라는 특성이 있다.

최근 공법과 사법의 이원론이나 국가와 사회의 영역별 구별이 완화되고 상대화되면서 혼성적 성격의 규율체계가 발달하고 있다. 예컨대, 1차적으로 윤리·도덕적 규율체계가 작동하고 법적 규율체계가 보충적으로 작용하는 2원적 규율체계가 발전하고 있다. 윤리·도덕적 규율체제는 행위준칙(code of conduct)이나 윤리기준을 통해 자율적 규범 체계를 형성하여 스스로 관련 질서를 형성한다. 또한 이해당사자나 관계자들이 다양한 자율규범을 형성하여 국가법의 직접적인 개입없이 이해관계나 갈등을 조정하고 질서를 유지한다. 그러나 이러한 자율적 규율체제가 제대로 작동하지 않아 질서유지에 한계를 드러낼 때 2차적으로 국가가 개입하여 국가법에 따라 규율하게 된다. 국가권력은 잠정적(provisional) 질서유지의 기능을 수행하는데 이처럼 질서유지와 공공서비스 제공을 국가가 직접 담당하지 아니하고 사적 자율이나 공공영역과 사적영역의 협력관계에 따라 해결하되 필요한 경우 국가가 개입하여 그 실현을 조성 또는 보장하는 체제를 '조성국가' 혹은 '보장국가'라고 부른다는 점은 앞서 언급한 바와 같다.

인공지능 규율체계의 경우에도 그 경제적·산업적 차원에서 자율적 개발과 확산이라는 차원과 인간의 존엄 등 공적 질서유지의 차원을 모두 조화할 수 있는 규율체계가 필요하다. 인공지능 자체가 양가적 특징을 모두 가지고 있어 그 규율에 있어 복합적 대응이 필요하기 때문이다.

마지막으로 인공지능의 발전, 특히 그 핵심기술인 알고리즘이 자율성·창발성·사회성의 기준에서 볼 때 아직은 초기단계를 벗어나지 못하고 있다는 점도 규율체계를 마련할 때 고려해야 할 점이다. 변환형 혹은 초지능단계로까지 본격적으로 진입하지 아니한 상황, 그리고 수시로 기술적 발전이 이루어지고 있는 유동성 등을 고려할 때 법적 규율체계가 전면적이고 선제적으로 구축되는 것은 현실적으로 어렵다. 이런 유동적 상황과 규율 환경은 윤리·도덕적 규율체계의 중요성을 최소한 현단계에서는 강조하지 않을 수 없게 만드는 핵심요인이 된다.[26]

(2) 국내적 규율체계와 국제적 규율체계

지능정보사회의 특성, 특히 인공지능이 가지는 초국가적 연결성은 규율체계에 있어서도 헌법 자체가 관할하는 국내적 규율체계를 넘어 국제적 규율체계의 필요성이 매우 높다. 특히 인공지능이 인권에 미치는 부정적 영향은 인권이 국적을 불문하고 모든 인간에게 보장되어야 할 보편적 권리라는 점에서 국제인권법적 규율과 병행될 수밖에 없다.

현행 헌법은 제6조 제1항에서 "헌법에 의하여 체결·공포된 조약과 일반적으로 승인된 국제법규는 국내법과 같은 효력을 가진다"고 선언하고 있으므로 자유권규약과 '경제적·사회적·문화적 권리에 관한 국제규약'(International Covenant of Economic, Social and Cultural Rights, 사회권규약) 등 국제인권법은 국내법적 효력을 가진다. 다만 이 국제인권법의 국내법 체계상의 위상에 대해 논란의 여지가 있으나 최소한 법률 혹은 그 이상의 효력을 가지는 것으로 보는 것이 일반적이기 때문에 인공지능의 인권에 대한 부정적 영향과 관련하여서는 헌법적 규율과 더불어 국제인권법적 규율 또한 중요하다.

3. 인공지능 규율체계의 가치정향과 핵심 내용

(1) 인공지능 규율체계의 전제 - 인공지능 발전의 양가성과 규율체계의 정치성

인공지능의 발전이 민주적 자치와 기본적 인권의 보장이라는 입헌민주공화국의 양

---

26 심우민, "AI 사회원칙과 기술인권 : 인권입법의 전환방향", 『문화과학』 통권 제105호, 2021, 172-173쪽 참조. 한편 경성적 규범의 구조적 한계와 인공지능의 혁신성의 조화 필요성이라는 차원에서 연성규범이 인공지능 규율체계을 정립할 때 우선적으로 고려되어야 한다는 관점은 김건우, "차별에서 공정성으로: 인공지능의 차별완화와 공정성 제고를 위한 제도적 방안", 『(전북대) 법학연구』 제61집, 2019, 121-124쪽 참조.

대 축에서 모두 긍정적 영향과 함께 부정적 영향을 모두 가지는 양가성을 보여주고 있는 것은 자연적이다. 따라서 그 긍정적 측면을 경제산업적 이해관계를 위해 과도하게 증폭시켜서도 안되고 그 부정적 측면을 헌법적 공익을 기준으로 과도하게 강조하는 것은 모두 바람직하지 않다. 또한 인간을 중심으로 정보의 처리나 관리가 가능한 수준을 넘어 인공지능의 경우 최초개발자마저도 자율성·창발성·사회성에 따라 새로운 행위를 형성해내는 인공지능을 완전히 기획하여 통제하는 것은 쉽지 않게 된다. 인공지능이 자율학습체계를 스스로 형성하게 될 때 인공지능에 대한 규율체계는 인간의 차원뿐만 아니라 인공지능의 상황대응체계에 대한 인간의 학습과 이해를 필요로 하는 쌍방향적 관계를 기본으로 한다.

한편 인공지능의 발전이 터잡고 있는 전자적 알고리즘이 과학적이고 가치중립적이라는 것은 환상에 불과하다.[27] 알고리즘은 그 불투명성과 편향성을 내포할 개연성이 매우 높은 기성 정보에의 의존성 때문에 지극히 불완전하고 예측가능성과 신뢰성이 약화될 수 있는 기술이므로 이를 활용하려는 접근은 그것이 경제산업적이든, 정치적이든 혹은 사회문화적인 것이든 목적지향적이거나 이익추구적일 수밖에 없다. 따라서 이에 대한 이해관계나 가치의 조정은 민주적 절차와 기준에 따라 정치적으로 결정되는 것이 불가피하다. 즉, 다양한 이해관계와 그 배후의 정치적 의도가 관철될 수밖에 없는 인공지능의 규율체계는 정치과정에서 공론과 충분한 숙의를 거친 후 정치적으로 결정될 사안이다.

(2) 인공지능 규율체계의 가치정향(value orientation)

기본적 인권의 보장과 민주적 자치를 추구하는 입헌민주공화국 헌법의 차원에서 인공지능 규율체계는 다음과 같은 가치정향을 가질 필요가 있다.

첫째, 공동체 창설의 기본 목적인 인간의 존엄과 가치 및 행복추구권의 보장을 최우선 과제로 두어야 한다. 인공지능은 지식정보체계와 달리 인간의 자율성과 자기결정권에 미치는 영향이 직접적이고 그 파급효과도 큰 만큼 인간과 인공지능의 관계가 전도될 수

27 심우민, 앞의 글(주 26), 168-172쪽 참조.

있는 위험성을 예방하는 것을 절대적이고도 최우선의 과제로 삼아야 한다. 2020년 인공지능 규율체계의 일환으로 인공지능 윤리기준을 정부가 제시하였는데 핵심적 전제로 인공지능의 지위를 "지각력이 있고 스스로를 인식하며 실제로 사고하고 행동할 수 있는 수준의 인공지능(이른바 강인공지능)을 전제하지 않으며 하나의 독립된 인격으로서의 인공지능을 의미하지도 않"[28]음을 확인한 것은 이러한 헌법적 가치정향을 반영한 것이다.

둘째, 인공지능 규율체계의 정립은 종합적이고 균형적 접근(comprehensive and balanced approach)이 필요하다. 인공지능이 개인, 사회, 국가, 국제관계에 미치는 영향은 다양하고 복잡하며 다차원적이고, 그 효과 또한 긍정과 부정의 함의를 모두 가지고 있으며 그 규율체계가 단선적, 일차원적 접근에 따라 이루어질 때 문제의 해결보다는 새로운 문제를 발생시킨 위험이 더 큰 것이다. 앞서 첫 번째 가치정향에서 제시되었던 인간의 존엄과 관련된 절대적 기준을 제외하고는 인공지능이 가지는 혁명적 가능성과 함께 그 역설적 위험성이 모두 조화롭게 고려될 수 있어야 한다. 또한 인공지능의 특성상 그 영향은 정치·경제·사회·문화 등 인간의 생활영역의 모든 분야에 미치고 국지적 영역에 한정되지 않기 때문에라도 보다 거시적이고 종합적이 관점을 배경으로 하여 규율체계가 마련되어야 한다.

셋째, 인공지능의 규율체계는 인공지능의 발전과 그 영향이 본질적으로 가치중립적이거나 탈정치적인 것이 아니라 매우 가치지향적이고 정치적인 것임을 고려하여 형성되어야 한다.[29] 인공지능이 순전히 경제적, 산업적 편익에만 매몰되어 과도하게 찬양되고 무질서하게 개발되어 활용되어서는 안된다. 또한 인공지능이 단순한 기술적 발전이고 가치중립적인 것으로 오해되어서도 안된다. 첫 번째 원칙처럼 기술은 인간을 위한 것이어야 하고 그 존엄에 합당하게 인류가 축적해온 기본가치인 민주적 자치의 원칙에 부합하는 가치정향을 가져야 한다.

---

28 대한민국정부 관계부처합동회의, "사람이 중심이 되는 「인공지능(AI) 윤리기준」", 2020.12.23., 부록 참조.

29 심우민, 앞의 글(주 26), 163-172쪽 참조.

(3) 핵심원칙과 요건

1) 2020년 정부 인공지능 윤리기준의 경우

2020년 12월 23일 정부는 관계부처합동회의 명의로 '인공지능 윤리 플랫폼'에 해당하는 '인공지능(AI) 윤리기준'을 발표하였다.[30] 윤리 플랫폼으로 스스로 자리매김하고 윤리기준의 원칙과 요건들이 상황에 따라 상충관계가 발생할 수 있으며, 상충하는 문제의 해결 방식은 개별 맥락과 상황에 따라 달라질 수 있다는 상황의존성과 각 원칙들 사이에 고정된 형태의 우선순위를 제시하지는 않음으로써 향후 "직간접적으로 영향을 받는 이해관계자가 지속적인 토론과 숙의 과정에 참여하여 절충점과 해결 방안을 모색"하도록 권유하는 서문을 달아서 이 윤리기준의 개방성과 과도기적 특성을 강조하고 있는 특색이 있다.

이 윤리기준은 인공지능의 개발과 활용의 전단계에 적용될 3대 기본원칙과 이 원칙을 실현할 수 있는 세부 요건인 10대 핵심요건을 제시하고 있다. '인간성을 위한 인공지능(AI for Humanity)'이라는 대목적에 따라 채택된 3대 원칙은 다음과 같다.

① 인간 존엄성 원칙
- 인간은 신체와 이성이 있는 생명체로 인공지능을 포함하여 인간을 위해 개발된 기계제품과는 교환 불가능한 가치가 있다.
- 인공지능은 인간의 생명은 물론 정신적 및 신체적 건강에 해가 되지 않는 범위에서 개발 및 활용되어야 한다.
- 인공지능 개발 및 활용은 안전성과 견고성을 갖추어 인간에게 해가 되지 않도록 해야 한다.

② 사회의 공공선 원칙
- 공동체로서 사회는 가능한 한 많은 사람의 안녕과 행복이라는 가치를 추구한다.
- 인공지능은 지능정보사회에서 소외되기 쉬운 사회적 약자와 취약 계층의 접근성을 보장하도록 개발 및 활용되어야 한다.
- 공익 증진을 위한 인공지능 개발 및 활용은 사회적, 국가적, 나아가 글로벌 관점에서 인류의 보편적 복지를 향상시킬 수 있어야 한다.

③ 기술의 합목적성 원칙
- 인공지능 기술은 인류의 삶에 필요한 도구라는 목적과 의도에 부합되게 개발 및 활용되어야 하며 그 과정도 윤리적이어야 한다.
- 인류의 삶과 번영을 위한 인공지능 개발 및 활용을 장려하여 진흥해야 한다.

---

30 대한민국정부 관계부처합동회의, "사람이 중심이 되는 ^+인공지능(AI) 윤리기준^+", 2020.12.23.

이 3대 기본원칙을 실현하기 위한 10대 핵심요소로는 ①인권보장, ②프라이버시 보호, ③다양성 존중, ④침해금지, ⑤공공성, ⑥연대성, ⑦데이터 관리, ⑧책임성, ⑨안전성, ⑩투명성이 제안되었다.

2) 정부 윤리기준에 대한 평가

정부의 인공지능 윤리기준은 인공지능의 급속한 발전에 따른 규율체계의 구축 필요성에 선제적으로 대응하기 위한 것으로 이해된다. 특히 3대원칙은 인공지능뿐만 아니라 헌법에 기반한 모든 규율체계가 추구해야 할 일반적 기본원칙을 인공지능과 관련하여 다시 한번 확인한 것으로 이해된다. 따라서 이 원칙의 일반추상성에도 불구하고 인공지능의 개발과 활용에 있어 개발자와 이용자를 포함한 모든 이해관계자들이 특히 진지하게 행위기준으로 삼아야 할 기준이며 향후 인공지능에 대한 입법화에서도 기본원칙으로 수용될 수 있을 것으로 평가된다.

한편 10대 핵심원칙은 윤리기준의 개방성과 상황의존성을 고려하더라도 체계성에 대한 고려없이 단순하게 나열된 인상을 준다. 우선 프라이버시의 인권성을 고려할 때 상위개념인 인권보장과 프라이버시 보호를 병렬적으로 규정한 것이나 침해금지는 인권보장의 당연한 귀결이라는 점을 고려할 때 과연 독자적 요소가 될 수 있을 것인지 논의가 필요해 보인다. 데이터 관리의 요소 또한 일반관리의무의 연장선에 있기 때문에 다양한 요소에 같이 결부되어 내재된 것으로 볼 수 있을 것이어서 개별적 요소로 구별할 필요에 대해서 추가적인 논의가 필요해 보인다. 반면, 다양성 존중, 공공성, 연대성은 인공지능의 구조적 문제로 지적되어온 차별유발·강화적 속성에 특히 주목한 것으로 매우 적절한 요소이다. 또한 책임성, 안정성, 투명성 역시 인공지능의 부정적 영향을 최소화하기 위한 핵심적 과제로 지목되어 온 요소로서 아무리 강조되어도 지나치지 않은 요소라고 할 수 있으며 향후 법제화의 단계에서도 필수적으로 반영되어야 할 요소이다.

4. 인공지능 법적 규율체계의 과제

일단 인공지능 규율체계를 정립함에 있어 현실적 필요나 규범적 상황에 따라 윤리·도덕적 규율체계로부터 법제화의 단계로 나아감에 있어 몇 가지 고려해야 할 과제가 있다.

첫째, 윤리·도적적 규율체계와 법적 규율체계는 내용적으로 배타적인 것이 아니라 규범의 형식이나 특성, 실현방식에 있어서의 차이라는 점을 유의할 필요가 있다. 따라서 법제화에서도 윤리·도덕적 규율체계의 핵심적 기준과 요소를 효과적으로 반영할 필요가 있다.

둘째, 인공지능의 부정적 영향을 최소화하기 위한 요소는 공동체 형성의 기본목적인 인간 존엄성 보호와 직결되어 있는 그 부정적 파급효과의 중대성을 고려하여 아주 엄격하게 규율될 필요가 있다. 특히 인공지능에 대한 부정적 평가의 기본원인은 그 근본특징인 인공지능의 정보처리가 불투명하고 편향적일 수 있다는 구조적 특성 때문이므로 알고리즘의 발전 상황과 영향에 관한 투명성을 최대한, 지속적으로, 엄정하게 확보하기 위한 노력이 필요하다.[31]

셋째, 전통적 법체계 또한 가치중립적이지 않고 다양한 정치적 결정의 산물이라는 점을 고려하면 인공지능의 발전에 따라 새로이 지능정보사회로 전환되는 시점에 전통적 권리-의무 담론구조에 대한 구조적 성찰이 인공지능의 법적 규율체계를 정비하는 과정에서 동시에 이루어져야 한다. 다시 말해 전통적 법체계가 기본으로 삼고 있는 인권 등 권리담론의 한계를 고려하면서 인공지능의 규율체계를 모색해야 하고, 나아가 알고리즘에 기반한 인공지능이 개인의 자율성이나 사회적 평등의 가치를 훼손하는 방향으로 발전할 수 있는 위험성에 효과적으로 대응할 수 있도록 새로운 권리의 필요성에 대해서도 충분한 논의를 전개할 필요가 있다.[32] 예컨대, 인공지능의 시대를 맞아 일부 근로환경의 개선에 대한 긍정적 효과가 기대됨에도 불구하고 인공지능에 의한 노동대체효과에 따라 근로의 권리는 중대한 위기에 처할 수 있으므로 이에 대하여 '인간의 일할 권리' 보

31 심우민, 앞의 글(주 26), 177-178쪽 참조.
32 심우민, 앞의 글(주 26), 178쪽 참조.

장에 대한 보다 적극적인 새로운 접근이 요청된다.[33]

참고문헌

김건우, "차별에서 공정성으로: 인공지능의 차별완화와 공정성 제고를 위한 제도적 방안". 『(전북대) 법학연구』 제61집, 2019

김민호·이규정·김현경, "지능정보사회의 규범설정 기본원칙에 대한 고찰". 『성균관법학』 제28권 제3호, 2016

김배원, "지능정보사회와 헌법 - 인공지능(AI)의 발전과 헌법적 접근 -", 『공법학연구』 제21권 제3호, 2020

김송옥, "가명정보의 안전한 처리와 합리적 이용을 위한 균형점 - 데이터3법에 대한 헌법적 평가를 겸하여 -", 『공법연구』 제49권 제2호, 2020

김용신, "지능정보사회의 인공지능과 인권", 『국제지역연구』 제25권 제1호, 2020

김일환, "지능정보사회에서 헌법의 역할과 기능", 『성균관법학』 제32권 제3호, 2020

김종철, "ESG의 민주공화헌법적 기초", 이슈페이퍼22-19-②, 법제연구원, 2022

김중권, "인공지능시대 알고크라시(Algocracy)에서의 민주적 정당화의 문제". 『법조』 제69권 제5호, 2020

김진석, "'약한' 인공지능과 '강한' 인공지능의 구별의 문제", 『철학연구』 제117집, 2012

대한민국정부 관계부처합동회의, "사람이 중심이 되는「인공지능(AI) 윤리기준」", 2020.12.23.

심우민, "AI 사회원칙과 기술인권 : 인권입법의 전환방향", 『문화과학』 통권 제105호, 2021

심우민, "인공지능의 발전과 알고리즘의 규제적 속성", 『법과사회』 제53호, 2016

오시진, "인공지능과 국제인권법 - 표현의 자유, 차별, 프라이버시를 중심으로 -", 『동아법학』 제91호, 2021

임예준, "인공지능 시대의 전쟁자동화와 인권에 관한 소고 -국제법상 자율살상무기의 규제를 중심으로-", 『고려법학』 제92호, 2019

조소영, "지능정보사회에서의 기본권체계 및 보장내용의 변화", 『동아법학』 제94호, 2022

조소영, "인공지능과 민주주의". 『공법연구』 제49권 제2호, 2020

---

33 김민호·이규정·김현경, "지능정보사회의 규범설정 기본원칙에 대한 고찰". 『성균관법학』 제28권 제3호, 2016, 314-315쪽 참조.

한희원, “인공지능(AI)의 법인격 주체 가능성의 이론적 기틀에 대한 기초 연구”, 『중앙법학』 제20권 제3호, 2018

홍석한, “민주주의에 대한 인공지능의 위험과 규범적 대응방안”, 『헌법학연구』 제28권 제1호, 2022

홍석한, “새로운 국가역할 모델로서 보장국가론의 의미와 가능성”, 『공법학연구』 제17권 제2호, 2016

Neil Gilbert & Barbara Gilbert, The Enabling State: Modern Welfare Capitalism in America, Oxford University Press, 1989

G. Teubner, “The ‘State’ of Private Networks: The Emerging Legal Regime of Polycorporatism in Germany”, Brigham Young University Law Review, Iss.2, 1993

AI for Humanity : French Strategy for Artificial Intelligence(출처: Mission Villani on AI - “https://www.aiforhumanity.fr” [최종방문: 2023.1.7.])

[연세대학교 법학전문대학원 교수 김종철]

제2장

인공지능과 민사법상 법인격

| 오병철 |

I. 서론

1. 인공지능 로봇의 설계된 자율성

인공지능 로봇이 지금은 아닐지라도 머지않은 미래에 마치 인간처럼 나아가 인간을 능가하는 능력을 발휘할 수 있을 것이라는 믿음이 사회에 팽배하다. 인공지능 로봇을 구성하는 물리적인 하드웨어뿐만 아니라 디지털 소프트웨어도 사람에 의해 제작된 인위적인 것이다. 그러므로 인간에 의해 생성된 소프트웨어 알고리즘의 제약을 벗어날 수는 없다. 설령 머신 러닝(machine learning)이나 셀프 코딩(self coding) 등 자율적으로 보이는 능력을 부여받았다고 하더라도 알고리즘의 연장선을 벗어날 수 없다. 만약 인공지능 로봇이 인간에 의해 생성된 소프트웨어 알고리즘의 제약에서 벗어난다면, 이는 자율이 아니라 고장난 것에 불과하다. 즉 인공지능 로봇의 자율성은 '설계된 자율성'(built-in autonomy)만을 가질 뿐이다.[34]

2070년에는 대부분의 작업에서 적어도 인간과 동등한 능력을 가진 인공지능 로봇이 존재할 확률이 90%라고 예견하고 있다.[35] 인공지능 로봇의 작동이 긍정적이든 부정적이든 마치 인간의 행위처럼 사회에 어떠한 영향을 미칠 것이라는 점은 분명하다. 인공지능 로봇의 설계된 자율성이 사람의 태생적 자유의지와 동일한 것은 아닐지라도, 인공지능 로봇의 작동 결과를 어떻게 다루어야 할 것인가는 피할 수 없는 법적 과제이다.

2. 권리능력 부여에 관한 논란

컴퓨터 알고리즘의 연산기능이 자연인이 의사결정을 하는 것과 유사한 수준에 이른 2000년 무렵에는 '전자대리인(electronic agents)'이라는 법률용어를 사용한 바 있

34 오병철, "인공지능 로봇에 의한 손해의 불법행위책임", 법학연구 제27권 제4호, 연세대학교 법학연구원, 2017, 162면.
35 Bostrom, Superintelligence, Paths, Dangers, Strategies, 2014, 19; 김진우, "인공지능에 대한 전자인 제도 도입의 필요성과 실현방안에 관한 고찰", 저스티스 통권 제171호, 2019, 8면에서 재인용.

다. 미국 Uniform Computer Information Transactions Act[36], Uniform Electronic Transactions Act[37] 등에서 이러한 개념을 찾아볼 수 있다. 전자대리인은 컴퓨터의 작동결과를 인간에게 귀속시키기 위해 고안된 개념이었을 뿐, 컴퓨터 그 자체에 권리능력을 인정하는 것은 아니었다. 과학기술의 눈부신 발전으로 컴퓨터 알고리즘이 인공지능이라고 할 수준에 이르고 이에 의해 통제되는 유형의 로봇이 등장하자 이제 인공지능 로봇에 권리능력을 인정할 수 있을 것인가를 검토하는 단계에 이르렀다. '인공지능 로봇에 권리능력을 인정하여야 하는가'라는 논의의 본격적인 촉발은 2017년 2월 16일 의결된 EU의 전자인격에 관한 권고 결의안(European Parliament resolution of 16 February 2017 with recommendations to the Commission on Civil Law Rules on Robotics(2015/2103(INL)); 이하 EU 결의안)[38]이 결정적인 계기가 되었다.

자연인 이외의 존재에도 권리능력을 인정할 것인가를 논의한 전례는 단체에 법인격을 부여할 것인가에서 이미 다루어진 바 있다. 법인제도를 두는 목적 내지 기능을 '거래관여에의 용의성'과 '책임제한'에서 찾는 견해[39]에 따르면, 그러한 목적이나 기능은 인공지능 로봇에서도 그대로 적용될 수 있다. 인공지능 로봇이야말로 마치 자연인처럼 타인과 직접 거래를 할 수 있으므로 거래관여에의 용이성이 인정됨은 물론이다. 또한 인공지능 로봇을 이용하는 소유자는 인공지능 로봇의 작동에 대해 직접적으로 의무를 부담하지 아니하고, 인공지능 로봇이 자신의 고유재산으로 책임을 부담하는 책임제한을 통해 인공지능 로봇에 의한 사회경제적 활동이 조장된다. 법인에게 권리능력을 인정하는 목적과 기능은 인공지능 로봇의 경우에 한 치도 벗어남 없이 꼭 맞는다. 법인에 대해 실체적 단체인격설을 따르는 관점에서 법인은 '현실적인 단체의사를 가진 사회적 유기체'

---

36 UCITA section 102 (27)은 다음과 같이 정의하고 있다. "전자대리인이라 함은 메시지나 이행에 대해 동작 또는 반응하는 시점에 자연인에 의한 검토나 행위가 없이도 그 자연인을 위해 전자적 메시지나 이행에 독립적으로 반응하거나 동작을 개시하는 컴퓨터프로그램이나 전자적 또는 기타 자동화된 수단을 말한다."

37 UETA section 2 (6)은 다음과 같이 정의하고 있다. "전자대리인이라 함은 전부 또는 일부에 있어서 사람이 검토하지 않고, 직접 행동(action)에 착수하거나 전자기록이나 (전자)이행에 반응할 수 있도록 사용되는 컴퓨터 프로그램이나 전자적 또는 기타 자동화된 수단을 말한다."

38 EU의 결의안의 배경이나 내용에 대한 상세한 사항은 김자회/주성구/장신, "지능형 자율로봇에 대한 전자적 인격 부여 - EU 결의안을 중심으로 -", 법조 제724호, 2017, 125-128면에 잘 나타나 있다.

39 이주흥 집필부분, 민법주해[I], 박영사, 1992, 430면.

라고 한다면,[40] 인공지능 로봇은 '과학적인 알고리즘과 매커니즘을 가진 기술적 무기체' 라고 보아도 과언은 아니다. 또한 오늘날 독일의 통설로 소개되는 '법인이란 권리능력을 부여한 목적결합의 조직'[41]이라는 입장에 선다면, '인공지능 로봇이란 권리능력을 부여한 알고리즘과 기계장치의 결합체'라고 할 수 있다.

개념형성의 방법에 따르면 자연인 이외의 다른 창조물에게도 권리능력을 인정하는 것이 결코 배제되는 것은 아니고, 무엇에게 권리능력을 부여할 것인가의 문제는 당시의 실정법에 의해서 결정될 수 있으며, 다만 윤리적인 의미에서의 인격은 오로지 자연인만이 그 가치를 가질 뿐이다.[42] 따라서 인공지능 로봇에 법적인 권리능력을 인정할 것인가는 당대의 시대정신에 달린 문제이다. 현행 민법상으로는 권리객체인 물건이 아니라 할 수 없는[43] 인공지능 로봇에 대해 향후 권리능력을 인정하는 것은 어떠한가의 논의는 최근 민법학의 가장 뜨거운 주제 중 하나이다. 이 주제를 정면으로 다루는 논문만 2017년 이후 10여 편이 발표되었다.[44] 논문들에 나타난 견해를 살펴보면, 강한 인공지능 로봇이라면 권리능력을 인정하는 것을 긍정적으로 검토해볼 필요가 있다는 입장[45]과 설령 강한 인공지능 로봇이라도 권리능력을 인정하는 것은 옳지 않다는 부정적인 입장[46] 그리고 판단을 유보하는 입장[47]으로 대립되고 있다.

---

40 이주흥 집필부분, (주6), 455면.

41 BFHZ 25, 134, 144; 홍일표 집필부분, 민법주해[I], 박영사, 1992, 457면에서 재인용.

42 이주흥 집필부분, (주6), 428면.

43 이경규, "인(人)이외의 존재에 대한 법인격 인정과 인공지능의 법적 지위에 관한 소고", 법학연구 제21집 제1호, 인하대학교 법학연구소, 2018, 349면.

44 형법이나 지식재산권 분야까지 포함하면 발표된 논문이 20편에 이르고 있다.

45 이중기, "인공지능을 가진 로봇의 법적 취급: 자율주행자동차 사고의 법적 인식과 책임을 중심으로", 홍익법학 제17권 제3호, 2016, 9면; 김진우, "지능형 로봇에 대한 사법적 규율 - 유럽연합의 입법 권고를 계기를 하여 -", 법조 제723호, 2017, 43면; 박종보/김휘홍, "인공지능기술의 발전과 법적 대응방안", 법학논총 제34권 제2호, 한양대학교 법학연구소, 2017, 53면; 이도국, "인공지능(AI)의 민사법적 지위와 책임에 관한 소고", 법학논총 제34권 제4호, 한양대학교 법학연구소, 2017, 332면; 신현탁, "인공지능(AI)의 법인격 - 전자인격(Electronic Person)개념에 관한 소고", 인권과 정의 제478호, 2018, 50면; 김건우, "법적 주체로서 자율적 인공지능 로봇 I: 의의와 관점", 성균관법학 제30권 제2호, 2018, 234면; 김진우, (주2), 17면.

46 오병철, (주1), 169면 이하; 신동일/김두환, "인공지능과 법체계-전자인격론의 모순과 정보권한과의 갈등을 중심으로-", 강원법학 제57권, 2019, 466면은 "화성 기지를 침공하는 외계인 방어훈련을 법제화하자는 것보다 현실감이 없어 보인다"고 평가하고 있다.

47 김자회/주성구/장신, (주5), 151면; 박수곤, "자율적 지능 로봇의 법적 지위에 대한 소고", 법학논총 제31권 제2호, 국민대학교 법학연구소, 2017, 79면; 이경규, (주10), 350-351면.

3. 전자인격 검토의 필요성

전자인격에 관한 논의를 본격적으로 촉발시킨 EU 결의안 권고의 핵심은 전자인격을 도입하는 것과 관련하여 "향후 법적 장치에 대한 영향 평가를 수행하고 그 과정에서 모든 가능한 법적 해결 결과를 분석하고 고려"하라는 것이다.[48] 즉 전자인격의 도입하는 것에 대한 영향 평가와 가설적 분석을 하라는 것이다.[49] EU 결의안은 인공지능 로봇의 작동에 대한 책임문제에 집중하고 있을 뿐, 권리능력 부여에 대해서는 거의 언급하고 있지 아니하다.[50] 결국 인공지능 로봇에 전자인격의 적용을 검토하는 태도는 인공지능 로봇의 발전에 따른 인류의 보호라는 지극히 인간중심적 사고에 바탕을 두고 있는 것이다.[51]

인공지능 로봇에 권리능력을 인정하는 것이 바람직한 것인가에 대해서는 다양한 견해가 대립되고 있다. 어떠한 방향으로든 사회적 합의가 이루어지기 까지는 앞으로 많은 논의의 시간이 필요할 것이다. 이 논문은 전자인격을 도입하는 것이 필요한가를 논의하는 것은 아니다. 전자인격을 도입하는 것을 전제로 하여, 현행 민법의 규정을 검토하여 이른바 전자인격의 등장에 조응하는 민법의 발전방향이 어떠하여야 하는가를 시론적으로 제시하고자 한다. 즉 전자인격의 도입에 필요한 법적 틀을 구체적으로 제시하는 것이다. 인공지능 로봇에 전자인격을 인정하는 전제에서의 법리구성을 시도해 봄으로써 전자인격을 인정할 필요가 있는가를 역으로 검증할 수 있는 점은 망외의 소득이 될 수도 있을 것이다. 만약 인공지능 로봇의 전자인격을 전제로 한 법적용에 현재와 같이 단순한

---

48 EU 결의안의 영어 원문은 다음과 같다; "Calls on the Commission, when carrying out an impact assessment of its future legislative instrument, to **explore, analyse and consider the implications** of all possible legal solutions, such as: ... f) creating a specific legal status for robots in the long run, so that at least the most sophisticated autonomous robots could be established as having the status of electronic persons responsible for making good any damage they may cause, and possibly applying electronic personality to cases where robots make autonomous decisions or otherwise interact with third parties independently."(강조와 밑줄은 저자가 부가함)

49 선정적인 언론보도처럼 EU 결의안이 마치 회원국들에게 전자인격을 도입하는 입법을 하도록 권고하는 결의를 한 것처럼 곡해되어서는 곤란하다.

50 김자회/주성구/장신, (주5), 145면.

51 김자회/주성구/장신, (주5), 140면; 물론 "전자적 인격권을 주장하는 필요성은 실제로 전자적 인격인 네트웍 기반 컴퓨터의 전자적 인권을 보호하기 위해서"라는 극단적인 견해<신동일/김두환, (주13), 489면>가 없는 것은 아니다.

물건으로 취급하는 것 이상의 유의미한 실익이 없다면 굳이 전자인격을 의제적으로 인정할 필요성은 없기 때문이다.

II. 전자인격의 시기와 종기

1. 시기

(1) 현행 민법 규정의 한계

민법 제3조[52]는 “사람은 생존한 동안 권리와 의무의 주체가 된다”고 규정하고 있다. ‘생존한 동안’이란 태어나서 죽을 때까지를 말하므로, 자연인의 권리능력의 시기는 사람으로 태어나는 시점이다. 세부적으로 살펴보면 생물학적인 분만과정 중 어느 시점에 규범적으로 ‘태어났다’고 판단할 것인가의 구체적인 시점에 대해서는 학설대립이 있다. 다소 진부한 느낌을 주는 자연인의 권리능력 시기에 관한 학설대립은 민법적 관점[53]에서는 전부노출설[54]이 통설적 지위를 갖고 있다.[55] 즉 어머니의 몸으로부터 태아 신체의 전부가 노출된 시점에 자연인으로서의 권리능력을 갖게 된다. 자연인만을 대상으로 한 제3조는 전자인격의 시기에 대한 법규범으로서는 아무런 역할도 하지 못함은 명백하다.

(2) 전자인격 취득의 요건

1) 소유자의 자유의지

인공지능 로봇은 근본적으로는 사람에 의해 인공적으로 제조되는 물건이다. 그러나

52 이하에서 우리나라 민법은 편의상 법률명을 표기하지 아니하고 생략한다.

53 형법적 관점에서는 대법원 판례(대법원 1982.10.1. 선고 81도2621)가 진통설을 취하고 있다.

54 독일 민법 제1조는 “사람의 권리능력은 출생이 완료(Vollendung)된 때 시작된다”고 규정하고 있어서 전부노출설에 따르는 것으로 볼 수 있다.

55 김준호, 「계약법」, 법문사, 2011, 16면;

사회적 필요에 따라 일정한 요건을 충족하는 예외적인 경우에 전자인격을 의제적으로 부여하고자 시도하는 것이다. 인공지능 로봇을 단순한 물건에서 권리능력을 갖는 전자인격으로 '탄생'시킬 것인가의 결정은 전적으로 소유자의 자유의지에 달려있다. 그의 진지한 결정 없이는 어떠한 경우에도 인공지능 로봇의 물건에서 권리주체로 체계적 지위의 극적인 상승이 이루어질 수 없다. 따라서 인공지능 로봇에 전자인격을 부여하고자 하는 소유자의 자유의지는 가장 중요한 우선적인 요건이라고 할 것이다. 전자인격의 취득을 위하여 인공지능 로봇 소유자의 자유의지 이외에 구체적으로 어떠한 요건을 갖추어야 하는가를 살펴보면 다음과 같다.

2) 자율적인 인공지능

로봇에 전자인격을 부여하기 위해서는 우선 설계된 알고리즘에 따른 적절한 상황판단과 대응이 가능할 정도의 자율적인 인공지능을 갖고 있어야 할 것이다. EU 결의안에 따르면, 자율성이란 외부 통제나 외부 영향을 받지 않고 독립적으로 외부 세계에서 의사결정을 내리고 구현할 수 있는 능력인 순수한 기술적 특성으로서 자율성의 정도는 로봇이 환경과의 상호작용을 얼마나 정교하게 하도록 설계되어 있는가에 달려있다고 한다.[56] 개별적인 경우에 구체적으로 어느 정도의 자율성이 있어야 전자인격을 부여할 수 있을 것인가의 세부적인 기준은 과학기술적 언어로 표현될 수 있고, 인공지능이 그러한 기준을 충족하는가의 평가는 전적으로 과학기술 전문가의 판단에게 맡겨져야 할 것이다. 즉 인공지능의 자율성은 규범적으로가 아니라 과학기술적으로 평가되어야 한다.

3) 인공지능에 의해 통제되는 유체물

인공지능 알고리즘의 연산결과 값 그 자체는 관념적인 디지털 정보로서 존재하는 것이지, 외적인 변화를 직접 야기할 물리적 힘은 갖지 못한다. 인공지능의 연산결과는 하나의 디지털콘텐츠에 불과하므로 이는 인간의 의사결정에 유용한 기초 자료만을 제공할 뿐이다. 그러므로 외적 변화를 직접 야기할 수 없는 인공지능 알고리즘 소프트웨어나

56 European Parliament resolution Liability. Z. AA; 김자회/주성구/장신, (주5), 130면에서 재인용.

그 연산결과 값 그 자체에 전자인격을 부여할 수는 없다.

한발 더 나아가 인공지능이 일정한 기계장치와 연결되어 있어서 이를 통제할 수 있는 상태가 되었을 때 비로소 외부 세계에 변화를 직접 일으키는 물리적 작용을 할 수 있다. 물리적 작용을 통해 외적인 변화를 수반하는 경우에만 전자인격을 부여하는 의미를 갖는다. 이른바 로봇이라고 불리는 물리적인 기계장치가 존재하고 그것이 인공지능에 의해 완전히 통제될 때 비로소 전자인격을 인정할 기초가 마련된다고 할 것이다. 일부 학자는 "기계와 전자 및 정보가 함께 결합된 복합기계장치로서, 이동능력 및 학습능력을 갖추고 또한 인공지능에 의한 자유로운 결정능력을 가진 기계장치"[57]라고 제시하기도 한다. 다만 인공지능에 의해 완벽히 통제되는가의 판단은 역시 법률가가 아닌 과학기술 전문가에 의해서만 가능할 것이다.

따라서 전자인격을 부여하고자 하는 인공지능 로봇이 자율적인 인공지능을 갖고 있는가 그리고 그 인공지능에 의해 '완전히' 통제되는가의 판단을 위해서는 신뢰할 수 있는 과학기술 전문가로 구성된 '(가칭) 전자인격 심사위원회'[58]와 같은 공적인 기구를 만들 필요가 있을 것이다. 그리하여 해당 위원회의 심사[59]를 통과한 인공지능 로봇만이 전자인격을 부여받을 수 있는 자격을 얻도록 해야 한다.[60]

4) 전자인격을 나타내는 외관상 표지

자연인과 달리 인공지능 로봇에는 외관상의 특징적 일관성이 존재하지 않는다. 인공지능 로봇마다 수행하는 기능이 다를 것이므로 그에 최적화된 다양한 외형을 갖는 것은 당연하다.[61] 모든 인공지능 로봇이 전부 인간을 닮은 휴머노이드가 될 수는 없다. 전자인

57 A. Bensoussan et J. Bensoussan, Droit des robots, Larcier, 2015, n° 178, p. 42; 박수곤, (주14), 51면에서 재인용; 전자인격 있는 인공지능 로봇이 반드시 장소적인 이동능력을 갖추어야 하는지는 다소 의문이다.

58 이하에서는 저자의 개인적인 제안에 불과한 제도적인 명칭에 '가칭'이라는 표현은 편의상 생략한다.

59 민법상 비영리법인의 설립을 위해서 주무관청의 허가가 필수적인 설립요건(제32조)인 것과 유사한 절차라고 할 수 있다.

60 등록대상인 고등로봇과 등록대상이 아닌 비고등로봇을 분류하는 기준이 수립되어야 할 필요가 있다는 견해<김진우, (주12), 18면">나 어떤 기준에 의하여 등록대상인 로봇과 등록대상이 아닌 로봇을 구별할 것인가 의문이라는 견해<박수곤, (주14), 65면>에 대한 하나의 가능한 방안으로 제시될 수 있을 것이다.

61 예를 들어 인공지능 로봇이 자동차의 형태일 수도 있고, 드론이나 선박의 형태일 수도 있고, 경우에 따라서는 휴머노이드일 수도 있을 것이다.

격이 있는 인공지능 로봇에게만 특별히 구별되는 외형을 강제하는 것은 불가능하다. 그러므로 자연인과 달리 외형상 특징만으로 인공지능 로봇이 전자인격을 갖고 있는지 아닌지를 한눈에 구분하는 것은 불가능하다.

또한 외형적으로는 동일한 기계장치라도 인공지능에 의해 통제될 수도 있고 인간에 의해 조작될 수도 있다. 예를 들어 인공지능으로 통제되는 자율주행 자동차와 인간에 의해 운전되는 기존의 자동차는 외형상으로 명확히 구별되지 않는다. 동일한 외형의 로봇이라도 내재되어 있는 인공지능의 수준이 전자인격을 부여하기에는 미흡할 수도 있다. 또 전자인격이 있는 인공지능 로봇이라도 인공지능 통제와 인간의 수동조작을 자유롭게 선택할 수 있도록 설계된 경우에, 인간이 수동조작을 하는 동안에는 전자인격을 인정할 필요는 없다. 결국 동일한 외형의 인공지능 로봇이라고 하더라도 전자인격이 있을 수도 있고 없을 수도 있으므로, 직관적으로 전자인격의 보유 여부를 판단하는 것은 거의 불가능하다.

인공지능 로봇에게 전자인격이 있다면 인공지능 로봇에게 법률효과가 귀속되지만, 그렇지 않다면 전자인격을 소유하는 자연인에게 법률효과가 귀속된다. 그러므로 인공지능 로봇의 작동에 따른 효과가 그 소유자에게 귀속되는 것인지 아니면 인공지능 로봇에게 귀속되는 것인가는 계약상대방이나 피해자와 같이 이해관계 있는 사람에게는 매우 중요한 문제이다. 인공지능 로봇도 전자인격이 존재하는가의 여부를 누구나 직관적으로 쉽게 확인할 수 있어야 한다. 자연인인가는 직관적으로 판단할 수 있으므로 그 행위의 법적 효과가 그에게 귀속된다는 것을 인식하는 것은 누구나 거의 무의식적으로 가능하다. 그 정도에 이르지는 못한다 하더라도 눈앞의 기계장치에게 권리능력이 있는 것인가를 판단하는 것은 매우 용이하여야 한다. 각각 다른 외형을 갖는 인공지능 로봇의 전자인격 보유 여부를 외형적 특성만으로 직관적으로 판단하는 것이 불가능하므로, 신속하고 용이한 판단을 위해서는 자동차 번호판과 같이 외부로 잘 드러나는 전자인격 표지를 인공지능 로봇의 외부에 부착하는 것이 거의 유일한 방법이라고 생각된다.[62] 다

---

62 고등로봇에게 '전자적으로' 확인 가능한 개별적 식별표지를 부여하고 이를 통해 권리능력과 관련된 정보를 알 수 있게 해야 된다는 견해<김진우, (주12), 17-18면>도 주목할 만하지만, 전자적인 방법으로 확인할 수 있도록 내장된 칩과 별도로 자연인이 오감으로 인식가능한 표지를 외부에 붙이는 것도 필요하다고 생각된다.

만 전자인격 표지의 크기보다 작은 초소형의 인공지능 로봇의 경우에는 별도의 용이한 인식방법을 고안할 필요가 있을 것이다. 예를 들어 전자인격을 나타내는 RFID((Radio Frequency Identification) 태그를 부착하여 기술적으로 센싱할 수 있도록 하는 것도 한 방법이 될 수 있을 것이다.

5) 전자인격의 등기와 공시

인공지능 로봇에 권리능력을 인정하기 위해서는 등록제도를 마련해야 한다는 견해[63]가 일반적이다. 자연인은 출생신고 여부와 관계없이 출생과 동시에 권리능력의 주체가 된다. 권리능력은 가족관계등록부의 기록에 의하여가 아니고 출생이라는 사실에 의하여 취득되는 것이다.[64] 그러나 같은 권리주체라도 법인은 자연인과는 다르다. 법인은 반드시 설립등기를 하여야 권리능력을 취득한다(제33조).

인공지능 로봇은 본래 인공적인 '물건'으로서의 본질을 갖는 것이고 같은 외형이라도 전자인격이 있는 경우와 없는 경우가 혼재되어 있으므로, 법인처럼 반드시 등기하여야 전자인격을 취득할 수 있도록 해야 한다.[65] 구체적으로는 법인의 설립등기와 유사하게 등기소에 '전자인격 생성등기'를 하는 방법을 취하는 것이 적절하다고 생각한다. 즉 전자인격 생성등기가 전자인격의 성립요건이라고 할 것이다. 그리고 전자인격 등기부를 통해 특정한 인공지능 로봇의 권리능력을 외부에 공시할 수 있을 것이다.[66]

6) 전자인격 취득 절차와 시기

전자인격을 취득하는 절차를 제안하면 다음과 같다. 우선 ①인공지능 로봇의 소유자는 앞서 제시한 '전자인격 심사위원회'의 심사를 통과하였다는 인증서[67]를 등기신청서

---

63 김진우, (주12), 17-18면; 박수곤, (주14), 64-65면; 이도국, (주12)전게논문, 332면; 김진우, (주2), 27면.

64 송덕수, 신민법강의, 박영사, 2018, 253면.

65 김진우, (주2), 37면도 등록을 통해 인공지능이 비로소 권리능력을 취득하는 것으로 설정하고 있다.

66 여기에 인공지능과의 거래에 관한 판단에 중요한 모든 데이터, 예컨대 운용자의 성명·주소, 책임재산 인공지능의 용도 또는 인공지능의 기술적 데이터 등을 담아야 한다고 주장하는 견해< 김진우, (주2), 37면>도 있다. 그러나 건물의 경우에 건축물대장과 건물등기부가 따로 있는 것처럼 전자인격 등기부에는 권리관계에 관한 규범적 사항만 핵심적으로 공시하는 것으로 충분하다고 생각한다.

67 전자인격으로서의 기술적 수준을 갖추었음을 인증하는 것은 현실적으로 개별적인 인공지능 로봇 하나하나를 심

에 첨부하여, 등기소에 '전자인격 생성등기'를 신청한다. ②등기소는 형식적 심사를 거쳐 '전자인격 고유번호'[68]를 생성하고 '전자인격 등기부'에 기재한다. ③등기소는 전자인격 고유번호가 표시된 전자인격을 나타내는 표지를 인공지능 로봇의 소유자에게 교부한다. ④인공지능 로봇의 소유자는 전자인격 표지를 수령하여 인공지능 로봇에 부착한다.

전자인격은 등기소가 전자인격 고유번호를 생성하여 전자인격 등기부에 기재한 시점에 권리능력을 취득한다. 법인이 설립등기 시점에 권리능력을 취득하는 것과 유사하게 인공지능 로봇도 전자인격 생성등기 시점에 권리능력을 취득한다. 만약 전자인격 생성등기를 통해 권리능력을 취득하였으나, 소유자가 전자인격 표지를 인공지능 로봇에 부착하지 않은 경우에는 제3자는 그 인공지능 로봇에게 권리능력이 있음을 알 수 없는 문제가 생긴다. 그러므로 소유자가 인공지능 로봇에 전자인격 표지를 부착하는 것을 전자인격의 대항요건으로 설정할 필요가 있다. 즉 인공지능 로봇에 전자인격 표지를 부착함으로써 소유자는 인공지능 로봇에게 전자인격이 있으므로 자신이 1차적인 책임을 부담하지는 않는다고 항변할 수 있다고 이론구성하는 것이 적절하다. 만약 전자인격 생성등기가 이루어졌음에도 불구하고 전자인격 표지를 부착하지 않은 경우에는 인공지능 로봇에게 전자인격이 이미 생성되었다 할지라도, 소유자에게 단순한 물건인 인공지능 로봇의 소유자로서의 법적 책임이 귀속되어야 할 것이다.

(3) 제한적 권리능력의 필요성 검토

1) 태아와 유사한 정지조건부 권리능력 검토

자연인의 경우에 모체에서 전부 노출되기 전까지의 태아 상태에 있어도 예외적으로 정지조건부 권리능력을 인정하여 개별적 보호주의를 취하고 있다. 인공지능 로봇의 경

사하기 보다는 공장에서 제품화되어 제작되는 인공지능 로봇에 대해 일괄적으로 이루어질 가능성이 높다. 제조회사는 판매하는 개별적인 인공지능 로봇을 판매할 때마다 개별적으로 인증을 받았음을 증명하는 서면을 제품번호를 표기하여 교부하면, 구매자는 이를 등기신청서류에 첨부하여 등기소에 제출하는 절차로 진행하는 것이 적절할 것이다.

68 프랑스에서도 인공지능 로봇에 신분번호 내지 사회보장번호를 부여하는 방식을 제안하는 견해가 있다; 박수곤, (주14), 64면에서 재인용.

우에도 전자인격을 취득하기 이전이라도 마치 태아처럼 정지조건부 권리능력을 인정하여야 하는가를 검토할 필요가 있다.[69] 그러나 인공지능 로봇의 경우에는 다음과 같은 점에서 태아와 같은 정지조건부 권리능력을 인정할 필요는 없다고 생각된다. 첫째로 태아와 달리 정해진 기간이 경과하기만 하면 자연스럽게 권리능력을 갖게 될 개연성이 높지 않고, 둘째로 태아에게 정지조건부로 권리능력이 인정되는 불법행위로 인한 손해배상청구권은 아직 전자인격을 취득하지 않았어도 인공지능 로봇이라는 물건에 대한 소유자의 재산권 침해로 다루면 될 것이며, 셋째로 인공지능 로봇에게는 상속이나 인지의 경우에 권리능력을 인정할 수 없고, 끝으로 유증의 경우에도 예외적으로까지 권리능력을 인정할 필요성이 있다고 보기 어렵다. 그러므로 인공지능 로봇에 전자인격을 부여한다고 해도 태아와 같은 정지조건부 권리능력을 예외적으로 인정하는 제도를 둘 이유는 없다.

2) 비법인사단과 유사한 제한적 권리능력 검토

법인에게 권리능력이 인정되기 위해서는 행정관청의 허가와 법인 설립등기를 갖추어야 한다. 그러나 행정관청의 허가와 법인 설립등기를 갖추지 않았으나 법인으로서의 사실상의 실체를 형성하고 있는 경우에 이를 '비법인사단' 또는 '비법인재단'이라고 한다. 이러한 비법인사단에 대해 민법이 정면으로 권리능력을 인정하고 있지는 않고, 우리의 학설과 판례도 완전히 전면적인 권리능력을 인정하고 있지는 않다.[70] 그러나 비법인사단에 대해서 일정한 범위 내에서는 제한적으로 권리능력을 인정하는 것이 일반적이다.

제275조는 '법인이 아닌 사단의 사원이 집합체로서 물건을 소유할 때에는 총유로 한다'고 규정함으로써 비법인사단의 사회적 실체와 법적 존재를 인정할 뿐만 아니라, 사원의 집합체로서 비법인사단의 소유형태가 총유임을 밝히고 있다. 대법원 판례[71]를 살펴보면 비법인사단의 계약체결에 대해 채무부담행위로 인정하여 법률행위의 권리주체로 인정하고 있고, 비법인사단을 지방세법상의 부재부동산 소유자로 인정하거나[72], 해산사유

---

69 구체적으로 자율적인 인공지능과 그에 의해 완벽히 통제되는 기계장치라는 '전자인격 심사위원회'의 인증만을 받고 아직 전자인격 생성등기를 하지 아니한 경우에 제한적인 권리능력을 인정할 필요가 있는가를 검토해 볼 수 있다.

70 이주흥 집필부분, (주6), 513면.

71 대법원 2012.1.12. 선고 2010다103697 판결.

72 대법원 2010.12.23. 선고 2008두19864 판결.

가 발생한 비법인사단에 대해 청산의 목적범위 내에서 '권리·의무의 주체'가 된다고 명확히 언급한 경우[73]를 찾아 볼 수 있다. 오래전 1960년대 비법인사단의 권리능력을 부정한 판례[74]가 없는 것은 아니지만, 대부분의 대법원 판례는 비법인사단의 제한적 권리능력을 비교적 폭넓게 인정하는 경향이다.

민사소송법은 민법보다 더 전향적으로 비법인사단의 법적 지위를 인정하고 있다. 민사소송법 제52조는 비법인사단의 당사자능력을 명문으로 인정하고 있고 판례도 민사소송법 제52조의 "사단이라 함은 일정한 목적을 위하여 조직된 다수인의 결합체로서 대외적으로 사단을 대표할 기관에 관한 정함이 있는 단체를 말한다. 또한 사단법인의 하부조직의 하나라 하더라도 스스로 위와 같은 단체로서의 실체를 갖추고 독자적인 활동을 하고 있다면 사단법인과는 별개의 독립된 비법인사단으로 볼 것이다"[75]라고 판시하고 있다.

인공지능 로봇에게도 비법인사단에 대해 인정되는 제한적 권리능력을 인정할 필요가 있는가를 생각해보면, 제한적 권리능력을 예외적으로 인정할 필요는 없다고 생각된다. 전자인격에 관한 다른 요건들은 충족시켰으나 오직 전자인격 생성등기만을 하지 않은 경우가 비법인사단과 비견되는 상황일 것이다. 인공지능 로봇의 소유자가 전자인격을 취득시킬 자유의지가 있고 자율적인 인공지능에 의해 통제되는 유체물도 존재하지만 아직 전자인격 생성등기를 하지 아니한 경우가 이에 해당된다. 이러한 상태에 있는 인공지능 로봇에 대해 제한적이라도 권리능력을 인정할 필요를 찾아보기는 어렵다. 왜냐하면 인공지능 로봇은 근본적으로 인공적인 물건이고, 인공적인 물건과 관련된 계약, 소유권 및 불법행위에 관한 법리는 이미 명확하게 확립되어 있다. 그러므로 굳이 물건인 인공지능 로봇을 제한적 권리주체로 취급하여 해결해야만 할 법적 공백이 있지 않으며, 또 그렇게 의제해야 할 현실적인 사회적 요청이 존재하는 것도 아니다. 따라서 전자인격 생성등기를 하지 아니한 인공지능 로봇에게 제한적인 권리능력을 인정할 합리적인 필요성이 있지 아니하며, 오직 하나의 물건으로서 법적으로 취급되면 족할 것이다.

---

73 대법원 2007.11.16. 선고 2006다41297 판결.

74 대법원 1969.1.21. 선고 68다211 판결.

75 대법원 2018.4.26. 선고 2015다211289 판결.

2. 종기

(1) 현행 민법 규정의 한계

자연인의 경우에 민법상으로는 전통적으로 심장사를 기준으로 사망시기를 판단하였다. 최근 장기이식 시술의 발달에 따라 뇌사를 인정하자는 주장[76]이 있으나 이를 민법상의 일반적인 사망기준으로 인정하기에는 어렵다고 한다.[77] 법인의 경우에는 해산하고 이에 따른 청산절차를 마무리하여 법인등기부에 청산종결의 등기(제94조)를 하면 권리능력을 상실한다. 자연인과 법인에게만 권리능력을 인정하는 현행 민법에서는 인공지능의 전자인격의 종기에 대해 직접적으로 적용할 법률 규정을 찾을 수는 없다. 그러나 특히 법인의 권리능력 종기에 관한 규정에서 전자인격의 종기에 대한 시사점을 도출할 수 있을 것이다.

(2) 전자인격의 종기

1) 자연인 모델과 법인 모델의 검토

전자인격의 종기를 설정하기 위한 방법은 크게 '자연인 모델'과 '법인 모델'로 나누어 생각해 볼 수 있다. 우선 자연인 모델은 특정한 시점을 기준으로 즉각적으로 권리능력을 상실시키는 방식으로 전자인격의 종기를 설정하는 것이다. 구체적으로는 '전자인격 말소등기'를 하는 시점에 일도양단적으로 권리능력을 소멸시키는 방법을 생각해 볼 수 있다. 이 경우에는 자연인의 상속과 같이 전자인격 있는 인공지능 로봇이 보유한 권리와 의무를 그 소유자에게 즉시 포괄적으로 귀속시키는 방법으로 기존의 법률관계를 정리하게 된다.

---

76 장기등 이식에 관한 법률 제2조 제5호에서 ""살아있는 사람"이란 사람 중에서 뇌사자를 제외한 사람을 말하고, "뇌사자"란 이 법에 따른 뇌사판정기준 및 뇌사판정절차에 따라 뇌 전체의 기능이 되살아날 수 없는 상태로 정지되었다고 판정된 사람을 말한다."라고 규정하고, 동법 제21조 제2항에서는 뇌사판정을 한 시점에 뇌사자가 사망한 것으로 간주하고 있다.

77 지원림, 「민법원론」(제2판), 홍문사, 2019, 198면.

법인 모델은 법인의 해산과 청산절차와 유사하게 권리능력의 상실을 단계적인 프로세스로 구성하는 것이다. 이 경우에는 인공지능 로봇이 보유한 권리와 의무를 정리하는 절차를 두고 그 절차가 마무리된 이후에 잔여재산을 그 소유자에게 귀속시키는 방법을 취하게 될 것이다. 구체적으로는 '전자인격 상실등기'를 한 이후에 기존의 법률관계를 정리하는 모든 절차를 거친 후에 다시 '전자인격 말소등기'를 함으로써 전자인격의 권리능력을 종국적으로 소멸시키는 방법을 생각해볼 수 있을 것이다.

자연인 모델과 법인 모델 둘 다 채택가능한 방안이긴 하지만, 전자인격은 근본적으로는 물건에 대해 예외적으로 사회적 필요에 의해 권리능력을 의제하는 것이므로 법인 모델이 더 적절하다고 생각한다. 자연인 모델처럼 전자인격이 권리능력을 상실하면 즉각적으로 자연인인 소유자에게 포괄적으로 귀속된다는 설정은 지나치게 관념적이다. 또 유사한 의제적인 권리능력인 법인의 경우에 권리능력 소멸을 위해 정교하게 짜여진 해산과 청산의 정리과정이 이미 확립되어 있다. 이를 적절히 참고하여 법인 모델을 고안한다면, 현실에서 요구되는 법적 문제를 무난히 원만하게 해결할 수 있을 것이다.

2) 요건

① 소유자의 자유의지

전자인격의 취득과 마찬가지로 소멸도 전적으로 인공지능 로봇 소유자의 자유의지에 달려있다. 아무리 법률상 권리의무의 주체가 될 수 있다고 하더라도 본질적으로는 물건이므로 그 소유자의 물권적 지배를 벗어날 수는 없다고 하여야 한다.

② 전자인격 상실등기

전자인격을 소멸하기 위한 첫 단계로 전자인격의 표지를 반납하면서 전자인격 상실등기를 하여야 한다. 전자인격 상실등기를 함으로써 전자인격은 새로운 법률관계를 형성할 수 없다. 이를 위해서는 인공지능 로봇에 부착된 전자인격의 표지를 반드시 반납하도록 하여야 한다. 전자인격 상실등기를 하면 기존의 법률관계를 정리하는 범위에서만 권리능력이 인정되도록 전자인격을 축소하여야 한다. 구체적으로는 기존의 채권을 추심하고 채무를 변제하는 청산절차를 진행할 수 있다. 다만 아직 변제기에 도래하지 아니한 채권과 미이행된 채무는 잔여재산으로 구성하여야 한다. 설령 채무가 초과된 상태라도 전자인격에는 파산을 인정하지 아니하고 미이행된 채무는 잔여재산에 편입하여여 할 것이다.

청산절차의 세부적인 내용은 법인의 청산절차[78]를 적절히 참고하여 다음과 같이 제안한다. ①전자인격 상실등기를 한 전자인격은 청산의 목적범위에서만 권리가 있고 의무를 부담한다. ②전자인격이 있는 인공지능 로봇의 소유자가 청산인이 된다. ③전자인격이 있는 인공지능 로봇의 소유자는 전자인격 상실등기를 한 날로부터 2월 내에 3회 이상의 공고로 채권자에 대하여 2월 이상의 기간을 정하여 그 기간 내에 그 채권을 신고할 것을 최고하여야 한다. ④전자인격이 있는 인공지능 로봇의 소유자는 알고 있는 채권자에게 대하여는 각각 그 채권신고를 최고하여야 한다. 알고 있는 채권자는 청산으로부터 제외하지 못한다. ⑤전자인격이 있는 인공지능 로봇의 소유자는 채권 신고기간내에는 채권자에 대하여 변제하지 못한다. 그러나 전자인격은 채권자에 대한 지연손해배상의 의무를 면하지 못한다. ⑥청산 중의 전자인격은 변제기에 이르지 아니한 채권에 대하여도 변제할 수 있으며, 조건있는 채권, 존속기간의 불확정한 채권 기타 가액의 불확정한 채권에 관하여는 법원이 선임한 감정인의 평가에 의하여 변제하여야 한다. ⑦청산으로부터 제외된 채권자는 전자인격의 채무를 완제한 후 귀속권리자에게 인도하지 아니한 재산에 대하여서만 변제를 청구할 수 있다. ⑧청산중 전자인격의 재산이 그 채무를 완제하지 못한 경우 미이행된 채무는 전자인격이 있는 인공지능 로봇의 소유자에게 귀속된다.[79]

③ 전자인격 말소등기

전자인격 상실등기를 하고 전자인격의 채권과 채무를 정리한 후에는 전자인격 말소

---

78 민법 제81조에서부터 민법 제93조까지가 유용한 시사점을 제공할 수 있을 것이다.

79 김진우, (주2), 38면은 인공지능 로봇의 유한책임을 인정하면 책임재산액이 과소할 경우 피해자에게 불리한 것이 아닌가 의문이 든다고 하면서도 인공지능 로봇과 계약을 체결할 것인가는 자유이므로 미리 계산에 넣고 행동할 수 있으므로 문제가 없다고 한다. 그러나 인공지능 로봇이 계약관계 없는 타인에게 손해를 입힌 경우에 대해서는 언급이 없다.

등기를 하면 전자인격은 완전히 소멸된다. 이미 전자인격 상실등기 시점에 전자인격의 표지를 반납하였으므로, 외형상으로도 더 이상 전자인격으로 인식되지 못한다. 전자인격 말소등기를 하면 그 시점에 전자인격의 추심되지 못한 채권이나 미이행된 채무는 잔여재산으로서 인공지능 로봇의 소유자에게 즉시 완전히 귀속된다.

(3) 전자인격을 상실한 인공지능 로봇의 처리

전자인격 말소등기를 하여 전자인격을 상실하면 그 즉시 인공지능 로봇은 권리객체인 물건으로 전환된다. 전자인격을 상실하였다고 하더라도 인공지능 로봇을 더 이상 이용할 수 없는 것은 아니다. 여전히 인공지능 로봇에 의해 완전히 통제될지라도, 즉 기능상으로는 전자인격을 보유할 때와 아무런 차이가 없다 할지라도, 평범한 기계장치와 같은 보통의 물건으로서의 법적 지위만을 가질 뿐이다.[80]

3. 주소 그리고 부재와 실종

(1) 현행 민법 규정의 한계

자연인은 생활의 근거되는 곳을 주소로 하며(제18조 제1항), 주소를 알 수 없으면 거소를 주소로 본다(제19조). 법인의 경우에는 그 주된 사무소의 소재지에 있는 것으로 한다(제36조). 인공지능 로봇도 일정한 공간적 범위 내에서 활동을 하므로 자연인과 유사하게 활동의 근거가 되는 곳으로서의 주소의 개념이 필요할 것이다. 현행 민법의 주소에 대한 개념정의를 인공지능 로봇의 전자인격에도 적용할 수 있을 것인가를 검토할 필요가 있다.

종래의 주소나 거소를 떠난 자연인을 부재자로 다루고 부재자의 생사가 일정한 기간

80 인공지능 로봇이 전자인격을 갖고 있지 않은 경우에 인공지능 로봇이 타인에게 입힌 손해에 대해 소유자에 대해서 과실책임을 적용할 것인지 아니면 이른바 '편익책임주의'와 같은 새로운 특수한 책임원리를 적용하여야 할 것인지의 논란의 여지는 그대로 남아있다.

이상 분명하지 아니한 경우에 실종선고가 가능하도록 다루고 있다. 다만 법인은 유형적인 외형을 갖는 것이 아니므로 부재나 실종이라는 개념이 존재하지 않는다. 인공지능 로봇은 자연인처럼 유형적인 외형을 갖기 때문에 종래의 활동 범위를 벗어날 가능성도 있어서 부재나 실종을 다루는 것은 의미가 있다. 다만 민법상의 부재자나 실종선고에 관한 규정은 자연인을 전제로 하는 것이므로 인공지능 로봇에 그대로 적용하기는 어렵다.

(2) 전자인격의 주소

인공지능 로봇은 물리적인 실체를 갖고 일정한 공간을 차지하고 있으며, 작동도 자연인처럼 일정한 공간의 범위에서 행해진다. 그러므로 전자인격에도 자연인처럼 주소를 인정할 수 있다. 전자인격의 소재를 소유자가 알 수 없이 행방이 불명한 경우에 후술하는 바와 같이 전자인격의 실종을 판단하는 기준으로서도 주소의 개념을 인정하는 것이 적절하다.

자연인의 주소에 대해 사람이 거주하는 장소라는 사실적 문제로 이해할 것이 아니라, 그러한 사실을 전제로 하는 법률상의 처리기준이 되는 장소라는 법률문제로 인식하여야 한다는 견해[81]는 전자인격의 주소에도 마찬가지로 타당하다. 전자인격은 자연인이 아니므로 '생활'의 근거라는 표현은 적절하지 아니하고, '주된 작동'의 근거가 되는 곳을 전자인격의 주소로 보는 것이 적절할 것이다. 자연인의 주소와 마찬가지로 전자인격의 주소도 실질적 관계에 따라 결정되는 실질주의, 주소의 설정에 주된 작동의 사실만을 요구하는 객관주의, 복수의 주소를 인정하는 복수주의가 적용될 수 있을 것이다.

(3) 전자인격의 부재

민법이 자연인의 부재자 제도를 두는 이유는 그의 재산을 관리하기 위함이다. 그러나 전자인격의 재산은 후술하는 바와 같이 소유자로부터 증여받은 재산에 국한된다. 또한

81 백태승, 민법총칙(제6판), 집현재, 2013, 165면.

전자인격이 야기한 손해의 배상을 위한 책임재산으로서만 활용된다. 따라서 인공지능 로봇이 주된 작동의 근거를 벗어난다고 할지라도 행방을 알 수 없는 경우가 아니라면, 전자인격의 재산을 누군가가 관리할 실익은 없어 보인다. 전자인격에 대해 부재에 관한 법적 규율이나 입법은 필요하지 않다고 생각된다.

(4) 전자인격의 실종

1) 실종제도의 필요성

인공지능 로봇이 주된 작동의 근거를 벗어나서 행방이 묘연한 경우[82]에는 자연인의 실종과 유사한 사태가 벌어진다. 전자인격을 갖는 인공지능 로봇이 행방불명되면 소유자의 통제를 벗어나게 된다. 이 경우 행방불명된 전자인격이 어느 곳에선가 타인에게 손해를 발생시키는 경우 그 손해를 누구에게 귀속시킬 것인가가 전자인격 실종의 가장 중요한 문제가 될 것이다. 자연인의 실종이 상속 개시나 혼인 해소 등의 상황을 가져오는 것과 달리, 이에 상응하는 전자인격의 행방불명의 경우에는 소유자의 통제를 벗어난 인공지능의 작동에 의해 발생된 손해의 귀속을 중심으로 다룰 필요가 있다.

인공지능 로봇의 행방을 알 수 없게 되는 사태의 원인은 다양하다. 먼저 인간의 개입 없이 인공지능 로봇이 오작동을 일으켜 행방불명이 되는 경우를 생각해 볼 수 있다. 이 경우 소유자가 자신의 통제를 벗어나 행방불명이 된 전자인격이 있는 인공지능 로봇이 야기한 손해는 1차적으로 전자인격이 배상책임을 져야 할 것이다. 이것이야말로 전자인격을 인정하는 실익이 아닐 수 없다. 전자인격의 1차적 배상책임으로 전보되지 않은 손해는 원칙적으로는 전자인격의 소유자가 2차적 배상책임을 지도록 하여야 할 것이다.[83] 다만 자신의 통제를 벗어나서 행방불명인 상태로 어떠한 편익도 제공하지 못하고 있는 전자인격의 작동 결과에 대해서까지 최종적인 손해배상책임을 소유자에게 귀속시키는 것은 정당한 법원리라고 생각되지 않는다. 따라서 이 경우에 전자인격의 실종제도를 통

---

82 이 문제에 대해 실종이나 부재의 관점이 아닌 인공지능 로봇 소유자의 목적물반환청구권이나 부당이득반환청구권의 관점에서 다루는 견해<김진우, (주12), 44면>도 있다.

83 책임근거로는 '편익책임원리'를 제시할 수 있을 것이다. 자세한 내용은 오병철, (주1), 207면 이하.

해 소유자를 면책시킬 방안을 고려할 필요가 있다.

2) 실종신고의 절차

자연인의 실종은 일정한 실종기간이 경과하면 법원은 이해관계인이나 검사의 청구에 의하여 실종선고를 하게 된다. 그러나 전자인격의 경우에는 주된 작동의 근거로 복귀하는 것을 일정한 기간 기다릴 필요가 있는가는 의문이다. 자연인의 경우에는 자유의지로 기존의 주소를 떠났다가 복귀할 가능성을 배제할 수 없지만, 오작동을 일으켜 소유자의 통제를 벗어나 행방불명된 전자인격의 경우에는 기다린다고 해서 복귀할 가능성은 거의 없기 때문이다. 따라서 자연인의 실종선고처럼 실종기간을 둘 필요는 없을 것이다.

자연인의 실종은 이해관계인이나 검사의 청구에 의하여 법원이 실종선고를 하지만, 전자인격의 경우에는 소유자의 실종'신고'만으로 실종의 효과를 발생시켜도 무방할 것으로 생각된다. 전자인격이 행방불명된 것을 인식한 소유자가 등기소에 실종등기를 청구하면, 등기소는 '전자인격 실종등기'를 하는 것으로 실종신고의 절차를 간이하게 종결시키면 될 것이다.

3) 실종신고의 효과

전자인격 실종등기가 이루어진 다음 날부터는 행방불명된 인공지능 로봇이 타인에게 손해를 입히더라도 소유자는 2차적인 배상책임을 부담하지 않는다. 오직 전자인격이 보유한 책임재산의 한도에서만 배상책임을 질 뿐이다. 만약 전자인격의 책임재산으로 손해를 전부 배상받지 못한다 하더라도 이 경우에는 법익보유자의 '불운'으로 자신이 스스로 손해를 부담할 수 밖에 없을 것이다.[84] 그러나 허위로 실종신고를 한 경우라면, 소유자의 면책은 적용되지 않는다. 즉 실종신고된 전자인격에 의한 손해에 대해 전자인격의 책임재산으로 전액 배상을 받지 못한 피해자는 전자인격 소유자의 실종신고가 허위임을 증명하여 2차적 손해배상책임을 추궁할 수 있다.

---

84 예를 들어 사육하던 동물이 야생상태로 돌아간 이후에는 타인에게 손해를 끼치더라도, 사육자에게 민법 제759조의 동물점유자책임을 지울 수 없는 것과 마찬가지이다.

만약 소유자의 통제를 벗어나 행방불명된 전자인격에 실종신고를 하지 않았다면, 전자인격이 타인에게 입힌 손해에 대해 전자인격의 책임재산으로 1차적인 배상책임을 지는 것은 같다. 다만 전보되지 않은 손해에 대해서는 소유자가 '편익책임원리'에 따라 손해배상책임을 지던가 아니면 전자인격이 파산을 하고 미이행된 채무가 소유자에게 귀속되는 결과를 가져온다. 실종신고를 하지 않았다면 어떠한 경우에도 전자인격 소유자가 최종적인 배상책임을 지게 될 것이다. 이러한 점이 전자인격 실종신고 제도의 존재의의라고 할 수 있을 것이다.

4) 실종신고의 취소

소유자의 통제를 벗어나 행방불명 되어 실종신고된 전자인격이 종래의 주된 작동 근거로 돌아오면 소유자는 실종신고를 취소할 것인지 아니면 아예 전자인격을 확정적으로 종료시킬 것인지 선택할 수 있을 것이다. 만약 실종신고의 취소를 선택하였다면, 실종신고를 하였던 등기소에 실종등기의 말소를 청구하는 방식으로 행하면 될 것이다. 실종신고 취소의 효과는 소급하지 아니하며, 전자인격의 법적 인격은 장래를 향하여 회복된다. 실종신고가 취소된 이후에는 전자인격이 타인에게 입힌 손해에 대해 소유자도 편익책임원리에 따라 2차적인 배상책임을 지거나 파산에 따른 잔여채무 귀속을 부담해야 한다.

5) 제3자에 의한 도난의 경우

전자인격의 실종신고는 외부적인 영향 없이 인공지능 로봇의 오류로 행방불명된 경우를 상정한 제도이다. 만약 인간이나 다른 전자인격에 의해 주된 작동의 근거를 벗어나서 소유자의 통제를 벗어나게 되어도 이를 알지 못하는 소유자는 전자인격의 실종신고를 하게 될 것이고, 이 실종신고도 유효하다. 다만 자연인이나 다른 전자인격의 외력에 의해 소유자의 통제를 벗어나게 된 전자인격이 야기한 손해에 대한 배상책임은 최종적으로는 그러한 외력을 가한 자가 부담해야 할 것이다. 즉 타인에 의해 실종된 전자인격이 야기한 손해에 대해서는 그 전자인격이 자신의 책임재산으로 1차적인 손해배상책임을 부담하되, 전보되지 못한 손해에 대해서는 타인의 전자인격에 외력을 가해 소유자의 통제를 벗어나게 만든 자연인이나 전자인격이 2차적인 손해배상책임을 부담해야 한다. 또한 그러한 외력을 가한 자연인이나 전자인격은 실종된 전자인격과 그 소유자에 대해 자신의 침해행위에 대해 제750조의 불법행위에 기한 손해배상책임을 별도로 져야 할 것이다.

III. 전자인격의 권리능력 범위

1. 제한적 권리능력의 필요성

인격 개념이 절대불변의 기준을 갖는 것은 아니므로[85] 전자인격의 등장도 기대할 수 없는 것은 아니다. 인공지능 로봇에 법적 인격을 부여하는 것을 긍정한다면 인간과 동등한 권리능력을 인정할 수 있는가도 문제가 된다.[86] 이에 대해 의제가 아닌 실체로서 그리고 제한적 차원에서만이 아니라 '일반적'인 차원에서까지 긍정하는 관점을 제시하는 독특한 입장[87]도 있지만, 꼭 필요한 한도에서만 권리능력을 제한적으로 인정하여야 한다는데 견해가 지배적이다.[88]

권리주체라고 해서 모두 같은 권리능력을 갖는 것은 아니다. 법인은 권리주체이면서도 법률의 규정에 좇아 정관으로 정한 목적의 범위 내에서만 권리와 의무의 주체로서 권리능력이 인정될 뿐이다(제33조). 또한 태아도 권리주체이지만, 불법행위에 기한 손해배상청구권, 상속, 대습상속, 유증, 인지, 유류분과 같이 법률이 규정하는 경우에만 제한적으로 권리능력을 가질 뿐이다. 따라서 전자인격이 권리주체라고 해서 자연인과 같이 포괄적이고 총체적인 권리능력이 인정되어야만 하는 것은 아니고, 제한적인 범위에서

85 신현탁, (주12), 49면.

86 이에 대해서는 독일에서도 학설대립이 있다. 자세한 내용은 김진우, (주2), 36면 참조.

87 김건우, (주12), 234면.

88 이중기, (주12), 9면; 김진우, (주12), 43면; 김자회/주성구/장신, (주5), 129-130면; 이경규, (주10), 350면; 신현탁, (주12), 59면; 김진우, (주2), 36면.

만 권리능력을 인정하는 것도 가능하다.

전자인격에 제한적인 권리능력을 인정하는 견해도 그 착안점은 다양하다. 인공지능 로봇을 동물과 견주어서, 독일이나 오스트리아처럼 동물을 물건에서 분리하여 별개의 독립된 생명체로 접근하여 사람과 물건 이외의 3분법 체계에서 시사점을 도출하려는 견해[89]가 있으며, 로마시대의 노예처럼 권리와 의무의 주체가 되는 동시에 권리객체로서의 성격도 겸유하는 체계로부터 시사점을 도출하는 견해[90]도 있다.

생각해 보면 자연인과 동일한 완전한 권리능력을 부여하는 것은 옳지 않다. 자연인은 부모에 의해 태어난 생명체로서 인간의 존엄성이 인정되지만, 전자인격은 인간에 의해 만들어진 제조물이 본질이기 때문이다. 전자인격은 물건으로 제작된 것이 나중에 인간의 필요에 의해 권리능력이 부여되는 것일 뿐, 권리능력이 박탈되면 다시 물건으로 돌아가는 것이다. 또한 전자인격이 소유자의 소유물로서의 지배권을 벗어나는 경우에는 전술한 실종신고를 통해 제한적인 권리능력마저 박탈되고 다시 물건으로서 권리객체의 법적 지위만이 인정되어야 한다. 즉 전자인격에게 권리능력이 인정되는 경우에도 전자인격의 소유자의 지배를 받는 소유물로서의 지위를 겸하는 것이므로 자연인과 완전히 동일한 법적 지위를 인정하기 어렵다.

또한 전자인격에게 완전한 권리능력을 인정할 필요도 없다. 전자인격이 소유자의 의사에 반하여 전적으로 자신의 이익만을 위해 법률행위를 하는 것을 허용할 수는 없다. 전자인격은 프로그래밍된 대로 작동을 할 뿐이고, 그 프로그래밍은 전자인격의 소유자를 위한 것이기 때문이다. 소유자의 편익을 위한 한도에서만 전자인격의 권리능력을 인정하는 것으로 족하다. 설령 예외적으로 전자인격이 행하는 법률행위의 효과가 소유자가 아닌 전자인격에게 귀속되는 경우를 인정한다고 하더라도, 이는 최종적으로 전자인격의 책임재산 형성이라는 소유자의 이익을 위한 것이어야 한다. 전자인격은 철저히 법률에 의한 의제적인 법적 인격이고, 그 한도에서만 권리와 의무의 주체가 된다고 할 것이다. 결국 전자인격이 권리주체가 된다고 하더라도 자연인과 같이 완전한 권리능력을

89 장재옥/김현희, “인공지능의 법적 지위에 관한 논의”, 법학논문집 제43집 제1호, 중앙대학교 법학연구원, 2018, 134면.

90 이중기, (주12), 9면.

갖는 것이 아니고 법률로 규정한 경우에 한하여 권리와 의무의 주체가 된다고 하여야 할 것이다.

권리의 성격상으로도 전자인격에게 자연인과 완전히 동일한 권리능력을 인정하는 것은 불가능하다. 자연인 사이의 평등 관계를 전제로 하여 특정한 행위를 요구할 권리인 채권의 경우에 전자인격에 그대로 인정하는 것은 타당하지 않다. 전자인격은 자연인과 달리 자연법적으로 존엄한 존재가 아니므로, 자연인과 대등한 관계라고 하는 것은 결코 옳지 않다. 설령 권리능력이 있다고 하더라도 물성을 기반으로 하는 열등한 존재인 전자인격이 자연인에게 특정한 행위를 요구하는 채권을 귀속시키는 것은 불가피한 경우로 극히 제한되어야 한다. 또한 전자인격은 자연인이 아니므로 혼인을 하지도 않고 출산을 하지도 않으므로 가족법상의 권리능력은 대부분 필요로 하지 아니한다.

2. 전자인격의 행위능력

인공지능 로봇에 전자인격을 인정한다면, 인공지능 로봇의 행위능력을 어떻게 설정할 것인가도 검토할 필요가 있다. 독특하게 행위능력에 관해서도 제한적으로 인정하고[91] 후견제도를 가미하는 것도 고려할만하다는 견해[92]도 있다. 그러나 전자인격의 행위능력은 권리능력의 범위에서는 행위능력을 갖는다고 보는 견해[93]가 타당하다.

자연인의 경우에 미성년자의 제한능력은 출생으로 권리능력 취득하는 시점부터 완전한 의사결정을 할 능력을 갖기까지 상당한 시간의 경과가 반드시 필요하기 때문에 생긴 법제도이다. 인간의 불가피한 미성숙 단계를 전제로 한 것이다. 그러나 인공지능 로봇의 미성숙은 고려할 이유가 없다. 이미 '전자인격 심사위원회'의 심사를 통과한 인공지능 로봇만이 전자인격을 부여받을 수 있는 절차가 선행되었기 때문이다.

또한 성년후견과 같은 제한능력자제도를 전자인격에 인정할 필요는 없다. 인공지능 로봇이 그 기능에 장애가 생겨서 오작동을 한다면 아예 전자인격을 종료시키는 것이 타

91 신현탁, (주12), 55면

92 이경규, (주10), 350면.

93 김진우, (주2), 40면.

당하다. 인공지능 로봇의 소유자가 장애있는 인공지능 로봇의 전자인격을 종료시키지 않는다고 하더라도 결국 그에 따른 위험은 최종적으로는 소유자가 부담하게 될 것이므로, 전자인격의 소유자가 인공지능 로봇의 장애상태를 방치하지는 않을 것이다. 따라서 제한능력 전자인격을 인정할 합리적인 이유가 없으므로, 전자인격은 권리능력의 범위 내에서는 완전한 행위능력을 갖도록 하여야 할 것이다.

3. 전자인격과 법인

(1) 사단법인의 사원이 될 자격

전자인격이 있는 인공지능 로봇이라면 자연인처럼 사단법인의 구성원인 사원이 될 수 있는가를 검토할 필요가 있다. 사단법인을 구성하는 사원이 되면 최고의결기관인 사원총회에 참석하여 결의를 하는 것이 가장 중요한 역할이다. 그러나 전자인격은 소유자의 편익을 위하여 그의 통제하에 있는 존재이므로 전자인격이 소유자의 의사에 반하여 독자적인 의사결정을 하는 것은 규범적으로 인정하기 어렵다. 더욱이 법인의 이사는 대표기관으로 전자인격이 자연인인 사원을 대표하는 권한을 갖는다는 것은 받아들이기 어렵다. 또한 전자인격이 자연인인 이사의 감독기관이 되는 것도 역시 수용하기 힘들다. 따라서 전자인격은 사단법인의 구성원으로서의 사원이 될 수 있는 권리능력은 없다고 보아야 할 것이다.

(2) 재단법인을 구성하는 재산

전자인격이 있는 인공지능 로봇은 권리능력이 제한적으로 부여된다고 하더라도 본질적으로는 물건으로서의 법적 지위를 겸하는 것이므로, 재단법인을 구성하는 재산이 될 수 있음은 물론이다. 전자인격이 자신이 귀속되어 있는 재단법인을 위한 작동을 하는 것은 매우 유용할 수 있으므로 전자인격의 소유자가 재단법인을 설립하기 위해 전자인격이 있는 인공지능 로봇을 재단법인의 재산으로 출연하는 것은 가능하다. 전자인격의 소유권은 민법 제48조의 출연재산의 귀속시기에 관한 규정에 따라 재단법인에게 귀속된다고 하면 될 것이다.[94]

Ⅳ. 전자인격의 물권관계

1. 전자인격이 보유하는 물권

(1) 물권적 지배

1) 소유권

물권은 인간이 특정하고 독립된 물건을 직접 지배해서 이익을 얻는 것을 내용으로 하는 배타적 권리이다. 전자인격에게 권리능력을 원칙적으로 인정한다면, 전자인격이 다른 물건을 물권적으로 지배하는 것도 생각해 볼 수 있다. 인간의 존엄성이라는 자연법적 원칙은 인간이 피지배적 존재로 전락해서는 안된다는 것이지, 오로지 인간만이 물건에 대한 지배권을 행사할 수 있고 그 외의 존재가 물건을 지배하는 것을 금지하여야 한다는 것까지는 아니다. 물건에 대한 지배적 권리를 권리능력 있는 전자인격이 보유한다고 해도 자연인의 인간으로서 존엄성을 해하는 것은 아니다. 그러므로 전자인격은 다른 물건에 대해서는 물권적 권리를 보유하는 것을 허용하여도 무방하다. 특히 손해배상책임을 위한 책임재산을 보유한다는 것은 곧 재산에 대한 소유권, 특히 그 중에서도 금전에 대한 소유권을 갖는다는 것을 의미한다. 따라서 전자인격은 소유권의 주체가 될 수

94 전자인격 생성등기를 통해 전자인격을 취득한 이후에 재단법인의 재산으로 출연된 경우에 전자인격의 소유권 이전시점에 대해서는 부동산의 재단법인 출연과 유사한 논란이 예견된다. 즉 제48조에 따라 전자인격 변경등기 없이 소유권이 이전된다고 할 것인지 아니면 전자인격 변경등기 시점에 소유권이 이전될 것인지의 문제도 예상해볼 수 있다. 그러나 전자인격은 부동산이 아니므로 제186조의 규정의 적용대상이 아니라고 보아 제48조만이 적용된다고 보는 것이 타당할 것이다.

있고, 또 될 수 있어야 할 것이다.

2) 제한물권

지상권, 지역권 그리고 전세권의 3종의 용익물권을 살펴보면, 전자인격에게 이러한 용익물권을 귀속시키지 못할 근본적인 문제는 없어 보인다. 다만 비교적 장기에 걸쳐 건물, 수목이나 기타 정착물을 소유하기 위해 토지의 이용권을 보유하는 지상권의 경우에 전자인격에게 이를 반드시 인정하여야 할 필요성이 절실해 보이지는 않는다. 그렇다고 해서 이를 굳이 부정해야 할 합리적인 이유도 없다.

물리적 외형을 갖는 인공지능 로봇은 지상에서 일정한 공간을 차지하는 것이 일반적이고 또 전자인격이 토지의 소유권자가 될 수 있으므로 타인의 토지를 자신의 편익에 이용하기 위한 지역권을 설정하는 것도 필요할 것이다. 또 지역권은 반드시 토지의 소유자 사이에서만 인정되는 권리가 아니라 지역권이 설정된 후에 요역지의 지상권자, 전세권자, 임차인도 지역권을 행사할 수 있으므로,[95] 전자인격에게 지역권을 향유할 수 있도록 하는 것은 의미가 있다고 할 것이다.

전세권은 전세금을 지급하고 타인의 부동산을 점유하여 그 부동산의 용도에 좇아 사용, 수익하고 전세권이 소멸하면 목적 부동산으로부터 우선변제를 받을 수 있는 권리이므로, 부동산을 점유할 가능성 내지는 필요가 있는 인공지능 로봇이 자신의 전자인격을 기반으로 전세권을 취득하는 것도 허용되어야 한다. 예를 들어 전자인격 있는 자율주행 자동차가 주차할 공간을 확보하기 위해 그에 적합한 차고의 소유자 자연인과 전세권 계약을 체결하는 경우를 생각해 볼 수 있다. 또 전자인격이 전세권 설정자가 되는 경우도 예상해 볼 수 있다. 전자인격이 부동산으로 소유하는 경우에 타인에게 그 부동산에 전세권을 설정할 수도 있어야 하므로 전자인격이 전세권 설정자가 될 수도 있을 것이다.

담보물권은 채권의 담보를 위한 제한물권이므로 금전채권을 보유할 수 있는 전자인격에게는 그 담보를 위해 필요한 물권이라고 할 수 있다. 담보물권은 자연인의 인적 요소가 아닌 재화의 객관적 가치에 의해 채권을 담보하는 것이므로 채무자의 인격적 가

95 송덕수, (주32), 557면.

치의 훼손은 없다. 전자인격에게 담보물권을 인정하여도 아무런 문제가 없다. 담보물권 중에서 저당권은 등기를 통해 관념적으로 부동산의 교환가치를 지배하는 것이다. 만약 전자인격에게 저당권의 귀속을 인정한다면, 전자인격의 등기능력 인정이 전제가 되어야만 한다.

3) 점유권

점유의 법적 승인은 평화질서를 작출함으로써 개개인으로 하여금 타인이 자신의 사실적 지배영역에 자력으로 간섭하는 것을 감내할 필요가 없다는데 대하여 신뢰할 수 있게 해준다.[96] 이러한 점유의 평화질서 기능은 자연인뿐만 아니라 전자인격이 있는 인공지능 로봇에게도 그대로 적용될 필요가 있다. 전자인격에게 권리능력을 인정하는 한 그 권리보유를 위한 평화질서의 유지는 자연인과 마찬가지로 요구되기 때문이다. 전자인격에게 물권의 주체로서의 지위를 일반적으로 긍정한다면, 전자인격의 점유권도 인정할 수 있다. 특히 제192조 제1항에 따라 점유는 물건에 대한 사실상의 지배만 있으면 성립한다. 그 외에 어떠한 법적인 의사가 필요하지 않다는 객관설[97]에 따를 경우에는 전자인격에게 점유권을 인정하는 것이 더욱 용이하다. 점유권의 성립을 위해서는 사실적 지배관계를 가지려는 의사인 점유설정의사는 필요하다는 것이 통설[98]이지만, 전자인격에게 그러한 사실적 지배관계를 가지려는 의사와 동일시되는 알고리즘이 설치되어 있다면 이를 인정할 수 있을 것이다. 특히 법적 의사가 아닌 사실상의 의사이므로 인공지능의 과학기술적인 알고리즘이 이에 조응하는 것이라고 보아도 무리가 없다.

기존의 법이론에서도 점유는 반드시 자연인에 의해서만 가능한 것은 아니다. 법인은 대표기관을 통하여 스스로 점유하는 것으로 법률상 인정된다. 점유법적 효력의 귀속은 법인에게만 인정되는 것으로 자연인인 기관 자체는 법적인 의미의 점유자는 아니다.[99] 따라서 전자인격이 물건을 사실상 지배하고 있다면 이를 전자인격의 점유권으로 인정

---

96 최병조 집필부분, 민법주해[III], 박영사, 1992, 289면.

97 송덕수, (주32), 444면.

98 송덕수, (주32), 446면.

99 최병조 집필부분, (주93), 301면.

하여야 할 것이다.

다만 점유자가 자력으로 점유를 방위하거나 침탈 당한 점유물을 탈환하기 위해 자연인을 상대로 한 제209조의 자력구제는 결코 인정하기 어렵다. 인공지능 로봇이 자연인을 상대로 일종의 무력을 행사하는 것을 법적으로 정당화한다면, 인간에 대한 존엄성을 본질적으로 침해하게 된다. 이를 허용하는 것은 결코 용납될 수 없다. 따라서 인공지능 로봇의 점유를 침해하는 자연인의 행위가 진행되고 있더라도 전자인격은 이에 저항할 수 없다.[100] 오직 점유침탈이 완료된 이후에 점유보호청구권의 문제로 해결해야만 할 것이다.

4) 물권적 청구권

전자인격에게 물권의 귀속을 인정한다면 물권의 실효성을 확보하기 위해서는 물권적 청구권까지도 인정하여야 한다. 다만 물권적 청구권이라는 것은 특정인에 대해 행위를 청구하는 것이 그 내용이므로 물권과는 다르고 채권과 비슷하다.[101] 전자인격이 자연인을 상대로 해서 특정한 행위를 요구함에 있어서는 인간으로서의 존엄성을 훼손하지 않는 범위에서만 허용됨을 반드시 염두에 두어야 한다.[102] 이러한 이유로 전자인격에게 물권적 청구권을 원칙적으로 인정하더라도 세부에서는 다소 신중한 고려가 필요하다.

우선 물권적 반환청구권의 경우에는 타인이 권한없이 물권의 목적물을 점유함으로써 물권이 방해되고 있는 경우에 인정되는 것이다. 목적물에 대한 지배, 즉 점유를 빼앗긴 경우에 이를 점유하는 자에 대하여 그 반환을 청구해서 빼앗긴 점유를 회복하는 것을 내용으로 한다.[103] 예를 들어 전자인격이 소유한 물건을 다른 자연인이 무단으로 점유하는 경우에 그 물건을 반환할 것을 청구하는 경우를 생각할 수 있다. 물권적 반환청구권은 물건의 반환을 내용으로 하는 것이므로 본질적으로 상대방인 자연인은 '주는 채

---

100 사실 이는 법규범의 문제라기 보다는 과학기술 윤리의 문제로 인공지능 알고리즘 차원에서 완벽히 확보되어야만 한다.

101 김황식 집필부분, 민법주해[IV] 물권(1), 박영사, 1992, 18면.

102 자세한 내용은 후술하는 VI. 전자인격의 채권관계를 참조.

103 김황식 집필부분, (주98), 17면.

무'로서의 성격을 갖는 반환의무를 갖게 된다. 전자인격이 자연인을 상대로 물건의 점유 이전을 내용으로 하는 채권을 행사하는 것은 인간으로서의 존엄성을 해치는 정도에 이르는 것은 아니라고 생각된다. 따라서 전자인격의 물권적 반환청구권의 귀속 및 행사는 허용될 수 있을 것이다.

그러나 물권적 방해제거청구권이나 물권적 방해예방청구권은 자연인을 상대로 특정한 행위 자체를 청구하는 것이므로, 자연인의 행위 그 자체에 대해 구체적인 개입과 제한을 가하는 것이다. 이를 인정하는 것은 다소 무리라고 생각된다. 설령 방해행위가 있다고 하더라도 그것이 점유를 침탈하는 수준에 이르면 물권적 반환청구권을 통해 구제받을 수 있으며, 점유의 침탈을 수반하는 것이 아닌 방해라면 전자인격의 소유자의 전자인격에 대한 방해로 다루어 전자인격 소유자의 물권적 방해제거청구권으로 구제할 수 있을 것이다. 특히 물권적 방해예방청구권은 방해가 구체적으로 실현되고 있지 않은 상태에서 단지 방해의 위험만으로 그 방해의 예방을 자연인에게 청구하는 것이므로 인간의 존엄성을 침해하는 수준에 이른다고 보아 전자인격에게 인정하기는 어렵다.

(2) 책임재산의 확보 방법[104]

인공지능 로봇에 전자인격을 인정하는 실익 중 하나는 그가 보유한 책임재산으로 직접 손해배상책임을 부담시키는데 있다.[105] 인공지능 로봇에게 민사책임을 지우기 위해서는 인공지능 로봇이 재산을 보유하고 있어야 한다는 점이 전자인격을 인정하는 핵심적 이유라고 할 수 있다.[106] 전자인격이 손해배상책임을 지기 위해서는 반드시 책임재산을 보유하고 있어야 한다. 채무를 변제할 자력이 없다면 민사책임은 무의미하다.

인공지능 로봇이 자신이 야기한 손해에 대해 배상책임을 부담할 재산을 보유하기 위해서는 권리능력을 인정하여야 한다는 점에 공감을 한다면, 다음의 문제는 전자인격이

---

104 김진우, (주12), 43면은 장기적으로 강한 인공지능을 기반으로 한 로봇에 대해서는 전자인으로의 지위를 부여함으로써 발생시킨 손해에 대하여 직접 책임을 지게 하는 것도 적극적으로 고려하여야 한다는 의견을 제시하고 있다.

105 김자회/주성구/장신, (주5), 140면.

106 박수곤, (주14), 64면; 김진우, (주2), 37면.

그러한 책임재산을 구체적으로 어떠한 방법을 통해 형성할 수 있을 것인가를 고려하여야 한다. 학자에 따라서는 일정한 보상금액을 공탁하거나 보험을 가입하게 함으로써 마련할 수 있다는 견해[107]도 있으나, 우선 가장 간단하게는 전자인격의 책임재산 형성을 위해 전자인격의 소유자가 증여를 하는 것을 생각해 볼 수 있다. 전자인격은 증여계약의 주체가 될 수 있고 또 재산권을 수증 받아 보유할 수 있는 능력이 인정되므로 재산형성의 가장 간편하고 현실성 있는 방법이 될 것이다. 물론 전자인격이 계약 당사자로 자신의 소유자를 상대방으로 한 증여계약을 체결한다는 것이 다소 어색하고, 또 인공지능 로봇이 한 의사표시의 효과귀속 주체는 전자인격을 지배하는 자연인에게 귀속된다는 전자적 의사표시 이론과는 조화되기 어려운 법리상의 문제가 있음을 부인할 수는 없다.

또 다른 방법으로는 전자인격이 수익활동을 통해 재산을 형성할 수도 있다. 소유자가 전자인격의 책임재산의 형성을 위해 소유자가 인공지능 로봇을 타인에게 대여하거나 타인을 위하여 작동하게 하고 그 대가를 자신이 아닌 전자인격에게 귀속시키는 방법이다. 예를 들어 전자인격이 있는 인공지능 로봇을 소유하는 자가 자신이 전자인격을 활용하지 않는 심야시간에 24시간 편의점의 종업원으로 취업을 시키고 그 임금을 전자인격에게 귀속시키는 것이다.

그렇지만 소유자의 의사에 기하지 않고 자신의 이익을 위해 독립적인 수익활동을 할 수 있는가는 의문이다. 인공지능 로봇이 소유자의 통제를 벗어나 취업을 해서 월급을 받는 것을 용인하기는 어렵다. 특히 인공지능 로봇이 소유자의 의사에 반하여 소득을 얻는 경제활동을 하는 것까지 허용할 수는 없다. 그러한 활동은 '인공지능 로봇은 소유자의 편익을 위해 존재하는 것이고 소유자에게 절대적으로 복종해야 한다'는 근본적인 이념에 벗어나는 위험한 것이기 때문이다.

오로지 소유자의 의사에 기한 경우에만 전자인격이 재산 형성을 위한 소득활동을 할 수 있다면 그 실질적인 의의는 크지 않다. 왜냐하면 인공지능 로봇의 소유자가 타인에게 인공지능 로봇을 대여하고 그 대가를 소유자가 받아서 이를 다시 인공지능 로봇에게 증여하는 것과 실질적인 차이가 있지는 않기 때문이다. 인공지능 로봇으로 인해 생긴 수입

---

107 김진우, (주2), 38면.

을 직접 인공지능 로봇에게 귀속시키느냐 아니면 소유자에게 귀속시켰다가 다시 이를 인공지능 로봇에게 증여하느냐의 차이만 있을 뿐이다.[108] 예를 들어 자신이 소유한 인공지능 로봇을 24시간 운영하는 패밀리 레스토랑에서 종업원으로 종사하도록 하여 매달 일정한 대가를 받는 경우에 그 대가를 인공지능 로봇의 재산으로 귀속시킬 것인지 아니면 소유자에게 귀속시킬 것인지는 오직 소유자가 결정할 문제이다.[109]

(3) 처분권능의 제한

전자인격이 소유권의 주체가 될 수 있다고 하여도 그 소유권은 자연인이 보유하는 소유권과는 차별화할 필요가 있다. 소유권은 사용권능, 수익권능, 처분권능이 핵심적인 권능으로 구성되어 있고, 자연인인 소유권자는 이러한 권능을 자유롭게 향유하게 된다. 그러나 전자인격이 보유한 재산은 손해배상을 위한 책임재산으로서 활용하기 위한 것이라는 내재적인 한계가 있다. 그러므로 사용권능, 수익권능은 자연인이 보유한 소유권과 동일하다고 하더라도, 처분권능에 대해서는 일정한 제한을 가하지 않을 수 없다. 오로지 책임재산으로서 타인에게 손해배상을 하는 용도로만 활용되도록 처분권능에 제한을 할 필요가 있다. 구체적으로는 그러므로 전자인격이 손해배상책임을 부담하는 것 이외에 자신이 보유한 재산을 임의로 처분하는 행위에 대해서는 권리능력 자체를 인정하지 아니하는 것이 적절하다. 인공지능 로봇에 대해 권리능력을 부여하는 규범목적이 책임재산을 귀속시켜 손해배상책임의 주체가 될 수 있도록 하는 것에 있다고 할 것이므로, 규범목적을 벗어나는 범위까지 권리능력을 인정할 필요는 없을 것이다. 어떠한 경우에도 전자인격이 소유한 재산을 양도하는 계약을 체결하는 것은 권리능력을 벗어난 것이므로 법적 효력이 주어질 수 없다.

또한 전자인격의 소유자도 전자인격이 보유한 재산을 임의로 처분하는 것은 허용되

108 더 나아가 인공지능 로봇에 법인격을 부여하지 아니하고 물건으로 다루어서 타인에게 대여한 후 그 대가를 소유자가 보유하고, 인공지능 로봇이 야기한 손해도 소유자가 인공지능을 이용한 수익의 한도에서 배상책임을 지는 것과 차이는 없다.

109 유사한 취지로 인공지능 로봇이 얻는 소득이라도 그에 대한 처분권을 완전히 갖지 못하는 범위에서 전자인격의 자율성과 자기결정권이 인정되어야 한다는 주장이 있다; 박수곤, (주14), 67면.

지 않는다. 전자인격의 소유자와 전자인격은 엄격히 법적으로는 별개의 권리주체이다. 전자인격의 소유자라고 할지라도 전자인격이 소유한 재산을 처분하는 것은 무권리자가 타인의 재산을 처분하는 것에 다름아니다. 설령 전자인격이 전자인격의 소유권자에게 대리권을 수여하는 형식을 취한다고 할지라도 전자인격은 자신의 소유물에 대한 임의의 처분에 대해서 아예 권리능력을 갖지 못하므로, 처분행위에 대한 수권 자체가 불가능하다. 따라서 전자인격이나 또는 전자인격의 소유자가 전자인격이 소유한 재산을 임의로 처분하는 것은 불가능하다. 오로지 전자인격이 소유한 재산을 처분하는 것은 전자인격이 손해배상책임을 부담하기 위한 경우에만 가능하다고 할 것이다.[110]

2. 전자인격과 전자인격 소유자의 관계

(1) 이중적 지위의 필요성

인공지능 로봇에게 예외적으로 제한적인 권리능력을 인정하여 전자인격을 부여하더라도 그 근본은 권리객체로서 물건임을 부인할 수는 없다. 자연인은 세상에 독립적으로 존재하게 되는 출생시점부터 완전한 권리주체이지만, 전자인격은 최초 물건으로 존재한 이후에 일정한 요건을 갖추는 경우에만 제한적으로 권리능력을 갖는다. 또한 인공지능 로봇은 권리능력이 있다고 하여도 태생적으로 인간의 편익을 위한 존재인 동시에 인간에 의해 운명이 좌우되는 존재라는 한계를 갖는다. 전자인격으로부터 전적으로 편익을 향유하고 그의 운명을 좌우할 수 있는 자연인인 '주인'의 존재는 필연적이다. 그러므로 전자인격은 대외적으로는 제한적인 권리주체일지라도, '주인'과의 대내적으로는 완전한 권리객체로서의 이중적인 지위를 피할 수 없다.

110 다만 외형상으로는 처분행위의 형식을 취할지라도, 실질적으로는 보존행위나 개량행위에 해당되는 경우에는 예외적으로 허용된다고 할 것이다. 예를 들어 은행에 낮은 이율의 보통예금으로 입금되어있는 금전을 인출하여 더 높은 이자수익이 보장되어 있는 증권사의 채권형 펀드상품으로 변경하는 것은 허용된다고 할 것이다.

(2) 대외적 권리주체

전자인격도 제한된 범위에서는 권리능력이 있으므로 자연인과 법인 그리고 다른 전자인격에 대해 권리주체로서의 지위를 인정받는다. 법률행위의 당사자로서 법률효과가 귀속되고 또 불법행위의 가해자로서 손해배상책임을 부담하게 된다. 또한 불법행위의 피해자로서의 타인에게 손해배상을 청구할 수도 있지만, 자연인에게 인정되는 인격권에 대해서는 극히 제한적인 경우에만 권리주체성이 인정될 수 있을 것이다. 명예나 성명, 프라이버시 등의 인격권을 인정하기는 어렵지만, 자연인이나 다른 전자인격에 의해 외형상 또는 기능상 공격을 받은 경우에는 자연인의 생명이나 신체 침해에 준하는 인격권 침해가 인정될 수 있을 것이다. 즉 소유자의 물건에 대한 재산상 손해가 아니라 인공지능 로봇의 외형상 또는 기능상 완전성을 침해하는 전자인격의 인격권 침해로서 전자인격이 손해배상청구를 할 수 있다.

(3) 대내적 권리객체

인공지능 로봇이 전자인격을 취득한다고 하더라도 물건으로서의 법적 지위가 완전히 소멸되는 것은 아니다. 전자인격으로부터 전적으로 편익을 향유하고 그의 운명을 좌우할 수 있는 자연인, 즉 전자인격의 소유자에 대해서는 대내적으로 물건으로서 권리객체에 머무르게 된다. 인공지능 로봇이 전자인격을 취득하기 전에는 누구에게나 권리객체인 물건에 불과했다는 점, 전자인격의 취득과 상실은 전적으로 소유자의 자유의지에 따라 이루어진 것이라는 점, 전자인격은 특정인의 편익을 위한 존재라는 근본적인 종속성이 있다는 점, 전자인격이라고 할지라도 자연인 어느 누구로부터도 통제받지 아니하는 완전한 자유를 부여할 수는 없다는 점을 고려해 볼 때 대내적으로는 물건으로서 권리객체에 해당된다. 인공지능 로봇은 제한적인 법인격이 있는 권리주체임에도 불구하고 특정인에게 귀속되는 소유권의 객체인 물건으로서 타인에게 자유롭게 양도가능하다고 할 것이다. 따라서 전자인격의 소유자는 전자인격의 후견적인 지위에 있는 것이 아니라 소유자로서 지배적인 지위에 서게 된다.

전자인격이 대내적으로는 소유권의 객체가 된다고 하더라도, 소유자는 다른 물건과 달리 소유권 행사에 다소 제약을 받는다고 해야 할 것이다. 우선 인공지능 로봇이 자신의 소유물이라도 전자인격의 말소등기 이전에는 소유권을 포기하는 것은 허용되어서는 아니 된다. 전자인격의 소유자는 인공지능 로봇이 야기한 손해에 대한 종국적인 책임자가 되어야 하는데, 전자인격의 말소등기 이전에 소유권을 포기함으로써 자신과 아무런 관계가 없다는 이유를 들어 책임귀속을 회피하는 것은 허용될 수 없다. 전자인격의 말소등기가 이루어져 인공지능 로봇이 통상적인 물건이 된 이후에는 자유롭게 소유권을 포기하여, 인공지능 로봇이 무주의 동산으로 취급되어져도 무방할 것이다.

그리고 전자인격의 소유자는 전자인격의 소유자라도 전자인격이 권리주체로서 보유하고 있는 재산에 대해서는 어떠한 처분권한도 갖지 못한다. 전자인격의 권리능력을 인정하는 근본적인 취지가 손해배상을 위한 책임재산을 보유시키는 것에 있으므로, 소유자가 전자인격의 재산을 처분하는 것은 피해자에 대한 변제자력을 해칠 수 있어서 허용되어서는 아니될 것이다.

3. 전자인격과 준물권

인공지능 로봇이 음악을 작곡하거나 회화작품을 만들어냈을 때 창작성 있는 저작물로 다루어야 할 것인지, 저작물로 인정된다면 저작권은 누구에게 귀속시켜야 하는가는 저작권법 분야에서 이미 활발하게 논의되고 있다.[111] 인공지능 로봇에게 전자인격을 인정한다면 그 로봇이 작곡한 음악이나 그려놓은 미술품의 저작권의 주체로 되는 데에 민법상 권리능력의 장애는 없다.[112] 즉 전자인격은 권리를 객체로 하는 준물권의 권리주체로도 인정될 수 있다.

---

111 이에 관한 연구로는 <손승우, "인공지능 창작물의 저작권보호",정보법학 vol.20, no.3, 2016>, <김현경, "저작권 귀속법리와 인공지능 창작물에 대한 고찰", 성균관법학 제29권 제1호, 2017>, ,차상육, "인공지능과 지적재산권의 새로운 쟁점-저작권법을 중심으로", 법조 제66권 제3호, 2017>, <이해원, "테크노 크레아투라 시대의 저작권법 - 인공지능 창작물의 저작권문제를 중심으로", 저스티스 제158호, 2017> 등 다수가 발표되어 있다.

112 창작성 인정 여부 그리고 저작권으로 보호되어야 할 것인가는 이 논문의 범위를 벗어난 것이므로 저작권법적인 관점의 분석과 판단은 유보한다.

V. 기타

1. 상속

(1) 피상속인의 지위

상속은 사망으로 인하여 개시된다(제997조). 상속이란 법률의 규정에 의하여 자연인의 재산법상의 지위가 그 사망 후에 특정인에게 포괄적으로 승계되는 것을 의미한다.[113] 자연인이 사망하여 권리능력이 소멸하면 더 이상 권리주체가 될 수 없다. 그렇다고 해서 사망한 사람이 보유하였던 재산권을 모두 무주로 하는 것은 적절하지 않으므로, 일정한 범위에 해당되는 사람에게 포괄적으로 승계시키는 것이다. 오로지 자연인의 사망의 경우에만 상속이 개시될 뿐이고, 법인이 해산하여 권리능력을 상실하더라도 상속이 이루어지는 것은 아니다.

인공지능 로봇에게 법인격을 부여하여 전자인격을 인정한다면, 전자인격이 권리능력을 상실하는 경우에 보유하고 있던 재산권을 여하히 처리할 것인지에 대해서는 반드시 명확히 규율할 필요가 있다. 앞서 살펴본 바와 같이 전자인격의 종기에 대해 법인모델을 채택하여 전자인격 상실등기를 통해 청산절차를 개시하고, 청산절차가 마무리되어 말소등기를 하면 그 시점에 전자인격의 권리능력이 소멸되는 것으로 설정한다. 전자인격의 권리능력 소멸 이전에 청산절차가 선행되므로, 자연인의 사망과는 달리 재산권의 포괄적 승계의 필요성은 크지 않다고 할 것이다. 그러나 청산절차에서도 추심되지 못한 채권이나 미이행된 채무 또는 청산 이후 잔여재산은 포괄적 승계가 불가피하다고 할 것이다. 따라서 전자인격의 소유자에게 포괄적으로 승계시키는 것이 적절하다. 다만 이를 '상속'이라는 개념에 포섭시키는 것은 적절하지 아니하고 전자인격에 고유한 청산절차 완료의 법률효과로 설정하는 것이 타당하다고 생각한다. 그러므로 전자인격에게 피상속인의 지위를 인정할 수는 없다.

---

113 윤진수 집필부분, 주해상속법 제1권, 박영사, 2019, 2면.

(2) 상속인의 지위

피상속인의 직계비속, 직계존속, 배우자, 형제자매 그리고 4촌 이내의 방계혈족만이 상속인이 될 수 있다. 현행 민법상 자연인만이 상속인이 될 수 있을 뿐이고, 권리능력이 있는 법인도 상속인이 될 수는 없다. 인공지능 로봇에게 권리능력을 인정하더라도 전자인격의 소유자가 사망한 경우에 상속인으로 인정할 합리적인 필요가 있다고 생각되지는 않는다.

전자인격 소유자에게 상속인의 범위에 드는 친족이 없다고 하더라도 기존의 상속인의 부존재 절차에 따라 처리하면 될 것이다. 전자인격이 상속인이 될 수 없다면, 전자인격의 소유자에게 상속인이 부존재한 경우에 제1057조의2에 규정된 특별연고자의 재산분여청구권을 전자인격에게 부여할 수 있을 것인가를 검토할 필요가 있을 것이다. 이 특별연고자 재산분여 제도가 1962년 일본 민법을 제외하면 비교법적인 유례를 찾기 어려울 뿐만 아니라,[114] 재산분여청구권의 법적 성격에 대한 은혜설, 한정적 기대권설, 기대권설[115] 등 어떠한 관점에서도 전자인격에게 어울리는 제도라고 보기는 어렵다. 또한 후술하는 바와 같이 전자인격에게 수유자의 지위를 인정한다면 굳이 재산분여청구권을 전자인격에게 인정할 필요는 없다고 생각한다.

(3) 수유자의 지위

상속과 달리 피상속인의 유언에 의해 증여를 받는 유증은 자연인이 아닌 법인도 가능하다. 상속인은 피상속인의 일정한 범위 내의 친족만이 될 수 있으므로 자연인만이 가능하지만, 유증은 대상에 특별한 제한이 없으므로 권리능력만 있다면 누구나 수유자가 될 수 있다. 나아가 권리능력이 있는 법인뿐만 아니라 권리능력 없는 사단이나 재단도 대표자나 재산관리인만 정해져 있다면 유증은 받을 수 있다고 한다.[116]

전자인격도 권리능력이 있으므로 수유자가 될 수 있다고 보는 것이 논리적이다. 또

---

114 이동진 집필부분, 주해상속법 제1권, 박영사, 2019, 600면.

115 재산분여청구권의 법적 성격에 대한 학설의 구체적인 내용은 이동진 집필부분, (주127), 601면을 참조할 것.

116 현소혜 집필부분, 주해상속법 제1권, 박영사, 2019, 647면.

전자인격이 보유하는 책임재산이 유증을 통해 증가하는 것도 바람직하므로 이를 부정할 이유는 없다. 그러나 포괄적 수유자가 되면 상속인과 동일한 권리의무(제1078조)가 생기게 되므로, 다른 상속인과 상속재산분할이나 유증의 포기와 같은 독립적이면서도 복잡한 의사결정이 필요하게 된다.[117] 더 큰 법논리적인 문제점은 피상속인이 전자인격을 대내적인 관계에서 물건으로서 소유하고 있으므로, 전자인격도 소유자가 사망하는 경우에는 상속재산이 되어야 한다. 그렇다면 상속재산으로 상속인에게 포괄적으로 승계되는 열등한 지위에 있는 전자인격이 포괄적 수유자로서 상속인과 동일한 권리의무를 갖고 상속인과 대등한 지위에서 상속재산의 분할을 한다는 것은 모순이 아닐 수 없다. 이러한 점을 고려하면 채권적 지위를 갖는 특정적 수유자가 되는 것은 무방하지만, 상속인과 동일한 권리의무를 갖는 포괄적 수유자로서의 권리능력도 인정하는 것은 회의적이지 않을 수 없다.

2. 대리인이 될 수 있는 지위

전자인격이 자연인의 대리인이 될 수 있는가도 문제가 된다. 학설로는 전자인격을 가진 인공지능 로봇이 특정인을 위한 대리인으로서 행위하는 것이 가능하다는 견해[118]를 찾아볼 수 있다. 전자인격에게 임의대리권을 수여할 것인가는 본인의 자유의지에 달려 있는 것이고 전자인격이 대리인으로서 대리행위를 하면 법률효과는 본인에게 귀속되는 것이므로, 본인이 전자인격에게 대리권을 수여하는 것을 부정할 이유는 없다. 또 전자인격은 인공지능 로봇으로서 인간에게 편익을 주기 위해 존재하는 것인 동시에 대체로 자연인보다 뛰어난 능력을 발휘할 수 있는 경우에 활용되는 것이 대부분이므로 전자인격을 대리인으로 인정하고자 하는 수요가 현실적으로도 존재한다. 따라서 전자인격이 소유자를 포함한 자연인이나 다른 전자인격의 대리인으로서 행위할 수 있다고 생각된다.

117 경우에 따라서는 상속회복청구소송이나 유류분반환소송의 당사자가 될 가능성도 있다.
118 신현탁, (주12), 60면.

3. 등기능력

전자인격에게 권리능력을 인정하고자 하는 가장 큰 현실적 필요성이 책임재산을 확보하는 것이라면, 그 책임재산을 법적으로 보유하기 위한 제도에서도 권리능력을 인정하여야 한다. 특히 제186조에 따라 부동산에 관해 성립요건주의를 취하는 현행 민법에서 전자인격에게 등기능력을 인정하지 않는다면 전자인격이 부동산을 책임재산으로 소유하는 것은 근본적으로 불가능하게 된다. 또 부동산등기법 제26조는 권리능력이 없는 사단이나 재단에 대해서도 등기능력을 인정하고 있으므로 권리능력이 있는 전자인격에게 등기능력을 부정하는 것은 균형에 맞지 아니한다. 따라서 전자인격에게도 등기능력은 인정됨이 마땅하다.

4. 민사소송법상의 능력

민사소송법상 전자인격을 여하히 다루어야 하는가에 대해 인공지능 로봇에 법적 인격을 부여한다고 하더라도 소송능력 및 변론능력에 대한 규정은 별도로 마련되어야 하며,[119] 전자인격 있는 인공지능 로봇의 소유자는 소송에서 전자인격을 대리하게 된다[120]는 주장이 있다. 전자인격이 당사자로서 민사소송을 수행할 역량이 과연 있을 것인지는 의문이 아닐 수 없다. 왜냐하면 특정한 영역에서 작동할 인공지능 로봇을 설계하면서 그 인공지능 로봇이 권리능력을 갖는 경우에 민사소송을 감당할 것까지 염두에 두어 인공지능 알고리즘 설계에 소송수행 역량을 반영하는 것은 기대하기 어렵기 때문이다. 따라서 구체적인 소송능력이나 변론능력에 대해서는 소송법적인 관점에서 심도 깊은 연구가 필요하다고 생각된다.

다만 민사소송에서 당사자능력에 관해서는 이를 긍정하지 않을 수 없다. 민사소송에서 자연인이라면 누구나 당사자능력을 갖는 것이므로, 민법에서의 권리능력에 준하는 것이다. 전자인격이 권리능력을 갖고 채권이나 물권 등의 재산권을 보유하는 이상 이

---

119 김진우, (주2), 27면.
120 김진우, (주2), 39면.

를 실효성 있게 만들기 위해서는 민사소송에서의 당사자능력이 반드시 필요하다. 나아가 권리능력이 없는 실체에 대해서도 예외적으로 당사자능력을 인정하고 있다. 민사소송법 제52조는 권리능력 없는 사단이나 재단에 대해서도 그 대표자나 관리인이 있으면 당사자능력을 인정하고 있다. 또한 태아의 경우에 판례는 정지조건설을 취하고 있으나, 학설로는 태아를 위한 법률관계의 보존 내지 본안소송을 위하여 태아에게 당사자능력을 인정하여 법정대리인에게 권리보전수단 내지 본안소송의 대리권한을 부여하고 태아가 살아서 태어나지 않을 때에는 당사자능력이 그때부터 소멸하는 것으로 보는 해제조건설이 통설이다.[121] 그러므로 권리능력이 인정되는 전자인격의 당사자능력은 당연히 인정되어야 할 것이다.

VI. 결론

민법은 이미 자연인 외에도 법인에 권리능력을 부여하고 있으므로, 자연인 외의 권리주체가 없는 것은 아니다. 또 역사적으로도 로마시대의 노예의 경우에 권리능력 없는 물건으로 취급되었음에도 불구하고, 제한적으로 소유권의 주체로 인정된 바도 있다. 그러한 점에서 인공지능 로봇에 권리능력을 부여하여 '전자인격'으로 격상시키는 것이 아주 불가능한 것은 아니다. 현재의 약한 인공지능 단계에서는 권리능력을 부여하는 것이 시기상조라는 점은 명확하고, 학계의 지배적인 견해도 그러하다. 다만 강한 인공지능으로 발전된다면 그 때에는 권리능력을 부여하는 것을 전향적으로 검토하는 단계에 이르게 될 것이나.

이 논문에서는 인공지능 로봇에 권리능력을 부여하여 전자인격이 민법상 인정된다는 전제 하에서, 권리주체로서 어떠한 규율이 필요한 것인가를 살펴보았다. 단지 권리능력을 인정하기만 하면 전자인격과 관련된 모든 문제가 해결되는 것은 아니다. 매우 정교

121 김홍엽, 민사소송법 제2판, 박영사, 2011, 119면,

한 법리형성과 그리고 이를 바탕으로 한 법전화 작업이 수반될 필요가 있을 것이다. 지금까지 관련된 선행연구가 거의 없는 상태에서 이 논문은 그러한 법리형성과 법전화 작업에 기초가 되는 제안을 한 것으로서의 시론적인 의미를 부여할 수 있을 것이다. 구체적으로는 전자인격의 시기와 종기 그리고 그 요건을 명확히 제시하였고, 전자인격의 역현명주의를 통해 전자인격이 행하는 법률행위가 전자인격 스스로에게 귀속되는 법리를 제안하였다. 또한 전자인격이 자연인에 대해 '하는 채무'를 내용으로 하는 채권을 보유하는 것은 인간의 존엄성이라는 자연법적 법이념과 갈등을 일으킬 소지가 있음도 제시하였다. 이러한 세부적인 법적 난제의 해결을 위해서는 전자인격의 구체적인 내용을 다듬어 형성하는 노력이 지속적으로 이루어져야 할 것이다.

인공지능을 의사표시론에서 어떠한 법적 지위를 인정할 것인가의 관점은 크게 세가지로 대별된다. 그 첫째는 비록 스마트할지라도 의사표시의 전통적 도구로 보는 관점이다. 이러한 관점에서는 인공지능은 단순한 도구에 불과하므로 이를 이용하는 자연인이 의사표시를 하는 표의자나 또 그 법률효과가 귀속되는 주체가 된다. 이 경우 인공지능이 행한 법률행위의 해소를 위한 성립요건의 해석론을 정교하게 다듬는 정도의 수고만이 필요할 뿐, 해소의 주체나 사후 조치 모두 배후의 이용자에게 전통적인 법리에 따른 법적용으로 충분하다.

인공지능을 바라보는 또 다른 관점인 전자대리인의 입장에서 파악한다면, 인공지능은 계약의 체결과정에서의 행위주체로서의 법적 지위만이 인정될 뿐이다. 인공지능이 대리인으로서 행한 법률행위의 효과는 인공지능을 활용하는 이용자에게 귀속된다. 따라서 인공지능이 행한 법률행위의 해소는 법률효과 귀속주체인 자연인에게 맡겨지게 된다. 다만 인공지능에게 대리인으로서의 지위가 인정되므로, 민법 제116조의 대리행위의 하자 판단은 대리인인 인공지능을 표준으로 하게 되는 점과 민법 제140조의 법률행위의 취소권자에서 명시적으로 대리인도 취소권자가 될 수 있으므로 전자대리인인 인공지능도 본인인 자연인과 더불어 취소권을 행사할 수 있는 주체로서의 지위가 명확히 부여된다는 점은 주목할만한 차이가 될 것이다.

끝으로 인공지능에게 완전한 권리능력을 인정하고자 하는 전자인격론의 관점에서 파악한다면, 전자인격을 갖는 인공지능이 행위주체일 뿐만 아니라 법률행위의 효과귀속 주체가 되는 것이므로 이를 활용하는 이용자는 인공지능이 행한 법률행위와는 아무런 관계가 없게 된다. 단지 인공지능의 법률행위에 따른 반사적인 경제적 이익을 볼 수 있는 여지만 있을 뿐이다. 그렇다면 인공지능만이 취소권을 행사할 수 있을 뿐이고, 나아가 그에 따른 부당이득 반환의무를 부담하거나 또는 신뢰이익을 배상해야 할 책임을 지게 된다. 이러한 법률행위 해소에 따른 후속조치를 인공지능이 능히 감당할 수 있을 것인지는 의문이 아닐 수 없다. 이러한 점에서 완전한 전자인격론은 현행 민법 체계에서는 수다한 한계가 노정되고 있다고 보지 않을 수 없다. 따라서 전자인격론을 도입하고자 한다면 계약의 체결 뿐만 아니라 계약의 비정상적인 해소까지도 고려하여 완전히 새로운 법제도를 구체적으로 창설하지 아니하면 안될 것이다.

참고문헌

<단행본>

김준호, 「계약법」, 법문사, 2011.

김홍엽, 민사소송법 제2판, 박영사, 2011.

백태승, 민법총칙(제6판), 집현재, 2013.

송덕수, 신민법강의, 박영사, 2018

윤진수 집필대표, 주해상속법 제1권, 박영사, 2019.

지원림, 「민법원론」(제2판), 홍문사, 2019.

편집대표 곽윤직, 민법주해[I], 박영사, 1992.

편집대표 곽윤직, 민법주해[II], 박영사, 1992.

편집대표 곽윤직, 민법주해[III], 박영사, 1992.

편집대표 곽윤직, 민법주해[IV], 박영사, 1992.

편집대표 곽윤직, 민법주해[VIII], 박영사, 1992.

편집대표 곽윤직, 민법주해[XVIII], 박영사, 1992.

Bostrom, Superintelligence, Paths, Dangers, Strategies, 2014.

<논문>

김건우, “법적 주체로서 자율적 인공지능 로봇 I: 의의와 관점”, 성균관법학 제30권 제2호, 2018.
김자회/주성구/장신, “지능형 자율로봇에 대한 전자적 인격 부여 - EU 결의안을 중심으로 -”, 법조 제724호, 2017.
김진우, “지능형 로봇에 대한 사법적 규율 - 유럽연합의 입법 권고를 계기를 하여 -”, 법조 제723호, 2017.
김진우, “인공지능에 대한 전자인 제도 도입의 필요성과 실현방안에 관한 고찰”, 저스티스 통권 제171호, 2019.
김현경, “저작권 귀속법리와 인공지능 창작물에 대한 고찰”, 성균관법학 제29권 제1호, 2017.김형배, “과실개념과 불법행위책임 개념”, 민사법학 제4·5호, 1985.
박동진, “불법행위법에서의 주의의무”, 비교사법 제9권 제2호, 2002.
박수곤, “자율적 지능 로봇의 법적 지위에 대한 소고”, 법학논총 제31권 제2호, 국민대학교 법학연구소, 2017.
박종보/김휘홍, “인공지능기술의 발전과 법적 대응방안”, 법학논총 제34권 제2호, 한양대학교 법학연구소, 2017.
손승우, “인공지능 창작물의 저작권보호”,정보법학 vol.20, no.3, 2016.
신동일/김두환, “인공지능과 법체계-전자인격론의 모순과 정보권한과의 갈등을 중심으로-”, 강원법학 제57권, 2019.
신현탁, “인공지능(AI)의 법인격 - 전자인격(Electronic Person)개념에 관한 소고”, 인권과 정의 제478호, 2018.
여하윤, “민법 제758조 개정시안에 관한 검토”, 민사법학 제69호, 2014.
오병철, 전자적 의사표시에 관한 연구, 연세대학교 박사학위논문, 1996.
오병철, “인공지능 로봇에 의한 손해의 불법행위책임”, 법학연구 제27권 제4호, 연세대학교 법학연구원, 2017.
이경규, “인(人)이외의 존재에 대한 법인격 인정과 인공지능의 법적 지위에 관한 소고”, 법학연구 제21집 제1호, 인하대학교 법학연구소, 2018.
이도국, “인공지능(AI)의 민사법적 지위와 책임에 관한 소고”, 법학논총 제34권 제4호, 한양대학교 법학연구소, 2017.

이중기, “인공지능을 가진 로봇의 법적 취급: 자율주행자동차 사고의 법적 인식과 책임을 중심으로”, 홍익법학 제17권 제3호, 2016.

이해원, “테크노 크레아투라 시대의 저작권법 - 인공지능 창작물의 저작권문제를 중심으로”, 저스티스 제158호, 2017.

장재옥/김현희, “인공지능의 법적 지위에 관한 논의”, 법학논문집 제43집 제1호, 중앙대학교 법학연구원, 2018,

차상육, “인공지능과 지적재산권의 새로운 쟁점-저작권법을 중심으로”, 법조 제66권 제3호, 2017.

A. Bensoussan et J. Bensoussan, Droit des robots, Larcier, 2015, n° 178.

David C. Vladeck, “Machines Without Principals: Liability Rules and Artificial Intelligent”, “Washington Law Review, Vol.89, 2014.

European Parliament resolution Liability. Z. AA

[연세대학교 법학전문대학원 교수 오병철]

제3장

인공지능과 계약

| 오병철 |

Ⅰ. 서론

1. 인공지능 계약의 특성

(1) 비자발성

인공지능은 외형상으로는 마치 인공지능이 스스로 알아서 판단하고 결정하는 것처럼 보인다. 경우에 따라서는 인공지능의 연산 결과가 인간의 판단능력을 훨씬 능가하는 수준에 이르기도 한다. 그러므로 인공지능이 인간의 어떠한 조작이나 구체적인 개입도 필요로 하지 않는 완전한 자율적인 독립적 존재인 것처럼 인식된다. 이러한 외형은 인공지능은 인간의 지능과 같은 방식으로 독자적으로 자율적 판단을 한다는 관점[122]으로 발전된다.

인공지능의 자연인과 다른 가장 큰 차이이자 극복할 수 없는 한계는 인공지능 스스로 임의로 작동을 시작(power-on and start)할 수는 없다는 점이다. 어떠한 경우에도 인간이 작동을 개시하는 행위를 하지 아니하는 한, 인공지능은 절대로 정해진 알고리즘의 실행을 임의로 시작하지 못한다.[123] 설령 자동 작동개시(auto power-on)기능이 있어서 일정한 조건 하에서 스스로 임의로 작동을 개시하는 것처럼 보일지라도, 이는 CMOS와 같은 인공지능의 기저에 사전에 저장된 프로그램의 연산에 따른 결과로서의 '기상'(wake up)에 불과하고 완전히 자발적인 것은 아니다.[124]

---

122 이중기, "인공지능을 가진 로봇의 법적 취급", 홍익법학 제17권 제3호, 2016, 8면.

123 언론보도에 따르면 최근 페이스북에서 인공지능이 이들끼리 인간을 알아들을 수 없는 대화를 주고 받는 것을 새로운 언어를 개발하여 의사소통을 하는 것으로 분석되어, 시스템을 꺼서 강제로 '종료'했다고 한다. (중앙일보 2017.8.1.일자 보도; http://news.joins.com/article/21806284?cloc=joongang|home|newslist1). 믿기는 어렵지만 새로운 언어를 금방 개발할 만큼 수준 높은 인공지능이라도 개발자가 시스템 전원을 차단(power-off)하여 강제로 종료(shutdown)하면 절대로 인간의 의지에 반해서 스스로 다시 전원을 공급(power-on)해서 "시작(start)"을 하지는 못한다. 그러나 인간은 설령 의사능력이 인정되지 않는 5세의 어린 아이라도 부모가 하지 못하도록 한 행동이라도 언제든 임의로 다시 재개할 수 있다.

124 플러그가 소켓에 꽂혀 있어서 전원공급이 가능해지고 CMOS에 전력이 공급되고 있는 중이어야만 '기상'도 가능한 것이며, '기상'을 위한 조건이 사전에 프로그래밍되어 있어야 하므로 이는 진정한 의미의 자발적 개시(power-on)는 아니다.

나아가 인공지능에 내재된 알고리즘의 진행을 인공지능이 스스로 임의로 중단하거나 종료(shutdown and power-off)할 수도 없다. 즉 작동의 개시도 자발적으로 할 수 없는 것뿐만 아니라 작동의 종료도 자발적으로 할 수 없다. 예를 들어 일정한 조건이 충족되면 작동을 중지하는 상태로 유지된다면 이는 사전에 저장된 프로그램의 진행에 따른 '수면'(sleep)인 것이고, 일정한 작업이 마무리되면 전체가 종료(shutdown)되는 것도 역시 사전에 저장된 프로그램의 진행의 결과이다.[125]

그러나 인간은 자유의지가 있으므로 언제든지 어떠한 일을 시작할 것인지 또는 정지할 것인지 아니면 완전히 중단할 것인지를 자유롭게 정할 수 있다. 이러한 자발성은 인간이라면 심지어 의사능력이 없는 유아를 포함한 누구나 갖는 당연한 능력이지만, 인공지능은 아무리 발전을 거듭해도 확보할 수 없는 본질적 한계가 된다. 이러한 자발성의 결여는 결국 인공지능에게서는 인간의 고유한 특성인 자유의지를 발견할 수 없고, 이는 곧 자유로운 의사형성이라는 의사표시의 효력근거의 부재로 귀결된다.

(2) 설계된 자율성

인공지능은 내장되어 있는 프로그램 알고리즘에 의해 통제가 된다. 기존의 물리적 기계장치는 인간의 조작에 의해서만 작동될 수 있지만, 인공지능에서는 프로그램 알고리즘의 연산 결과 값이 인간의 조작행위를 대체하게 된다. 물론 인공지능도 인간의 창작의 산물이긴 하지만, 외형상으로 보면 마치 인공지능 그 자체가 자율적인 능력을 갖는 것으로 보이게 된다. 일부 견해는 인공지능의 자율성을 강조하여 책임재산을 소유하게 할 정책적 필요성이 인정되는 경우 제한적으로 책임 목적상의 책임재산을 소유할 수 있는 권리주체성을 인정하는 방향으로 나아가야 한다는 주장을 한다.[126]

그러나 인공지능이 '완전한' 자율성을 갖는 것은 불가능하고, 오직 인공지능에 프로그래밍 된 알고리즘에 따른 설계된 자율성(built-in autonomy)만을 가질 뿐이다. 다만

---

125 중요한 것은 이렇게 수면(sleep)이 아니라 종료(shutdown)되면 인간의 개입이나 명령 없이는 절대로 인공지능 임의로 시작(start)할 수는 없다.

126 이중기, "인공지능을 가진 로봇의 법적 취급", 홍익법학 제17권 제3호, 2016, 24면.

과거와 같이 모든 작동에 대해 구체적이고 세부적으로 프로그래밍하는 것이 아니라, 이른바 머신러닝 기법을 활용하므로 초기에는 포괄적으로 대략의 프로그래밍만을 한다는 점이 다를 뿐이다.[127] 설령 인공지능이 프로그래밍 능력을 보유하고 있어서, 점차 인공지능 프로그램의 범위나 능력을 확장해 나가는 것도 가능하다. 그렇다고 해서 완전한 자율성이 있는 것은 결코 아니다. 어떠한 경우에도 아무런 컴퓨터 프로그램도 없는 제로 베이스에서 인공지능이 생성될 수는 없는 것이다. 예를 들어 컴퓨터 하드웨어만 조립한 상태에서 인공지능 알고리즘이 생성될 수는 없는 것이다. 인공지능의 자율성이라는 것은 컴퓨터 프로그램에 근원적으로 종속된 것이므로, 근원적 프로그램으로부터 설계되어진 자율성에 불과한 것이다.

(3) 목적적 경직성

인공지능은 현재로서는 특정한 영역이나 기능에서만 인간을 대체할 수 있는 인지적 능력을 갖는다. 예를 들어 바둑을 두는 알파고는 바둑만을 둘 뿐이고, 질환의 진단을 하는 왓슨은 의료영역에서만 기능을 할 뿐이며, 자율주행 알고리즘은 자동차는 운행에 관한 연산만을 할 뿐이다. 알파고가 운전도 하고 질병도 진단하지는 않는다. 그러므로 인공지능은 설계된 자율성에서 의도하는 목적에 국한된 경직성을 갖는다. 인간이 갖는 개방적인 통합성을 인공지능에게서 발견하는 것은 아직은 어렵다. 계약을 체결하도록 설계된 인공지능은 오로지 계약에만 그 능력이 집중된 것이고, 그 인공지능이 음악을 작곡하거나 그래픽을 창작하는 역량을 자연적으로 갖는 것은 아니다. 이러한 목적적 경직성에 따라 인공지능은 의사표시를 둘러싼 주변 정황을 자연적으로 내지는 비의도적으로 인식할 수는 없게 된다. 이러한 한계는 이익균형을 위한 판단기준으로 작용하는 선의나 악의와 같은 자연인의 주관적 규범요소가 인공지능의 경우에는 무의미해지게 되는 문제를 야기한다.

---

127 이 점은 인공지능을 프로그래밍한 자가 향후 인공지능이 구체적으로 어떠한 상황에서 어떠한 결정을 할 것인지까지 세부적으로 사전에 인식하기는 어렵다는 규범적 난점을 야기한다.

(4) 비인격성

민법적인 관점에서 보면 사람이 아닌 지구상의 모든 존재하는 '것'은 물건이다.[128] 민법 제98조[129]에 따르면 물건은 유체물 및 전기 기타 관리할 수 있는 자연력으로 개념정의 된다. 인공지능은 본질이 컴퓨터 프로그램이므로 민법상의 물건에 해당되는가에 대해서는 논란이 있으나, 인격이 존재하지 않는 것은 명백하다. 설령 인공지능이 인간을 능가하는 판단능력과 기계조작능력을 보일지라도 인간이 만든 인위적인 대상에 불과하며, 법적으로는 권리주체성이 부정된다. 즉 인공지능은 인간의 생식활동으로 탄생된 생명체가 아니므로 어떠한 경우에도 권리와 의무의 주체가 될 수 없고, 인간의 노동으로 제작된 물건으로서 권리와 의무의 객체일 뿐이다. 한편으로 인공지능에 권리능력을 부여하자는 일각의 주장도 있으나, 이는 향후 인공지능의 특이점을 넘는 비약적인 발전이 있는 경우에 고려될 문제이고, 현행 민법 규정으로나 인공지능의 현재 기술 수준으로나 비인격성에는 이론의 여지가 없다.

2. 인공지능이 체결한 계약의 문제

컴퓨터 프로그램으로 구성된 인공지능 알고리즘은 데이터를 입력받아 정해진 알고리즘에 의해 결과를 도출하면 이를 상대방에게 전달하는 것을 인간의 구체적인 개입없이도 할 수 있게 되었다. 이로써 지금까지는 자연인만이 가능했던 계약의 체결을 위한 의사표시를 인공지능이 할 수 있는 가능성이 과학기술의 발전으로 광범위하게 열려지게 되었다. 이와 관련하여 주로 인공지능이 행한 의사표시도 전통적인 의사표시와 동일하게 자연인에게 효과를 귀속시킬 수 있는가, 귀속시킬 수 있다면 그 법리구성은 어떻게 할 것인가에 논의가 집중되어 왔다.[130]

---

128 물론 대기 중의 공기와 같이 '배타성'이 없는 등, 물건으로서의 요건을 충족하지 못하는 경우에는 규범적으로는 존재하는 '것'이라고 보기도 어렵다.

129 이하에서 민법은 법명의 표기를 생략한다.

130 이에 대한 논의는 크게 3가지의 흐름으로 요약할 수 있는데, 첫째로 인공지능의 의사표시도 전통적인 의사표시에 관한 이론을 통해 포섭할 수 있다는 도구론의 관점과 둘째로 인공지능을 대리이론을 통해 규율할 수 있다는 전자

그러나 의사표시의 귀속이라는 법률효과의 정상적인 발현에 덧붙여 비정상적인 법률효과의 해소 문제도 고려되어야 할 필요가 있다. 그 하나가 계약체결 과정에서 연유하는 불완전성, 즉 률행위나 의사표시의 무효나 취소 문제이다. 특히 인공지능에서 의사와 표시의 불일치 현상이 자연인의 그것과 얼마나 유사한가의 내용상의 문제와 이러한 경우에 인공지능이 어떻게 대처할 수 있을 것인가의 과정상의 문제 또한 검토될 필요가 있다. 구체적으로 인공지능이 체결한 계약을 인공지능도 일정한 프로세스를 통해 인간의 구체적인 개입 없이 취소권까지 행사할 수 있을 것인가의 문제이다.

또 다른 하나는 이행과정에서의 불완전성, 즉 채무불이행에 따른 계약의 해제나 해지의 문제이다. 인공지능이 인간의 구체적인 개입 없이 채무의 내용에 좇은 이행이 이루어졌는가의 여부를 판단하여 상대방에게 계약을 해제 또는 해지하고, 나아가 손해배상의 청구나 부당이득의 반환까지도 완전하게 수행할 수 있을 것인가의 문제이다. 이로써 과연 인공지능이 의사표시를 통해 법률행위를 성립하는 것만큼 법률행위의 해소에서도 자연인의 행위를 대체할 수 있을 것인가를 전체적으로 검토할 수 있을 것이다.

전통적인 민법이론에서는 법률행위의 성립 주체가 그 법률행위를 해소하는 것을 원칙으로 하고 있다. 다만 취소권의 행사와 같은 예외적인 경우에는 표의자 이외에 일정한 범위에 있는 사람에게도 허용하고 있다. 그렇다면 인공지능이 행한 의사표시나 이에 의해 체결된 계약은 누가 이를 해소할 수 있는가의 문제가 다루어져야 한다.

이에 대해서는 인공지능의 법적 지위를 무엇으로 볼 것인가에 따라 시각이 양분될 수 있다. 인공지능을 표의자의 의사표시를 위한 단순한 도구로 보는 관점에서는 표의자가 인공지능에 의한 의사표시나 계약을 해소할 수 있고, 반드시 인공지능에 의하지 않고 표의자가 자연적인 방법으로 이를 해소하는 것이 가능하다. 그러나 만약 인공지능에게 권리능력을 인정한다면 인공지능에게 법률효과가 귀속되는 것이므로 권리능력 있는 인공지능만이 그 의사표시나 계약을 해소할 수 있을 뿐, 그 배후에 있는 이용자는 이를 해소할 수 있는 권한이 없게 될 것이다. 특히 이러한 관점을 견지한다면 문제는 계약해제권 행사의 경우에 채무의 내용에 좇은 이행이 있었는가의 판단이 선행되어야 하는데, 이러

대리인의 관점 그리고 끝으로 인공지능에 법인격을 부여할 필요가 있다는 전자인격의 관점이라고 할 수 있다.

한 검토를 인공지능이 완전하게 수행하는데 한계가 있을 수 밖에 없다는 점이다.

인공지능이 자연인을 대신하여 의사표시를 하여 계약을 체결할 수 있는 가능성에 대해서는 의문의 여지가 없으나, 계약의 체결과정이나 이행과정에서 인공지능이 어떠한 역할을 할 수 있는지에 대해서는 논의가 미흡한 상태이다. 인공지능이 계약의 체결 도구로만 활용되고 계약의 해소에는 아무런 기능을 할 수 없다면 인공지능에 권리능력을 인정하는 전자인격은 반쪽짜리에 불가능하게 된다. 설령 인공지능을 전자대리인으로 설정하기 위한 한도에서만 권리능력을 제한적으로 인정한다고 하더라도, 여전히 논란의 여지는 남게 된다. 민법 제116조 제1항은 "의사표시의 효력이 의사표시의 흠결, 사기, 강박 또는 어느 사정을 알았거나 과실로 알지 못한 것으로 인하여 영향을 받을 경우에 그 사실의 유무는 대리인을 표준하여 결정한다"고 규정하고 있기 때문에, 인공지능을 기준으로 의사표시의 효력이 결정되어야 하기 때문이다.

Ⅱ. 인공지능이 한 의사표시

1. 의사 결정 주체

전통적인 자연인의 의사표시에서는 표의자 1인에 의해 의사형성의 동인에서 완결된 의사표시의 전달에 이르는 전 과정이 이루어지는 것이 일반적이다. 예외적인 경우에는 법적인 대리인 또는 사실상으로 사자의 개입이 외형적으로 존재하며, 이 중에 누가 의사결정 주체인가에 대한 법리는 명확히 정립되어 있다. 그러나 인공지능의 설계된 자율성에 따라 알고리즘의 연산과정을 거쳐 의사를 형성하고 이를 표시하여 전달하는 과정에는 사람의 추상적이고 포괄적인 설계와 작동 개시가 반드시 필요하다. 그리고 그 '사람'은 대부분의 경우 복수로서, 프로그래머, 오퍼레이터, 하드웨어 소유자, 소프트웨어 저작권자, 네트워크 운영자 등이 필요하다.

인공지능이 계약에 필요한 의사결정을 하여 상대방에게 전달되는 과정에 개입되는 사람을 살펴보면 다음과 같다. 먼저 인공지능은 컴퓨터 프로그램이므로 이를 설치할 하드웨어가 반드시 필요하다. 우선 컴퓨터 하드웨어 제작자와 소유자가 존재한다. 인공지능 프로그램을 제작한 프로그래머가 존재하고, 프로그램의 이용허락을 받은 라이선시가 있으며, 인공지능 프로그램을 직접 관리하고 다루는 이용자가 존재한다. 인공지능의 학습을 위한 데이터에 대한 생성자가 있으며, 외부에서 직접 데이터를 입력하는 사람이나 데이터 생성의 대상이 되는 관찰대상자도 존재한다. 나아가 컴퓨터 네트워크를 통한 전송을 위한 네트워크 운영자도 존재하게 된다. 이 다수의 사람 중에 누구를 인공지능이 하는 의사결정의 주체라고 할 수 있는가를 단언하는 것은 기술적으로 가능하지도 않고, 규범적으로 의미가 있는 것도 아니다. 결국 인공지능 의사표시의 의사 결정 주체를 특정하는 것은 불가능하고 무의미한 작업이 아닐 수 없다.

2. 효력 귀속 주체

전통적인 의사표시에서는 스스로 내심의 의사를 형성하는 자를 판단하는 것은 매우 손쉬운 일이었다. 왜냐하면 대체로 의사표시를 직접 하는 자가 행위자이자 효과귀속의 주체이기 때문이다. 그러므로 전통적 법률용어로 '표의자'라는 의사표시 행위 주체를 의사표시의 귀속 주체로 삼는데 어려움이 없었다. 다만 예외적으로 대리와 같은 일정한 경우에만 행위 주체와 귀속 주체가 분리될 뿐이었고, 대리제도도 수권행위라는 독립적인 법률관계의 형성이 전제되어 있어야 하는 것이다. 따라서 누구에게 귀속되어야 하는가는 적어도 외형적으로 의사표시를 직접 행하는 자를 기준으로 판단함이 원칙이고, 대리와 같이 예외적으로 그러하지 아니한 경우에는 현명주의라는 별도의 제도적 장치를 통해 귀속주체가 명확하게 드러나게 된다.

그러나 다수 관여자의 기능적 협업으로 행하여진 인공지능 의사표시는 누가 의사 결정 주체인가를 판단할 수 없으므로, 그들 중 누구에게 의사표시로서 법률효과가 귀속되어야 하는가를 단순하게 의사 결정 주체에게 귀속시키는 것으로는 결정할 수 없다. 인공지능 의사표시가 법적인 의사표시로서 사람에게 귀속되어야 한다고 하더라도, 인공지능 의사표시의 효과를 누구에게 무엇을 기준으로 귀속되어야 하는가를 명확히 하는 문제는 여전히 과제로 남아 있다. 특히 다수의 관여자(프로그래머, 오퍼레이터, 하드웨어 소유자, 소프트웨어 소유자 등)가 존재하는 인공지능 의사표시에서 어떠한 수사적 표현을 통해 법적 효과주체를 지명하고 표시할 것인가는 매우 어려운 문제이다.[131]

인공지능 의사표시를 귀속시킬 주체를 어떠한 기준으로 판단하고 무엇이라 표현할 것인지, 즉 실질적으로 그 주체를 어떻게 구체화하고 용어법을 채택할 것인가는 매우 어려운 일이 아닐 수 없다. 즉 다수의 관여자 중 어떠한 수사적 표현을 통해 법적 효과 귀속주체를 지명하고 표시할 것인지는 민법전이나 전통적인 민법이론 속에서 찾을 수는 없다. 그렇다고 해서 인공지능 의사표시를 다수의 관여자 중 누구에게 귀속시킨다는 연결점을 공학적인(technical) 표현으로 나타내는 것은 기술적 복잡성으로 인해 적절하지 않다고 생각된다. 결국 인공지능 의사표시와 그 귀속주체의 연결점도 규범적으로 채택될 수밖에 없을 것이다.

하나의 가능한 이론적 제안은 '사람의 구체적인 판단이나 결정없이 인공지능에 의해 이루어진 의사표시는 자신을 위하여 인공지능을 활용한 자에게 귀속된다'는 귀속원리를 정립하는 것이다. 여기에서 "자신을 위하여"라는 규범적 표현을 이용하는 것이 인공지능 의사표시와 그 귀속주체를 연결하는데 가장 적절하다고 판단된다. 프로그래머, 하드웨어 제작자, 최종조작자, 하드웨어 소유자, 인공지능 프로그램 이용자, 리스회사 등의 많은 관여자가 존재하지만, 그들은 결국 자신을 위하여 인공지능이 표시하도록 의도하는 자는 아니다. 오로지 인공지능의 의사표시를 이용하여 거래 주체로 등장하고자 의욕하는 자만이 귀속주체가 되어야 할 것이다. 여기에서 "자신을 위하여"라고 하는 용어의 구체적인 의미는 구체적인 사례에서 법해석에 의해 구체화될 수 있을 것이며, 기술적 발전에 따른 변화에도 손쉽게 적응할 수 있을 것이다.

131 오병철, "전자거래규정의 민법에의 편입", 민사법학 제46호, 2009, 139면.

III. 인공지능을 이용한 계약의 무효

1. 반사회적 법률행위

선량한 풍속 기타 사회질서에 위반한 사항을 내용으로 하는 법률행위는 무효로 한다(제103조). 인공지능에 의해 행해진 법률행위는 의사표시가 인공지능에 의해 행해지는 특성만 있을 뿐이며, 법률행위의 내용은 자연인에 의해 행해지는 경우와 마찬가지로 그 내용이 반사회적일 수 있다. 예를 들어 마약을 판매하거나 음란물 동영상을 제공하는 웹사이트를 개설하고 인공지능에 의해 거래를 하는 경우를 쉽게 생각해 볼 수 있다. 인공지능에게는 태생적인 양심이라는 것이 존재할 수 없고, 오로지 인간이 사전에 입력한 알고리즘에 의해 작동될 뿐이다. 그러므로 사전에 선량한 풍속 기타 사회질서를 위반하는 법률행위를 하지 아니하도록 프로그래밍하지 아니하는 한 제103조를 위반하는 법률행위를 하는 것을 근본적으로 봉쇄할 수는 없다. 오히려 인간이 사전에 반사회적 법률행위를 하도록 알고리즘을 적극적으로 설치한 결과로, 인공지능이 반사회적 법률행위를 체결하는 것이라고 보는 것이 자연스럽다.

제103조의 반사회적 법률행위로 무효가 되기 위해서 표의자가 반사회질서에 대한 주관적 인식을 필요로 하는가에 대해서는 학설의 대립이 있다. 우선 사회질서는 국민이 지켜야 할 일반규범으로서 모두가 이미 알고 있는 것이므로 주관적 인식은 전혀 필요하지 아니하다는 견해[132]와 법률행위가 사회질서에 위반한다는 것까지 인식할 필요는 없으나, 적어도 그 점을 판단할 만한 기초사정의 존재는 인식하여야 한다는 견해[133]가 대립되고 있다. 인공지능은 입력된 알고리즘에 의해 판단하고 학습할 뿐 선량한 풍속 기타 사회질서를 인식할 양심을 갖고 있지 아니한데, 주관적 인식을 성립요건으로 할 것인가는 더 어려운 문제이다. 먼저 주관적 인식이 전혀 필요하지 아니하다는 견해를 취할 경우에는 인공지능이 행한 반사회적 법률행위도 무효로 다루는데 아무런 문제가 없다.

---

132 송덕수, 신민법강의(제10판), 박영사, 2017, 134면.

133 김준호, 민법강의(제27판), 법문사, 2020, 215면.

그러나 주관적 인식까지는 아니라도 이를 판단할 만한 기초사정의 존재를 인식하여야 한다는 견해에 따르면 이러한 인식을 인공지능이 하여야 하는지 아니면 배후의 이용자가 하여야 할 것인지가 다시 문제가 된다. 그러나 배후의 이용자를 대상으로 그 기초사정의 존재를 인식하였는가를 판단하면 충분하다고 생각된다. 왜냐하면 반사회성이라는 것은 자연인에게만 기대할 수 있는 양심의 문제이고, 이러한 양심의 판단은 오로지 인공지능을 이용하는 자연인에게만 기대할 수 있는 것이다.

제103조의 반사회질서의 법률행위의 무효는 절대적 무효이므로 당사자가 이를 주장할 필요는 없다. 따라서 인공지능이나 상대방이 이를 무효라고 인식할 필요도 없고 또 무효를 주장하지 아니하여도 당연히 무효가 되는 것이다. 또한 제103조에 해당하여 무효가 되는 경우에는 미이행된 채무는 이행할 필요가 없고 이미 이행한 급부가 있다고 하여도 제746조의 불법원인급여에 해당하여 부당이득반환청구가 허용되지 아니한다. 따라서 제103조의 반사회질서의 법률행위에 해당되어 무효가 되면, 이에 따른 별도의 후속조치를 필요로 하지 않는다. 이러한 점에서 인공지능이 행한 반사회질서의 법률행위에 대해 인공지능이 다시 이를 평가하여 무효를 주장하거나 부당이득반환을 청구하거나 반환의무를 부담하는 절차는 필요없게 되어 추가적으로 고려해야 할 법률문제는 존재하지 않는다.

2. 불공정한 법률행위

제104조는 "당사자의 궁박, 경솔 또는 무경험으로 인하여 현저하게 공정을 잃은 법률행위는 무효로 한다"고 규정하고 있다. 불공정한 법률행위가 성립하기 위해서는 급부와 반대급부 사이에 객관적으로 현저한 불균형이 있을 뿐만 아니라, 상대방의 궁박, 경솔 또는 무경험에 대해 인식하고 이를 이용하여야만 한다. 판례는 불공정한 법률행위는 약자적 지위에 있는 자의 궁박, 경솔 또는 무경험을 이용한 폭리행위를 규제하는데 그 목적이 있다고 명확히 밝히고 있다.[134] 즉 폭리자가 피해자에게 그러한 사정이 있음을 알고

134 대법원 2002.9.4. 선고 2000다54406, 54413 판결 외 다수.

이를 이용하려는 의사, 즉 악의가 필요하다.[135]

먼저 인공지능이 피해자로서 궁박, 경솔 또는 무경험의 상태에 놓일 수 있는가를 살펴볼 필요가 있다. 인공지능은 알고리즘에 불과하므로 주관적인 심리상태인 궁박하거나 경솔한 상태에 놓이는 것을 생각할 수 없다. 또한 무경험이란 일반적인 생활경험이 불충분한 것을 의미하는데, 인공지능은 해당 분야에 국한된 전문성을 갖고 그 영역에서만 작동하도록 알고리즘이 짜여있으므로 역시 해당이 없다고 보아야 할 것이다. 다만 인공지능을 활용하는 자연인이 그러한 상태에 놓이는 것은 충분히 가능한 일이다. 그러나 인간의 구체적인 개입이 없이 알고리즘에 의해 독립적인 판단을 하는 인공지능에 대해 이를 활용하는 자연인의 심리상태를 적용하는 것도 적절한 판단은 아니라고 할 것이다. 만약 인공지능을 활용하는 자연인이 궁박한 상태라 인공지능 알고리즘의 전개를 차단하고 인위적으로 일정한 결과를 강제하였다면, 이는 인공지능이 행하는 법률행위가 아니라 자연인의 전통적인 법률행위라고 보아야 할 것이다.

반대로 인공지능이 상대방의 궁박, 경솔 또는 무경험을 이용하는 폭리자로서 역할을 할 수 있는가를 살펴볼 필요가 있다. 제104조의 불공정한 법률행위가 성립하기 위해서는 폭리자의 주관적 요건을 필요로 하는데, 인공지능에게 상대방의 궁박, 경솔 또는 무경험을 인식하고 이를 이용하는 주관적 인식을 갖출 수 있는가는 의문이다. 제103조의 반사회적 법률행위와 달리 상대방의 궁박, 경솔 또는 무경험을 인식하고 이를 이용하는 주관적 인식은 알고리즘을 설계하고 이를 인공지능에 입력하는 사람에게도 그 시점에는 갖추지 못하는 것이 일반적이다. 예를 들어 인공지능을 이용하여 이자율 경쟁방식으로 금전을 대여해주는 경우, 상대방이 궁박하여 일반인으로서는 상상하기 어려운 높은 대출이자율을 기재하였다고 하더라도 그러한 구체적인 사정을 알고리즘 설계 및 입력단계에서부터 인식하고 이를 이용하겠다는 주관적인 요건을 갖춘다고 보기는 어렵다. 그렇다면 어떠한 경우에도 인공지능이 알고리즘에 의해 법률행위를 하는 한, 제104조의 불공정한 법률행위가 성립되어 무효로 되는 일은 없다고 할 것이다.

135 김준호, 앞의 책, 222면.

3. 비진의 의사표시

제107조는 "의사표시는 표의자가 진의 아님을 알고 한 것이라도 그 효력이 있다. 그러나 상대방이 표의자의 진의아님을 알았거나 이를 알 수 있었을 경우에는 무효로 한다" 라고 진의 아닌 의사표시의 효력임을 규정하고 있다. 표의자가 스스로 의사와 표시의 불일치를 인식하는 것이 비진의 의사표시의 특징이라고 할 수 있다. 비진의 의사표시도 크게 인공지능이 비진의 의사표시를 한 경우와 인공지능의 상대방인 자연인이 비진의 의사표시를 한 경우로 다시 나누어 살펴볼 필요가 있다.

먼저 인공지능이 비진의 의사표시를 하는 경우를 살펴보면, 인공지능을 어떻게 볼 것인가의 관점에 따라서 누가 제107조의 표의자인가가 달라질 것이므로 다시 세분해서 고찰해야 한다. 인공지능을 자연인의 도구로 파악하는 관점에서는 인공지능을 활용하는 자연인이 표의자가 되는 것이므로 인공지능을 활용하는 사람이 진의가 아니라는 점을 인식하였으나 인공지능이 그럼에도 불구하고 진의와는 다른 표시한 경우가 여기에 해당될 것이다. 주로 논의의 전제로 상정하고 있는 '인공지능 이용자는 내심으로 피자를 먹고 싶었으나 이를 드러내지 아니한 채 그의 디지털 비서인 인공지능에게 음식주문을 지시하자, 인공지능은 이용자가 앞서 먹은 음식 및 선호도를 고려하여 샐러드를 주문한 사례'[136]가 이의 전형적인 사태유형이 될 것이다. 이러한 비진의 의사표시는 일단 유효하고 상대방이 표의자의 진의 아님을 알았거나 알 수 있었을 경우에만 무효가 된다. 그러나 현실적으로 인공지능과 의사표시를 주고 받는 자연인이 인공지능의 배후에서 이를 활용하는 자연인의 비진의라는 심리상태를 알았거나 알 수 있었을 가능성은 매우 낮다고 생각되므로, 무효가 되는 경우는 매우 드물 것이다. 그러므로 도구론적인 관점을 견지하는 한, 인공지능이 행한 법률행위의 해소에서 비진의 의사표시에 따른 무효는 문제가 되지 않을 것이다.

인공지능이 스스로 의사와 표시의 불일치를 인식하면서 의도적으로 의사와 다른 표시를 할 수 있는가의 가능성은 인정하기 어렵다. 인공지능은 입력된 알고리즘에 의해 논리적인 연산결과를 도출하는데 그 논리 프로세스를 의도적으로 벗어난 다른 표시를 하

136 김진우, "자율시스템에 의한 의사표시의 귀속", 법학논총 제38권 제4호, 전남대학교 법학연구소, 2018, 107면.

는 것은 불가능하기 때문이다. 즉 인공지능이 비진의 의사표시의 표의자가 되는 것은 고려할 여지가 없다. 따라서 인공지능이 표시주체로 인정되는 한 제107조를 이유로 한 무효는 아예 적용되지 않는다. 결론적으로 인공지능 의사표시에서는 제107조는 특별히 고려될 문제의 소지가 없다.

4. 통정허위표시

제108조는 "상대방과 통정한 허위의 의사표시는 무효로 한다"라고 통정허위표시의 효력을 무효로 규정하고 있다. 통정허위표시에서 통정이라 함은 의사와 표시의 불일치를 표의자가 인식할 뿐만 아니라 이에 대해 상대방과 합의하는 것을 말한다.

인공지능을 자연인의 의사표시를 위한 도구로 보는 관점에서는 배후의 이용자가 표의자가 되므로 인공지능을 이용하는 사람이 상대방과 통정하여 인공지능 알고리즘에 의도적인 영향을 주는 것은 생각해 볼 수 있으나, 만약 이용자가 인공지능의 표시에 직접 개입을 하여 알고리즘의 진행을 차단하고 표시 내용을 결정한다면 이는 인공지능 의사표시가 아니라 자연인이 행한 전통적인 의사표시로 보아야 할 것이다. 따라서 기존의 이론에 따라 제108조의 적용으로 그 의사표시는 무효로 다루면 되는 것이고, 논의하고자 하는 인공지능 의사표시와는 아무 관계가 없다고 할 것이다.

인공지능을 전자대리인이나 전자인격으로 보는 관점을 따르더라도 인공지능 의사표시에서 의사와 표시의 불일치를 인식하면서 표시를 하는 것도 예상하기 어렵지만, 나아가 인공지능과 상대방이 서로 통정하는 것은 더욱 어려운 일이 아닐 수 없다. 따라서 인공지능이 표시를 하건 아니면 상대방이 인공지능을 향해 표시를 하건 제108조의 통정허위표시가 성립할 가능성은 매우 희박하다. 결국 제107조뿐만 아니라 제108조도 인공지능 의사표시에서 적용이 고려될 여지는 없다.

Ⅳ. 인공지능을 이용한 계약의 취소

1. 착오

(1) 의사와 표시의 불일치

제109조 제1항은 "의사표시는 법률행위의 내용의 중요부분에 착오가 있는 때에는 취소할 수 있다. 그러나 그 착오가 표의자의 중대한 과실로 인한 때에는 취소하지 못한다"라고 규정하고 있다. 여기에서 착오라 함은 '의사와 표시가 일치하지 않고 이 불일치를 표의자가 알지 못하고 표시하는 것'을 말한다. 인공지능 의사표시에서 의사와 표시가 불일치한다는 것이 무엇을 의미하는지는 명확하지 않다. 이에 대해 인공지능은 도구이므로 표의자의 의사와 다른 표시를 한 경우에는 표시상의 착오에 해당되며,[137] 특히 인공지능이 운영자의 지시를 오인한 경우에는 입력실수와 동일하게 취급할 수 있다는 견해[138]가 제기되고 있다.

한편으로는 인공지능이 행한 의사표시에 대해 아예 착오에 관한 제109조의 적용 자체를 부정하는 견해도 존재한다. 인공지능의 표시행위에는 착오의 문제가 개입할 여지가 없어서,[139] 표의자의 편의를 위해 인공지능을 이용하였다면 그로 인해 발생하는 위험도 이를 이용한 사람에게 귀속시키는 것이 공평의 원칙상 타당하므로 착오를 이유로 취소할 수 없다는 견해[140]도 있다. 나아가 착오 뿐만 아니라 인공지능 의사표시의 효력을 이용자가 비록 자신의 본래 의사에 반한다고 하더라도 임의로 거부하는 것을 널리 부정하는 견해[141]도 존재한다.

---

137 최경진, "지능형 신기술에 관한 민사법적 검토" 정보법학 제19권 제3호, 2015, 216면.

138 고형석, "인공지능을 이용한 전자적 의사표시의 효력에 대한 고찰", 법학논총 제38집 제4호, 전남대학교 법학연구소, 2018, 146면.

139 황원재, "인공지능 시대의 계약자유 원칙과 법적용상의 문제점", 법학논총 제27집 제1호, 조선대학교 법학연구소, 2020, 184면.

140 이충훈, "인공지능(Artificial Intelligence)을 이용한 계약의 효력", 문화·미디어·엔터테인먼트법 제4권 제1호, 2020, 76면.

141 김세준, "인공지능에 의한 계약의 효력", 외법논집 제43권 제4호, 2019, 36면.

그러나 주목해야 할 것은 인공지능 의사표시가 이루어지는 기술적인 흐름이 자연인의 의사 결정과는 매우 상이하다는 점이다. 특히 인공지능의 경우에는 반드시 인간에 의해 알고리즘을 프로그래밍하고 또 연산결과를 도출하기까지 외부 데이터의 입력이 필요할 수 있고, 연산결과를 출력하거나 전송하는 과정에서 오류가 발생하는데 이는 자연인의 전통적인 착오와는 차이가 크다. 이 점이 가장 큰 차이점인데, 자연인의 의사표시에서는 표의자의 의사를 구성하기 위해 제3자가 표의자의 정신적인 영역에 직접 개입하지 않는 것이 당연하고 설령 간접적으로 영향을 준다고 하더라도 이는 의사표시의 동기에 불과한 것이므로 그 동기가 표시되지 않는 한 착오로 고려되지 않는다. 그러나 인공지능의 의사에 해당하는 알고리즘은 반드시 인간에 의해 프로그래밍화 되어 사전에 입력되어 있고 그것이 인공지능의 연산결과에 직접적인 영향 나아가 경직적으로 결정짓는다는 점에서 인공지능에 의해 행하여지는 의사표시를 위해서는 2단계의 의사적 요소가 존재한다고 볼 수 있다. 즉 프로그래머가 갖는 의사와 프로그래밍 된 알고리즘으로 구현된 의사가 그것이다. 전자를 자연인에 의한 포괄적 의사형성이라 한다면, 후자는 컴퓨터 프로그램에 의한 의사구체화라고 할 수 있을 것이다.[142]

그러므로 전통적인 착오이론에서 구분하는 표시의 착오, 내용의 착오, 의미의 착오 등의 유형화된 착오에 포섭시키려는 시도보다는 인공지능 알고리즘의 진행 흐름에 맞춰 무엇이 의사와 표시의 불일치로서 의사표시의 착오에 관한 민법 제109조를 적용할 대상이 되는가를 고찰하는 방법이 더 유의미할 것으로 생각된다.

먼저 인공지능 알고리즘을 프로그래밍하는 단계에서 프로그래머가 그릇된 구상을 하여 알고리즘 자체에 근본적으로 오류가 있는 경우를 생각해 볼 수 있다. 즉 프로그래머의 생각대로 알고리즘은 구현이 되었으나 프로그래머의 주관적인 인식 자체에서 오류가 있어서 인공지능의 작동 결과가 전혀 납득하기 어려운 표시로 나타난 경우이다. 인공지능의 연산과정에서는 아무런 오류가 없었으므로 이는 마치 동기의 착오와 같이 고려될 수 없는 것으로 생각해 볼 수 있다.

다음으로는 프로그래머가 구상하고 있는 알고리즘 자체에는 문제가 없으나 이를 프

142 오병철, 전자적 의사표시에 관한 연구, 연세대학교 대학원 박사학위논문, 1996, 116면.

로그래밍 하는 단계에서 오류가 있어서, 역시 인공지능의 작동결과는 전혀 납득하기 어려운 표시로 나타나는 경우를 생각해 볼 수 있다. 이러한 사태를 착오로 볼 수 있을 것인가는 의문이다. 프로그래밍을 하는 단계에서 오류가 있었을 뿐, 프로그래밍 된 알고리즘에 따른 전개에는 아무런 문제가 없었기 때문이다. 즉 포괄적 의사형성의 1단계 의사에서 오류가 발생되었을 뿐, 의사구체화 과정의 2단계 의사에서는 아무런 문제가 없기 때문이다. 이를 인공지능의 착오라고 할 수 있다면, 상대방으로서는 불측의 사유로 의사표시가 취소되는 불이익을 입게 되는 문제가 발생할 것이다.

다음으로는 알고리즘의 연산과정에서는 아무런 문제가 없었으나, 이를 표시하는 출력장치에 문제가 있거나 또는 전송과정에서 오류가 발생하여 엉뚱한 표시가 전달되는 경우이다. 그리고 이러한 오작동에 해킹과 같은 외적인 작용이 존재하지 않는 경우를 생각해 볼 수 있다. 이는 알고리즘의 연산이라는 의사구체화 과정을 거친 결과와 출력이나 전송의 값이 서로 불일치한다는 점에서 전통적인 착오이론에서 의사와 표시의 불일치에 비견되는 사태라고 볼 수 있을 것이다. 따라서 인공지능 의사표시에서의 착오라 함은 이러한 연산과정까지는 오류가 발생하지 아니하였으나, 이를 표시하거나 전달하는 과정에서 오류가 발생되는 경우만이 해당된다고 보는 것이 적절할 것으로 생각된다.

(2) 중대한 과실 여부

법률행위의 내용에 중요부분에 착오가 있는 의사표시를 하였다고 하더라도 모두 다 취소할 수 있는 것은 아니다. 제109조 제1항 단서에서는 "그러나 그 착오가 표의자의 중대한 과실로 인한 때에는 취소하지 못한다"라고 규정하고 있으므로, 표의자에게 중대한 과실이 없이 법률행위의 중요부분에 착오를 일으킨 경우에만 취소할 수 있는 것이다. 인공지능 의사표시에서 법률행위의 내용에 중요부분에 착오가 있다고 하더라도, '표의자'에게 중대한 과실이 없어야만 취소할 수 있는 것이다. 먼저 표의자란 누구를 말하는 것인가를 살피는 것이 선행되고 나서, 나아가 그에게 중과실이란 무엇을 의미하는 것인가를 밝히는 순서로 검토한다.

다수의 관계자가 참여하는 인공지능 의사표시에서 특정한 사람을 의사결정 주체로 다루는 것이 불가능하고 무의미한 작업이라고 앞서 언급한 바 있다. 다만 인공지능 의사표시가 귀속되어야 할 주체를 "자신을 위하여 인공지능을 활용한 자"로 제시하였다. 즉 인공지능 의사표시에서 의사결정을 누가 하였는가를 획일적으로 판단하는 것보다는 인공지능 의사표시가 누구에게 귀속되어야 하는가를 규범적으로 결정하는 것이 더 중요하다. 전통적인 의사표시에서는 표의자가 의사결정 주체로서 법률효과 귀속주체가 되는 것이므로 착오를 이유로 한 취소권을 표의자에게 부여하는 것이지만, 인공지능 의사표시에서는 의사결정 주체를 특정하기 어려우므로 법률효과 귀속주체에게 취소권을 인정할 수 밖에 없을 것이다. 즉 인공지능 의사표시에서는 "자신을 위하여 인공지능을 활용한 자"를 민법 제109조의 표의자로 다루어야만 할 것이다.

이처럼 인공지능의 배후에 있는 이용자가 전통적인 착오이론에서의 표의자라고 할 수 있으므로, 그에게 인공지능이 행한 착오의 의사표시에 대해 중대한 과실이 있는가를 판단하여야 할 것이다. 그러나 문제는 인공지능이 일으키는 착오의 의사표시는 인공지능을 활용하는 이용자가 아니라 대부분 인공지능 알고리즘을 제작하는 전문가에게 기인한 것이라는 점이다. 일반적인 이용자는 인공지능에 내재된 알고리즘을 제작한 것도 아니고 또 그 알고리즘을 이해하지도 못한다. 그러한 이용자가 표의자라면, 그에게 인공지능이 행한 착오에 대해 경과실도 아닌 중과실이 있을 여지는 전혀 없다. 따라서 인공지능 의사표시에서 중요부분의 착오의 경우에는 제109조 제1항 단서가 적용될 여지가 없이, 표의자의 중대한 과실에 의한 취소권 배제는 불가능한 결과를 가져오게 될 것이다.

한편으로 중대한 과실의 판단에 대해 입력실수 등의 정정화면의 제공 유무가 중요하다는 견해도 있다. 상대방이 주문을 완료하기 전에 자신의 내용을 확인할 수 있는 절차의 제공이 요구되는데 이러한 절차가 없어서 표의자가 그 오류를 확인할 수 없다면 중대한 과실이 있는 것으로 인정될 수 있다고 한다.[143] 정정화면의 제공 여부가 전자거래에서 중대한 과실을 판단하는데 하나의 고려요소는 될 수 있으나, 인공지능 의사표시에서 표의자의 중과실을 판단하는데 결정적인 기준이 된다고 보기에는 의미가 제한적이다.

143 고형석, "인공지능을 이용한 전자적 의사표시의 효력에 대한 고찰", 법학논총 제38집 제4호, 146면.

설령 인공지능 알고리즘은 고도의 전문가가 이를 작성하는 것이므로 전문적인 기술적 능력을 가진 전문가의 과실은 항상 중과실이 있다고 보아야 할 것이므로 인공지능 의사표시의 착오는 모두 중대한 과실을 인정하여 취소권을 배제하려는 시도도 무의미하기는 마찬가지이다. 중대한 과실인가는 통상으로 요구되는 주의의무를 현저히 태만한 경우를 말하는 것이고, 인공지능의 오류가 주의의무의 수준이 높아지는 것이라면 전문가의 실수이므로 모두가 중과실로 보아 취소가 배제된다고 해야 하지만, 중과실의 판단은 주의의무의 수준에 달린 문제가 아니라 통상적으로 요구되는 주의의무를 해태하는 양태의 문제일 뿐이다. 따라서 전문가로서의 기본적인 자세를 유지하였다면, 모두 경과실에 해당되어 중요부분의 착오라면 항상 취소가 가능하게 된다. 이 경우에도 표의자의 중과실이 갖는 취소권 배제의 요건으로서의 기능을 사실상 상실하는 문제가 역시 발생된다.

결국 민법 제109조 제1항 단서의 표의자의 중대한 과실이 있는 경우 취소권을 배제하는 규정은 인공지능 의사표시의 경우에는 사실상 적용이 불가능하게 된다. 따라서 제109조 제1항 단서가 갖는 형평의 가치를 인공지능 의사표시에도 살리기 위한 새로운 법적 고안이 필요한 것은 아닌가 생각된다.

2. 사기

제110조는 사기에 의한 의사표시는 취소할 수 있으며, 상대방 있는 의사표시에 관하여 제3자가 사기를 행한 경우에는 상대방이 그 사실을 알았거나 알 수 있었을 경우에 한하여 그 의사표시를 취소할 수 있도록 규정하고 있다. 인공지능 의사표시와 관련하여 인공지능이 타인을 기망하는 경우와 인공지능이 타인에 의해 기망을 당하는 경우로 나누어 살펴볼 필요가 있다.

먼저 인공지능이 타인을 기망하여 의사표시를 하는 것을 생각해보면, 인공지능 알고리즘이 그러한 사악한 의도를 가지고 프로그래밍 되지 아니하는 한, 상대방을 착오에 빠지게 하고 그 착오에 의해 의사표시를 하게 할 이중의 고의를 갖는 것은 거래에 활용되는 보통의 인공지능이라면 현실적으로 찾아보기 어려운 매우 드문 경우일 것이고, 불법행위도 동시에 성립될 것이다. 만약 악한 인공지능을 고의적으로 개발하여 거래에 활용하였다면, 인공지능의 상대방을 기망하고 이에 의해 의사표시를 하게 할 고의는 프로그래머에게만 있을 수 있다. 그렇다면 프로그래머는, 착오를 이유로 취소를 할 수 있는 표의자에 해당하는 인공지능을 활용하는 이용자 또는 법인격이 인정되는 인공지능이 아니라, 제3자라고 보아야 할 것이다. 특히 인공지능을 활용하는 이용자가 프로그래머의 그러한 기망의 고의를 전혀 모르는 상태에서 인공지능을 활용하였다면 제3자에 의한 기망행위라고 보지 않을 수 없다. 이 경우에 상대방은 분명히 인공지능의 프로그래밍에 의해 기망을 당하여 의사표시를 하였으나 기망의 주체가 인공지능이 아닌 제3자인 프로그래머라는 이유로 취소권의 행사가 제한되는 것은 결코 수긍하기 어려운 논리적 귀결이라고 할 것이다. 그러나 현실적으로 이러한 법적 결과가 문제가 될 여지는 없을 것이므로, 제3자에 의한 기망행위에 대한 기존의 법리를 인공지능 의사표시에서 수정할 필요까지는 없을 것이다. 왜냐하면 프로그래머가 자신의 이익과는 아무런 관계가 없이 거래 상대방을 기망하는 사악한 고의를 갖는 인공지능을 개발하여 그 정을 모르는 인공지능 이용자가 활용하도록 제공하는 것은 이론적으로는 가능할지 몰라도, 현실적으로는 등장할 가능성을 배제해도 무방하기 때문이다. 또한 그러한 행위 자체가 프로그래머의 불법행위가 될 것이므로 기망당한 거래 상대방 뿐만 아니라 사악한 인공지능인지 모르는 상태로 활용한 이용자 역시 불법행위의 피해자로서 불법행위의 법리에 의해 피해가 구제될 것이기 때문이다.

반대로 인공지능이 상대방의 기망행위로 착오에 빠지고 그 착오에 의해 의사표시를 하는 경우를 생각해보자. 여기에서의 착오란 제109조의 착오와 달리 의사결정을 하게 되는 기초사실에 대한 오류를 불러일으키는 것으로, 타인에 의한 부당한 의도적인 간섭에 의해 의사결정의 자유가 침해되는 것을 말한다. 인공지능에서 의사결정의 자유에 타인이 부당하게 의도적으로 간섭하는 행위라는 것은 인공지능의 연산에 부당하게 영향을 주어 그 부당한 영향을 인식하지 못하고 연산결과를 도출하는 것이다. 이는 주로 인공지능이 의사결정을 하는데 필요한 데이터를 거짓으로 입력하는 경우에 해당된다. 예를 들어 인공지능이 대출 여부를 심사하는데 거짓으로 직업을 입력하거나 수입이나 재산상태를 입력하는 경우, 혹은 입력해야 할 데이터를 고의로 누락시킨 경우를 생각해 볼 수 있다. 만약 상대방이 그러한 데이터를 입력하지 아니하였다면 인공지능이 대출을 허용하지 않았을 것이나, 고의적으로 그릇된 데이터를 입력하였기 때문에 인공지능이 의사결정을 하게 되는 기초사실에 오류를 갖고 대출을 허용하는 경우이다. 이 경우에는 법인격이 인정된다면 인공지능이, 그러하지 아니하다면 인공지능을 활용하는 이용자가 기망행위의 피해자로서 취소권을 행사할 수 있을 것이다.

3. 강박

제110조는 사기에 의한 의사표시와 동일하게 강박에 의한 의사표시를 규정하고 있다. 즉 강박에 의한 의사표시는 취소할 수 있으며, 상대방 있는 의사표시에 관하여 제3자가 강박을 행한 경우에는 상대방이 그 사실을 알았거나 알 수 있었을 경우에 한하여 그 의사표시를 취소할 수 있다. 이는 표의자가 타인의 강박행위로 공포심을 갖고 그 해악을 피하고자 강박행위가 없었다면 하지 않았을 표시를 하였으므로, 이를 취소하여 구제하고자 하기 위함이다.

인공지능은 감정이 없으므로 공포심을 느끼지 못함은 자명하다. 다만 인공지능 이용자에 대한 강박행위는 존재할 수 있다. 즉 자연적인 방법으로 표의자에 대한 직접적인 강박으로 인공지능이 의사표시를 하는 경우를 생각해 볼 수 있다.[144] 이에 대해 인공지능 이용자에 대한 강박행위로 그가 인공지능의 작동에 비정상적 개입을 하는 경우에 이를 인공지능에 대한 강박으로 다룰 수 있을 것인가에 대해 자연적인 강박과 다를 바 없으므로 제110조에 의해 취소할 수 있다는 견해[145]가 있다. 그러나 인공지능을 활용하는 이용자에 대한 강박으로 이용자가 인공지능 알고리즘의 진행에 직접 개입하여 이용자가 강박에 지배된 의사표시를 하였다면, 이것을 인공지능이 행한 의사표시의 특수한 문제라고 보기는 어렵다. 오히려 이용자의 자연적인 의사표시로서 전통적인 강박에 의한 의사

144 최경진, "지능형 신기술에 관한 민사법적 검토" 정보법학 제19권 제3호, 2015, 220면.

145 최경진, 위의 논문, 220면.

표시로 다루는 것이 적절하다고 생각된다.

인공지능에 대한 직접적인 강박이라는 것은 고전적인 의미의 강박과는 다소 거리가 있지만, 해킹의 경우가 여기에 해당된다고 볼 수 있다. 즉 인공지능 알고리즘에 침입하여 인공지능으로서는 어쩔 수 없이 알고리즘이 변경되거나 입력된 데이터가 변경되는 상태가 되는 것이 강박에 해당된다고 볼 수 있을 것이다. 이에 대한 기존의 견해를 살펴보면, 해킹에 의해 인공지능이 의사표시를 하더라도 표의자의 의사표시로 귀속시킬 수 없으며, 이는 표의자의 이용 또는 설정이 없었고, 당연히 그의 포괄적 의사도 없었기 때문이라 한다.[146] 이러한 관점에 따라서 해킹을 한 제3자가 해킹에 의한 의사표시의 상대방에 대해서 책임을 부담하되, 만약 운영자에게도 과실이 있는 경우라면 해킹을 한 제3자와 연대하여 손해배상책임을 부담한다는 견해[147]도 있다. 그러나 상대방의 해킹에 의해 인공지능이 한 의사표시가 오히려 인공지능 이용자에게 유리한 결과를 가져온 경우에까지 법적 효과를 부정할 필요는 없을 것이다. 오히려 인공지능 이용자가 해킹의 결과에 대해 어떠한 판단을 할 것인가의 기회를 갖는 것, 즉 취소권을 보유하는 것이 더 바람직한 결과를 가져올 것이다. 따라서 상대방에 의한 해킹을 강박에 의한 의사표시로 취급하는 것이 타당할 것으로 생각된다.

만약 의사표시 상대방이 아닌 제3자가 해킹을 한 경우에는 특히 제110조 제2항의 제3자에 의한 강박행위에 해당된다고 할 것이다. 이 경우에 현행 민법상의 규율대로라면 상대방이 해킹 사실을 알았거나 알 수 있었을 경우에 한하여 해킹에 의한 의사표시를 인공지능이 취소할 수 있다고 할 것이다.

4. 취소의 효과

(1) 원상회복의무

의사표시가 취소되면 소급해서 법률행위는 효력을 상실하게 된다. 미이행된 채무는

146 이상용, "인공지능과 계약법", 비교사법 제23권 제4호, 1667면.

147 고형석, "인공지능을 이용한 전자적 의사표시의 효력에 대한 고찰", 법학논총 제38집 제4호, 150면.

이행할 의무가 없으나, 이미 이행된 경우에는 부당이득 반환의무가 발생된다. 만약 인공지능이 행한 의사표시 또는 인공지능을 상대로 한 의사표시가 취소되면 기이행된 급부는 반환되어야 한다. 다루어져야 할 문제는 누가 부당이득 반환의무를 부담하는가이다.

인공지능을 단순한 도구로 이해하는 관점에서는 인공지능은 의사표시의 도구일 뿐이고 그 효과는 배후의 이용자에게 귀속된다. 이러한 입장에서는 인공지능은 단지 체약보조수단에 불과할 뿐이다. 따라서 부당이득 반환의무는 당연히 인공지능의 이용자가 부담하게 된다. 단순한 체약도구인 인공지능은 설령 의사표시는 행할지 몰라도 의사표시의 해소와는 아무런 관계가 없게 된다.

인공지능에 대해 법률행위를 위한 전자대리인으로서의 지위를 인정하는 관점에서도 부당이득 반환의무는 문제가 되지 않는다. 인공지능은 법률행위의 성립과정에서 전자대리인으로서의 지위에 있을 뿐이고, 법률행위의 효과는 완전히 배후에 있는 이용자에게 귀속되는 것이기 때문에 부당이득 반환의무라는 법률효과는 자연인인 이용자만이 부담하게 된다. 따라서 전자대리인인 인공지능은 부당이득 반환의무와는 아무런 관계가 없게 된다.

심각한 문제는 인공지능에 완전한 권리능력을 인정하여 전자인격으로 취급하는 경우이다. 이 경우에는 인공지능이 행한 의사표시의 법률효과도 인공지능에게만 귀속되므로, 의사표시가 취소되면 부당이득 반환의무도 오직 인공지능에게만 발생하게 된다. 이 경우에 인공지능을 상대로 부당이득 반환청구를 하였을 때, 인공지능이 부당이득 반환의무를 이행하는 것이 현실적으로 가능한가는 의문이다. 특히 원물반환의 경우에 유체물의 인도를 인공지능이 하는 것을 기대할 수 있을 것인가는 더욱 회의적이다.

(2) 신뢰이익의 배상책임

현행 민법에 명문 규정은 존재하지 않지만, 독일 민법 제122조를 참고로 하여 표의자가 착오를 이유로 취소한 경우에 상대방에게 신뢰이익의 배상책임을 지워야 한다는 견해[148]가 있다. 착오는 전적으로 표의자에 의해 야기된 것임에도 불구하고 착오의 사실을 모르는 상대방만이 일방적으로 불이익을 입는 문제점[149]을 고려하면 적어도 신뢰이익의 배상책임을 지우는 것은 공평의 원리에 부합한다고 생각된다. 만약 인공지능이 행한 의사표시를 착오를 이유로 취소하게 되면, 신뢰이익의 배상을 누가 하여야 하는가의 문제가 발생한다.

신뢰이익의 배상책임 역시 법률효과의 귀속주체가 부담하여야 하는 것이므로 인공지능을 단순한 도구로 파악하거나 전자대리인으로서 법률행위의 성립과정에서 행위주체로서만 법인격을 인정한다면, 법률효과는 배후에 있는 이용자에게 귀속되는 것이므로 신뢰이익의 배상책임 역시 이용자가 부담하여야 한다. 그러나 인공지능에게 완전한 권리능력을 인정하여 전자인격을 부여하는 관점에서는 신뢰이익의 배상책임은 전자인격인 인공지능이 부담하여야 한다. 이 경우에는 인공지능이 금전배상의 책임주체가 되는 것이고, 이는 인공지능에게 불법행위책임을 지우는 경우와 마찬가지로 책임재산이 존재한다면 쉽게 해결될 수 있을 것이다. 다만 전자인격의 책임재산을 여하히 형성할 수 있을 것인가와 관련된 논란은 여전히 남아있다.

5. 취소권자

제140조는 "취소할 수 있는 법률행위는 제한능력자, 착오로 인하거나 사기·강박에 의하여 의사표시를 한 자, 그의 대리인 또는 승계인만이 취소할 수 있다"고 규정하여, 취소권자를 제한적으로 열거하고 있다. 인공지능에 권리능력을 인정하지 아니하고 인공지능을 단순한 도구에 불과하고 그 이용자를 표의자로 본다면 취소권자를 제한적으로 열거하는 민법의 규정은 아무런 문제도 되지 않는다. 취소원인 사실을 인지한 인공지능 이용자가 다시 인공지능을 이용해서 또는 자신이 자연적인 방법을 통해서 취소권을 행사할 수 있다.

---

148 곽윤직, 민법총칙(제7판), 박영사, 2002, 242면.
149 김준호, (각주71), 253면.

6. 추인

(1) 추인권자

취소할 수 있는 법률행위는 취소권자가 이를 추인할 수 있다(제143조 제1항). 추인은 취소의 원인이 소멸한 이후에 하여야 효력이 있다(제144조 제1항). 취소할 수 있는 법률행위를 추인하면 확정적으로 유효가 되어 이후에는 취소할 수 없게 된다. 만약 인공지능에 권리능력을 인정한다면, 추인 역시 인공지능이 하여야만 한다. 인공지능을 단순한 도구로 본다면, 인공지능 이용자가 취소권자로서 추인을 할 수 있다.

(2) 법정추인

문제는 인공지능 이용자는 취소원인 사실을 인식하고 취소권을 행사할 것인가를 숙고하고 있을 동안, 인공지능이 자동으로 상대방에 대해 이행의 청구를 한 경우에 민법 제145조의 법정추인을 인정할 수 있을 것인가이다. 법정추인이 인정되려면, 추인의 요건을 갖춘 후에 법정추인사유가 발생하여야 한다(제145조). 취소의 원인이 소멸되어 그 행위가 취소할 수 있는 것임을 알아야 추인의 요건을 갖추었다고 할 수 있다.[150] 이러한 요건을 갖춘 후에 민법 제145조에서 나열한 법정추인사유가 발생한다면, 취소권자에게 추인의 의사가 있었는지, 또 그가 취소권의 존재를 알고 있었는지는 묻지 아니한다.[151] 인공지능 이용자가 취소원인사실을 인식하고 취소권의 행사를 숙고하고 있는 상태였다면 이미 추인의 요건을 갖추었다고 볼 수 있다. 그러므로 인공지능 이용자의 도구인 인공지능이 법정추인사유에 해당하는 이행의 청구를 하였다면, 인공지능 이용자의 의사와 무관하게 법정추인이 이루어진 것으로 보는 것이 타당할 것이다.

---

150 김준호, 앞의 책, 346면.
151 김준호, 앞의 책, 347면.

V. 인공지능 의사표시의 발신과 도달

인공지능 의사표시는 반드시 컴퓨터 네트워크로 연결되어 있는 온라인에서 행하여질 수 밖에 없다. 만약 인공지능이 어떠한 연산 결과를 모니터로 표출하고 난 이후에, 그것을 다시 이용자가 상대방에게 표시하는 것이라면 이는 인공지능 의사표시가 되지 못한다. 왜냐하면 인공지능의 연산 결과는 사람에게 대한 정보제공의 법적 가치만을 가질 뿐이고, 이를 상대방에게 전달할 것인지 말 것인지에 대해 최종적인 판단은 사람에게 달려있는 것이기 때문이다.

네트워크를 통해 표시되고 전달되는 인공지능 의사표시는 물리적인 공간에서의 거리 개념이 아무런 의미도 갖지 못하게 된다. 물리적인 공간감을 전제로 한 격지자 간의 발신과 도달 시점이라는 현행 민법의 전통적인 법적 판단기준 역시 무의미해지게 된다. 그러나 이러한 문제는 인공지능 의사표시에 앞서 전자적인 방식으로 전달되는 자연인의 의사표시에서 이미 충분히 다루어지고 있고, 전자문서 및 전자거래기본법에서 명확히 규율하고 있으므로 인공지능 의사표시에서 특수한 문제를 발생시키는 것은 아니다.

인공지능 의사표시도 일종의 전자문서이므로 전자문서법 제6조의 전자문서의 송수신 시기에 관한 규정이 그대로 적용된다. 따라서 인공지능 의사표시는 그 전자적 형태로 된 의사표시를 송신할 수 있는 정보처리시스템에 입력한 후 해당 전자문서를 수신할 수 있는 정보처리시스템으로 전송한 때 송신된 것으로 본다. 그리고 그 전자적 형태로 된 의사표시는 수신자가 의사표시를 수신할 정보처리시스템을 지정했는가에 따라서 수신시기는 각각 다르다. 먼저 수신자가 수신할 정보처리시스템을 지정한 경우에는 지정된 정보처리시스템에 입력된 때 수신된 것으로 추정한다. 다만 만약 지정된 정보처리시스템이 아닌 정보처리시스템에 입력된 경우에는 수신자가 이를 검색 또는 출력한 때에 수신된 것으로 추정하게 된다. 그리고 수신자가 수신할 정보처리시스템을 미리 지정하지 아니한 경우에는 수신자가 관리하는 정보처리시스템에 그 전자적 형태로 된 의사표시가 입력된 때 수신된 것으로 추정하게 된다.

Ⅵ. 결론

인공지능 의사표시도 법적으로는 전통적인 자연인의 의사표시와 동일한 가치를 갖는 것이다. 다만 1명인 표의자가 의사결정 주체인 동시에 법률효과 귀속주체가 되는 전통적인 의사표시의 법리는 인공지능 의사표시에 그대로 적용하기는 어렵다. 특히 인공지능 의사표시를 위해서는 다수의 사람이 개입되는 것이 필연적이므로, 인공지능 의사표시의 의사결정 주체를 특정하는 것은 불가능하고 무의미한 것이다. 다만 다수 관여자의 기능적 협업으로 이루어진 인공지능 의사표시도 법적 의사표시라면, 이를 누구에게 귀속시킬 것인가의 규범적 결정은 반드시 필요하다. 결국 인공지능 의사표시와 그 귀속주체의 연결점은 규범적으로 결정되어야 하며, 이론적으로는 "사람의 구체적인 판단이나 결정없이 인공지능에 의해 이루어진 의사표시는 자신을 위하여 인공지능을 활용한 자에게 귀속"된다고 설정하는 것을 제안한다.

의사표시의 무효에 관한 민법 제103조를 살펴보면, 반사회성이라는 규범적 가치판단은 인공지능 의사표시라고 해서 특별히 달리 취급되어야 할 필요가 있지는 않으므로 전통적인 법리를 그대로 적용하면 충분하다. 또한 민법 제104조의 불공정한 법률행위, 특히 사람의 구체적인 개입없이 인공지능이 자체 알고리즘만으로 상대방의 궁박, 경솔, 무경험을 이용하는 주관적 요건을 갖춘다는 것은 비현실적인 가정이라 생각되므로 인공지능 의사표시에 특별히 문제가 될 일은 없을 것이다. 민법 제107조의 비진의 의사표시나 민법 제108조의 통정허위표시도 사전에 정해진 가치중립적인 알고리즘대로 의사결정하는 인공지능의 특성상 적용이 고려될 여지는 매우 희박하다. 그러므로 인공지능 의사표시라고 해서 의사표시의 무효에 관해 현행 민법 규정이나 해석론에 수정을 필요로 한다고 보기는 어렵다.

의사표시의 취소에 관한 민법 제109조의 착오가 인공지능 의사표시에서 가장 큰 논란이 예상된다. 먼저 인공지능 알고리즘을 프로그래밍하는 단계에서 알고리즘에 오류가 있거나 프로그래밍 입력단계에 오류가 있는 경우에 이는 전통적인 자연인의 착오라고 볼 것이므로, 인공지능 의사표시의 특수성이 고려될 여지는 없다. 다만 알고리즘의 연산에서는 아무런 문제가 없었으나 이를 표시하는 과정이나 전송하는 과정에서 오류가 발생하는 경우에는 인공지능 의사표시에서의 착오로 다루는 것이 적절할 것이다. 다만 표의자의 중과실이 있는 경우에는 착오를 이유로 취소하는 것이 불가능한 제109조 제1항 단서의 적용이 문제가 되는데, 인공지능 의사표시의 착오에서 표의자라고 할 수 있는 인공지능 이용자의 중과실이 인정될 여지가 매우 협소하므로 새로운 법적 균형점을 입법적으로 모색할 필요가 있다고 생각된다. 민법 제110조의 사기는 기망의 고의를 인공지능에게 인정하기 어렵다는 점에서 인공지능 의사표시에서 문제가 될 가능성은 매우 희박하지만, 해킹에 의해 인공지능이 알고리즘을 벗어나는 의사표시를 하는 경우에는 강박에 의한 의사표시 이론을 적용하여 인공지능 이용자에게 취소권을 부여할 필요가 있을 것이다. 다만 해킹의 결과가 우연히도 인공지능 이용자에게 유리한 경우에는 취소권을 행사하지 아니하므로써, 인공지능 이용자가 그 유효를 선택할 수도 있다.

기타 취소권자나 추인권자는 인공지능에게 법인격을 인정하지 않는 단계에서는 인공지능 이용자가 이를 행사하게 될 것이므로 특별한 문제가 발생되지는 않을 것이다. 또한 인공지능 의사표시의 발신과 도달은 인공지능의 특성이 반영된 것이 아니라, 의사표시의 전자적 방식의 전송에서 야기되는 문제이므로 기존의 전자거래 등에 관한 법규정이나 이론으로 충분히 다루어질 수 있어서 특별한 법적 문제를 발생시키지는 않는다.

참고문헌

오병철, 전자적 의사표시에 관한 연구, 연세대학교 대학원 박사학위논문, 1996.
오병철, "전자거래규정의 민법에의 편입", 민사법학 제46호, 2009.
최경진, "지능형 신기술에 관한 민사법적 검토" 정보법학 제19권 제3호, 2015.
이중기, "인공지능을 가진 로봇의 법적 취급", 홍익법학 제17권 제3호, 2016.
송덕수, 신민법강의(제10판), 박영사, 2017.
이상용, "인공지능과 계약법", 비교사법 제23권 제4호, 2017.
김진우, "자율시스템에 의한 의사표시의 귀속", 법학논총 제38권 제4호, 전남대학교 법학연구소, 2018.

고형석, “인공지능을 이용한 전자적 의사표시의 효력에 대한 고찰”, 법학논총 제38집 제4호, 전남대학교 법학연구소, 2018.

김세준, “인공지능에 의한 계약의 효력”, 외법논집 제43권 제4호, 2019.

김준호, 민법강의(제27판), 법문사, 2020.

이충훈, “인공지능(Artificial Intelligence)을 이용한 계약의 효력”, 문화·미디어·엔터테인먼트법 제4권 제1호, 2020.

황원재, “인공지능 시대의 계약자유 원칙과 법적용상의 문제점”, 법학논총 제27집 제1호, 조선대학교 법학연구소, 2020.

[연세대학교 법학전문대학원 교수 오병철]

제4장

인공지능과 불법행위

| 오병철 |

I. 인공지능에 의해 통제되는 로봇[152]에 의한 손해의 발생

1. 손해의 개념과 요건성

민법상 불법행위로 인한 손해배상청구권이 성립하기 위해서는 우선 불법행위로 인하여 손해배상청구권자에게 손해가 발생하여야 한다. 손해의 발생은 불법행위에 기한 손해배상청구권 성립의 대전제이다.[153]

인공지능에 의해 통제되는 로봇의 경우에도 불법행위책임이 성립하기 위해서는 현실적으로 손해가 발생하여야 한다. 로봇에 의한 손해도 결국 '법익에 생긴 불이익'이라는 본질에서는 기존의 전통적인 손해와 아무런 차이가 없다. 로봇이 손해를 발생시켰는가 아니면 사람이나 기존의 물건이 손해를 발생시켰는가는 손해 원인의 차별성 문제이고, 어떠한 원인에 의해서건 결국 침해되는 법익은 인체 또는 재산이라는 점에서 동일하다. 따라서 인체손해에 관한 손해3분설을 따르는 전통적인 판례이론[154]이 그대로 적용될 수 있으며, 재산상 손해는 차액설적인 입장에서 파악하는 기존의 판례이론[155]도 마찬가지로 유효하다고 할 것이다.[156]

다만 로봇은 기존의 소프트웨어나 컴퓨터의 오류로 인해 발생하는 손해와 비교하면 다소 특수한 모습을 보인다. 로봇이 야기하는 손해의 특수성은 불법행위의 성립이나 손해배상의 산정 등에 실천적인 문제를 야기하지는 않는다. 그러나 왜 로봇이 불법행위 영역에서 기존의 컴퓨터와 달리 좀 더 중요하게 다루어져야 하는가를 강조하는 점에서는 의미가 있다.

---

152 이하에서는 '인공지능에 의해 통제도는 로봇'을 '로봇'으로 줄여서 표기한다.

153 서광민, "손해의 개념", 서강법학연구 제6권, 2004, 123면.

154 대법원 2002.9.10. 선고 2002다34581 판결 등.

155 대법원 2009.9.10. 선고 2009다30762 판결.

156 통설적인 차액설에 대해 손해는 "채무불이행이나 불법행위로 인하여 사람 또는 재산 등의 법익에 생긴 종래의 상태 또는 기대되는 상태와 비교하여 불이익이라고 생각되는 변화"라고 새로운 개념정의를 제시하는 견해(서광민, "손해의 개념", 서강법학연구 제6권, 2004, 145면)도 있으나, 로봇에 의해 발생한 손해에 특별히 의미를 갖는 시사점을 찾기는 어렵다.

2. 로봇이 야기하는 손해의 특수성

(1) 정보오류에 의한 손해

로봇을 통제하는 인공지능은 기본적으로 정보를 처리하는 역할을 한다. 인공지능에 의해 처리된 정보에 오류가 있는 경우에는 그릇된 정보로 인한 손해가 발생하게 된다. 2016년 11월 암스테르담 스히폴 공항에서는 로봇 스펜서(spencer)가 KLM 항공 승객을 안내하는 역할을 하여 스펜서가 보딩패스를 스캔하고 그 정보를 바탕으로 승객이 가야 할 게이트로 안내를 담당했었다고 하고[157], 2016년 9월부터는 일본 나리타공항에서도 에뮤(EMIEW)3 안내로봇이 실증시험을 시작하였으며,[158] 우리나라도 LG전자가 인천공항에서 2017년 7월 21일부터 안내로봇의 에스코트 시범서비스를 개시한 바 있다.[159] 만약 이 경우 스펜서가 그릇된 안내를 하여 승객이 탑승하여야 할 항공기에 탑승하지 못한 경우에, 다른 항공편을 이용하게 되어 추가요금이 부과되거나 혹은 불필요한 숙박이나 식사비용의 지출이 발생되는 등 탑승객에게 손해가 발생할 수도 있다.

정보의 오류로 인해 손해가 발생된 경우에 배상책임을 부담하여야 하는가에 대해 우리 대법원 판례에 따르면 부동산 중개업자가 조사·확인하여 의뢰인에게 설명할 의무를 부담하지 않는 사항일지라도 그릇된 정보를 제대로 확인하지 아니하고 그대로 전달하여 그 정보를 믿고 상대방과 계약을 함으로써 손해를 입은 경우에 손해배상책임을 지운 바 있다.[160] 또 증권사에서 HTS를 통해 정보를 잘못 제공하여 이를 믿고 거래한 고객이 손해를 입은 경우에도 증권회사가 손해배상책임을 진다.[161] 미국의 판례 역시 계약관계에 있지 않은 제3자에게 잘못된 정보를 제공하는 경우에 정보제공자와 제3자 사이에 유사한 관계가 있다고 이론구성하거나, 정보제공이 의도된 제3자에 대해서는 잘못된 정보를 제공하지 아니할 주의의무가 있다고 이론구성하거나, 정보를 신뢰하리라고 예견가능한 제3자에

157 매일경제 2016.7.1.보도기사(http://news.mk.co.kr/newsRead.php?no=473509&year=2016).
158 로봇신문 2016.9.2.보도기사(http://www.irobotnews.com/news/articleView.html?idxno=8573)
159 한국경제신문 2017.7.21.보도기사(http://news.hankyung.com/article/201707210312g)
160 대법원 1999.5.14. 선고 98다30667 판결; 대법원 2008.9.25. 선고 2008다42836 판결.
161 이창현, "전산장애로 인한 손해배상에 관한 연구", 법과 기업연구 제5권 제3호, 2015, 139면.

대해서는 책임을 진다는 논리로 손해배상책임을 인정하는 태도를 전향적으로 취하고 있으며, 독일이나 영국의 경우에도 마찬가지이다.[162] 이러한 태도를 고려하면 로봇의 정보오류로 인해 손해를 입는 경우에도 배상책임이 발생할 가능성을 배제할 수 없다. 예를 들어 의료분야에서 인공지능을 이용한 진료를 하는 왓슨의 경우에 의학적 정보와 진단이 당대 의학수준에서 최고의 지식이었는지 그리고 이를 제공하는 과정에서 과실이 개입되지 않았는지도 로봇 공급자에게 증명하도록 범위를 확대해야 한다는 주장도 제기되고 있다.[163]

(2) 인체 손해의 발생

인공지능이 단순히 정보만을 제공하는 것에 그친다면, 인체에 손해를 직접적으로 발생시키기보다는 대부분 재산상 손해를 발생시키게 된다. 인공지능에 이르지 아니한 컴퓨터 프로그램의 오류로 인한 손해는 대체로 재산상 손해를 발생시키는 것이 일반적이다. 미국 Bank of New York 사건을 살펴보면, 미국 연방준비은행에서 자동적으로 Bank of New York 현금 계좌에 차변기록을 하는 동안에 Bank of New York는 소프트웨어의 오류로 인해 저축계좌로부터 들어오는 예금을 처리할 수 없었고, 그로 인해 Bank of New York는 하루 동안에 240억 달러를 차입해야 했으므로 소프트웨어 오류가 해결될 때 까지 500만 불의 이자손해를 보게 되었다.[164] 단순한 컴퓨터 프로그램의 오류로 인한 재산적 손해의 경우에는 액수의 다과를 불문하고 인체 손해에 비해 상대적으로 사회 전반에 민감한 영향을 주지는 않는다.

그러나 인공지능에 의해 통제되는 물리적인 로봇의 경우에는 그 기기가 인체에 직접 손해를 발생시킬 수도 있다. 자율주행자동차나 로봇과 같이 고차원적인 로봇이 아니라 아주 단순하게 선기압력밥솥에 내장된 초보적인 인공지능 알고리즘에 문제가 생겨도 압력이 과도하게 팽창하여 폭발을 일으킬 위험이 생긴다. 로봇에 의해 발생된 손해가 단순

---

162 권영준, 미국법상 순수재산손해의 법리, 민사법학 제58호, 2012, 158-159면.

163 박해선, "스마트사회와 민사책임", 법학논총 제23집 제2호, 조선대학교, 2016, 289면.

164 Peter Neumann, Expecting the Unexpected Mayday, Communications of the ACM, 1991, p.128; 주지홍, 소프트웨어의 하자로 인한 손해의 제조물책임법리 적용여부, 민사법학 제25호, 2004, 434면에서 재인용.

히 재산상 손해에 그치지 아니하고 사람에 직접적인 작용을 하여 생명침해 또는 신체침해를 가져온다는 점은 지금까지 컴퓨터와 같은 정보처리장치의 결함으로 인한 재산상의 금전적 손해와는 완전히 질적으로 다른 양상이다. 더욱이 로봇의 종류에 따라서는 인체 손해의 규모가 대형화되고 치명적으로 될 위험까지도 배제할 수 없다.

(3) 동시다발적인 손해 발생

지금까지의 일반적인 기기는 대량으로 제조된 것이라도 결함이나 오류는 개별적으로 존재하는 것이므로 손해의 발생은 단발적으로 일어나게 된다. 설령 설계상의 결함이 존재하는 경우라도 모든 기기가 그 결함이 손해의 발생으로 현실화되는 것은 아니다. 과거 미국 포드 자동차의 Punto 사례에서도 자동차 설계의 근본적인 결함이 존재하는 것은 명확하지만, 그러한 결함으로 인한 손해가 발생하는 경우는 극히 일부의 Punto 자동차에서일 뿐이다.

향후 인공지능이 내장된 로봇이 보편화되어 대량으로 생산되고 소비되는 시기가 도래할 것을 예상하는 것은 어렵지 않다. 동일한 인공지능이 내재된 동종의 로봇이 널리 보급되어 있다면 예상하지 못한 오작동은 특정한 하나의 기기에만 발생하지는 않을 것이다. 특히 로봇에 내장된 알고리즘에 오류가 있어서 손해를 발생시키게 되면, 동일한 알고리즘을 갖고 있는 로봇이라면 손해의 발생시기와 손해액의 차이만 있을 뿐이지 모두 다 반드시 동일한 문제로 인해 손해의 발생을 피하기는 어려울 것이다. 이렇게 되면 인공지능의 문제로 인한 로봇의 손해의 양상은 기존의 기기와 달리 동시다발적이고 필연적인 손해발생을 가져올 위험에 직면하게 될 것으로 예상된다.

이와 같은 동일한 혹은 동종의 원인에 의하여 다수의 피해자들에게 다수의 개별적 손해가 발생하는 현상에 대해 전통적인 민사책임법에서 이를 별도의 법적 개념이라 전문용어로 파악하지 않았으나 이에 대해 주목하는 견해가 제기된 바 있다.[165] 특히 대규모 피해사건들에 있어서는 피해자의 실질적 구제를 위하여 특별한 위험원을 내포하는 사업

165 신유철, "대규모 피해와 손해배상", 민사법학 제75호, 2016, 421-422면.

을 영위하는 모든 기업들과 위험한 시설을 보유하는 모든 보유자들이 책임재산의 확보를 위하여 적절한 대비책을 마련하는 것이 무엇보다 중요하다고 한다.[166]

3. 로봇 소유자에게 발생된 손해의 취급

자신이 소유한 자율주행자동차를 타고 가던 중 내장된 자율주행 알고리즘의 오류로 부상을 당한 경우와 같이, 로봇이 소유자에게 손해를 입힌 경우에 그 손해를 어떻게 다루어야 하는가. 로마법 이래 법익에 생긴 손해는 법익보유자가 부담한다(casum sentit dominus)는 것이 부동의 법원리였으므로, 법익보유자가 보유한 법익에 손해가 발생한 경우 손해를 자신이 스스로 부담하는 것이 원칙일 것이다. 전통적인 기기의 경우 인간에 의해 완전히 지배되는 물건이므로 기기의 보유자는 기기로부터 발생된 손해를 스스로 감수하는 것이 당연한 것으로 받아들여졌다.

자율주행자동차의 경우에도 자율주행모드로 운행하던 중 사고가 발생하여 탑승하고 있던 차량보유자가 인신손해를 입었다고 할지라도 차량보유자는 운행자에 해당되므로 손해배상을 청구할 수 없다고 해석하는 것이 현행 자동차손해배상보장법 해석상 타당하다고 한다.[167] 그러나 로봇의 제조업자에 제조물책임이 인정되는 경우 등과 같이 로봇의 소유자라고 할지라도 그 손해를 규범적인 가해자에게 전가하여 손해배상을 청구할 수 있는 경우도 예외적으로는 존재한다.

다만 앞서 지적한 바와 같이 로봇에 제한적으로 의무능력을 인정하는 입장[168]이라면, 로봇과 로봇의 소유자는 별개의 권리주체로서 로봇의 소유자가 로봇에 대해 손해배상청구를 하는 것을 허용하지 않을 수 없다. 소유자가 소유물에 대해 손해배상을 청구하는 법적 관념이 과연 수용가능한 것인지는 의문이다. 로봇의 의무능력을 소유자를 제외한 제3자에 대해서만 인정되는 것이라고 제한적으로 설정하는 것도 지나치게 기교적이다. 결국 로봇 소유자는 로봇에 의해 발생된 손해를 스스로 감수할 수밖에 없을 것이다.

166 신유철, "대규모 피해와 손해배상", 민사법학 제75호, 2016, 430면.
167 이충훈, "자율주행자동차의 교통사고에 대한 민사법적 책임", 법학연구 제19집 제4호, 인하대학교, 2016, 154면.
168 이중기, "인공지능을 가진 로봇의 법적 취급", 홍익법학 제17권 제3호, 2016, 20면.

물론 기기의 소유자가 그 손해를 완전히 감수하는 것만이 규범적으로 옳은 것은 아니고, 보험제도를 통해 손해를 사회화하는 것도 가능한 방법이다. 현재 자동차 책임보험의 경우에 자동차 소유자가 스스로 운전하다가 발생된 교통사고로 피해를 입은 경우에 자동차보험을 통해 피해를 전보받을 수 있다. 이와 같은 보험제도를 통한 손해의 사회화가 가능한 상황에서 로봇의 소유자가 로봇으로부터 입은 손해에 대해 로봇에게 책임을 묻는다는 매우 기교적이고 의제적인 논리를 취할 필요는 없다고 생각한다.

II. 로봇의 행위성

1. 로봇의 행위성 평가

로봇은 동물과 다르고 법인의 대표기관과도 다르다. 먼저 로봇과 동물은 물건이라는 점에서는 같지만 점유자의 지배가능성의 유무라는 점에서는 다르다. 동물의 점유자는 동물을 완전히 지배할 수 있으므로, 동물의 보관에 상당한 주의를 한다면 동물이 타인에게 손해를 가하지 못할 것이라는 전제가 책임의 바탕을 이루는 것이다. 그러므로 동물점유자책임이라는 불법행위의 유형에서 동물점유자의 주의의무 해태에서 행위성을 도출할 수 있다. 그러나 인공지능에 의해 통제되는 로봇의 점유자는 로봇을 지배할 수 있는 현실적인 가능성이 거의 존재하지 않는다. 로봇의 점유자는 로봇에 어떠한 주의를 하여야 그것이 타인에게 손해를 가하지 않을 것인지 대해 전혀 알지 못한다. 로봇에 대한 지배가능성이 없는 점유자에게서 주의의무 해태라는 부작위의 행위성을 동물점유자처럼 쉽게 도출할 수는 없다.

로봇과 법인의 대표기관도 구별된다. 법인의 대표기관인 자연인의 가해행위는 그 자체로서 행위성이 당연히 인정된다. 자연인인 법인의 대표기관의 가해'행위'를 법인의 '행위'로 규범적으로 동일시하는 것이므로 행위성의 문제가 두드러지지 않는다. 즉 (자연인의) '행위'를 (법인의) '행위'로 인정하는 것이기 때문에 논리적으로 장애가 없다. 그러나 물건으로서 권리객체인 로봇의 알고리즘에 의한 작동을 '행위'로써 규범적으로 인정할 수 없으므로, 작동 그 자체를 소유자나 점유자의 행위로 곧바로 동일시하는 평가는 논리적으로 수용하기 어렵다.[169] 결국 전통적인 과책주의에 따른 불법행위책임을 위해서는 로봇에 대한 '주의의무 해태'나 '행위의 동일시' 이외의 다른 요소에서 행위성을 도출해야만 할 것이다. 그러나 이는 후술하는 바와 같이 간단한 문제는 아니다.

2. 로봇의 행위성 판단

(1) 시원적 내재화의 행위성 판단

로봇은 내재된 인공지능 알고리즘의 지배에 있으며, 알고리즘의 진행을 임의로 벗어날 수 있는 자유의지는 존재하지 않는다. 인공지능에 의해 통제되는 로봇의 작동에 가장 중요하고 지배적인 근원은 인공지능 알고리즘의 제작 및 설치(install)에 있다. 즉 인공지능의 작동은, 곧 알고리즘의 진행이므로, 인공지능 알고리즘의 제작과 설치라는 인간의 행위로 환원될 수 있다. 그렇다면 로봇의 작동은 곧 인공지능 알고리즘 제작자의 행위라고 볼 수 있는 여지도 있다.

인공지능 알고리즘을 제작해서 로봇에 설치하는 행위가 로봇이 타인에게 손해를 가하는 작동에 지배적인 역할을 하는 것을 부정하기는 어렵지만, 그러나 로봇의 작동을 곧 알고리즘 제작자의 행위로 규범적으로 환원하는 것은 적절하지 않다. 우선 로봇의 작동을 곧 알고리즘 제작자의 행위로 환원하게 되면, 로봇의 부정적인 작동을 알고리즘 제작자의 침해행위로 다룰 수 있는 장점은 있음은 분명하다. 그러나 반대로 로봇의 긍정적 작동의 결과까지도 알고리즘의 제작자의 행위결과로 효과를 귀속시킬 수는 없다. 예를 들어 인공지능 로봇이 오작동을 하여 타인에게 손해를 입혔을 때 그 오작동을 인공지

169 만약 로봇에 권리능력을 인정하고 로봇의 작동을 '행위'로 받아들인다면 이를 소유자나 점유자의 행위로 평가할 수 있을 것이고, 마치 법인의 불법행위책임과 같이 로봇의 소유자나 점유자와 로봇이 공동으로 연대하여 손해배상책임을 지울 수도 있을 것이다. 그러나 앞서 살펴본 바와 같이 로봇에 인격을 부여하여 권리능력을 인정하는 것은 적어도 예측 가능한 가까운 미래까지는 타당하지 않다.

능 알고리즘 제작자의 가해행위로 보게 되면, 반대로 인공지능 로봇이 생산에 활용되었을 때 그 생산의 산출물을 인공지능 알고리즘 제작자에게 귀속시키는 것은 현실과 맞지 아니한다. 즉 로봇의 부정적 결과만을 인공지능 알고리즘 제작자의 행위로 보고, 긍정적 결과는 로봇 보유자의 행위로 다루는 것은 논리적이지 못하다. 또한 로봇의 특성상 머신러닝에 의해 점차 진화되는 기능의 구체적인 작동까지 최초 알고리즘 제작자의 완전한 지배에 있다고 보기는 어렵다. 머신러닝을 위한 기초적인 알고리즘이야 당연히 알고리즘 제작자가 작성하는 것이지만, 그 이후에 알고리즘 제작자가 구체적으로 알지 못하는 외부의 빅데이터를 활용하여 인공지능 스스로 학습하여 내린 모든 결정에 대해서 까지 알고리즘 제작자의 행위와 동일시하는 것은 다소 무리가 따른다.

(2) Power-on의 행위성 판단

로봇이 아무리 기술적인 발전을 거듭한다고 하여도 본질적으로 결여되어 있는 핵심적인 요소는 자발성이다. 로봇이 작동하기 위해서는 반드시 에너지의 공급이 있어야 하고, 생명체가 아닌 로봇이 필요로 하는 에너지는 현재로서는 전기에너지이다. 사람은 음식물을 섭취해서 스스로 에너지를 공급하지만, 로봇은 인간이 전원공급을 개시하고 작동개시를 명령(power-on)해야만 비로소 인공지능 알고리즘에 따른 작동을 시작할 수 있다. 로봇에 인공지능 알고리즘을 제작해서 설치하는 행위와 더불어 로봇 보유자가 로봇에 전원을 공급하고 작동개시 명령을 하는 행위도 반드시 필요하다. 그렇다면 로봇의 작동은 곧 로봇에 전원을 공급하고 작동개시 명령을 하는 행위, 즉 로봇이 결여하고 있는 자발성을 부여하는 행위로 규범적으로 환원될 여지도 또한 존재한다.

그러나 결정적으로 인공지능 로봇의 본질적 특성상 로봇의 이용자는 로봇에 대한 구체적 통제가능성이 존재하지 않는다. 어떠한 주의를 기울여도 로봇의 손해를 방지할 수 없다면, 그 작동에 대해 로봇 점유자나 이용자의 행위성을 인정하기 어렵다. 이 점은 동물에 대해서는 점유자에게 과실책임을 부과할 수 있으나, 로봇의 점유자에게는 주의의 무위반이라는 부작위를 행위로 인정하기 어렵다는 지적을 이미 살펴본 바 있다.

(3) 전통적인 행위성의 결여

인공지능이 두 차례의 AI winter를 겪고 다시 각광을 받게 된 배경에는 딥러닝(Deep Learning)기술이 존재하고 있다. 딥러닝이 가능하기 위해서는 데이터, 네트워크, 알고리즘, 하드웨어 4개의 요소가 모두 갖추어져야 한다. 인터넷상의 수많은 데이터가 존재해야 되고, 이를 용이하게 받아올 수 있는 광통신 등의 신속하고 고품질의 통신 네트워크가 있어야 하며, Deep Learning을 구현할 수 있는 핵심 알고리즘 그리고 수많은 정보를 저장하고 처리할 수 있는 대규모 서버의 저장장치와 슈퍼컴퓨터의 연산능력이 필수적이다. 어떤 측면에서 보면 인간의 두뇌를 모방한 인공지능이라도 인간의 육체와 같은 물리적인 저장장치나 네트워크에 더 큰 영향을 받는 것을 알 수 있다.[170]

로봇의 인공지능이 네트워크를 통해 빅데이터를 수집하고 이를 처리하여 구체적인 작동을 하게 되면, 자신도 모르는 상태로 데이터를 제공하는 제3자도 로봇의 작동에 어느 정도 참여하게 된다. 이러한 다양한 사람의 능동적 그리고 수동적 행위참여로 이루어지는 로봇의 작동 결과를 특정한 사람의 행위로만 환원하는 것은 가능하지도 또 타당하지도 않다. 결국 로봇의 작동 결과를 전통적인 인간의 행위로 환원하려는 시도는 논리적인 설득력을 얻기 어렵다.

(4) 행위성 문제의 입법적 해결의 필요성

불법행위책임에서 손해야기의 직·간접적인 행위성과 손해배상책임의 부과는 반드시 논리필연적으로 연계되어야만 하는 것은 아니다. 정책적 필요에 따라서는 행위성이 부정되는 경우에도 손해배상책임을 긍정하는 입법이 가능하다. 로봇에 의해 타인에게 손해를 입힌 경우에 누구에게 행위성을 인정할 것인가는 매우 어려운 문제이다. 만약 행위성이 인정되는 자에게 불법행위책임을 지우려고 한다면, 경우에 따라서는 아무에게도

170 오병철, "인공지능과 법", 제76회 변호사연수회 자료집, 대한변호사협회, 2017, 216면.

행위성을 인정할 수 없어서 피해자 스스로 손해를 감수하거나 반대로 지나치게 넓은 범위의 사람에게 행위성을 인정하여 과도한 부담을 지우는 문제도 예상된다. 그러므로 로봇에 의한 손해에는 전통적인 불법행위책임의 행위성을 요건으로 하는 것은 타당하지도 않고 바람직하지도 않다. 결국 입법적으로 로봇의 부정적 작동에 대한 간접적 행위기여를 요하지 아니하고, 일정한 규범적 관계에 있는 자에게 손해배상책임을 지우는 것이 적절할 것으로 생각된다. 이를 위해서는 전술한 공작물책임이나 자동차운행자책임이 유용하게 참고될 수 있을 것이다.

III. 로봇과 귀책사유

1. 전통적인 과실책임주의의 한계

(1) 로봇의 난점

1) 과실 판단의 대상

인공지능이 통제하는 로봇은 어느 누구도 이를 직접적으로 조작하지 아니하므로 로봇이 타인에게 손해를 입히는 작동의 직접적인 행위자는 존재하지 않는다. 고의 또는 과실의 판단을 행위자를 대상으로 행하여져야 하므로, 누구를 대상으로 예견가능성과 회피가능성을 판단하여야 하는 것인지가 명확하지 아니하다. 또한 로봇의 손해발생에 간접적으로 관여하는 자를 폭넓게 생각한다면, 인공지능 제작자나 로봇의 소유자 또는 로봇의 이용자 나아가 심지어는 로봇이 빅데이터를 활용하는 경우 그 데이터를 제공한 자까지도 로봇의 작동에 간접적인 영향을 주었다고 볼 수 있다.

그러나 로봇의 소유자는 로봇에 대한 소유권을 보유하고 있다는 규범적인 관계 외에는 아무런 행위기여가 존재하지 아니하고, 빅데이터 제공자는 로봇의 작동에 간접적인 영향을 주었다고 하더라도 '빅'데이터라는 점을 고려하면 극히 미미한 기여를 한 것에 불과하므로 과실판단의 대상으로는 적절하지 아니하다. 로봇이 타인에게 입힌 손해에 대한 가장 중요한 행위기여가 있다면, 인공지능 프로그래머와 로봇을 직접 점유하여 이용하는 자라고 할 수 있다. 따라서 아래에서는 인공지능 프로그래머와 로봇 이용자를 대상으로 과실판단의 문제를 검토한다.

2) 인공지능 프로그래머의 과실 판단의 한계

인공지능이 통제하는 로봇이 발생시킨 손해에 대해 인공지능 프로그래머에게 프로그래밍상의 과실을 인정할 수 있겠는가가 우선적으로 검토될 수 있다. 이를 위해서는 과실판단의 두 가지 전제인 예견가능성과 회피가능성을 살펴보는 것이 중요하다.[171]

먼저 예견가능성을 살펴보면, 예견가능성은 얼마나 구체적으로 손해발생을 예견가능해야 하는가의 문제가 핵심이라고 할 수 있다. 예견가능성이란 손해발생의 구체적인 위험을 예견하는 것을 말하며, 철학적인 의미에서의 예견가능성이 아니라 불법행위제도의 관점으로부터의 법적 평가를 더한 의미에서의 예견가능성이며, 만약 예견하여야 할 대상인 사항을 매우 높게 파악하면 실질적으로는 무과실책임 내지는 단순한 결과책임과 다름없게 된다.[172] 로봇이 언제 어떠한 상황에서 손해를 야기할 것인지의 위험을 구체적으로 예견하는 것은 일반적이지 않다. 언젠가는 로봇이 오작동할지도 모른다는 불확실한 손해발생의 막연한 불안감이 존재할 뿐이다. 그러므로 로봇에 위험이 잠재화되어 있고, 잠재된 위험의 현실화에 대한 공포의 인식만으로는 법적인 의미의 예견가능성이 존재한다고 볼 수 없다.

회피가능성을 살펴보면, 로봇을 통제하는 인공지능은 알고리즘으로서 컴퓨터 프로그램이므로 본질적으로 불완전성을 내포할 수밖에 없다. 프로그래머는 프로그래밍과정에서 디버깅 단계를 반드시 거치므로, 기초적인 디버깅 단계에서 일반적인 오류는 회피되는 것이 보통이다. 로봇은 상당한 기간 동안 실험과 검증과정을 거치고 난 이후에 보급되는 것이 통상이므로 그러한 실험과 검증을 거쳤다면 오류를 진지하게 수정하게 된다.

171 예견가능성과 회피가능성 중 어느 것을 과실의 중심에 놓을 것인가의 교의학적인 논의가 존재하지만, 여기에서는 이러한 논의를 깊이 다룰 필요는 없다.

172 이상훈 집필부분, 민법주해, 제XVIII권, 박영사, 1992, 189-190면.

그럼에도 불구하고 회피가능하다고 한다면, 불가항력을 제외하고는 모두 회피가능하다고 할 수 밖에 없을 것이므로 결국 무과실책임과 아무런 차이가 없을 것이다.

3) 로봇 이용자의 과실 판단의 한계

로봇 이용자에게 로봇이 야기한 손해에 대해 과실을 인정할 수 있는가는 의문이 아닐 수 없다. 로봇 이용자는 로봇을 전혀 조작하지 않기 때문에, 구체적인 지배가능성과 통제가능성이 결여되어 있기 때문이다. 이는 곧 손해의 구체적인 위험을 예견가능하다고 하더라도, 이에 대한 회피가능성이 완전히 결여되었다고 평가할 수 있다.

미국 리스테이트먼트에는 인공지능 로봇에게 적용을 검토할 만한 규정이 있다. 리스테이트먼트 제307조에서 "불완전하거나 결함있는 도구의 이용"(Use of Incompetent or Defective Instrumentalities)의 표제 하에서 과실판단에 대한 규정을 두고 있는데, 이 규정이 로봇의 이용자의 과실판단에 유용하게 적용될 수 있을 것처럼 보인다. 리스테이트먼트 제307조는 "사람이든 물건이든, 그것이 불완전하거나, 부적절하거나 또는 결함이 있어서 타인에게 합리적인 수준을 넘는 위험을 가져온다는 사실을 알았거나 알아야만 함에도 이를 이용하는 경우에는 과실이 인정된다"고 규정하고 있다. 설령 그 도구가 명성있는 제작자로부터 구입한 경우일지라도 실제로 안전성을 합리적으로 검토할 것이 요구된다고 한다.[173] 미국 판례에서도 트럭 소유자가 타이어에 결함이 있다는 점을 알고 있었다면, 결함 있는 타이어가 터져서 생명침해를 가져온 경우에 트럭 소유자에게 과실을 인정한 바 있으며,[174] 파이프라인이 오일 압력을 버틸 수 있는가를 판단하는 테스트를 제대로 하지 아니한 파이프라인회사에 대해 과실을 인정하였다.[175]

그러나 인공지능이 통제하는 로봇이 불완전하거나, 부적절하거나 또는 결함이 있어서 합리적인 수준을 넘는 위험을 가져올 것이라고 이용자가 인식하는 경우는 극히 예외적이라고 할 수 있다. 정상적인 테스트 과정을 거쳐 제작되어 보급되는 로봇을 구입한 이용자에게 그런 불완전성과 위험에 대한 인식은 존재하기 어렵다. 다만 특정한 로봇이 인공지

173 Restatement of Torts §307 Comment *b*.

174 Dostie v. Lewiston Crushed Stone Co., 136 Me. 284, 287, 8 A.2d 393, 395.

175 Yorkshire Worsted Mills v. National Transit Co., 28 DelCo.Rep. 403, 410.

능에 근원적인 오류가 있어서 손해를 이미 발생하였다는 사실이 널리 알려져 있음에도 불구하고 이를 만연히 이용한 경우라면 예외적으로 과실을 인정할 수 있을 것이다. 그러한 특별한 사정이 없는 한, 로봇 이용자는 회피가능성의 결여로 과실을 인정하기는 어렵다.

4) 로봇 소유자의 과실 판단의 한계

로봇을 직접 이용하지 아니하고 단지 로봇의 소유권만을 보유하고 있는 자에게도 과실책임을 지울 수 있을 것인가도 살펴볼 필요가 있다. 리스테이트먼트 제308조는 "부적절한 사람에게 물건이나 활동참여의 허락(Permitting Improper Persons to Use Things or Engage in Activities)"이라는 표제 하에서 과실판단에 관한 규정을 두고 있다. 즉 "제3자가 타인에 대한 손해의 합리적인 수준을 넘은 위험을 발생시키는 방법으로 물건을 이용하거나 또는 행동을 할 것 같거나 또는 그런 의도를 갖고 있다는 점을 알거나 알았어야 했다면, 제3자에게 행위자의 통제 하에 있는 물건을 이용이나 활동의 참여를 허락하는 것은 과실로 인정된다." 여기에서 "행위자의 통제 하에 있다"는 문구의 의미는 행위자의 동의하에 제3자에게 물건의 점유나 이용 권한을 부여하였고, 행위자가 동의를 유보함으로써 제3자가 그 물건을 사용하는 것을 저지할 수 있었다고 믿을 만한 이유가 있는 경우를 말한다.[176] 예를 들어 운전경험이 전무한 14세의 소녀에게 그 사실을 알면서도 자신의 차를 운전하도록 허락한 경우에, 운전 무경험이 사고를 야기하였다면 그 사고에 대해 자동차 소유자에게 과실이 있으며,[177] 이와 유사한 태도의 법원의 판결이 특히 자동차의 경우에 다수 존재한다.[178]

우선 인공지능을 가진 로봇이 앞서 살펴본 바와 같이 불완전하거나, 부적절하거나 또는 결함이 있어서 합리적인 수준을 넘는 위험을 가져올 것이라고 소유자가 인식하고 있다고 인정하기는 어렵다. 리스테이트먼트 제308조는 물건에 내재된 위험성의 발현이 아니라, 물건을 위험한 '방법으로' 이용하는 것에 대한 책임이다. 판례에도 나타나듯 자동

176 Restatement of Torts §308 Comment *a*.

177 Restatement of Torts §308 Comment *b*.

178 Boland v. Love, 95 App.D.C. 337, 222 F.2d 27, 32, 33; Kilmer v. Wilkinson, 742 F.Supp. 192, 195; Long v. Turk, 265 Kan. 855, 962 P.2d 1093, 1097.

차 그 자체의 위험이 손해발생을 지배하는 것이 아니라, '위험한 방법의 이용'이 손해발생을 지배하였다는 것임을 유의해야 한다. 예를 들어 무경험자나 무자격자 또는 음주상태에 있는 자가 물건을 이용하였다는 것이 손해발생의 주된 요인이었다는 것이다. 로봇은 이용자에 의해 통제되는 것이 아니므로 이용자의 특성에 따른 이러한 특별한 과실판단은 적용하는 것이 적절하지 않다.

(2) 과실책임주의의 무용론

인공지능이 통제하는 로봇 그 자체에 의사의 자유가 실재한다고 보기는 어렵다. 그렇다면 누구에게 그러한 실재하는 의사자유에 따른 구체적인 행위 선택의 자유를 인정하는 것이 가능할지도 의문이다. 로봇의 소유자나 이용자에게는 로봇의 작동에 거의 개입할 수 있는 여지가 없으므로 선택의 자유를 인정하는 것은 불가능하다. 만약 기기의 이용자가 직접적으로 전적으로 기기를 지배한다면 그건 인공지능 로봇이라고 할 수 없으므로, 자가당착적인 평가이다. 또한 인공지능 프로그래머도 모든 구체적인 로봇의 작동을 자유롭게 선택할 수는 없다. 특히 빅데이터를 활용한 머신러닝의 여지가 있는 로봇에는 더욱 그러하다. 그렇다면 주관적 과실론에 따라서도 로봇의 부정적 작동결과에서 누군가의 과실이라는 규범적 요소를 명확히 발견하는 것은 어렵다.

2. 기존의 무과실책임주의의 적용

(1) 제조물책임의 적용 검토

1) 제조물성

① 인공지능 소프트웨어의 제조물성

로봇의 본질적인 구성요소인 인공지능 그 자체가 하나의 제조물이 되는가에 대한 논의도 존재한다. 특히 현재의 거의 유일한 가시적인 로봇인 자율주행자동차의 경우에 자율주행을 위한 인공지능 알고리즘을 기존의 자동차 제작회사가 아닌 구글과 같은 소프트웨어 전문회사가 별도로 제작을 하기도 한다. 자율주행자동차가 자율주행 중 자동차 하드웨어에는 결함이 없었으나 자율주행 알고리즘 오류로 교통사고를 야기한 경우에 그 제조물책임을 인공지능 소프트웨어 제작회사에게 묻기 위해서는 인공지능 소프트웨어에 제조물성이 인정되어야 한다.

제조물성 판단을 하기 위해서는 우선 소프트웨어에 물성이 인정되어야 하지만, 소프트웨어 그 자체가 물건이 아니라는 견해가 상대적으로 다수라고 보여진다.[179] 이러한 다수의 견해에 따르면 인공지능은 아예 물건조차 되지 못하므로 제조물성을 판단할 필요조차 없게 된다. 그러므로 자동주행시스템 그 자체를 제조물로 다루기 위해서는 별도의 입법적 해결이 필요하다.[180]

그러나 인공지능 소프트웨어가 별도의 제조물인가의 여부는 로봇의 제조물책임에서 결정적인 문제는 아니다. 기존에 주로 논의가 된 소프트웨어는 주로 범용 컴퓨터에서 작동하는 것이었으므로, 컴퓨터 하드웨어와의 결합도가 매우 낮아서 별개의 물건으로 관념될 수 있었다. 그러므로 소프트웨어 자체의 물성 여부가 중요한 것이었다. 그러나 로봇은 인공지능과의 결합도가 높은 것으로, 범용 인공지능이나 범용 하드웨어가 따로 존재하기 어렵다. 즉 인공지능이 로봇에 임베디드된 형식을 취하게 되므로, 인공지능을 별

---

179 긍정하는 견해로는 김민중, 「컴퓨터바이러스에 따른 손해에 대한 법적 책임」, 『인터넷법률』 통권 제18호, 법무부, 2003, 97면; 신봉근, 「컴퓨터소프트웨어와 제조물책임」, 『인터넷법률』 제27호, 법무부, 2005, 108면; 연기영, 「제조물책임법 시행과 주요 내용(하)」, 법률신문 제3056호; 차성민, 「정보통신업에서의 제조물책임」, 『법조』 통권592호, 법조협회, 2006, 257면; 한봉희, 『제조물책임법』, 대왕사, 1997, 21면 등이 있다. 부정하는 견해로는 권오승 외, 『제조물책임법』, 법문사, 2003, 190면; 김천수, 「제조물책임법상 제조물의 개념」, 61면; 이로문, 「지적재산권으로서의 소프트웨어의 하자에 대한 책임」, 『지적재산권』 제6호, 한국지적재산권법제연구원, 2005. 2, 38면; 이상수, 「임베디드 소프트웨어의 결함과 제조물책임 적용에 관한 고찰」, 『법학논문집』 제39집 제2호, 중앙대학교 법학연구원, 2015, 87면 이하; 이상정, 「제조물책임법 제정의 의의와 향후 과제」, 『저스티스』 제68호, 한국법학원, 2002, 10면; 이충훈, 「인터넷통신판매업자의 제조물책임 적용 여부」, 『통상법률』 제45호, 법무부, 2002, 80면; 주지홍, 「소프트웨어하자로 인한 손해의 제조물책임법리 적용여부」, 『민사법학』 제25호, 한국민사법학회, 2004, 458면 등이 있다고 한다; 류창호, "자율주행자동차에 대한 제조물책임의 적용에 관한 연구", 아주법학 제10권 제1호, 2016, 40면 각주40.

180 김상태, "자율주행자동차에 관한 법적 문제", 경제규제와 법, 제9권 제2호, 서울대학교, 2016, 185면; 김진우, "자동주행에서의 민사책임에 관한 연구", 강원법학 제51권, 2017, 44면.

개의 물건으로 관념하는 것이 드문 현상이 될 것이다.[181]

② 로봇의 제조물성

제조물책임법 제2조 제1호에 따르면 제조물이란 제조되거나 가공된 동산(다른 동산이나 부동산의 일부를 구성하는 경우를 포함한다)이므로, 동산인 로봇은 그 자체로 제조물임에 의문이 없다. 학설도 로봇의 대표적인 상품인 자율주행자동차의 경우에 제조물로서의 성격을 인정하는데 이설이 없다.[182] 설령 인공지능이 자율주행을 좌우하는 핵심적인 요소일지라도, 이는 임베디드 소프트웨어(embedded software)로서 자율주행자동차를 하나의 제조물로 다루게 된다.[183] 다만 스마트 하이웨이와 같이 부동산에 인공지능이 결합되어 일체화된 경우에는 인공지능 그 자체가 하나의 제조물로 다루어지지 않는 한, 부동산인 스마트 하이웨이를 하나의 제조물로 볼 수는 없을 것이다.

2) 결함의 판단

① 제조상의 결함

제조물책임법 제2조 제1항에 따르면 "제조업자가 제조물에 대하여 제조상·가공상의 주의의무를 이행하였는지에 관계없이 제조물이 원래 의도한 설계와 다르게 제조·가공됨으로써 안전하지 못하게 된 경우"를 제조상의 결함이라 한다. 즉 설계대로 제조되거나 가공되지 못한 제조과정에서의 물리적인 결함을 말한다. 제조상의 결함은 즉 '부정적인 의미에서의 설계와는 다른 제조'라는 점이 핵심이다. 그러므로 대조군이라고 할 수 있는 설계를 이해하고 파악하는 것이 전제되지 않으면, 제조상의 결함 또한 확인될 수 없다.

---

181 예를 들어 자율주행자동차의 경우에 향후에 자율주행기술이 발전되어 소비자는 자율주행 알고리즘이 내장되지 않은 자동차 하드웨어만을 자동차 제작회사로부터 구입하고, 별도의 시장에서 자율주행 알고리즘만 소프트웨어 회사로부터 구입하여 임의로 자유롭게 인스톨한다면, 현재의 컴퓨터 하드웨어와 소프트웨어와 별 차이가 없으므로 그때에는 현재와 같이 자율주행 알고리즘 그 자체의 제조물성을 논할 실익이 생길 것이다.

182 이충훈, "자율주행자동차의 교통사고에 대한 민사법적 책임", 법학연구 제19집 제4호, 인하대학교, 158면.

183 류창호, "자율주행자동차에 대한 제조물책임의 적용에 관한 연구", 아주법학 제10권 제1호, 2016, 41면; 권영준/이소은, "자율주행자동차 사고와 민사책임", 민사법학 제75호, 2016, 468면; 이충훈, "자율주행자동차의 교통사고에 대한 민사법적 책임", 법학연구 제19집 제4호, 인하대학교, 2016, 158면.

소프트웨어의 제조상의 결함을 특별히 프로그램을 다른 저장장치로 옮기거나 악성프로그램에 의하여 감염된 경우가 고려될 수 있다는 견해[184]도 제기되고 있다.

로봇에 제조물책임법을 그대로 적용한다면 제조상의 결함에 대한 증명책임은 여전히 피해자가 부담해야 하는데, 피해자가 로봇의 설계를 이해하고 부정적인 의미에서 다른 제조를 확인하고 이를 증명할 수 있을 것이라고 기대하기는 어렵다. 특히 물리적인 장치의 흠결이 아니고 프로그램이나 디지털정보의 복합적인 알고리즘의 과정을 거친 결과인 경우에는 제조상의 결함이 있다고 단정하기 어려운 문제가 있다.[185] 그러므로 제조물책임의 제조상의 결함의 경우에는 제조물 결함 그 자체보다 증명책임이 더 중요한 문제라는 지적[186]이 로봇에서는 더욱 중요한 의미를 갖는다. 일반적인 피해자가 로봇의 제조상의 결함을 증명할 방법이 사실상 존재하지 않는다면,[187] 로봇에 관해서는 손해의 공평한 분담이라는 불법행위법 이념의 실현은 기대하기 어렵다.

② 설계상의 결함

제조물책임법 제2조 제2호 나목에 따르면 "제조업자가 합리적인 대체설계를 채용하였더라면 피해나 위험을 줄이거나 피할 수 있었음에도 대체설계를 채용하지 않아 해당 제조물이 안전하지 못하게 된 경우"를 설계상의 결함이라 한다. 제조물책임에서의 설계상 결함의 핵심요소는 '합리적인 대체설계의 불채용'이고, 이는 제조업자의 과실을 뜻하는 것으로 이해되기도 한다.[188] 설계상의 결함은 제조물의 구조와 기능 그리고 공정 등을 채택함에 있어서 무형의 관념적인 결함이라고 할 수 있다.

자율주행자동차의 기술은 합리적인 대체설계가 아예 존재하기 어려운 영역이라는 비관적인 견해[189]와 합리적 대체설계는 고도화된 과학기술을 근간으로 하는 제조물의에 대

---

184 장병일, "자율주행자동차에 의한 손해와 제조물책임", 법학연구 제16권 제4호, 한국법학회, 2016, 88면.
185 이충훈, "자율주행자동차의 교통사고에 대한 민사법적 책임", 법학연구 제19집 제4호, 인하대학교, 2016, 160면.
186 윤진수, "제조물책임의 주요 쟁점 - 최근 논의를 중심으로-", 법학연구 제21권 제3호, 연세대학교 법학연구원, 2011, 21면.
187 류창호, "자율주행자동차에 대한 제조물책임의 적용에 관한 연구", 아주법학 제10권 제1호, 2016, 42면.
188 권영준/이소은, "자율주행자동차 사고와 민사책임", 민사법학 제75호, 2016, 473면.
189 이충훈, "자율주행자동차의 교통사고에 대한 민사법적 책임", 법학연구 제19집 제4호, 인하대학교, 2016, 163면.

한 결함판단 기준으로서는 그 효용을 점점 잃어가고 있는 것으로 보인다는 견해[190]가 유력하게 제기되고 있다. 한편으로는 로봇의 일종이라고 할 수 있는 자율주행자동차에 관해 새로운 형태의 제조물이므로 도입초기에는 합리적 대체설계의 존재를 생각하기 어려워서 설계상 결함을 인정하기 어렵지만, 어느 정도 상용화되고 나서는 매우 빠른 속도로 합리적 대체설계가 등장할 것이라는 예측을 하는 견해도 있다.[191]

로봇에 특유한 설계상의 결함은 초안, 프로그래밍 또는 개념화와 관련된다.[192] 인공지능 알고리즘의 본질은 컴퓨터 프로그래밍이고 그 특성상 절대적이고 유일한 논리진행이 존재할 수는 없다. 현실적으로 모든 컴퓨터 프로그램은 오류가 내재되어 있을 수밖에 없고, 무오류의 컴퓨터 프로그램은 존재할 수 없다. 또한 대체설계가 '합리적인' 것임에도 불구하고 이를 채용하지 않은 것이 설계상의 결함이지, '이상적인 대체설계의 존재'가 곧 설계상의 결함으로 다루어지는 것은 아니다.

최근 합리적 대체설계에 갈음하여 이른바 제품분류책임을 주장하기도 한다. 즉 피해자는 제품분류의 핵심적 요소를 유지하는 대체설계에 대한 입증을 할 필요 없이, 그 제품에 내재하는 '극도로 높은 위험성'(extremely high degree of danger)이 그 제품으로 인한 '경미한 사회적 효용성'(negligible social utility)을 초과한다는 점에서 결함의 존재를 주장할 수 있다는 것이다.[193] 그러나 로봇은 '경미하게 낮은 위험성(extremely low degree of danger)'을 내재하면서도 '극도로 높은 효용성(high social utility)'을 지니고 있다고 보는 것이 더 현실적이므로 이른바 제품분류책임을 적용하기에는 적절하지 않다고 생각된다.

③ 표시상의 결함

제조물책임법 제2조 제2호 다목에 따르면 "제조업자가 합리적인 설명·지시·경고 또

---

190 류창호, "자율주행자동차에 대한 제조물책임의 적용에 관한 연구", 아주법학 제10권 제1호, 2016, 51면.

191 권영준/이소은, "자율주행자동차 사고와 민사책임", 민사법학 제75호, 2016, 475면.

192 장병일, "자율주행자동차에 의한 손해와 제조물책임", 법학연구 제16권 제4호, 한국법학회, 2016, 88면.

193 제품분류책임이 적용가능한 제품군으로 가정용 조립식 풀장, 트램폴린, 총, 알콜음료, 담배, 오토바이, ATV차량, 살충제, 도료, 패스트푸드를 들고 있는데(류창호, "자율주행자동차에 대한 제조물책임의 적용에 관한 연구", 아주법학 제10권 제1호, 2016, 53면.), 이것들과 로봇과의 유사성을 찾기는 어렵다.

는 그 밖의 표시를 하였더라면 해당 제조물에 의하여 발생할 수 있는 피해나 위험을 줄이거나 피할 수 있었음에도 이를 하지 아니한 경우"를 표시상의 결함이라 한다. 표시상의 결함은 제조물을 사용하는 과정에서 불완전한 정보제공으로 인해 손해를 야기하는 경우에 불완전한 정보제공 그 자체를 결함으로 인정하는 것이다. 전통적인 제조물은 사용자의 조작에 의해 지배되는 것이므로 잘못된 정보제공은 곧 손해를 야기할 수 있으므로 표시상의 결함도 제조나 설계상의 결함과 동등한 가치를 갖는 것으로 인정될 필요가 있다.

현재 완전한 자율주행모드가 아닌 제한적인 자율주행만이 가능한 자율주행자동차의 경우에는 그 기술수진이 자동차 외부시스템으로부터 실시간으로 운전자에게 경고를 발송할 수 있는 정도에 이르고 있으므로, 표시상의 결함이 자율주행자동차에서 가장 빈번하게 발생할 수 있는 결함유형이라는 분석도 존재한다.[194]

그러나 인공지능에 의해 통제되는 로봇의 경우에는 이용자는 구체적인 조작행위를 하지 아니하므로 이용에 관해 잘못된 정보제공이 있다고 해서 그것이 손해로 직결된다고 보기 어렵다. 따라서 표시상의 결함은 로봇에서는 실질적인 의미를 갖기 어렵다.

3) 인과관계

제조물책임이 인정되기 위해서는 제조물의 결함과 손해와의 사이에 인과관계가 존재해야 한다.[195] 이 결함과 손해 사이의 인과관계는 피해자가 증명을 하여야 한다. 피해자가 특히 과학적인 제조물의 경우에는 결함과 손해 사이의 인과관계의 증명이 매우 어려우므로 이를 어느 정도 완화할 현실적인 필요가 있다. 따라서 대법원 판례[196]는 "그 사고가 제조업자의 배타적 지배하에 있는 영역에서 발생한 것임을 입증하고, 그러한 사고가 어떤 자의 과실 없이는 통상 발생하지 않는다고 하는 사정을 증명하면, 제조업자 측에서 그 사고가 제품의 결함이 아닌 다른 원인으로 말미암아 발생한 것임을 입증하지 못하는 이상" 결함이 존재하고 그 결함으로 말미암아 사고가 발생하였다고 추정하여 결함의 존

194 류창호, "자율주행자동차에 대한 제조물책임의 적용에 관한 연구", 아주법학 제10권 제1호, 2016, 44면.

195 제조물책임법 제3조 제1항에서 "제조물의 결함으로 손해를 입은"이라는 문언을 취하고 있으므로, '으로'라는 문구에서 인과관계의 존재가 요건이 된다.

196 대법원 2000.2.25. 선고 98다15934 판결 외 다수.

재와 결함과 손해 사이의 인과관계의 증명을 완화하는 태도를 지속적으로 취하고 있다.

로봇에서도 제조물책임을 지우기 위해서는 로봇의 결함과 손해사이의 인과관계의 증명이 필요하다. 그러나 로봇은 근본적으로 이용자의 조작행위가 개입되지 않기 때문에, 어떠한 '사고가 제조업자의 배타적 지배하에 있는 영역에서 발생한 것임을 입증'하는 것은 전혀 어렵지 않다. 그러한 점에서는 전통적인 기기보다 인과관계의 증명은 매우 용이해지게 된다.

4) 제조물책임 적용의 한계

① 결함판단의 문제점

로봇에 제조물책임을 지우기 위해서는 피해자가 제조물이 '통상적으로 기대할 수 있는 안전성이 결여'되었음을 입증해야 한다. 즉 제조물이 완벽하지 않음을 증명하는 것으로 충분하지 아니하고 '통상적으로 기대할 수 있는' 수준의 안전성을 결여하고 있음을 증명하여야 한다. 그러나 고도의 기술을 전제로 하는 로봇, 특히 그 중에서도 컴퓨터 프로그램인 인공지능 알고리즘에 '통상적으로 기대할 수 있는 안전성'이 결여되어 있음을 증명하는 것은 매우 어려운 일이 아닐 수 없다. 이에 대해 이러한 입증이 일반인으로서는 쉽지 않을 것이므로 피해자의 입증 부담을 덜어줄 수 있도록 입법적인 고려가 있어야 할 것이라는 주장도 제기되고 있다.[197]

② 인과관계의 증명

앞서 살펴본 바와 같이 우리 대법원 판례는 결함과 인과관계의 증명을 '사고가 제조업자의 배타적 지배하에 있는 영역에서 발생한 것임을 입증하고, 그러한 사고가 어떤 자의 과실 없이는 통상 발생하지 않는다고 하는 사정'을 증명하는 것으로 완화하고 있다. 이는 이른바 '기능이상의 법리'를 적용하여 인과관계의 증명을 완화한 것으로 볼 수 있다.[198]

---

197 박해선, "스마트사회와 민사책임", 법학논총 제23집 제2호, 조선대학교, 2016, 276면.

198 권영준/이소은, "자율주행자동차 사고와 민사책임", 민사법학 제75호, 2016, 472면.

그러나 지금까지 우리나라에서 자동차의 결함으로 급발진이 일어났다고 의심되는 수많은 사고가 있음에도 불구하고, 법원이 자동차급발진사고에 제조물책임을 적용하지 않고 있다.[199] 이러한 태도의 가장 큰 이유는 피해자가 '사고가 제조업자의 배타적 지배하에 있는 영역에서 발생한 것임을 입증'하는데 실패하였기 때문이라고 생각한다. 전통적인 자동차의 특성상 운전자의 조작행위 없이는 운행이 불가능한 것이므로, 급발진이 일어났다고 해도 그것이 자동차 회사의 배타적 지배하에 있는 영역에서 발생한 것이라기 볼 수 없으므로 인과관계 증명은 원천적으로 불가능했다. 그러나 로봇인 완전한 자율주행자동차라면 운전자의 조작행위가 개입하지 않으므로, 오히려 모든 사고는 제조업자의 배타적 지배하에 있는 영역에서 발생한 것이 된다.

인과관계증명의 가장 큰 난제는 해결되었으나 또 다른 인과관계 증명의 문제는 여전히 남아 있다. 그것은 '로봇'의 결함으로 손해가 발생되었다는 점을 증명하는 것이고, 더 정확히는 '인공지능'의 영역에서 생긴 손해라는 증명이다. 로봇은 컴퓨터 프로그램인 인공지능과 달리 물리적인 장치로 반드시 포함하고 있다. 그러므로 손해의 발생이 인공지능의 영역이 아닌 물리적 장치의 결함으로 발생할 수 있는 가능성을 배제할 수 없다. 나아가 물리적 장치의 결함이 아닌 물리적 장치의 유지·보수를 게을리 하는 단순한 주의의무위반으로 전통적인 이용자의 과실에 의해서 손해가 발생할 수도 있다. 예를 들어 자율주행자동차가 교차로에서 횡단하는 보행자를 충격하는 사고가 발생했다고 가정하자. 그 사고의 원인은 ①자율주행 알고리즘상의 결함에 의한 것이거나, ②자율주행 알고리즘은 정상이나 그 자동차의 브레이크 계통 설계상의 결함에 의한 것이거나, ③자율주행 알고리즘과 브레이크 장치도 다 정상이나 자율주행자동차 운행자가 노후화된 브레이크 오일을 정기적으로 교체하지 아니한 과실에 의한 것일 수 있다. 만약 자율주행자동차 운행자의 유지·보수의 과실임에도 불구하고, 단지 자율주행자동차라는 이유로 아무런 증명 없이 인공지능의 결함이라고 단정하여 자율주행 알고리즘 제작회사에 대해 제조물책임을 지울 수는 없는 것이다. 결국 이러한 증명은 로봇에 의해 손해를 입은 피해자가 증명

199 위 논문, 463면 각주53과 김진우, "자동주행에서의 민사책임에 관한 연구", 강원법학 제51권, 2017, 42면은 대법원이 급발진으로 의심되는 사고에 대해 마치 자동차제조회사에 제조물책임을 지운 것처럼 언급하고 있으나, 대법원은 제조물책임을 부정하여 손해배상책임을 지우지 않았다.

을 해야 하는데, 과연 손해발생의 원인 영역에 대한 증명이 가능할 것인지는 의문스럽다.

③ 법정책적 고려

현재 실용화단계에 있는 로봇인 자율주행자동차의 경우에 제조업자의 제조물책임위험의 증가는 자율주행기술의 개발과 실용화에 부정적인 영향을 미칠 수 있다.[200] 자율주행자동차의 보급·확산이 사회적으로 자동차사고를 줄이는데 결정적인 기여를 할 수 있다면 정책적으로 자율주행자동차의 보급·확산을 위하여 제조물책임법의 적용을 일정 부분 제한하여 자율주행자동차의 사고에 대하여 제조물책임법에 따르지 않도록 하는 입법적 고려가 필요하다는 주장도 제기되고 있다.[201] 이와 같이 로봇의 보급·확산이 인류 전체의 생활의 편의와 생산 증대를 가져온다면 로봇을 제조물책임의 대상에서 제외함으로써, 제조업자의 법적 책임에 대한 부담을 감소시켜주는 것이 정책적으로 적절할 것이다.

(2) 공작물책임

1) 공작물점유자책임

공작물의 설치 또는 보존의 하자로 인하여 타인에게 손해를 가한 때에는 공작물점유자가 손해를 배상할 책임이 있다(제758조 제1항 전단). 공작물은 인공적인 작업에 의해 제작된 물건이라는 것이 통설이므로, 인공물인 로봇도 공작물에 해당된다.[202] 그러므로 로봇의 이용자에게 공작물점유자로서 불법행위책임을 적용하는 것도 고려해 볼 수 있다. 그러나 점유자가 손해의 방지에 필요한 주의를 해태하지 아니한 때에는 면책된다(제758조 제1항 후단). 로봇은 이용자의 조작에 의해 통제되는 것이 아니라 인공지능에 의해 통제되는 것이고, 이용자는 인공지능 알고리즘을 이해하기도 어렵고 더욱이 하자가

200 권영준/이소은, "자율주행자동차 사고와 민사책임", 민사법학 제75호, 2016, 459면.

201 이종영/김정임, "자율주행자동차 운행의 법적 문제", 중앙법학 제17집 제2호, 2015, 164-165면.

202 대법원 판례는 자동차를 공작물로 인정하고 있다; 대법원 1998.3.13. 선고 97다34112 판결.

존재하는 것을 인식하는 것은 불가능하다. 그렇다면 공작물점유자로서는 손해의 방지에 대한 예견가능성과 회피가능성이 없으므로 필요한 주의를 해태하지 않았다고 볼 수밖에는 없다. 결국 로봇의 이용자는 공작물점유자라고 하더라도 거의 대부분 면책사유에 해당되므로 책임근거가 되기는 어렵다.

2) 공작물소유자책임

공작물점유자가 손해의 방지에 필요한 주의를 해태하지 아니한 때에는 공작물소유자가 그 손해를 배상할 책임이 있다(제758조 제1항 후단). 공작물의 하자가 인정된다면, 공작물소유자는 면책의 여지가 없다. 공작물소유자책임을 로봇에 그대로 적용하는데도 문제가 없는 것은 아니다. 왜냐하면 공작물소유자가 무과실책임을 지더라도 공작물의 설치 또는 보존에 하자가 있어야 하고 이를 피해자가 증명해야 하기 때문이다.[203] 공작물의 하자란 그 용도에 따라 통상 갖추어야 할 안전성을 갖추지 못한 상태이고, 하자판단은 공작물의 위험성과 그에 비례하는 방호조치의무의 해태를 기준으로 하여야 한다는 것이 대법원 판례[204]의 태도이다. 하자란 완전무결할 것을 요하는 것이 아니며 통상 갖추어야 할 안전성을 갖추지 못한 것인데, 로봇의 인공지능이 그런 통상적인 안전성을 갖추지 못한 것인가를 피해자가 증명하는 것은 참으로 어려운 일이 아닐 수 없다. 또 자율주행자동차에서 보듯이 로봇은 상당히 높은 안전성 기준을 법령으로 설정하고 이를 준수한 경우에만 판매 등 보급되는 것이 일반적일 것이므로, 그러한 기준을 준수하였다면 통상 갖추어야 할 안전성을 갖추지 못했다고 평가하는 자체가 어려울 것이다. 이러한 한계로 인해 공작물소유자책임을 그대로 로봇의 소유자에게 적용하는 것도 적절하다고 생각되지는 않는다.

(3) 사용자책임의 유추적용

타인을 사용하여 어느 사무에 종사하게 한 자는 피용자가 그 사무집행에 관하여 제3

203 대법원 1974.11.26. 74다246 판결.
204 대법원 1994.10.28. 94다16328 판결.

자에게 가한 손해를 배상할 책임이 있으며, 이를 사용자책임이라 한다. 인공지능이 통제하는 로봇은 인간의 직접적인 조작이 없이도 스스로 작동하는 외관을 보이므로, 마치 사람과 동일시하는 관점을 가질 수도 있다. 특히 사람의 모습을 닮은 휴머노이드 로봇이야말로 사람과 많은 부분에서 유사성을 갖는다. 그러므로 로봇을 피용자로 다루어 로봇의 보유자에게 사용자책임을 유추적용하려는 독일의 견해[205]도 있다.

그러나 우선 로봇을 피용자와 동일시하는 태도를 윤리적으로 수용하는 것은 부담스럽다. 또한 피용자 개념의 핵심이 사용관계이고 사용자가 피용자를 실질적으로 지휘·감독하는 관계에 있어야 한다는 대법원 판례[206]의 태도를 고려하면, 이용자의 구체적이고 직접적인 조작행위를 요하지 않는 로봇에 사용관계를 인정하기는 어렵다. 그리고 법운용상 사용자의 면책주장을 거의 인정하지 않고는 있다고 하더라도, 제756조 제1항 단서에서 사용자가 피용자의 선임 및 그 사무감독에 상당한 주의를 한 때 또는 상당한 주의를 하여도 손해가 있을 경우에는 면책을 규정하고 있다. 로봇이라면 아무리 이용자가 상당한 주의를 하여도 손해를 회피하거나 방지하는 것이 불가능할 것이므로, 로봇의 이용자에게 사용자책임을 지우고자 하더라도 거의 대부분 면책이 되어야 한다. 결국 사용자책임을 로봇의 이용자에게 유추적용하는 것은 한계가 있다.

(4) 동물점유자책임의 유추적용

독일에서 로봇을 동물과 유사한 존재로 다루어 로봇의 보유자에게 독일 민법 제833조의 동물보유자책임의 적용을 검토하는 견해[207]도 존재한다. 독일 민법 제833조의 동물보유자의 책임은 독일 민법전내의 유일한 위험책임이며, 동물에 대한 동물보유자의 무과실책임인 위험책임은 로마법 이래로 인정되어 왔던 것이다. 그러나 로봇은 동물이라고 할 수는 없다. 특히 여기서의 동물은 특별한 동물로서 “상대적으로 지속적인 인간의 통제가 가능한 동물”만을 의미하며, 농사를 짓기 위한 말이나 소와 같은 직업적 또는 산

205 Susanne Horner·Markus Kaulartz, Haftung 4.0, CR 1/2016, S.8.
206 대법원 1999.10.12. 선고 98다62671 판결.
207 Peter Bräutigam·Thomas Klindt, Industrie 4.0, das Internet der Dinge und das Recht, NJW 2015, S.1139.

업상의 이용동물에 대해서는 여전히 과실책임이 적용된다.[208] 그러므로 로봇에 동물점유자책임을 인정하려면 로봇이 제작자의 지속적인 지배하에 놓여 있어야만 한다.[209] 그러나 로봇의 조작에 인간의 직접적인 개입이 존재하지 않으므로, '상대적으로 지속적인 통제가 가능한 동물'과의 유사성을 찾는 것은 어렵다. 그러므로 동물점유자책임을 유추적용하는 것은 적절하지 않다.

3. 위험책임원리의 적용 검토

(1) 위험책임주의에서의 '위험'

1) 위험의 크기와 발생가능성의 고려

위험책임에서의 위험이란 무엇을 의미하는가. 우리말에서는 '위험'이라는 단일한 단어가 영어에서는 'danger'와 'risk'라는 서로 구분이 가능한 두 가지 단어로 나뉜다.[210] 위험을 구성하는 위해는 위험의 질적인 면을 부각시킨다면, 모험은 양적인 면을 가리킨다는 견해[211]도 있으나, 위험(D)은 손해의 크기(d)와 손해의 발생가능성(p(c))의 함수[212]라는 점을 고려하면 양자를 엄격하게 구분하는 것은 큰 의미가 없다. 여기에서 분명한 것은 예상되는 손해의 크기가 큰 경우뿐만 아니라 손해의 발생가능성이라는 빈도도 위험책임에서 동시에 고려되어야 한다는 점이다. 위험책임에서의 위험은 보통의 일반적인 위험이 아니라 특별한 위험(besondere Gefahr)이어야 한다.[213] 위험책임은 예를 들어 원자력손

---

208 윤석찬, "위험책임에 관한 시론", 민사법의 현대적 과제와 전망 : 남강 서광민교수 정년기념논문집, 두성사, 2007, 213-214면.

209 Malte Grützmacher, Die deliktische Haftung für autonome Systeme - Industrie 4.0 als Herausforderung für das bestehede Recht?, CR 10/2016, S.698.

210 학자에 따라서는 danger를 '위험'으로 그리고 risk를 '리스크'로 번역하기도 하나(이제우, "위험책임에서 일반조항의 도입가능성과 그 과제", 강원법학 제43권, 2014, 518면), 이 논문에서는 danger는 '위해'로 risk는 '모험'으로 표현한다.

211 이제우, "위험책임에서 일반조항의 도입가능성과 그 과제", 강원법학 제43권, 2014, 518면.

212 가장 간단한 형식으로는 D=d*p(c)라고 표현될 수 있다.

213 윤석찬, "위험책임에 관한 시론", 민사법의 현대적 과제와 전망 : 남강 서광민교수 정년기념논문집, 두성사, 2007,

해와 같이 빈도는 매우 낮지만 발생하면 상상을 초월할 정도로 대규모의 손해를 가져올 수 있는 영역과 더불어 자동차사고와 같이 손해의 크기는 일상적이고 평범한 경우일지라도 그 손해의 발생가능성이 특히 높은 영역에서도 고려되어야 한다,

2) 완전한 회피가능성의 결여

손해의 크기와 손해의 발생가능성 외에도 위험책임의 전제가 되는 위험은 장래의 불특정법익의 불확실한 침해에 대한 추상적 위험으로서 허용된 위험으로서 위험원을 운영함에 있어서 요구되는 주의의무를 다해도 감소는 가능하나 완전방지는 불가능한 위험으로, 대상적으로 형해화된 완전지배 불가능한 위험원 지배자에게 인정되는 책임이다.[214]

최근 러시아 민법전의 위험책임을 소개하는 논문에 로봇에 시사점을 주는 점이 있다. 러시아연방민법전에서의 위험책임주의가 적용될 위험은 '고도의 위험성'만을 요건으로 하고 있으므로, '보통의 위험'과 '고도의 위험'을 구분하는 것이 핵심적이라고 한다. 고도의 위험인가의 여부를 판단하는데 결정적인 기준으로는 통제가능성의 부재를 인정하는 것이 러시아의 통설이 판례이며, 1994년 러시아연방 최고법원에 의하면 고도의 위험원은 "인간에 의한 완전한 통제가 불가능하여 손해의 발생이 현저하게 높은 경우"에 인정된다고 한다.[215] 특히 러시아에서 컴퓨터 악성 바이러스 등도 지속적인 통제가 불가능하다는 이유 때문에 고도의 위험원으로 인정할 필요가 있다는 주장도 있으나 이를 받아들인 러시아 법원의 판례는 아직까지 없다고 한다.[216] 이러한 러시아 민법전상의 위험책임에 따르게 되면 인간에 의한 완전한 통제가 불가능한 로봇에 위험책임을 적용할 수 있는 여지가 있다.

3) 사회적으로 인용되는 위험

위험책임주의가 적용되는 위험은 고도의 통제불가능한 위험이면서도 이것이 사회적

209면.

214 서광민, "과학기술의 발달과 불법행위법의 대응", 민사법학 제21호, 2002, 139면.

215 이제우, "위험책임에서 일반조항의 도입가능성과 그 과제", 강원법학 제43권, 2014, 539-541면.

216 위 논문, 543면.

으로 인용될 수 있는 위험이어야 한다. 즉 사회적으로 허용되었지만 위험한 기술의 사용은 합법적인 행위의 원치 않은 결과에 대한 책임으로서 위험책임을 성립시키며, 한편으로는 전통적인 의미에서의 위법적인 행위와 또 다른 편으로는 피해자에 의해 감수되어야만 우연 사이의 사건(Unfall)이라는 제3의 범주로 자리매김하는 것으로서, 사회적인 이익 때문에 허용되는 일반적인 위험이다.[217] 만약 사회적으로 허용되지 않는 위험의 야기라면, 사회적으로 금지된 것이라는 점으로부터 과책원리에 따른 책임이 인정될 수 있으므로 위험책임까지 적용할 필요성은 없어진다.

(2) 로봇의 위험성 평가

로봇이 야기한 손해에 대해 위험책임을 적용하기 위해서는 로봇에 특별한 위험(besondere Gefahr)이 인정되어야만 한다. 로봇이 야기하는 위험의 크기와 위험의 발생가능성으로 특별한 위험여부를 판단하여야 한다. 만약 위험의 크기도 크지 않고, 위험의 발생가능성이 더 높지 않다면 위험책임을 인정할 이유가 없다.

우선 로봇이 야기하는 위험의 크기를 살펴보면, 로봇은 현재까지는 기존의 기기를 인공지능을 통해 작동하도록 하는 상태에 있다. 즉 로봇은 기존의 기기에 인공지능만 결합된 대체물에 머무르고 있다. 만약 휴머노이드 로봇이 실용화되어 인간과 공존하는 수준에 이른다면 지금까지는 없던 새로운 기기겠지만, 현재 그리고 예측 가능한 수준의 미래까지는 기존의 기기를 인공지능으로 자동화하는데 그치고 있다. 그렇다면 기존의 기기에 비하여 위험의 크기가 확연히 더 크다고 단정하기는 어렵다. 즉 위험의 크기라는 측면에서는 로봇의 주목할 만한 차별성이 존재하지 않는다고 보는 것이 합리적이다.

다음으로 로봇이 위험의 발생가능성을 증대 시키는가를 살펴보면, 인공지능에 잠재된 오류가능성의 불안감을 제외하면 현실적으로 위험의 발생가능성은 낮다는 것이 일반적이다. 로봇의 대표적인 실용화단계에 있는 예로서는 자율주행자동차가 있으며, 자

---

217 U Neumann, Zur Veränderung von Verantwortungstrukturen unter den Bedingungen des wissenschaftlich-technischen Fortschritts, Rechtstheorie, 2005, S.437f; 김영환, "위험사회에서의 책임구조: 자연재해에 대한 법적 담론", 홍익법학 제14권 제1호, 2013, 827면에서 재인용.

율주행자동차는 자동차의 안전한 도로운행을 지향하고 최종적으로는 사고율 제로를 목표로 하고 있으며, 사람이 운전하는 것보다 사고를 줄일 수 있다.[218] 대부분의 교통사고는 운전자의 과실 등 인적 요인으로 발생하는데, 자율주행자동차가 제대로 제조된다면 그와 같은 교통사고는 크게 감소할 것이기 때문이다.[219] 이는 구글이 개발한 자율주행자동차가 2012년 다양한 주행조건하에서 30만 마일을 단 한차례의 사고 없이 운행한 바 있다는 점[220]에서도 어느 정도 짐작할 수 있다. 또한 자동차제조회사들이 자율주행자동차로 인한 사고에 대해 전적으로 법적 책임을 지겠다고 공언한 바 있다.[221] 그렇다면 인공지능에 의해 제어되는 로봇이 인간이 직접 조작을 하는 전통적인 기기보다 위험발생가능성이 현저히 높다고 볼 수는 없다.[222] 오히려 획기적으로 사고를 줄일 것이라고 보는 견해[223]가 더 타당하다.

결국 로봇은 위험의 절대적 크기나 위험의 발생가능성이라는 두 요소 모두 '특별한 위험'으로 인정되기 어렵다. 사회는 인공지능에 대해 '위험'이라기보다는 '효용'으로 인식하는 것이 일반적이고, 사람에 의해 조작되는 기기보다는 적어도 인공지능에 의해 통제되는 기기가 사고발생률이 낮을 것이라는 사회적인 공감대가 형성되고 있으므로 로봇의 도입과 확산을 기대하는 것이다. 또 그러한 낮은 위험발생가능성이 확보되었음이 객관적으로 증명되지 않는 한, 로봇의 활용을 사회가 허용하지 않을 가능성이 높다.[224] 결론적으로 로봇과 기존의 위험책임의 도입 취지와는 잘 부합되지 않는다.

218 이종영/김정임, "자율주행자동차 운행의 법적 문제", 중앙법학 제17집 제2호, 2015, 154-156면; 이충훈, "자율주행자동차의 교통사고에 대한 민사법적 책임", 법학연구 제19집 제4호, 인하대학교, 2016, 151면.

219 권영준/이소은, "자율주행자동차 사고와 민사책임", 민사법학 제75호, 2016, 454면.

220 이충훈, "자율주행자동차의 교통사고에 대한 민사법적 책임", 법학연구 제19집 제4호, 인하대학교, 2016, 141면.

221 김진우, ""자동주행에서의 민사책임에 관한 연구", 강원법학 제51권, 2017, 42면; 박해선, "스마트사회와 민사책임", 법학논총 제23집 제2호, 조선대학교, 2016, 279면.

222 자율주행자동자도 전통적인 형태의 자동차보다 안전할 것으로 기대된다고 한다; 권영준/이소은, "자율주행자동차 사고와 민사책임", 민사법학 제75호, 2016, 457면.

223 이중기/오병두, "자율주행자동차와 로봇윤리: 그 법적 시사점", 홍익법학 제17권 제2호, 2016, 2면.

224 예를 들어 '전투로봇'과 같이 사회적으로 허용되지 않은 로봇라면, 그 도입자체가 책임근거가 될 것이므로 위험성을 살필 필요조차 없다.

4. 새로운 책임원리의 필요성 검토

(1) 로봇 특성의 고려

1) '혁신'의 가치

기존에 존재하지 않았으나 사회에 큰 유익을 가져오는 새로운 과학기술에 대한 불법행위책임에는 혁신이라는 새로운 가치가 추가적으로 고려되어야 한다는 견해가 제기되고 있다. 이러한 주장의 배후에는 기본적으로 그러한 혁신을 주도하는 자에 대한 책임을 줄여주어야 한다는 사고가 자리잡고 있는 것이다.[225] 혁신은 계속적 발전 및 기술의 보급을 촉진하는 법적 틀을 필요로 한다. 혁신의 잠재력이 낡은 법적 틀로 인하여 질식되어서는 안된다.[226] 이러한 지적은 로봇의 책임에서 매우 중요한 의미를 갖는다. 만약 로봇에 의한 손해를 제조물책임으로 다루게 된다면, 로봇 제조자에게 손해배상책임이 전적으로 전가될 것이고 로봇이라는 혁신을 실현하는데 장애로 작용한다. 이는 혁신에 대한 가치와는 상반된 것이다.

2) 다수의 협업

로봇은 전통적인 기존의 기기에 비해서 다소 복잡한 구성과 작동과정을 거치게 된다. 우선 로봇은 인공지능 알고리즘과 기계장치의 결합이라는 점을 고려하면, 컴퓨터 프로그램인 인공지능은 기계장치와는 별도의 주체가 이를 작성하는 것이 이례적이지 않다. 컴퓨터 프로그래밍에서 타인이 개발한 컴포넌트를 결합하는 방식으로 이루어지는 컴포넌트 기반 소프트웨어 개발(component-based software development)도 빈번하므로, 인공지능도 단일한 주체에 의해 제작되는 것이라고 보기 어려운 경우도 많다. 또한 소스코드를 공개하여 누구나 그 소프트웨어를 개량하고 다시 재배포 할 수 있는 오픈소스 프로그램을 활용하게 되면, 오픈소스의 프로그래머도 인공지능 개발에 간접적으로 참

---

225 권영준/이소은, "자율주행자동차 사고와 민사책임", 민사법학 제75호, 2016, 460면; 이 논문에서는 '제조업자'라고 표현하여 제조물책임에 국한하여 언급하고 있다.

226 김진우, ""자동주행에서의 민사책임에 관한 연구", 강원법학 제51권, 2017, 37면.

여하는 것이라고 볼 수 있다.

로봇은 물리적인 작동을 하는 기기이므로 전통적인 기계장치를 제작하는 주체가 별도로 존재할 수도 있다. 특정한 주체가 인공지능 알고리즘은 개발하지 아니하고, 그 인공지능을 탑재할 수 있는 하드웨어 기기만을 제작한다면 그는 로봇의 공동제작자라고 보아야 한다. 나아가 앞서 살펴본 바와 같이 오늘날 인공지능을 이용한 로봇이 등장하게 된 기술적 배경에는 머신러닝과 이를 위한 정보의 수집이 존재하는 것이다. 인공지능이 머신러닝을 위해 인터넷상에 존재하는 수많은 정보를 수집하여 이를 기반으로 인공지능 알고리즘을 더욱 고도화한다면 인터넷 상에 정보를 업로드한 주체도 미약하지만 로봇 작동에 협업하는 것으로 볼 수 있다. 또 로봇의 이용자의 이용행태를 분석하여 그에 적응하도록 알고리즘을 수정하는 로봇의 경우[227]에는 이용자도 인공지능의 연산에 적지 않은 영향을 준 것이다. 이러한 다양한 주체가 협업을 통해 구현되는 로봇에 특정한 주체에게만 책임을 귀속시키는 것이 바람직하지는 않다.

3) 통제가능성의 부재

인공지능이 자율성을 갖는가에 관한 논의에서 살펴보았듯, 인공지능에는 완전한 자율성은 존재하지 아니하고 설계된 자율성만이 존재한다. 다만 모든 작동에 대해 구체적이고 세부적으로 프로그래밍을 하는 것이 아니라, 포괄적으로 대략의 프로그래밍만을 할 뿐이다. 인공지능까지 가지 않아도, 인터넷 상의 데이터통신에서도 라우팅에 적응경로(adaptive)선택 방법을 취하면 각 노드에 대한 최적상태를 파악하여 최적의 경로선택 결정을 하게 된다. 이러한 경우 망 설계자나 운용자는 어떠한 노드로 라우팅이 이루어지게 될 것인지 까지 사전에 구체적으로 알 수는 없다.[228] 인공지능은 이보다 훨씬 더 정교하고 복잡한 알고리즘을 취할 것이므로, 인공지능의 제작자나 이용자는 구체적으로 어떤 작동을 할 것인지를 완전히 예측할 가능성은 현저히 낮다.

인공지능의 구체적인 작동에 대한 예측불가능성은 결국 통제가능성의 부재로 이어질

227 현재의 일반적인 자동변속기 자동차의 경우에도 운전자의 운전행태를 분석해서 자동변속시기를 운전자의 특성에 맞게 조절되도록 ECU에 세팅되어 있다.

228 손동욱, 정보통신의 이해, 생능출판사, 1995, 104-105면.

수밖에 없다. 외부의 수많은 정보를 입수하여 머신러닝을 하는 인공지능이 어떠한 발전과정을 겪어서 어떠한 연산결과를 가져올 것인지를 예측할 수 없다는 점은 이미 알파고의 바둑대국에서 실증된 바 있다. 그렇다면 인공지능의 변화하는 능력과 그 연산결과에 대해 인공지능 제조자가 배타적인 지배를 한다고 단정할 수는 없다. 결국 인공지능 알고리즘의 초기적 제작과 탑재는 구체적인 손해결과 사이에 상당한 인과관계가 있다기 보다는, 조건설적인 원인에 그치는 것으로 파악될 가능성이 높다.[229]

(2) 편익책임주의(benefit liability)

1) 책임귀속의 근거

전통적인 과실책임주의 하의 피해자의 입장에서 손해의 공평한 분담이 강조되어야 한다는 법정책적인 면에서 보면, 가해행위자가 비로소 비록 개인적으로 갖고 있는 능력에 의해 최선을 다하였음에도 불구하고 일정한 경우에 발생한 법익침해에 책임을 부담하지 않으면 피해자가 스스로 그 손해를 감수해야 한다는 결과에 도달하며 이는 결국 부당하다고 지적할 수 있다.[230] 그러나 역으로 가해자로 의심받는 자의 입장에서도 손해의 공평한 분담이라는 동일하게 중요한 법정책적 반영이 이루어져야 한다. 결국 그 균형점으로서 가해자에게 고의 또는 과실의 존재라는 귀책사유를 원칙으로 삼게 되는 것이다.

위험책임의 경우에 불가피한 기술상의 위험을 수반하는 활동은 그로부터 이익을 향유하는 운영자의 무과실책임을 대가로 해서만 허용되어야 한다.[231] 위험책임을 최초로 규정한 법률규정인 프로이센철도법 제25조도 어떤 사업의 위험성에 기인하여 발생한 손해는 마땅히 해당 사업의 주체에게 귀속되어야 하는 바, 이는 특히 이윤을 추구하는 사기업이 법인의 형태를 갖춘 경우에 그러하고, 법인의 형태를 갖춘 사기업의 이윤 산정을 위한 정치·경제적 원칙을 천명한 것으로 볼 수 있으며, 어떤 사업 자체에 내재하는 위험

229 마치 가해자가 태어나지 않았다면 불법행위 손해결과가 발생되지 않았을 것이므로, 그의 부모가 조건설적인 원인이 되는 것과 유사하다.

230 박동진, "불법행위법에서의 주의의무", 비교사법 제9권 제2호, 2002, 178면.

231 이창현/김상중, 위험책임에 관한 연구, 법무부 연구용역 과제보고서, 2011, 94면.

한 특성으로 말미암아 발생한 모든 손해가 공제된 연후에 비로소 해당 사업의 이윤을 논할 수 있다는 것이다.[232] 그러나 로봇이 기존의 기기와 위험의 크기는 차별성이 없으며, 위험의 발생가능성에서는 오히려 더 낮다는 점은 앞서 살펴본 바 있다.

로봇이 손해를 발생시키는 경우에 손해를 야기하는 인간의 직접적인 행위개입이 없으므로 책임근거를 인간의 행위에서 찾는 것은 적절하지 않다. 그러므로 로봇 제작자가 제작을 하는 행위나 로봇 이용자가 이용을 하는 행위를 책임근거로 하는 것은 적절하지 않다. 행위성을 요건으로 하지 않는 결과책임은 매우 드문 것이긴 하지만, 공작물소유자책임이나 자동차운행자책임에서 보듯이 입법례가 없는 것은 아니다.

로봇이 발생시킨 손해에 행위적 요소가 존재하지 아니하고 행위성을 요건으로 하지 아니한다면, 결국 로봇과의 일정한 관계에서 귀책의 근거를 찾을 수밖에 없다. 인간의 노동력을 대체하기 위하여 로봇을 도입하여 규범적 관계를 형성한데서 로봇이 발생한 손해를 부담하는 근거를 발견할 수 있다. 즉 책임귀속의 근거는 편익을 추구하기 위해 로봇을 도입을 통해 행위를 확장한 데서 찾아야 한다.

타인을 이용하거나 아니면 전통적인 기계장치를 이용할 수 있음에도 불구하고 로봇의 활용을 채택하는 데는 다음과 같은 고려가 배후에 자리 잡고 있을 것이다. 그 첫째는 전통적인 기계장치보다 로봇이 더 안전할 것이라는 신뢰이다. 높은 기술수준과 철저한 검증과정을 거쳐서 제품으로 시판하는 것이라는 믿음이 존재하지 않는다면, 더 높은 구입비용을 들여서 로봇을 선호할 까닭이 없다. 특히 자신의 조작행위보다 인공지능의 통제가 더 위험하다면 로봇을 선택하지 않을 것이다. 또한 단순한 컴퓨터 프로그램과 달리 인체손해를 야기할 수 있다면 보유자가 가장 큰 피해자가 될 가능성이 높으므로 안전성에 대해 신중한 입장을 취할 것이다. 둘째로는 로봇이 기존의 인간에 의해 조작되는 기계장치보다 더 편리하다는 인식이다. 기계장치를 이용하는 사람이 직접 이를 조작하는 것보다는 인공지능에 의해 기계가 통제된다면, 적어도 조작행위로부터 해방되는 자유를 얻을 수 있다. 조작행위과정에서 발생될지 모르는 조작 실수로부터도 자유로워지고, 이는 과실책임주의 하에서는 법적 책임이라는 위험을 벗어날 수 있는 기회가 된다. 이러한

232 신유철, "대규모 피해와 손해배상", 민사법학 제75호, 2016, 437-438면.

편리성이야 말로 로봇을 도입하게 되는 가장 큰 현실적인 유인일 것이다. 셋째로 전통적인 기기보다 경제적으로 효율적이라는 판단 때문이다. 사람이나 동물과 같은 생명체는 그 나름의 고유한 특성에 따른 능력의 한계가 존재할 수밖에 없다. 예를 들어 깊은 수중에서 구조작업을 하는 잠수부의 경우에는 수심과 작업시간에 제약이 따를 수밖에 없으나, 만약 인공지능에 의해 통제되는 수중구조장치가 존재한다면 인간과는 비교할 수 없을 정도로 깊은 수심에서 오랜 시간 작업이 가능할 것이다. 또 개발이 거의 완성단계에 있는 물건을 나르는 동물형태의 4족 로봇 역시 한 번에 실어 나를 수 있는 무게나 이동속도에서 기존의 어떠한 운반수단보다 더 효율적이다. 아마도 로봇의 보유자는 로봇이 갖는 우월적 효율성과 로봇의 가격부담을 비교하여 로봇의 도입여부를 결정할 것이다.

이러한 로봇의 도입 배경을 고려하면, 로봇 보유자가 다른 기존의 기계장치가 아닌 로봇을 도입하기로 한 선택 그 자체에서 책임귀속원리를 찾는 것이 가장 현실적이라고 생각한다. 즉 로봇의 안전성, 편리성, 효율성을 판단하여 로봇을 도입하기로 한 의사결정에서 책임근거를 찾는다면, 이는 기존의 위험책임과는 완전히 구별되는 것이라고 할 수 있다. 따라서 이를 이른바 편익책임이라고 명칭을 붙일 수도 있을 것이다.

편익책임은 무과실책임의 일종으로 기존에 인정되어 온 보상책임주의와 크게 다르지는 않다. 보상책임주의는 주로 기업적 이익을 중심으로 형성되어 온 것이나, 로봇의 경우에는 그러한 경제적 이익이 존재한다기 보다는 생활상의 편리에 더 가까운 것으로 생각된다. 또한 보상책임이 특정 본인의 전유적인 이익이 중심인 반면, 로봇은 사회전반의 효용극대화를 위한 하나의 시대적 트렌드에 가깝다고 생각된다. 그러한 점에서 다소간의 차별성이 존재하는 것은 아닌가 생각된다. 특히 로봇의 귀책근거는 인공지능이 하는 긍정적인 측면의 의사결정의 효과귀속원리와 통일적인 조화가 필요하다는 점에서 보상책임주의와는 구분될 필요가 있다. 인공지능이 손해만을 야기하는 것이 아니라 전자적 의사표시[233]와 같이 의사구체화 기능을 통해 의사표시를 하는 도구로도 널리 활용될 것이다.

233 자세한 내용은 오병철, 전자적 의사표시에 관한 연구, 연세대학교 법학박사 학위논문, 1997 참조.

2) 책임주체

전통적인 불법행위책임에서는 손해를 발생시킨 행위자가 원칙적으로 책임주체가 된다. 그러나 로봇이 발생시킨 손해에는 누군가의 행위성을 찾는 것이 매우 어렵다. 로봇을 제작하는 행위를 로봇의 손해에서의 행위로 파악하는 것은 조건설적인 인과관계를 행위로 파악하는 과도한 기교가 아닐 수 없다. 따라서 불법'행위'자를 책임주체로 다루는 것은 로봇에서는 적절하지 않다. 반면에 로봇이 타인에게 손해를 일으킬 때 직접적인 관여하는 사람은 없지만, 간접적으로 관여되어 있는 사람은 다수이다. 손해발생까지의 원인제공의 크기를 고려하지 않고 다수의 관여자 모두에게 책임을 지우는 것 역시 바람직하지 아니하다.

불법행위법의 목적 중 손해의 예방을 강조하는 입장에서 사고에 대한 최소비용회피자에게 책임을 귀속시켜야 사고를 더 잘 예방할 수 있다고 주장하면서, 자율주행자동차의 경우에 제조업자가 어떤 기술에 내재한 위험에 대해 더 많은 정보를 가지고 있고 그 정보에 기초하여 위험을 통제할 수 있는 위치에 있으므로 적은 비용을 위험을 예방할 수 있는 최소비용회피자에 해당하며, 이러한 제조자책임은 제조업자로 하여금 기술을 더욱 안전하게 개발하게 하는 유인으로 작용할 수 있다고 한다. 또한 회복을 강조하는 입장에서도 자율주행자동차 시대에는 제조자의 역할이 더 커지고 일반적으로 자력이 풍부한 제조업자가 책임을 지는 것이 회복의 목적을 달성하는데도 유리하다고 한다.[234] 또한 제조업자로 하여금 자동주행시스템의 정상적 작동에 대하여 책임을 지도록 하면 완성도 높은 시스템만이 시장에서 유통될 수 있도록 하는 유인이 될 것이라고 한다.[235]

그러나 로봇이 발생시킨 손해의 귀책원리로 로봇 도입의 선택과 그로부터 편익을 얻는 점을 근거로 한다면, 로봇의 보유자가 손해배상책임의 주체가 되어야 한다. 그 외에도 로봇의 보유자는 자발성이 결여된 로봇의 작동을 개시시키는 중요한 기여를 하였다는 점도 간과되어서는 아니 된다. 즉 스스로 작동을 개시할 수 없는 로봇을 '시작'시킴으로써 내재된 알고리즘의 진행이 이루어지도록 한 기여도 고려되어야 한다. 그러므로 로

---

234 권영준/이소은, "자율주행자동차 사고와 민사책임", 민사법학 제75호, 2016, 458-459면.

235 김진우, ""자동주행에서의 민사책임에 관한 연구", 강원법학 제51권, 2017, 45면.

봇이 발생시킨 손해는 로봇 보유자가 책임을 부담해야 한다. 기존의 자율주행자동차의 경우에 자동차 운행자에게 전적으로 책임이 면제되고 자동차의 제조자에 전적으로 책임을 전가하는 법적 판단은 적합하지 않다는 견해[236]도 제조자보다는 보유자에게 책임을 귀속시키는 것이 적당하다는 입장이다.

IV. 편익책임의 구체적 검토

1. 로봇 편익책임의 성립 요건

(1) 구체적 통제가능성이 결여된 로봇

로봇이 되기 위해서는 인간에 의한 구체적 통제가능성이 결여되어야만 한다. 즉 인간의 직접적 조작행위를 요하지 않고 내재된 인공지능에 의해 통제되는 기기의 경우에만 로봇이 될 수 있다. 만약 인간에 의해 직접 조작되는 기계장치라면 로봇의 편익책임이 아닌 전통적인 과실책임원리에 따른 불법행위책임이 적용되어야 할 것이다.

(2) 손해의 발생

편익책임을 지기 위한 두 번째의 요건은 손해가 발생하여야 한다. 손해의 발생은 과실책임주의에 따른 불법행위와 차별성이 존재하지 아니하므로, 기존의 손해의 개념에 관한 전통적인 학설과 판례가 그대로 적용될 수 있을 것이다. 그러므로 재산상 손해는 차액설에 기해서, 인체손해는 손해3분설에 의해서 그대로 규율될 수 있다.

236 이종영/김정임, "자율주행자동차 운행의 법적 문제", 중앙법학 제17집 제2호, 2015, 164면.

(3) 로봇의 보유자

로봇이 발생시킨 손해를 부담하는 귀책근거는 로봇을 보유하고 있다는 규범적 관계로부터 도출된다. 그러므로 로봇의 보유자라는 법적 사실이 손해배상책임의 가장 중요한 근거가 된다. 여기에서 로봇 보유자라 함은 원칙적으로 로봇의 소유자를 말하는 것으로 이해되어야 한다. 로봇을 소유하지 아니한 단순한 이용자는 로봇의 보유자라는 아니라고 보아야 할 것이다. 참고로 자동차손해배상보장법 제2조 제3호에서는 자동차보유자란 "자동차의 소유자나 자동차를 사용할 권리가 있는 자로서 자기를 위하여 자동차를 운행하는 자"라고 개념정의되고 있다. 그러나 현실적으로 자동차 책임보험은 원칙적으로 자동차의 소유자가 가입을 하도록 되어 있으므로, 실질적으로 자동차보유자와 자동차의 소유권자는 다르지 않다. 그러므로 로봇에 있어서도 로봇의 소유권을 가지고 있다는 규범적 관계로부터 로봇의 안전성, 편리성, 효율성의 향유 사실, 즉 귀책사유가 도출된다.

(4) 로봇의 적법한 편익

로봇은 내장된 인공지능의 완성도가 낮으면 안전성을 담보하기 어렵기 때문에 수많은 실험을 통한 검증과 법적 규제가 존재할 수밖에 없다. 윤리적 문제 등으로 인하여 로봇의 도입 자체가 금지되는 영역도 있을 수 있다. 예를 들어 왓슨과 수술도구가 결합되어 인공지능으로 진료하여 수술까지도 전부 의사의 직접적인 개입 없이 이루어지거나, 인공지능판사에 의해 재판이 행해지는 것은 현실적으로 허용될 수 없다. 이와 같이 로봇의 도입과 활용이 금지되어 있는 영역에서 발생한 손해는 편익책임의 문제가 아니라 그러한 금지된 로봇을 도입하였다는 행위에 대한 전통적인 불법행위책임을 물어야 할 것이다. 그러므로 로봇이 사회적으로 용인되는 분야에서 규범적으로 정하여진 합리적인 검증절차를 마친 후에 도입된 경우에 비로소 로봇의 편익책임을 적용하여야 할 것이다.

(5) 로봇과 손해 사이의 인과관계

로봇에 대한 편익책임에서는 로봇의 하자나 결함을 요건으로 하지 아니하므로 피해자가 이의 증명에 대한 어려움으로부터 자유롭다. 그러나 손해가 로봇에 의해 발생된 것이라는 인과관계의 증명은 필요하다고 할 것이다. 만약 손해가 로봇이 아닌 천재지변이나 불가항력에 의하여 일어난 것이라면 당연히 손해배상책임을 보유자에게 지우는 것은 허용되지 않기 때문이다. 그러나 로봇에 의한 손해, 특히 인공지능의 잘못된 연산이 그 손해의 원인이라는 증명을 하는 것은 현실적으로 일반적인 피해자에게 기대하기 어렵다. 그러므로 로봇이라는 사실에 대한 증명, 손해사실의 증명, 상식적인 수준에서의 다른 직접적 원인의 부존재만을 증명하는 정도로 증명책임을 완화하는 것을 적극적으로 고려할 필요가 있다.

2. 면책사유의 검토

(1) 면책사유의 필요성

무과실책임인 위험책임의 경우에도 면책사유를 인정하는 것이 일반적이다. 위험책임의 면책사유로는 천재지변과 같은 불가항력을 들 수 있다. 위험책임의 일반조항을 도입하자는 주장을 하는 견해도 피해자의 고의나 중과실 또는 불가항력에 의하여 손해가 발생하는 경우에는 면책을 인정하고 있다.[237] 그러나 위험책임이라고 해서 반드시 불가항력을 면책사유로 규정하는 것은 아니다. 예를 들어 독일 민법 제833조의 동물보유자책임에서는 동물의 특별한 위험에 대해 다른 위험책임과 달리 불가항력 내지 불가피한 사정이라는 전형적인 면책사유를 규정하고 있지 않다.[238] 구체적인 위험책임에서 면책사유가 각각 달리 결정되는 이유에 대해서, 개별 위험원의 위험 정도라는 특성에 따라 차이를 나타내며, 낮은 단계의 위험원에 대해서는 과시책임에 보다 가까운 선상에서 반면에 해당 위험이 높으면 높을수록 위험원 운영자의 면책사유도 좁게 인정된다고 한다

237 문상혁, "불법행위법상 위험책임 일반규정의 입법화에 관한 연구", 원광법학 제30권 제2호, 2014, 136면.
238 윤석찬, "위험책임에 관한 시론", 민사법의 현대적 과제와 전망 : 남강 서광민교수 정년기념논문집, 두성사, 2007, 215면.

고 설명하고 있다.[239]

면책사유를 널리 인정하는 것은 무과실책임을 전제로 하는 편익책임의 본질과는 조화를 이루지 못한다. 왜냐하면 위험책임의 경우에도 불가피한 사태에 대한 면책을 인정하고 있고, 면책사유인 불가피한 사태 여부에 대한 판단은 위험한 결과의 예견가능성과 회피가능성에서 찾아지고 있으므로 위험책임이 과실책임에 접근하여 결국 과실판단의 척도로 기능하게 되기 때문이다.[240] 그러므로 예견가능성과 회피가능성에 대한 판단을 통한 '불가피한 사태'라고 하는 책임의 '백도어(back door)'를 공개적으로 열어놓는 것은 바람직하지 않다. 다만 무자비한 결과책임을 지우지 않기 위해서는 최소한의 면책사유만은 허용하는 것도 필요하다.

(2) 면책사유의 구체적 검토

로봇의 편익책임에서 고려될 수 있는 면책사유는 단 두 가지로 좁혀서 생각할 수 있다. 그 하나는 피해자의 고의에 의한 손해발생이다. 기존의 면책사유에는 피해자의 과실도 고려할 여지가 있으나, 인간의 구체적인 조작이 필요하지 아니한 로봇에는 피해자의 과실은 특별히 사고를 유발할 원인이 된다고 보기 어렵다. 그러나 로봇의 작동반경에 피해자가 고의로 뛰어들어 로봇으로서는 손해발생을 방지하는 것을 기대할 수 없는 경우라면 그 때에는 면책을 허용하는 것이 타당하다. 또 하나는 이른바 불가항력으로서 천재지변이나 사변과 같은 과실책임주의에서도 널리 면책사유로 인정되는 경우에는 역시 손해배상책임을 면제하는 것이 타당할 것이다. 이 두 가지 이외의 면책사유는 허용하지 않는 것이 적절하다.

(3) 면책특약의 불허

위험책임의 경우에도 면책특약을 인정할 것인가가 문제가 되었다. 제조물책임법은

239 이창현/김상중, 위험책임에 관한 연구, 법무부 연구용역 과제보고서, 2011, 99면.

240 이창현/김상중, 위험책임에 관한 연구, 법무부 연구용역 과제보고서, 2011, 96면.

제6조에서“이 법에 따른 손해배상책임을 배제하거나 제한하는 특약(特約)은 무효로 한다. 다만, 자신의 영업에 이용하기 위하여 제조물을 공급받은 자가 자신의 영업용 재산에 발생한 손해에 관하여 그와 같은 특약을 체결한 경우에는 그러하지 아니하다.”고 규정하여 면책특약의 유효성을 원칙적으로 부정하고 영업용의 경우에만 극히 예외적으로 인정하고 있을 뿐이다. 그러므로 로봇의 제조자는 영업용이 아닌 일반 소비자와 계약이나 약관을 통해 로봇의 제조물책임에 관한 면책을 하는 것은 불가능하다.

그러나 위험책임에 입각한 또 다른 법률인 자동차손해배상보장법에는 제조물책임법과 같은 면책특약의 유효성을 부정하는 규정을 명시적으로 두고 있지 아니하므로 민법의 일반원칙에 따라 면책특약도 유효하다고 볼 수밖에 없다. 이러한 자동차손해배상보장법의 면책특약의 소극적인 허용에 대해 위험책임법의 입법취지에 반한다고 보여 지기에 면책합의의 금지규정의 입법화가 요구된다는 주장이 제기된 바 있다.[241]

로봇의 경우에도 보유자와 아무런 사전적 관계가 없는 제3자라면 면책특약을 체결할 여지가 없지만, 로봇의 보유자와 이용자 사이에는 면책특약이 체결될 것을 예상할 수 있다. 그러나 편익책임은 위험책임보다 좀 더 넓은 책임범위를 갖는 일종의 결과책임으로서 무과실책임을 인정하고자 하는 경우이므로 면책특약의 유효성을 부정하는 것이 바람직할 것으로 생각된다.

3. 기타 구제방법

(1) 정지청구권

앞서 살펴보았듯이 인공지능 알고리즘에 오류가 있는 경우라면 이를 바로잡지 않는다면 언젠가는 동일한 손해를 재발하게 될 위험이 매우 높다. 또한 같은 알고리즘을 갖고 있는 스마트기는 모두 동일한 문제로 인해 손해를 발생시킬 가능성도 높다. 즉 로봇

241 윤석찬, “불법행위책임과 위험책임에서의 책임면제 및 책임제한이론에 관한 연구”, 법학연구 제51권 제4호, 부산대학교, 2010, 116면.

의 손해의 양상은 반복적 또는 동시다발적인 손해발생을 필연적으로 가져올 위험에 직면하게 된다. 이를 해결하는 것은 단지 1회적인 금전손해배상으로 충분하지 아니하다. 따라서 로봇이 발생시킨 손해의 경우에는 금전적인 손해배상 뿐만 아니라 동시에 정지청구권이 원칙적으로 인정되어야 한다. 대법원 판례[242]도 '금전배상을 명하는 것만으로는 피해자 구제의 실효성을 기대하기 어려운 경우에는 금지 또는 예방을 청구할 수 있다'는 취지를 밝힌 바 있으며, 이러한 관점은 편익책임에서 좀 더 확대되어야 할 것이다.

(2) 민사책임으로서의 강제 매각 또는 폐기

인공지능이 내장된 로봇에 인격을 인정하고자 하는 견해[243]의 가장 현실적인 이유는 로봇에 책임재산을 인성하기 위해서라고 생각된다. 그러나 로봇에 인격을 부여하여 권리능력을 인정하는 것이 바람직하지 않다는 점은 이미 지적한 바와 같으나 책임재산의 필요성에 대해서는 어느 정도 공감하게 된다. 로봇은 대체로 고가의 재산적 가치를 가지는 것이 일반적이므로, 로봇의 보유자는 그 로봇을 매각하면 책임재산으로 손해배상에 효과적으로 대응할 수 있게 된다. 그러므로 로봇 그 자체의 금전적 가치를 통해서 손해배상을 할 수 있도록 우선적으로 강제매각을 허용하는 것도 고려해볼 필요가 있다. 또한 구제방법으로서 동일한 손해의 발생을 예방하는 조치의 하나로 서 로봇의 폐기를 명하는 것도 적극적으로 고려해볼 필요가 있다. 이로서 로봇에 인격을 부여하지 아니하고 실질적인 책임을 부과하는 효과를 거울 수 있을 것으로 생각된다.

V. 결론

인공지능에 의해 통제되는 로봇이 손해를 발생시킨 경우 전통적인 과실책임주의가

242 대법원 2010.8.25. 2008마1541 결정.

243 이중기, "인공지능을 가진 로봇의 법적 취급", 홍익법학 제17권 제3호, 2016, 19면.

유효하게 적용될 수 있는가에 대한 의문이 제기되고 있다. 그러나 인공지능에 의해 통제되는 로봇은 인간의 직접적인 조작행위를 요하지 아니하므로, 전통적인 과실책임주의를 적용하는 것은 적절하지 아니하다. 특히 불법'행위'가 되기 위한 첫 번째 요건으로서의 '행위성'을 찾는 것이 매우 어렵다. 또한 인간의 구체적인 조작이 없는 로봇에서는 손해발생에 대한 구체적인 예견가능성과 회피가능성을 인정하는 것이 쉽지 않다. 특히 로봇 제조자에게 인공지능 프로그래밍의 오류를 귀책사유 있는 행위라고 인정하기에는 손해와의 거리가 지나치게 멀어서, 조건설적인 인과관계에 머무를 뿐이다. 그러므로 새로운 책임원리를 모색할 필요가 있다.

기존의 무과실책임을 인정하는 중요한 과책원리인 위험책임주의를 로봇이 발생시킨 손해에 적용하는 것도 고려할 수 있으나, 로봇은 전통적인 기기에 비하여 위험의 크기가 현저히 더 큰 것도 아니고 위험의 발생가능성도 더 높다고 보기 어렵다. 오히려 위험의 발생가능성은 인간이 조작하는 기존의 기계장치에 비해 낮을 것이라는 것이 일반적인 통념이다. 그러므로 위험책임을 적용하는 것도 한계가 노정된다. 그렇다고 인공지능이 내장된 로봇에 인격을 부여하여 권리능력과 의무능력을 부여하고자 하는 혁명적인 발상의 전환도 옳은 방향이라고 받아들이기 어렵다.

결국 로봇의 안전성, 편리성, 효용성을 신뢰하고 이를 도입하여 규범적인 관계를 설정하기로 의사결정과 그로 인한 편익의 향유를 책임근거로 설정하는 편익책임을 시론적으로 검토하는 것이 적절하다고 생각한다. 그리하여 일종의 결과책임으로서의 무과실책임을 로봇의 보유자에게 지우는 방향으로 법적 대응을 고려하였다. 로봇 보유자에게 편익책임을 지우기 위해서는 피해자는 손해의 발생, 로봇의 이용, 로봇의 보유, 로봇의 적법한 편익, 로봇과 손해 사이의 인과관계만을 증명하도록 하고, 면책사유는 피해자의 고의에 의한 손해와 불가항력만을 인정하며 면책특약은 허용하지 않는 방향으로 책임의 구체적인 내용을 제안하였다.

로봇의 특성상 손해의 구제방법으로는 금전적 손해배상 외에도 정지청구권을 널리 인정하고 또 로봇 그 자체의 재산적 교환가치를 통해 손해배상을 우선적으로 하도록 하는 강제 매각 및 향후의 동일한 손해의 방지를 위해 폐기를 명할 수 있도록 다양한 방안을 새롭게 모색할 필요가 있다.

참고문헌

가정준, "미국 불법행위법 발전의 이론적 고찰", 비교사법 제12권 제1호, 2005.

고세일, "미국 불법행위의 구조와 내용에 관한 연구", 민사법학 제59조, 2012.

곽윤직 편집대표, 민법주해[I] 총칙(1), 박영사, 1992.

곽윤직 편집대표, 민법주해[XVIII] 채권(11), 박영사, 1992.

권영준, 미국법상 순수재산손해의 법리, 민사법학 제58호, 2012.

권영준/이소은, "자율주행자동차 사고와 민사책임", 민사법학 제75호, 2016.

권오승, 제조물책임법, 법문사, 2003.

김대식, 인간 vs 기계, 동아시아, 2016.

김상중, "한국의 위험책임 현황과 입법 논의 : 유럽의 논의와 경험을 바탕으로", 민사법학 제57호, 2011.

김상태, "자율주행자동차에 관한 법적 문제", 경제규제와 법, 제9권 제2호, 서울대학교, 2016.

김영환, "위험사회에서의 책임구조: 자연재해에 대한 법적 담론", 홍익법학 제14권 제1호, 2013.

김영희, "미국 불법행위법의 기본 구조에 관한 연구", 법학연구 제21권 제4호, 연세대학교 법학연구원, 2011.

김윤명, "인공지능(로봇)의 법적 쟁점에 대한 시론적 고찰", 정보법학 제20권 제1호, 2016.

김진우, "자동주행에서의 민사책임에 관한 연구", 강원법학 제51권, 2017.

김현수, "자율주행자동차사고에 대한 민사법적 책임과 과제", 과학기술법연구 제23집 제2호, 한남대학교, 2017.

김형배/김규완/김명숙, 민법학강의, 2011, 법문사.

김형배, "과실개념과 불법행위책임 개념", 민사법학 제4·5호, 1985.

류창호, "자율주행자동차에 대한 제조물책임의 적용에 관한 연구", 아주법학 제10권 제1호, 2016.

류화진, "지능형 로봇의 범죄주체성과 형사책임", 과학기술과 법 제7권 제2호, 2016.

명순구, "프랑스 민법상 생명 없는 물건으로 인한 민사책임 - 프랑스민법전 제1384조 제1항의 적용요건을 중심으로", 저스티스 제27권 제2호, 1994.

문상혁, “불법행위법상 위험책임 일반규정의 입법화에 관한 연구”, 원광법학 제30권 제2호, 2014.
민의원 민법안심의소위원회 법제사법위원회, 민법안심의록, 1957.
박동진, “불법행위법에서의 주의의무”, 비교사법 제9권 제2호, 2002.
박해선, “스마트사회와 민사책임”, 법학논총 제23집 제2호, 조선대학교, 2016.
서광민, “과학기술의 발달과 불법행위법의 대응”, 민사법학 제21호, 2002.
서광민, “손해의 개념”, 서강법학연구 제6권, 2004.
손동욱, 정보통신의 이해, 생능출판사, 1995.
신영호, 러시아민법전, 세창출판사, 2010.
신유철, “대규모 피해와 손해배상”, 민사법학 제75호, 2016.
심우민, “인공지능의 발전과 알고리즘의 규제적 속성”, 법과 사회 제53호, 2016.
양승규, 보험법 제5판, 삼지원, 2004.
양천수, “탈인간중심적 법학의 가능-과학기술의 도전에 대한 행정법학의 대응-”, 행정법연구 제46호, 2016.
양형우, 민법의 세계 : 이론과 판례, 피앤씨미디어, 2016.
엄동섭, “불법행위법의 과실의 개념”, 사회과학논총 제5집, 1987.
오병철, 전자적 의사표시에 관한 연구, 연세대학교 법학박사 학위논문, 1997.
오병철, 법정채권법, 법문사, 2014.
오병철, “인공지능과 법”, 제76회 변호사연수회 자료집, 대한변호사협회, 2017.
윤석찬, “위험책임에 관한 시론”, 민사법의 현대적 과제와 전망 : 남강 서광민교수 정년기념논문집, 두성사, 2007.
윤석찬, “불법행위책임과 위험책임에서의 책임면제 및 책임제한이론에 관한 연구”, 법학연구 제51권 제4호, 부산대학교, 2010.
윤지영 외, 법과학을 적용한 형사사법의 선진화 방안(VI), 형사정책연구원, 2015.
윤진수, “제조물책임의 주요 쟁점 - 최근 논의를 중심으로-”, 법학연구 제21권 제3호, 연세대학교 법학연구원, 2011.
이원태, “인공지능의 규범이슈와 정책적 시사점”, KISDI Premium Report 15-07, 정보통신정책연구원, 2015.
이은영, 채권각론 제4판, 박영사, 2004.
이제우, “위험책임에서 일반조항의 도입가능성과 그 과제”, 강원법학, 제43권, 2014.
이종영/김정임, “자율주행자동차 운행의 법적 문제”, 중앙법학 제17집 제2호, 2015.

이중기, "인공지능을 가진 로봇의 법적 취급", 홍익법학 제17권 제3호, 2016.
이중기, 지능정보기술에 의한 사고 발생시 법적 책임, 제4차 산업혁명과 지능정보사회 법제도 이슈 연속토론회 제1차 지능정보기술의 안전한 활용을 위한 제도정비방안 자료집, 2017.5.16., 한국정보화진흥원.
이중기/오병두, "자율주행자동차와 로봇윤리: 그 법적 시사점", 홍익법학 제17권 제2호, 2016.
이창현, "전산장애로 인한 손해배상에 관한 연구", 법과 기업연구 제5권 제3호, 2015.
이창현/김상중, 위험책임에 관한 연구, 법무부 연구용역 과제보고서, 2011.
이충훈, "자율주행자동차의 교통사고에 대한 민사법적 책임", 법학연구 제19집 제4호, 인하대학교, 2016.
장병일, "자율주행자동차에 의한 손해와 제조물책임", 법학연구 제16권 제4호, 한국법학회, 2016.
정기웅, "불법행위 성립요건으로서 과실의 개념과 불법행위 책임체계에서의 지위", 비교사법 제18권 제3호, 2011.
정진명, "과학시대의 의사표시", 민사법학 제77호, 2016.
주지홍, 소프트웨어의 하자로 인한 손해의 제조물책임법리 적용여부, 민사법학 제25호, 2004.
차수봉, "인공지능과 구별되는 "인간"의 규범적 분석-헌법상의 절대가치 "존엄"규범의 해석론과 존엄보호를 위한 선행적 보장체계를 중심으로", 인문사회 21 제7권 제3호, 아사아문화학술원, 2016.
최병규, "책임보험에서의 고의·중과실면책의 수정필요성", 보험법연구 제6권 제1호, 2012.
伊藤博文, "人工知能の民事責任について" 愛知大學法學部法經論集 206號, 2016, 79-80頁;
Civil Law Rules on Robotics, European Parliament resolution of 16 February 2017 with recommendations to the Commission on Civil Law Rules on Robotics (2015/2103(INL)).
John P. Sullins, "When is a robot moral agent?", IRIE Vol.6, 2006,
Edwina Rissland, "Artificial Intelligence and Law: Stepping Stones to a Model of Legal Reasoning", The Yale Law Journal, Vol.99, 1990.
Matej Balog/Alexander L. Gaunt/Marc Brockschmidt/Sebastian Nowozin/Daniel Tarlow, "DEEPCODER: LEARNING TO WRITE PROGRAMS", conference paper at ICLR 2017, p.1(https://arxiv.org/pdf/1611.01989.pdf).
Lawrence Solum, "Legal Personhood for Artificial Intelligence", North Carolina Law Review, Vol.70 Number4, 1992.
Peter Neumann, Expecting the Unexpected Mayday, Communications of the ACM, 1991.

Richard A. Posner, Economic Analysis of Law(7th Edition), Wolter Kluwer, 2007.

Ernst Wolf, Lehrbuch des Schuldrecht Band II Besonderer Teil, 1978.

Enneccerus-Nipperday, Allgemeiner Teil des Bürgerlichen Rechts, 15Aufl.

Restatement of Torts §307 Comment b.

U Neumann, Zur Veränderung von Verantwortungstrukturen unter den Bedingungen des wissenschaftlich-technischen Fortschritts, Rechtstheorie, 2005.

Susanne Horner·Markus Kaulartz, Haftung 4.0, CR Heft 1, 2016.

Peter Bräutigam·Thomas Klindt, Industrie 4.0, das Internet der Dinge und das Recht, NJW 2015.

Malte Grützmacher, Die deliktische Haftung für autonome Systeme - Industrie 4.0 als Herausforderung für das bestehede Recht?, CR 10/2016.

[연세대학교 법학전문대학원 교수 오병철]

제5장

인공지능과 데이터

| 오병철 |

Ⅰ. 서론

데이터는 인공지능과 더불어 최근의 가장 중요한 사회적 화두로 자리를 잡았고, 데이터와 관련된 법률을 제정하기 위한 시도도 활발하게 이루어지고 있다. 그 대표적인 것이 2020년 12월 8일 발의되어 현재 국회에 계류 중인 '데이터 기본법(안)'이다. 이 법안에서는 데이터 생산자가 인적 또는 물적으로 상당한 투자와 노력으로 생성한 경제적 가치를 가지는 데이터를 '데이터 자산'이라고 부르고 이를 법률로 보호하는 규정을 동법(안) 제12조에 두고 있다. 그러나 데이터와 관련된 법리에 대한 학문적 논의는 이제 막 본격화되기 시작한 단계이다. 데이터 법학은 여전히 맹아기에 머물러 있고, 데이터란 무엇인가, 데이터는 누구의 것인가, 데이터는 어디까지 보호되어야 하는가와 같은 핵심 질문에 대한 법리는 아직 깔끔하게 정리되어 있지 않다는 문제의식[244]이 제기되고 있다. 데이터를 둘러싼 법리가 정립되기도 전에 구체적인 법조문까지 만들어 데이터기본법을 제정하고자 하는 국가권력의 의기충천한 자세는 다소 성급해 보인다.

데이터를 둘러싼 법리가 정리되지 못하고 있는 가장 큰 원인은 법적 규율대상인 데이터에 대한 근원적 고찰이 부족했기 때문이라 생각된다. 데이터라고 해서 모두가 동질적인 것은 아니다. 오히려 매우 이질적인 대상들이 데이터라는 하나의 용어로 불리는 것이다. 개인정보자기결정권의 내용이 되는 '개인정보'와 지식재산권의 내용이 되는 '창작'이나 '과학적 발명' 그리고 IT 기업이 영업활동에서 확보하는 '빅데이터'는 성질상 완전히 극단에 놓인 것이다. 예를 들어 특정인의 이름, 주민등록번호, 주소, 생년월일, 직업, 가족관계와 코로나19 바이러스 백신 제조기술 그리고 전체 카카오택시를 대상으로 저녁 7시에 서울 시내 어느 행선지로 가는 호출이 어떠한 순서로 많은가 하는 데이터는 그 성질과 내용이 전혀 다른 것이다. 또한 개인정보는 개인정보보호법으로, 창작이나 과학적 발명은 저작권법과 특허법으로 이미 법적 규율이 정교하게 확립되어 있지만, IT 기업이 영업활동에서 확보한 데이터에 대해서는 사실적으로 보호되고 있지만 법적으로는 공백 상태이다. 이처럼 데이터들의 법적 성질이 매우 상이하고 이미 서로 다른 법률

244 권영준, "데이터 귀속보호·거래에 관한 법리 체계의 방향", 「비교사법」 제28권 제1호, 2020, 2면.

과 법리가 정교하게 확립된 분야와 공백 상태에 놓인 영역이 섞여 있음에도 불구하고 이를 '데이터'라는 단일 개념으로 통합적으로 고찰하려는 노력을 해왔기 때문에 많은 어려움과 혼란이 발생한다.

데이터와 관련된 논의의 핵심은 법적 규율이 아직 확립되어 있지 아니한 데이터에 어떠한 내용의 권리를 누구에게 귀속시킬 것인가를 명확히 설정하는 것이다. 다종다양한 데이터를 대상으로 통일적으로 단일한 법적 귀속을 인정하는 것은 가능하지도 않고 또 유효하지도 않다. 예를 들어 개인정보와 특정 기업의 분기별 실적 그리고 기상정보가 동일한 법적 성격을 갖는 데이터로 다루어질 수는 없다. 결정적인 문제는 적절한 법적 규율을 위해 데이터를 어떻게 범주화할 것인가, 그 구분 기준은 무엇인가를 밝히는 것이다. 이를 위한 단서를 데이터의 범주화 과정에서 찾고자 한다. 데이터의 범주화를 위한 기준의 특성을 찾아내는 과정에서 적절한 법적 규율의 내용이 도출될 수 있을 것이다. 또 개인정보나 저작물과 같이 데이터에 관해서 정교한 법률 규정과 법리가 이미 마련되어 있는 경우에도, 그러한 법적 규율이 불가피한 특성을 연역적인 원칙론에 따라 데이터의 범주화 과정에서 설명하고자 한다.

Ⅱ. 데이터의 분류

1. 기존의 논의

(1) 데이터의 내용에 따른 분류

데이터에 대한 권리의 확립에 있어서 가장 큰 어려움은 데이터는 생성 주체와 정보원천이 다양하고,[245] 데이터의 유형에 따라 서로 다른 법제도가 적용된다는 점에 있다고 보

245 정진명, "데이터 이용과 사법적 권리구제", 「민사법학」 제92호, 2020, 304면.

는 시각[246]은 매우 가치 있는 것이다. 이 견해는 데이터를 개인정보와 비개인정보로 크게 구분하고 비개인정보를 다시 지식재산권법이 적용되는 데이터와 어떠한 배타적 지배권의 대상도 되지 못하는 데이터로 구분하면서, 이러한 점 때문에 데이터를 일의적으로 정의하는 것은 불가능하고 무의미하며, "어떤 유형의 데이터인가"가 결정적이라고 지적하고 있다.[247] 그러나 데이터를 왜 개인정보와 비개인정보로 구분되어야 하는가에 대해서는 명확한 구분원리를 제시하기보다는 단지 다른 법제도가 적용되고 있기 때문[248]이라고 하여 본말이 전도된 듯한 느낌이다.

데이터 거래의 법적 기초를 마련하기 위한 분석은 각 데이터의 유형별로 이루어져야 한다는 발상은 매우 유익한 것이지만, 단지 개인정보, 지식재산, 권리의 대상이 아닌 데이터의 세 유형으로 나누거나,[249] 개인정보, 특수한 유형의 개인정보, 비개인정보로 나누는[250] 유형화만으로는 세밀한 분석에 충분하다고 보기는 어렵다.

(2) 주체에 따른 분류

데이터의 귀속 주체가 누구인가에 따라 공공데이터와 민간데이터로 구분하기도 한다.[251] 공공데이터란 '공공기관이 법령 등에서 정하는 목적을 위하여 생성 또는 취득하여 관리하고 있는' 데이터를 말하므로(공공데이터법 제2조 제2호), 공공기관이 아닌 주체가 생성 또는 취득하여 관리하는 데이터는 민간데이터라고 할 수 있을 것이다. 예를 들어 기상청이 생성한 일기예보 데이터는 공공데이터이지만, '케이웨더'가 생성한 일기예보 데이터는 민간데이터이다. 공공데이터는 누구나 편리하게 이용할 수 있어야 하고 평등의 원칙이 적용되는 것이 기본원칙이라고 할 것이지만(공공데이터법 제3조), 민간데이터

---

246 이상용, "데이터 거래의 법적 기초", 「법조」 통권 728호, 2018, 22-23면.

247 위의 글, 23면.

248 즉 무엇인가 차별성이 있기 때문에 법적 규율이 다른 것인데, 법적 규율이 다르므로 그것이 차별의 근거가 된다는 논리는 설득력이 약하다.

249 이상용, "데이터 거래의 법적 기초", 「법조」 통권 728호, 2018, 63면.

250 이성엽, "한국의 데이터주도 혁신에 대한 법의 대응과 진화", 「경제규제와 법」 제11권 제2호(통권 제22호), 2018, 148-150면.

251 위의 글, 148-152면.

는 데이터 소유권 보장, 기업의 자유보장, 영업비밀보호, 개인정보보호 등이 문제가 된다고 한다.[252] 데이터의 귀속 주체에 따라 세부적인 법적 규율이 달라져야 한다는 점을 밝히는 점에서 분류의 가치가 있지만, 데이터가 누구에게 어떠한 원리로 귀속되어야 하는가는 오히려 앞서 해결되어야 하는 선결문제이므로 의미있는 시사점을 주지는 못한다.

(3) 생성 근거에 따른 분류

데이터를 기계생성 데이터와 인간행위 데이터로 구분하여, 기계생성 데이터는 인간의 직접적인 의사결정으로 생성된 것이 아니라 기계의 설계원리 및 작동을 통해 자동으로 생성된 데이터를 말하며, 인간행위 데이터는 자연인이나 법인의 직접적인 의사결정에 의하여 생성된 데이터로 설명하기도 한다.[253] 그러나 이러한 분류가 데이터의 법적 규율에서 어떠한 차별성을 야기하는가에 대해서는 특별한 언급이 없다.

2. 새로운 제안

(1) 추출적 데이터

데이터 중에는 대상이 존재하고 이 대상을 관찰하거나 대상으로부터 도출되는 데이터가 있다. 이를 '추출적 데이터'라고 이름을 붙이고자 한다. 데이터의 대상에는 제한이 없어서, 사람일 수도 있고 사물일 수도 있으며 자연현상일 수도 있다. 또한 데이터가 대상이 되어 다수의 데이터를 관찰하여 다시 2차적 데이터를 생성할 수도 있으며, 대표적으로는 빅데이터가 여기에 해당한다.

먼저 대상이 특정인인 개인정보가 대표적인 추출적 데이터라고 할 수 있다. 특정인의 이름, 주민등록번호, 주소, 국적, 키, 건강상태, 현재 또는 과거의 장소적 위치와 같이 대상의 속성이나 대상을 관찰하여 도출되는 개인정보는 추출적 데이터가 된다. 나아가

252 정진명, "데이터 이용과 사법적 권리구제", 「민사법학」 제92호, 2020, 308-309면.
253 위의 글, 309면.

특정인의 행태를 관찰하거나 행동으로부터 도출되는 정보도 추출적 데이터가 된다. 예를 들어 특정인이 찻집에서 마신 차의 종류, 차를 마신 시간, 차의 가격 등에 관한 기본적 상행위에 관한 데이터[254]도 추출적 데이터라고 할 수 있다. 대상이 특정인이 아니라 특정 또는 불특정 다수의 사람으로 구성된 집단일 수도 있다. 예를 들어 국가대표 축구선수들의 소속 구단 분포나 월드컵에서의 세부적인 경기기록, 현재 전지 훈련하고 있는 장소, 현재의 주식시황, 환율정보 등은 특정한 집단이나 집단적 활동에 관한 추출적 데이터가 될 것이다.

사물을 대상으로 하여 관찰하거나 도출되는 추출적 데이터도 있다. 무주물인 멸종위기의 특정 천연기념물이 서식하는 장소, 소유권의 대상인 특정 차량번호 자동차의 현재 위치와 속도 등이 여기에 해당된다. 자연을 관측한 데이터도 추출적 데이터가 된다. 현재의 기상 상태, 특정 장소의 고도와 현재 기압, 코로나19 바이러스의 크기와 구조 등도 자연을 대상으로 한 추출적 데이터이다.

이처럼 추출적 데이터는 매우 광범위하고 다양한 것이지만, 데이터의 대상이 존재한다는 공통점으로 하나의 범주로 다룰 수 있을 것이다. 대상으로부터 데이터가 추출된다는 점에서 주목해야 할 논의의 출발점이 제공된다. 그 하나는 데이터를 추출하기 위한 노력이 데이터 추출자에게 요구된다는 점이다. 그 노력의 형태는 추출자의 직접적인 노동이 될 수도 있지만, 데이터를 추출하는 기계의 소유 및 운영일 수도 있고, 대상으로부터의 데이터를 제공받기 위한 반대급부[255]가 될 수도 있다. 그러한 추출자의 노력은 추출된 데이터를 귀속시킬 수 있는 중요한 근거로 작용할 수 있다.

그보다 더 중요한 사항은 데이터의 대상과 데이터의 추출자의 두 존재가 필연적이라는 것이다. 특히 그 데이터의 대상이 권리주체이거나 또는 특정 권리주체에 귀속되는 권리객체라면, 데이터의 대상(소유)자와 추출자의 두 주체가 존재하게 된다.[256] 이로써 데

---

254 김현경, "개인신용정보의 범위에 관한 비판적 고찰", 「이화여자대학교 법학논집」 제25권 제2호(통권72호), 2020, 278면; 본 논문에서는 이러한 데이터가 추출적 데이터에 해당한다는 것만을 다루고, 이것이 개인신용정보에 해당되는가에 관한 논란은 다루지 않는다.

255 반대급부는 서비스의 제공일 수도 있고, 금전이나 물건의 지급일 수도 있고, 호의관계일 수도 있을 것이다.

256 데이터의 대상이 법질서로부터 자유로운 자연이나 자연환경(기상정보 등)이라면 규범적으로는 추출자만이 존재하므로 이러한 갈등으로부터 자유롭게 된다.

이터는 대상(소유)자에게 귀속되어야 하는가 아니면 추출자에게 귀속되어야 하는가의 첨예한 문제가 필연적으로 발생한다. 즉 데이터의 원천이라는 점을 근거로 하여 대상에게 데이터를 귀속시켜야 하는지 아니면 데이터를 추출하기 위한 노력을 근거로 하여 추출자에게 데이터를 귀속시켜야 하는지의 이익 충돌을 피하기 어렵다. 이를 여하히 적절하게 해결할 것인가에 대해서는 데이터의 귀속에 관한 논의에서 다룬다.

(2) 창조적 데이터

데이터 중에는 대상이 존재하지 아니하고 사람의 창작적 노동으로부터 생성되는 데이터도 존재한다. 이를 '창조적 데이터'[257]라고 이름을 붙이고자 한다. 즉 무에서 유를 창조하는 인지적 노동의 결과로 만들어지는 데이터이다. 이 창조적 데이터의 대표적인 예로는 음악, 영상, 문장, 컴퓨터 프로그램, SNS나 신문 기사에 달린 댓글, 인터넷상에서의 채팅 등을 들 수 있다.

창조적 데이터에 관해서는 이미 오래전부터 데이터의 재산적 가치를 지식재산권으로 체계화하여 정립됐다. 저작권, 특허권, 상표권 등의 데이터에 배타적 지배권을 인정하였고, 이것이 지식재산권 또는 준물권이라는 용어로 표현되었다. 그러나 모든 창조적 데이터에 지식재산권이 부여되는 것은 아니다. 창조적 데이터가 창작적 표현인 경우에는 저작권으로, 발명인 경우에는 특허권으로, 상품을 식별하기 위한 표장인 경우에는 상표권으로, 물품의 외양으로 미감을 일으키는 디자인인 경우에는 디자인권으로 각각 개별적으로 권리가 인정되는 것이다. 지식재산권의 범주에 포함되지 아니하는 창조적 데이터는 지식재산권으로 보호되지 못하는 권리보호의 사각지대에 놓인 상태이다.

창조적 데이터이면서도 기존의 지식재산권에 해당하지 않는 데이터를 누구에게 무엇을 근거로 어떠한 법적 내용으로 귀속시킬 것인가는 데이터권 논의의 핵심적인 주제가 된다. 창조적 데이터의 특징은 대상이 존재하지 아니하고 데이터를 창조한 주체만이 오로지 존재한다. 또 데이터를 창조하는 과정에 소요되는 인지적 정신노동이 그 귀

---

257 '창조적'이라는 표현이 다소 생경하지만, '창작적'이라는 표현은 저작권법 질서와의 혼동의 우려가 있으므로 이를 회피하기 위해 부득이 채택하고자 한다.

속을 결정짓는 단일 근거로 작용할 수 있게 된다.[258] 이러한 점은 데이터의 대상과 추출자의 두 주체가 존재하여 서로 이해관계의 갈등을 일으키는 추출적 데이터와는 다른 점이라고 할 수 있다.

창조적 데이터와 추출적 데이터의 경계가 일도양단적으로 항상 명확한 것은 아니다. 데이터 추출과정에서 창작적 노동이 개입되는 경우에는 양자의 특성을 모두 갖추게 된다. 그 대표적인 예가 사진 촬영이라고 할 수 있다. 특정한 피사체를 피사체 그대로의 외양을 기록하는 사진이라면 이는 추출적 데이터라고 할 수 있지만, 특정한 피사체에 예술적 감각을 투영하는 창작적 노동이 개입되면 이는 창조적 데이터에 더욱 가깝다. 데이터가 대상의 추출에 중점을 둔 것인지 아니면 대상을 창작적으로 표현한 것인가에 따라 추출적 데이터로 볼 것인지 아니면 창조적 데이터로 볼 것인지가 결정될 수 있을 것이다. 이러한 구분은 귀속 주체가 데이터 추출자인 동시에 데이터 창작자인 경우에는 구별의 실익은 크게 감소한다. 예를 들어 사진의 경우에도 피사체에게 귀속시키지 않고 촬영자에게 귀속시킨다면, 사진을 추출적 데이터로 보아 추출자에게 귀속시키든가 아니면 창조적 데이터로 보아 생성자에게 귀속시키든가 모두 촬영자에게 귀속되는 것에는 차이가 없기 때문이다. 또 데이터 세트나 데이터 베이스와 같은 경우에도 창조적 데이터와 추출적 데이터의 혼합이 있을 수 있다. 이 경우에도 양적으로 지배적인 부분 또는 질적인 본질이 창조적 데이터에 해당되는가 아니면 추출적 데이터에 해당되는가로 구분하여야 할 것이다.

(3) 유형 구분의 실익

추출적 데이터와 창조적 데이터로 구별하는 가장 큰 실익은 데이터를 누구에게 귀속시킬 것인가의 귀속 주체 판단의 1차적 기준으로 작용할 수 있다는 점이다. 특히 창조적 데이터라면 다른 요소를 고려할 필요 없이 데이터를 생성한 자에게 데이터를 귀속시키면 된다. 데이터와 관련하여 종국적으로 중요한 것은 그 정보가 남용되어 정보주체의

258 인지적 정신노동을 투여한 자에게 데이터를 귀속시키는 원리는 지식재산권에 해당되는 창조적 데이터에서도 그대로 반영되고 있다.

법익이 침해되지 않도록 하는 것, 그리고 그 정보로 인한 수익을 배분받는 것이라고 한다.[259] 이러한 관점은 데이터의 추출 대상이 존재하는 추출적 데이터, 그 중에서도 정보 주체로부터 추출된 개인정보에만 타당하다. 창조적 데이터의 경우에는 데이터와 데이터의 창작자만이 존재하는 것이지 정보 주체는 존재하지 아니한다는 점에서 이러한 복잡한 문제는 발생하지 않는다. 추출적 데이터와 창조적 데이터로 구분함으로써 적어도 창조적 데이터에 관해서는 개인정보라는 데이터에 관한 논의의 장애물로부터 자유롭게 된다는 점이 가장 큰 구분의 실익이라고 할 수 있다.

3. 정리

데이터는 인지적 노동의 결과인 관념으로 개념 정의할 수 있고, 본질이 관념이므로 무형적이다. 이를 외부화하기 위해서는 표현이 필요하고, 표현이 찰나적인 경우에는 데이터는 즉시 소멸된다. 따라서 데이터를 지속적으로 표현하기 위해서는 유형의 저장매체가 필요하다. 다만 아날로그 데이터의 경우에는 유형의 저장매체와 일체화되어 있으므로 저장매체에 대한 물권적 권리를 통해 저장되어 있는 데이터의 귀속도 동시에 결정된다. 따라서 유형의 저장매체와 일체화되어 분리될 수 없는 아날로그 데이터에 대한 귀속은 문제가 되지 않는다. 예를 들어 서적에 인쇄된 글씨만을 분리하거나 LP음반에서 소리만을 따로 떼어 타인에게 귀속시킬 수는 없다.

그러나 디지털 데이터의 경우에는 유형의 저장매체와의 결합이 매우 느슨하여, 유형의 저장매체와 분리되어 독자적인 실체로 존재할 수 있으므로 유형의 저장매체에 대한 물권적 권리와는 별개의 데이터에 대한 독립적인 권리관계를 다루어야 할 필요가 생기게 된다. 따라서 데이터에 대한 권리 귀속을 논하는 경우의 데이터라 함은 전화된 디지털 데이터만을 대상으로 한다.

데이터는 그 생성과정의 특성으로부터 대상을 관찰하거나 대상으로부터 도출되는 데이터인 '추출적 데이터'와 사람의 창작적 노동으로부터 생성되는 '창조적 데이터'로 크

259 권영준, "데이터 귀속보호·거래에 관한 법리 체계의 방향"(주1), 34면.

게 구분할 수 있다. 양자의 구분은 데이터의 귀속과 관련하여 데이터에 관련된 주체가 복수인가 아니면 단수인가의 차별성이 결정적이다. 즉 추출적 데이터는 데이터의 대상과 추출자의 두 주체 중 누구에게 무엇을 근거로 데이터를 귀속시킬 것인가의 이해관계의 조절이 필요한 반면, 창조적 데이터의 경우에는 데이터를 창작적으로 생성한 자만이 존재하므로 귀속관계는 간명해진다.

III. 데이터의 귀속 - 데이터는 누구의 것인가?

1. 권리객체로서의 데이터

(1) 데이터의 물성 논란

디지털 형태로 된 데이터를 유형의 저장매체와 분리하여 독립된 객체로 인정하는 입장에서, 데이터 그 자체를 민법 제98조의 물건에 해당된다고 볼 수 있는가의 논란이 있었다. 데이터 소유권을 둘러싼 최근의 논의에서 데이터의 물성을 부정하는 것이 다수의 견해[260]라고 파악되지만, 민법 제98조의 확장적 해석을 통해 물성을 적극적으로 인정하려는 견해[261]도 찾아볼 수 있다. 또한 암호화폐와 같이 경합성·배제성·존립성을 요건으로 하는 '유체물-동등 데이터'는 해석에 의하여 민법상 물건으로 충분히 포섭될 수 있어서 동산에 해당된다거나,[262] 데이터가 블록체인 기술을 통해 비인격성·경제적가치성·관

---

260 이동진, "데이터 소유권(Data Ownership), 개념과 그 실익", 「정보법학」 제22권 제3호, 233면; 박상철, "데이터 소유권 개념을 통한 정보보호 법제의 재구성"「법경제학연구」 제15권 제2호, 2018, 260면; 권영준, "데이터 귀속보호·거래에 관한 법리 체계의 방향"(주1), 24면.

261 배대헌, "거래대상으로서 디지털 정보와 "물건"개념 확대에 관한 검토", 「상사판례연구」 제24호, 2003, 344-345면; 송문호, "데이터의 법적 성격과 공정한 데이터 거래", 「동북아법연구」 제14권 제1호, 239면; 정차호·이승현, "우리민법상 전자파일(electronic file)의 물건성 인정 여부에 관한 연구", 「성균관법학」 제30권 제1호, 2018, 160면.

262 백대열, "데이터 물권법 시론(試論)", 「민사법학」 제90호, 2020, 136면.

리가능성의 요건을 갖추는 한 민법상 물건성을 인정할 수 있다는 주장[263]도 있다. 그러나 이러한 견해는 데이터 일반의 귀속에 관한 규율은 아니고,[264] 특정 기술을 채택한 특수한 데이터에 한해서만 물성을 인정하는 것이다.

디지털 데이터 모두가 민법 제98조의 물건에 해당한다고 보기는 어렵다.[265] 유체물도 아니고 자연상태에 존재하는 에너지[266]도 아닐 뿐만 아니라, 일반적인 보통의 디지털 데이터는 특정성·독립성·배타적 지배가능성이라는 물건으로서의 요건을 충족하지도 못하기 때문이다. 설령 디지털의 물성을 인정한다고 하더라도 복잡한 문제는 여전히 남아 있다. 개체의 고유한 유일성이 인정되지 못하므로 '인도'를 통해 재산적 가치의 '이전'은 불가능하다. 유형의 저장매체를 통하지 않은 순수한 디지털의 '인도'는 가치의 이전이 아니라 전송을 통한 복제로서 재산적 가치의 공유나 확산의 결과를 낳는다. 또한 물건의 반환을 통해서 이익을 원상회복하는 것도 현실적으로 무의미하게 된다. 이렇게 물건이 갖는 고유한 특성이 디지털 데이터에서는 결여되므로 물건에 대한 민법의 규정을 데이터에 그대로 적용하는 것은 결코 유효하지 않다.[267]

(2) 새로운 권리객체인 데이터

데이터에 물성을 인정하기 어렵다면, 새로운 권리객체로 설정하는 것도 고려해 볼 수 있다. 데이터는 인지적 노동의 결과인 관념이고, 추출적 데이터이건 창조적 데이터이건 인간의 인지적 노동 없이는 생성될 수 없다. 데이터는 노동의 전자적 변형으로서 '전화

263 최경진, "데이터의 사법상의 권리, 그리고 데이터 소유권(data ownership)", 「정보법학」 제23권 제1호, 233면; 이 견해도 일반적인 데이터는 현행 민법상 물건에 요구되는 개념요건과는 거리가 있음을 인정하고 있다[최경진, "데이터의 사법상의 권리, 그리고 데이터 소유권(data ownership)", 「정보법학」 제23권 제1호, 227면].

264 권영준, "데이터 귀속보호·거래에 관한 법리 체계의 방향"(주1), 22면.

265 박진아, "데이터의 보호 및 유통 법제 정리 방안" 「서강법률논총」 제9권 제2호, 32면.

266 정차호·이승현, "우리민법상 전자파일(electronic file)의 물건성 인정 여부에 관한 연구", 「성균관법학」 제30권 제1호, 160면에서는 전자기적 운반파(carrier wave)를 통하여 전송되는 상태에서의 전자파일도 관리 가능한 자연력으로서 물건에 해당된다(이른바 '동적 상태에 있는 판매대상으로서의 전자파일')는 이론구성을 제시하고 있으나, 전자기적 운반파는 자연력이지만 변조 과정을 통해 그 위에 얹힌 데이터는 인공적인 관념의 표현이지 자연에 존재하는 에너지는 아니다. 물성 논의의 대상은 데이터이지 전자기적 운반파는 아니다.

267 오병철, "현대 사회의 변화와 민법전의 대응", 「민사법학」 제93호, 2020, 454면.

(電化)된 노동'이라고 할 수 있다. 디지털 시대 이전 인간의 노동은 그것이 물화됨으로써 노동의 주체인 인간과 분리되었다. 디지털이 등장하면서 노동이 '전화(電化)되는 순간'에도 노동의 주체인 인간과 분리될 수 있게 되었다. 디지털이라고 하는 새로운 객체는 노동과 물건의 중간적 형태 즉 '노동의 주체와 분리되었지만 물화되지 않은 노동'으로 존재한다.[268] 인간의 노동이라는 가치가 전자적 형태로 전환된 것이므로, 데이터의 법적 가치를 부정할 수는 없다.

데이터는 유형의 저장매체에 저장이 되는가와 관계없이 독립된 실체를 갖는다. 데이터라는 실체는 인간의 오감으로 자연적으로 인식되지는 못한다고 할지라도, 디지털 기기를 통해서는 명확히 확인되고 활용될 수 있다. 디지털 데이터는 '전화된 노동' 그 자체로서 물건도 아니고 인간의 행위도 아니지만 실체가 존재하는 제3의 가치라고 할 수 있다.[269] 즉 데이터는 단순한 관념이 아니라 디지털 기기를 통해 그 존재가 확인되는 실체를 갖는다.

오늘날 데이터는 일상생활에서 생필품으로 자리 잡고 있다. 거의 모든 사람이 컴퓨터와 스마트폰을 소유하여 다양한 애플리케이션, SNS, 기상정보, 위치정보를 활용하고 있다. 데이터 중 일부는 가격이 책정되어 그 대가를 지급하고 유상으로 제공받는 상품으로 취급되고 있어서, 거래 객체로서 그 지위가 시장경제에서 확립되어 있다. 이처럼 사회적으로 데이터의 법적 가치, 실체적 존재, 그리고 거래 대상인 상품으로서 승인을 확보한 상황이므로, 채권과 물권에 추가하여 데이터를 객체로 하는 새로운 제3의 재산권을 신설할 여건은 마련되어 있다.[270] 특히 데이터 생성시 데이터에 대한 통제권을 행사할 수 있는 자동화시스템을 통해 데이터에 대한 지배권과 연결하는 매커니즘의 도입을 통해 구체화될 수 있을 것이다.[271]

---

268 오병철, 「디지털정보계약법」, 법문사, 2005, 19면.

269 오병철, "정보사회에서의 민법의 주요문제와 과제", 「인터넷법연구」 제4권, 한국인터넷법학회, 2007, 116면.

270 오병철, "컴퓨터 프로그램의 물성에 관한 재검토", 「재산법연구」 제26권 제3호, 2010, 24면.

271 Jeffrey Ritter/Anna Mayer, "REGULATING DATA AS PROPERTY: A NEW CONSTRUCT FOR MOVING FORWARD", 16 Duke L. & Tech. Rev. 220, 2018, p.277.

(3) 데이터의 귀속 판단을 위한 추가적인 유형 분류

데이터를 권리객체로 인정한다면, 그 권리를 누구에게 어떠한 근거로 인정할 것인가의 귀속 주체 결정 논의가 필요하다. 귀속 주체를 결정하는 데 있어서 데이터를 추출적 데이터와 창조적 데이터로 구분한 유형화가 결정적 의의를 갖는다. 창조적 데이터는 데이터 생성자만 존재하므로 데이터에 권리를 인정하는 한, 그에게 귀속시키는데 의문의 여지가 없다. 그러나 추출적 데이터의 경우에는 데이터의 대상과 데이터의 추출자 중 누구에게 데이터를 귀속시켜야 하는가의 어려운 문제가 존재하기 때문이다.

추출적 데이터에서 권리 귀속 주체를 결정하기 위해서는 추출적 데이터의 속성을 고려하여 다시 하위 유형을 구분할 필요가 있다. 추출적 데이터는 대상의 관찰이나 대상으로부터 도출되는데, 그 데이터가 다시 대상에게 가역적으로 영향을 미치는가의 여부를 통해 다시 한번 유형을 나눌 수 있다. 즉 대상에게 가역적으로 영향을 미치는 데이터와 대상에게 아무런 영향을 미치지 못하는 데이터로 구분할 수 있다. 이러한 하위 유형 구분은 데이터의 대상에게 가역적 영향을 미치는 경우, 특히 부정적 영향인 경우에는 데이터의 귀속을 결정함에 있어서 가역적 영향을 고려하여야 한다는 점에서 의미를 갖는다. 나아가 대상에게 가역적 영향을 미치는 데이터도 가역적 영향의 정도에 따라 강한 영향을 끼치는 데이터와 약한 영향을 끼치는 데이터로 다시 구분할 수 있으나, 이 구분은 결정적인 의미를 갖는 것은 아니다.

2. 추출적 데이터의 귀속

(1) 대상에게 가역적 영향을 주는 추출적 데이터

1) 강한 영향을 주는 추출적 데이터

대상에게 강한 가역적 영향을 주는 추출적 데이터로는 개인정보나 개인위치정보를 들 수 있다. 특정인을 관찰하거나 개인으로부터 도출되는 데이터 중에서 대상이 되는 특정인을 식별할 수 있는 데이터는 추출적 데이터이면서, 대상이 되는 특정인에게 강한 부정적 영향을 줄 수 있다. 구체적으로는 특정인의 프라이버시를 침해하거나, 명예를 훼손하거나 재산적 이익을 위태하게 할 수도 있다. 그러므로 특정인에 대한 개인정보는 데이터를 추출하기 위한 노력에 대한 보상의 측면에서 추출자에게 귀속시키는 이익보다 데이터의 대상에게 미칠 가역적 영향이 주는 위험이 더 크다. 따라서 데이터가 대상에게 강한 영향을 주는 추출적 데이터는 '원칙적으로' 데이터 추출자가 아닌 데이터의 대상에게 귀속시키는 것이 타당하다. 설령 이러한 데이터가 이미 공개되어 있거나 아니면 수집 및 활용에 대한 동의를 받더라도 가역적 영향이 주는 위험은 그대로이므로 데이터의 대상에게 귀속되어야 한다. 다만 데이터의 대상이 불특정 다수인 경우이거나 또는 데이터의 대상으로부터 추출된 정보에 대한 법적 보호가 법률상 보장되지 못하는 경우 등 예외적으로는 데이터의 대상이 아닌 데이터 추출자에게 그 데이터를 귀속시켜야 할 수도 있을 것이므로, 원칙과 예외에 대한 구별 기준을 수립하기 위한 추가적인 노력이 필요하다.

일부 견해는 개인정보의 경우에도 데이터 추출자에게 일정한 권리를 귀속시키는 것이 적절하다는 주장을 피력하고 있다.[272] 기업이 투자와 노력을 통해 개인으로부터 데이터를 수집하여 데이터셋을 제작, 개량할 경우 양의 외부성이 창출될 수 있으므로 이 데이터에 대한 권리는 기업에 귀속되어야 한다는 견해[273]가 대표적이다. 양의 외부성이 창출되는 이익이 존재하더라도 데이터셋으로부터 특정 개인을 식별할 수 있어서 정보주체에게 부정적인 영향을 끼칠 위험이 존재한다면 이를 기업에게 귀속시키는 것이 정당하다고 보기는 어렵다. 그 외에 개인정보가 포함된 빅데이터라도 '등재자'[274]에게 '등재

272 개인정보가 포함된 데이터에 대해서는 "정보주체에게도 일정 정도의 기여분을 인정하는 것이 타당"하다는 견해<방동희, "데이터 경제 활성화를 위한 데이터 법제의 필요성과 그 정립방안에 관한 소고", 「부산대 법학연구」 제59권 제1호(통권 95호), 2018, 95면>도 근본적으로는 데이터 추출자에게 귀속시키는 것을 전제로 하는 입장이라고 할 수 있다.

273 박상철, "데이터 소유권 개념을 통한 정보보호 법제의 재구성"「법경제학연구」 제15권 제2호, 2018, 271면; 이 논문에서 지적하는 바와 같이 이러한 데이터가 저작권법상 데이터베이스권과는 상당히 유리된 문제점을 해결하기 위해서도 '데이터권'이라는 배타적 지배권의 신설이 필요하다고 할 수 있으나, 개인정보의 성격이 법적으로 인정되는 한 개인정보보호법에 따른 제약은 불가피하다.

274 '등재자(uploader)'라는 기술지향적 용어로 규범적 귀속관계를 독특하게 표현하고 있으며, 여기에서의 등재자란 "빅데이터의 처분권능을 가지며 처분상의 이익을 향유하는 자"라고 정의하고 있다; 박주현, "스마트 공유경제사회에서 빅데이터의 법률관계에 관한 소고", 「법학논총」 제35집 제2호, 2018, 204면.

권'이라는 권리를 부여하지만, 프라이버시 보호의 담지자로서의 법적 지위가 부여되어야 한다는 견해[275]도 있다. 그러나 빅데이터라고 할지라도 개인정보가 포함된 상태의 빅데이터라면 이는 정보주체에게 귀속되어야 할 데이터이지, 단지 프라이버시를 침해하지 않도록 적극적인 예방조치를 취하고 배려해야 할 의무를 성실히 이행할 의무의 제약이 붙은 물권적 권리라고 이해하는 것은 적절하지 않다. 특히 개인정보자기결정권에 따라 언제든지 개인정보주체가 개인정보의 삭제를 요구할 권리가 보장되어 있다면, 이는 '등재자의 등재권'이라고 표현되는 빅데이터의 처분권능과 처분상의 이익과는 충돌된다.[276] 그러므로 개인정보는 추출자의 노력과 무관하게 '정보주체'가 권리를 갖는다.[277]

2) 약한 영향을 주는 추출적 데이터

약한 영향을 주는 추출적 데이터의 대표적인 예로서 가명정보를 들 수 있다. 개인정보를 가명처리하는 경우에는 데이터로부터 정보주체를 직접 식별할 수는 없으나, 데이터를 재식별 처리하는 경우에는 식별할 수 있는 가능성이 완전히 배제되지는 않는다. 그러므로 보통의 개인정보와 비교하여 데이터가 대상에게 상대적으로 약한 가역적인 영향을 주게 된다. 데이터가 대상에게 약하지만, 여전히 가역적 영향을 준다는 점에서 데이터는 대상에게 귀속되는 것을 원칙으로 하여야 할 것이다.

개인정보보호법 제28조의2에 따라 개인정보처리자는 통계작성, 과학적 연구, 공익적 기록보존 등을 위하여 정보주체의 동의 없이 가명정보를 처리할 수 있으므로, 제3자에게 가명정보를 제공할 수 있으나 특정 개인을 알아보기 위하여 사용될 수 있는 정보의 제공은 금지하고 있다. 이에 따라 데이터 추출자가 가명처리를 하더라도 가명정보라는 추출적 데이터는 당연히 정보주체에게 귀속된다. 다만 정보주체의 데이터에 대한 권리가 보통의 개인정보에 비해 법률상 제한을 받는 것일 뿐이라고 해석되어야 한다.

---

275 '등재자(uploader)'라는 기술지향적 용어로 규범적 귀속관계를 독특하게 표현하고 있으며, 여기에서의 등재자란 "빅데이터의 처분권능을 가지며 처분상의 이익을 향유하는 자"라고 정의하고 '등재권'은 '배타적 소유권보다 유연한 권리'라고 설명한다; 위의 글, 205면.

276 "빅데이터가 해변의 모래알과 같은 무주물의 성격이 있으며, 공동 우물과 같은 공유물의 성질이 있다"고 하면서도, 바로 이어서 빅데이터 등재자에게 등재권이라는 배타적 소유권보다 유연한 권리로서 '처분권능과 처분상의 이익'을 인정한다는 논리전개는 쉽게 이해하기 어렵다; 위의 글, 204면.

277 이상용, "데이터 거래의 법적 기초", 「법조」 통권 728호, 2018, 24면.

가명정보에 대해 정보주체의 귀속 이익을 제한하는 이유는 통계작성, 과학적 연구, 공익적 기록보존의 목적이라는 공익성이 정보주체에 대한 데이터의 약한 가역적 영향에 비해 월등히 더 크기 때문이다. 특히 통계작성을 위한 가명처리는 데이터의 가역적 영향을 현저히 감소시키는 반면, 데이터 추출자를 포함한 공공에 가져다주는 이익은 크기 때문에 정보주체의 귀속 이익을 제한하는 것이 정당화될 수 있다. 또한 특정 개인을 알아보기 위하여 사용될 수 있는 정보의 제공을 금지하는 이유는 이것이 정보주체에 대한 데이터의 가역적 영향을 증폭시킬 위험을 불러오기 때문이라고 설명할 수 있을 것이다.

(2) 대상에게 가역적 영향을 주지 못하는 추출적 데이터

대부분의 추출적 데이터는 데이터가 대상에게 아무런 영향을 미치지 못한다. 대상이 사람의 집단, 특정인을 식별할 수 없는 물건, 자연현상, 과거의 사실인 경우 등은 데이터가 대상에게 어떠한 영향도 미치지 못한다. 또한 다수의 데이터를 통해서 다시 데이터를 추출하는 빅데이터도 이러한 유형의 추출적 데이터라고 할 수 있다. 이처럼 대부분의 추출적 데이터는 대상이 있더라도 대상에게 아무런 영향을 주지 못하는 것이 일반적이다. 데이터가 대상에게 가역적 영향을 주지 못하는 추출적 데이터는 데이터를 추출한 자에게 데이터를 귀속시키는 것이 타당하다. 추출이나 가공된 데이터는 인간 노동의 산물이므로 그러한 노동을 감당한 자에게 귀속시켜야 할 것이다.[278]

개인정보가 포함된 데이터를 빅데이터 처리하는 경우에 원정보인 개인정보에 대해서도 빅데이터 추출자의 권리가 미치는 것으로 구성하고 이를 권리경합이나 권리중첩 관계의 조화로운 조정으로 해소하고자 하는 견해[279]도 있으나, 이는 대상에게 가역적 영향을 주는가의 여부에 따라서 추출적 데이터를 구분하는 관점을 통해 조화롭게 해결할 수

278 EU의회의 위원회가 발표한 문건에서도 비개인정보인 데이터의 이용과 권한에 대한 권리는 '데이터 생성자(data producer)'에게 귀속되어야 한다고 밝히고 있다; European Commission, "Building A European Data Economy", 「Communication from the Commision to the European Pariament, the Concil, the European Economic and Social Committee and the Committee of the Regions」, 2017. p. 13.

279 박준석, "빅데이터 등 새로운 데이터에 대한 지적재산권법 차원의 보호가능성", 「산업재산권」 제58호, 2019, 84-85면.

있을지도 모른다. 개인정보가 데이터 추출의 대상이고 이로부터 '추출된 데이터에 특정한 개인을 식별할 정보가 포함되어 있지 아니한' 빅데이터는 2차적인 추출적 데이터라고 할 수 있고, 빅데이터는 그 대상인 개인정보에 아무런 영향을 미치지 못하는 것이다. 그러므로 대상에게 가역적 영향을 주지 못하는 추출적 데이터는 추출자에게 귀속되는 것이므로 개인정보와의 권리의 충돌, 경합, 중첩 등 어떠한 갈등도 데이터의 귀속 판단에서 발생하지 아니한다. 그리고 개인정보였다고 하더라도 정보주체가 사망하면 이제 가역적 영향을 주지 못하는 추출적 데이터로 성격이 바뀌므로 추출자에게 귀속될 수 있다.

행정기관이 데이터를 추출한 경우에도 직접 데이터를 생성, 수집한 기관은 적극적 관리권한을 갖고, 데이터를 제공받아 활용하는 기관은 제공한 기관이 정한 범위 내에서 데이터를 사용하는 소극적 관리권한만을 갖는데,[280] 이 역시 추출적 데이터는 추출자에게 귀속되는 것을 원칙으로 하는 관점이 바탕을 이루는 것이다.

대상으로부터 정보를 추출하는 것이 사람의 구체적인 특정행위가 아니라 기계에 의해 자동으로 이루어질 수도 있다. 이를 기계생성 데이터[281]라고 부르기도 한다. 이 경우에는 권리 귀속의 근거가 되는 구체적인 추출행위가 존재하지 아니하므로 다른 귀속 근거를 제시하고 있다. 구체적으로는 데이터를 추출하는 기계장치의 소유자에게 그 기계장치가 추출한 데이터에 대한 접근권을 인정하는 것이다.[282] 만약 기계장치가 정보를 추출하였다면, 기계장치는 권리주체가 되지 못하므로 기계장치의 점유자에게 이를 귀속시키는 것이 타당하다고 생각한다.[283] 이는 민법 제101조와 제102조의 천연과실에 관한 규정의 유추적용으로 설명할 수 있다. 물건의 용법에 의하여 수취하는 산출물은 천연과실이고, 이는 그 원물로부터 분리하는 때에 이를 수취할 권리자에게 속한다. 민법 제201조는 선의의 점유자는 점유물의 과실을 취득하도록 규정하고 있으므

---

280 윤종인, "자치분권 강화를 위한 데이터 권한에 관한 소고", 「한국지역정보화학회 2018 동계학술대회 발표논문집」, 2018, 10면; 다만 공공데이터의 경우에는 그 특성을 고려하면 이처럼 데이터에 대한 권한을 이원화하는 것이 타당한가에 대한 의문 제기[윤종인, 위의 글, 11면]도 설득력이 없는 것은 아니다.

281 정진명, "데이터 이용과 사법적 권리구제", 「민사법학」 제92호, 2020, 309면.

282 위의 글, 317면.

283 개인소유 주택에 설치된 기계에서 모니터링된 데이터는 모니터의 운영자에게 귀속되어야 한다는 견해도 있다; Franz Hofmann, "„Absolute Rechte" an Daten - immaterrialgüterrechtliche Perspecktive", 「Rechte an Daten」, Mohr Siebeck, 2021. S.29.

로, 데이터를 추출하는 기계장치의 선의의 점유자에게 데이터가 귀속되어야 한다. 예를 들어 자율주행자동차가 운행 중에 주변 상황으로부터 자동으로 추출한 데이터는 자율주행자동차를 점유하여 운행한 자에게 귀속시켜야 할 것이다. 이와 달리 자율주행을 하는 스마트카가 추출하여 생성한 정보에 대해서 스마트카 소유자가 아니라 스마트카의 제조회사에게 귀속되어야 한다는 주장을 제기하며 그 논거로는 데이터 수집을 가능하게 하는 소프트웨어 알고리즘에 대한 지식재산권을 스마트카 회사가 보유하고 있다는 점을 드는 견해도 있다.[284]

한편으로는 개인정보도 아니고 지식재산권 등의 대상도 아니어서 배타적 지배권자가 따로 없는 데이터는 자유롭게 활용할 수 있는 것이 원칙이라고 하면서도 데이터 생산자를 법적으로 보호하면서 시장을 통해 거래할 수 있도록 하는 것이 바람직하며 이를 위해서는 EU에서처럼 물권적 권리를 부여하는 방안에 대한 연구가 필요하다고 하는 견해[285]도 있다. 그러나 자유로운 활용을 원칙으로 하면서 데이터 생산자의 법적 보호를 지향하는 것은 조화롭다고 보기는 어렵다.

3. 창조적 데이터의 귀속

(1) 지식재산인 데이터

이미 지식재산권으로 확립되어 있는 창조적 데이터의 경우에는 지식재산권법 질서에 따라 데이터 생성자에게 귀속된다. 창조적 데이터는 데이터 생성자 이외에 권리귀속을 고려할 만한 주체가 존재하지 않으므로 데이터의 귀속에 관한 일반적 원리와도 잘 조화를 이루어서 특별한 문제가 되지 않는다. 기존의 논의에서도 데이터가 지식재산권의 대상이 되는 경우에는 지식재산권법에 의해 권리가 부여되고 법적 보호가 이루어진

284 Sylvia Zhang, “Who Owns the Data Generated by Your Smart Car?”, 「Harvard Journal of Law & Technology」, Vol.32, No.1, 2018, p.319.

285 EU는 데이터 생성자에게 물권적 권리를 부여하는 방안을 제안한 바 있다; 박진아, “데이터의 보호 및 유통 법제 정리 방안” 「서강법률논총」 제9권 제2호, 34면.

다는데 이견이 없다.

(2) 비지식재산인 데이터

사람에 의해 창조된 데이터지만 기존의 지식재산에 해당되지 아니한 데이터도 매우 다양하게 존재한다. 오히려 대부분의 경우에 데이터는 저작물이 아닌 경우가 대부분이라는 견해[286]도 있다. 저작권법으로 보호되는 저작물은 “인간의 사상 또는 감정을 표현한 창작물”이어야 하므로(저작권법 제2조 제1호), 창작성이 없는 데이터는 저작권으로 보호되지 못한다. 또한 저작권법 제7조는 저작물이면서도 저작권의 보호대상에서 제외하는 데이터를 열거하고 있다. 이와 같이 창작성이 결여되어 저작물이 되지 못하는 데이터 또는 저작권의 보호대상이 아닌 저작물이 ‘지식재산이 아닌 창조적 데이터’에 해당된다고 할 수 있다.

최근에는 개인들이 인터넷상에서 SNS를 통한 활동을 활발하게 하고 있다. 다양한 SNS 매체를 이용하여 자신이 생성한 문장이나 사진, 동영상을 업로드하여 다른 사람들에게 공개하고 또 이에 대한 반응을 서로 주고받는 의사소통이 일상화되어 있다. 이러한 데이터들도 대부분 비지식재산인 창조적 데이터에 해당된다. 창조적 데이터는 그 자체로 데이터로서의 가치가 있지만, 또한 창조적 데이터들로부터 의미한 데이터를 도출해내는 추출적 데이터의 대상으로의 가치도 매우 크다.

지식재산권의 객체가 되지 못하는 창조적 데이터를 누구에게 귀속시킬 것인가에 대해서는 아직 명확한 법적 규율이 확립되어 있지는 않다. 특히 이러한 데이터는 주로 IT 기업의 인터넷 서비스를 이용하여 업로드되고 그 기업의 서버에 저장된 상태에서 활용되는 것이 일반적이다. 예를 들어 음식 배달 플랫폼 사업자의 서버에 식당 주인이 음식 사진과 메뉴, 가격 그리고 홍보문구를 업로드하고, 플랫폼에서 이를 검색하고 주문한 소비자가 후기를 업로드하는 행태가 널리 일어나고 있다. 그렇다면 이 데이터들은 누구에게 귀속되어야 할 것인가 하는 문제가 존재한다. 이러한 문제에 대해 현재로서는 플랫폼

286 Peter Leonard, “BEYOND DATA PRIVACY: DATA “OWNERSHIP” AND REGULATION OF DATA-DRIVEN BUSINESS”, 「Scitech Law」, Vol.16, No.2, 2020, P.14.

사업자의 플랫폼을 이용하면서 약관의 형식으로 사업자나 소비자와 업로드한 데이터의 관리 권한 등에 대한 계약을 통해 규율하는 것이 거래 관행이지만, 이는 당사자 사이에서 채권적 효력만을 갖는다고 볼 것이다.[287]

이에 대해 창조적 데이터는 그러한 플랫폼 서비스를 제공받는 댓가로 제공하는 것이므로 서비스의 이용과 데이터의 제공은 서로 대가관계에 있는 것으로 플랫폼 서비스 제공자에게 귀속되어야 한다는 관점도 존재할 수 있다. 그러나 플랫폼 서비스의 제공을 통해 얻고자 하는 수익은 데이터 그 자체라기보다는 수수료나 광고 등의 금전적 이익이라고 보는 것이 적절할 것이고, 이는 플랫폼 서비스뿐만 아니라 인터넷 생태계 전반의 구조라고 할 것이다. 그러므로 이러한 창조적 데이터도 이를 생성한 자에게 귀속되는 것이 원칙이고, 그 근거는 지식재산인 창조적 데이터와 마찬가지로 창작적 노동의 산물로서 노동을 제공한 자에게 그 노동에 따른 이익을 귀속시키는 것이 정당한 법의 원리라고 할 것이다.

4. 데이터 귀속 논의의 구체적 대상

위와 같은 데이터의 귀속과 관련된 언급은 민사법적인 데이터 일반론으로서의 성격을 갖는다. 만약 데이터의 귀속에 관하여 개별 법률의 규정이 있다면, 이는 민사법에 대한 특별법으로서의 지위에서 우선적으로 적용되어야 함은 물론이다. 예를 들어 대상에게 가역적 영향을 주는 추출적 데이터 중에서 개인정보나 개인위치정보 그리고 공공데이터와 같이 개별 법규로 데이터의 귀속이 정하여 있는 경우에는 그 법규에 따라 결정되어야 한다. 또한 지식재산권법 질서로 이미 보호되고 있는 창조적 데이터도 저작권법, 특허법, 상표법 등의 개별 법률에 의해 귀속이 결정되어야 한다.

드물게는 개별 법률이 개정되어 데이터의 귀속 관계에 변화가 생길 수도 있다. 대표

---

287 이러한 계약의 법리를 통해 데이터의 거래를 규율하는 것의 장점을 인정하면서, 거래에 대한 실증적인 조사를 통해 얻어지는 귀납적 교훈을 토대로 부분적이고 점진적으로 기존의 법리를 고쳐가는 방안을 제시하는 태도<권영준, “데이터 귀속보호·거래에 관한 법리 체계의 방향”(주1), 31-33면>는 본 논문이 추구하는 연역론적인 해법과는 대척점에 있는 접근방법이다.

적인 사례가 사물위치정보에 해당하는 추출적 데이터의 귀속이다. 2005년 「위치정보의 보호 및 이용에 관한 법률」(이하 위치정보보호법)을 제정하면서 제15조 제1항에서 '누구든지 소유자의 동의를 얻지 아니하고 당해 이동성이 있는 물건의 위치정보를 수집·이용 또는 제공하여서는 아니된다'라고 규정하여 사물위치정보는 사물의 소유자에게 귀속되는 것으로 규율하고 있었으나, 2018년 개정을 통해 사물위치정보의 귀속에 관한 규정을 완전히 삭제했다. 이처럼 데이터의 귀속에 관한 특별법의 지위에 있는 법규가 효력을 상실하면 데이터의 일반론에 따라 귀속이 판단되어야 한다. 그러므로 위치정보보호법에서 귀속에 관한 규정이 삭제된 사물위치정보는 대상에게 가역적 영향을 주지 아니하는 추출적 데이터로서 데이터 추출자에게 귀속된다.

데이터 귀속에 관한 논의 대상은 개별 법규의 변경에 따라서 유동적이다. 그러므로 데이터의 귀속에 관한 특별법이 존재하는 경우인 개인정보나 개인위치정보, 공공데이터, 지식재산을 제외한 다른 모든 데이터가 데이터권의 일반론에 따른 귀속관계를 다룰 대상이 될 것이다. 데이터 일반론으로서 추출적 데이터는 데이터 추출자에게 그리고 창조적 데이터는 데이터 생성자에게 귀속시키는 것을 원칙으로 제시하고자 한다.

Ⅳ. 데이터의 활용을 위한 법률관계

1. 데이터에 대한 배타적 지배권

(1) 새로운 권리의 필요성

데이터가 담고 있는 자료나 정보의 내용에 따라 기존의 권리체계로 구분하는 견해가 지배적이었다. 재산적 가치가 있는 데이터와 사소한 일상생활과 관련된 재산적 가치를 평가하기 어려운 데이터로 구분하거나 영업비밀, 저작물, 개인정보, 통신비밀 등으로 구분하여 각각 다른 기존의 법률로 규율하는 것으로 보는 관점이 대표적이다.[288] 그러나 개별 법률로 규율되지 못하는 데이터에 대해서는 법적 공백 상태에 있었고, 법원과 학계에서도 데이터의 법적 성격에 대해 증대되는 데이터의 가치를 제대로 반영하여 의견을 내놓지 못하는 실정이었다.[289] 데이터가 가지는 특성을 고려하면, 기존의 소유권 및 재산권 체계의 도그마틱으로 데이터의 소유권 내지 재산권을 온전히 수용할 수 없으므로 새로운 정책이 필요하다.[290] 이에 대해 기존의 법리를 총동원하여 데이터에 대한 법적 규율을 시도하는 것이 새로운 권리를 신설하는 것보다 현재로서는 적절하다는 견해도 일리가 없는 것은 아니지만, 데이터를 객체로 하는 새로운 권리를 신설하는 체계화를 시도하는 것도 하나의 유용한 방법이 될 수 있다.

(2) 용어법

먼저 데이터에 대한 배타적 지배권에 소유권이라는 표현을 취하는 것은 적절해 보이지 않는다. 민법 제98조의 물건을 권리객체로 하는 물권의 하나의 내용으로 법교의학적으로 확립되어 있는 용어를 사용함으로써, 거의 언제나 데이터의 물성을 부정하는 부정적 답변에 이르게 되어 실질적인 논지에서 벗어나는 실수를 범하게 되기 때문이다.[291] 앞서 살펴본 바와 같이 데이터에 대한 배타적 지배권을 독자적으로 새롭게 인정할 것인가가 논의의 핵심이며 이를 어떻게 표현할 것인가는 불필요한 혼란만 야기하지 않는다면 결정적인 문제는 아니다.

데이터에 대한 배타적 지배권의 필요성을 인정하더라도 이를 칭하는 새로운 용어를 제시하는 데는 대체로 소극적이지만, 이를 '데이터권'이라고 부르는 견해[292]를 찾아볼 수 있다. 앞서 살펴본 바와 같이 아날로그 데이터는 반드시 유형의 저장매체와 일체화되므로

288 최경진, "데이터의 사법상의 권리, 그리고 데이터 소유권(data ownership)", 「정보법학」 제23권 제1호, 221-222면.
289 윤종인, "자치분권 강화를 위한 데이터 권한에 관한 소고"(주37), 4면.
290 선지원, "데이터 경제시대의 정보법제에 대한 소고", 「법학논총」 제36집 제2호, 한양대학교 법학연구소, 2019, 105면.
291 박준석, "빅데이터 등 새로운 데이터에 대한 지적재산권법 차원의 보호가능성", 「산업재산권」 제58호, 2019, 96-97면.
292 박진아, "데이터의 보호 및 유통 법제 정리 방안" 「서강법률논총」 제9권 제2호, 33면.

민법상의 물건에 대한 전통적인 소유권을 통해 권리관계가 다루어지므로, 논의의 대상은 오로지 디지털 데이터에 국한된다. 따라서 데이터의 존재 형식에 초점을 맞추어 '디지털권'[293]이라고 부를 수도 있다. 사실상 디지털과 데이터는 거의 동의어로 혼용될 수 있지만, 엄밀하게 살펴보면 디지털은 데이터의 존재 형식 중 하나이고 데이터는 권리객체의 본질을 표현한 용어라고 할 수 있다. 다만 데이터 중에는 아날로그 데이터 존재하지만, 디지털은 그 본질이 데이터일 수밖에 없다는 점에서는 디지털권이라는 용어가 '디지털의 형식을 갖는 데이터를 권리객체로 하는 배타적 지배권'을 가장 적절하게 표현한다고 생각한다. 그러나 현재까지 이른바 '데이터 소유권'이라는 표현이 널리 활용되어 왔으므로, 이 논문에서는 논란의 여지가 있는 '소유'라는 표현을 제거하고 '데이터권'이라고 부르기로 한다.

(3) 데이터권의 대상

데이터의 귀속에 대해서 여러 법률에 의해 이미 기존의 권리로서 규율이 형성되어 있는 경우도 상당히 많다. 데이터권이라는 새로운 재산권은 이러한 기존의 법률에 의해 형성된 권리관계에는 영향을 미치지 않아야 한다. 데이터의 범주화 중에서 대상에게 가역적 영향을 주는 추출적 데이터에 대해서는 대표적으로 개인정보보호법과 위치정보보호법 등에 의해 개인정보 자기결정권이라는 인격권이 인정되고 있고 의료정보나 신용정보에 대해서도 개별 법률에 의해 귀속관계가 정립되어 있으므로 데이터권은 이러한 법적 규율에 영향을 주지 않아야 한다. 지식재산인 창조적 데이터도 지식재산권의 객체로서 확립된 법적 규율이 그대로 적용되어야 하고 새로운 데이터권의 대상이 될 수는 없을 것이다. 또한 공공기관의 공공데이터도 공공데이터법이 적용되어야 하므로 데이터권의 규율에서는 벗어나 있는 것이다. 결국 데이터 중에서 대상에게 가역적 영향을 주지 않는 추출적 데이터와 지식재산이 아닌 창조적 데이터가 데이터권의 주된 대상이 될 수 있을 것이다.

293 오병철, "현대 사회의 변화와 민법전의 대응", 「민사법학」 제93호, 2020, 455면.

(4) 데이터권의 내용

1) 데이터권의 본질

데이터권은 디지털 형태로 되어 있는 데이터를 객체로 하는 권리이다. 데이터권은 특정의 독립된 디지털 형태의 데이터를 직접적으로 지배하여 이익을 얻는 것을 내용으로 하며, 채권 및 물권과 더불어 재산권의 성격을 갖는다. 재산권이므로 양도성이 있으며, 사용가치와 교환가치 모두를 향유하는 것이다. 또한 배타성이 있으므로 절대권의 성격을 갖고 대세적으로 데이터에 대한 권리를 주장할 수 있다. 그리고 특정인의 행위를 요하지 않고 데이터를 직접적 그리고 배타적으로 지배하는 지배권으로서의 성격을 갖는다.

2) 데이터권의 종류

데이터권의 종류 중에는 데이터에 대한 전면적이고 포괄적인 지배권으로 데이터 지배권이 가장 우선적이고 대표적이다. 데이터 지배권은 물건의 소유권에 비견되는 권리라고 할 수 있다. 그리고 데이터의 사용가치를 지배적으로 향유하는 권리인 데이터 용익권과 데이터의 교환가치를 확보하여 채권을 담보하는 데이터 담보권으로 구분할 수 있다. 데이터 용익권은 데이터를 단순히 이용하는데 그치는 데이터 보유권 및 데이터 접속권과 데이터를 활용하여 새로운 데이터로 가공하여 추출하는 데이터 가공권으로 다시 구분할 수 있다.

3) 데이터 지배권의 구체적 규율

① 취득

대상에게 가역적 영향을 주지 않는 추출적 데이터를 추출한 자는 데이터 지배권을 원시적으로 취득하며, 데이터의 대상은 추출된 데이터에 대해, 특약이 없는 한, 아무런 권리도 갖지 못한다. 또한 지식재산이 아닌 창조적 데이터를 생성한 자도 데이터 지배권을 원시적으로 취득하며, 그 데이터가 생성된 서비스를 제공하거나 또는 자신의 서버에 저장하는 자도, 특약이 없는 한, 아무런 권리도 갖지 못한다. 데이터 지배권자는 타인에게 그 권리를 양도하여 특정적 승계를 시킬 수 있으며, 또 상속을 통해 포괄적인 승계도 가능하다.

② 존속기간

데이터는 물건이 아닌 관념이므로 전유적인 활용이 아니라 공유적인 활용도 가능하고, 타인과 데이터를 공동으로 활용한다고 해도 그 가치가 비례적으로 감소하는 것은 아니다. 또 물건과 같이 시간의 흐름에 따라 자연적으로 멸실되는 존재도 아니다. 데이터는 새로운 경제재로서 가능한 한 널리 유통하고 그 가치를 극대화할 필요가 있지만, 데이터권으로 인해 데이터의 자유로운 흐름이 제공하는 혁신에 장애가 될 수 있다는 지적[294]도 경청할 만하다.

물건에 대한 소유권은 영구적인 권리로 소멸시효에 걸리지 아니하지만, 저작권은 저작자의 생존 기간과 사후 70년간만 인정된다. 데이터도 인류 발전을 위해 널리 공유되어야 할 가치도 분명히 존중될 필요가 있으므로, 데이터 지배권도 일정한 기간만 배타적으로 인정되고 그 기간이 경과하면 권리를 소멸시켜 자유롭게 활용할 수 있도록 할 필요가 있다. 다만 그 권리 존속기간을 구체적으로 얼마로 할 것인가는 향후 과제로 판단을 유보한다.

2. 데이터를 활용하기 위해 계약을 통한 권리취득

(1) 데이터 보유권

데이터권자가 타인에게 데이터의 복제본을 제공하고 제공된 데이터를 변경 없이 그대로 이용하는 계약을 데이터 제공계약이라고 할 수 있다. 데이터권자와 제공계약을 체결하여 데이터의 복제본을 제공받아 이용할 수 있는 데이터에 대한 직접적 권리를 데이터 보유권이라고 할 수 있다. 이는 물권법에서 용익물권자에 비견되는 주체로서 현재와

294 정진명, "데이터 이용과 사법적 권리구제", 「민사법학」 제92호, 2020, 333면.

같이 데이터 이용에 대한 채권적 권리를 갖는 이론구성보다는 훨씬 더 강한 법적 지위가 인정된다. 그러나 데이터 보유권은 제공받은 복제본의 상태 그대로 이용하는 것이지, 이를 변경하거나 새로운 복제본을 생성시키는 등의 행위는 허용되지 않는다는 점에서 포괄적인 데이터권과는 구분되는 것이다.

데이터의 복제본을 유형의 저장매체에 저장하여 그것을 교부하는 경우에는 기존의 물건을 '주는 채무'의 이행과 크게 다를 바 없다.[295] 데이터의 복제본을 무형의 형태로 네트워크를 통해 전송하는 방법으로 복제본을 생성시키는 전자적 이행의 경우에는 채권자가 지정하거나 관리하는 컴퓨터에 전부 입력되는 시점에 채권자의 주소지나 영업소에서 이행이 이루어진 것으로 다루면 될 것이다.[296] 데이터 보유권은 데이터에 대한 직접적 권리이므로 이를 양도하는 것도 데이터권자의 동의 여부와 관계없이 가능하다. 데이터 보유권자가 직접 지배하는 하지만, 데이터의 특성상 인도는 새로운 복제를 의미하므로 양도인은 데이터를 삭제하여 더 이상 복제본을 보유하지 않는 것을 전제로 하여 양도가 가능하다고 할 것이다.[297]

(2) 데이터 접속권

디지털 형태로 된 데이터는 복제본을 보유하지 아니하고 타인의 서버에 접속하여 접속한 동안에만 이용하는 방법도 빈번히 이루어지고 있어서, 이것도 디지털권으로 다루어져야 한다. 이를 위한 디지털권계약을 데이터 접속계약이라고 하고, 데이터에 접속할 데이터에 대한 직접적 권리를 데이터접속권이라고 할 수 있다.[298] 데이터 접속권의 양도도 자유롭게 허용되지만, 양도한 이후 양도인은 더 이상 데이터에 접속할 수 없음을 전제로 한다.

데이터 접속권과 관련해서, 미국 통일컴퓨터정보거래법(UCITA; Uniform Computer

295 오병철, 「디지털정보계약법」, 법문사, 2005, 340면.
296 위의 글, 343면.
297 위의 글, 456면.
298 위의 글, 457면.

Information Transactions Act)은 제611조에서 접속계약에 대한 규정을 두고 있다. UCITA의 접속계약은 "전자적 수단을 이용하여 타인의 정보처리시스템에 접속하거나 타인의 정보처리시스템으로부터 정보를 얻는 계약 또는 그러한 접속에 상응하는 계약"으로서, 접속계약이 일정한 기간 동안 접속을 제공하는 것이라면 그 기간 동안 채권자가 선택한 시점에 접속할 권리를 갖게 된다.[299]

데이터 접속권은 데이터의 복제본을 제공받지 아니하고 단지 접속해서 이용을 하는 것에 그치므로 이를 데이터에 대한 직접적 지배권으로 설정할 것인지 아니면 데이터 보유자에 대한 채권적 권리로 설정할 것인지는 좀 더 면밀히 검토할 필요가 있다.[300] 데이터에의 접속이라는 권리의 내용은 채권관계에서 채무자의 '하는 채무'의 형식으로서의 성격을 강하게 갖는 점과 데이터에 단지 접속하는 것만으로 직접 지배한다고 보기에는 다소 무리가 있는 것도 사실이다.

(3) 데이터 가공권

데이터 보유권과 접속권은 데이터를 가공하지 아니하고 있는 상태 그대로 활용하는 것을 내용으로 하고, 데이터를 다시 처리하여 새로운 데이터를 추출하기 위해서는 데이터를 가공할 권리를 별도로 확보하도록 할 필요가 있다. 이를 데이터 가공권이라고 하고, 데이터 가공권자는 데이터를 가공해서 추출된 새로운 2차적 데이터를 원시적으로 취득할 수 있다. 다만 2차적 데이터가 대상에게 가역적인 영향을 주지 않아야만 하고, 만약 2차적 데이터가 대상에게 가역적인 영향을 준다면 앞서 제시한 귀속원리에 따라 추출된 2차적 데이터의 권리는 대상에게 귀속된다고 하여야 할 것이다. 그 대상이 정보주체라면 그에게 2차적 데이터의 권리가 귀속되지만, 비가역적인 추출적 데이터가 대상이라면 추출적 데이터의 권리자에게 2차적 데이터의 권리도 귀속되어야 할 것이다.

현실적으로 자율주행자동차 제조회사는 제조하여 판매한 수많은 자율주행자동차가 추출한 데이터를 확보하는 것이 자율주행자동차의 발전을 위해서는 긴요하다. 이를 위

299 위의 글, 419-420면.

300 참고로 UCITA는 이러한 접속계약과 접속권을 채권적인 것으로 규율하고 있다.

해서는 추출적 데이터가 귀속된 자율주행자동차의 점유자와의 데이터 가공권에 대한 계약을 통해 데이터 활용에 대한 법적 안정성을 확보하는 방안을 모색해야 할 것이다.

V. 결론

'디지털 데이터'라는 새로운 거래 객체가 현대 생활의 필수품으로 자리를 잡았으나, 우리 민법은 이에 대해 어떠한 규정도 두고 있지 않다. 법학에서 디지털 데이터의 법적 규율에 대해 다수의 연구가 이루어졌고 의미있는 성과를 거두고 있다. 다만 데이터의 성격이 매우 다양하고 이질적임에도 불구하고 이를 '데이터'라는 단일 개념으로 통합적으로 고찰하려고 노력하였기에 어려움과 혼란을 야기하는 문제가 발생되었다.

본 논문에서는 데이터를 "인지적 노동의 결과인 관념"으로 개념정의하고, 데이터를 크게 두 가지로 구분하였다. 그 하나는 데이터의 대상이 존재하고 그 대상을 관찰하거나 대상으로부터 도출되는 '추출적 데이터'이고, 다른 하나는 데이터의 대상이 존재하지 아니하고 사람에 의해 창작적으로 생성되는 '창조적 데이터'이다. 추출적 데이터는 다시 대상에게 가역적 영향을 주는 데이터와 대상에게 영향을 주지 못하는 데이터로 구분하여, 전자는 그 데이터를 대상에게 귀속시키고 후자는 데이터의 추출자에게 귀속시키는 귀속결정론을 제시하였다. 또 창조적 데이터는 창조를 위한 인지적 노동의 댓가로 생성자에게 귀속시키고자 하였다. 그리고 이러한 데이터의 귀속은 데이터를 배타적으로 지배하는 절대권으로서 이론 구성하여, 디지털 데이터를 물건에 준하는 제3의 권리객체로 체계화하였다. 이로서 민법상 공백상태에 있는 디지털 데이터에 대한 재산권을 새롭게 형성하려는 시도를 하였고, 이를 기반으로 한 안정적인 데이터 유통을 확보할 수 있는 효과를 기대할 수 있을 것이다.

그러나 아직 데이터와 관련된 물권적 법리가 완성되지 아니한 상황에서는, 자동차가 수집한 데이트에 관해서는 계약관계를 통한 활용이 가장 현실적으로 유효적절한 방안이라 생각된다. 특히 물권법적 귀속이 가져올 이해관계자의 갈등을 해소하는 방안은 자동차 소유자와 자동자 제작자와의 계약관계를 통한 합의를 통해서만이 원만하게 해결될 것이다. 다만 향후 공유경제의 발달에 따라 자동차 제조사가 자동차를 소유하고 대다수 국민은 이를 채권계약을 통해 일시적으로 이용하게 된다면, 데이터의 물권법적인 귀속과 채권법적인 활용이 조화롭게 이루어질 수 있을 것으로 예상된다.

[연세대학교 법학전문대학원 교수 오병철]

제6장

인공지능과 행정규범체계

| 김남철 |

Ⅰ. 법의 이해[301]

1. 법은 강제성을 띤 사회규범

사람은 사회적 동물이다. 따라서 사람은 사회를 이루고 살게 마련이고, 사람들이 모여 사는 사회에는 일정한 질서가 필요하다. 이를 위해서는 우리 사회가 따라야 할 일정한 규범(規範)이 필요한데, 이를 '사회규범'이라 부른다.

일반적으로 사회규범으로는 법, 도덕, 종교를 드는데, 이 가운데 도덕이나 종교는 강제성이 없지만, 법은 강제성을 띤다는 점에서 도덕이나 종교와 차이가 있다. 즉 도덕이나 종교는 사회의 질서를 위한 규범으로서 기능은 하지만 이를 위반하더라도 이에 대하여 사회적으로 비난을 할 수 있을지언정 도덕을 준수하도록 강제하거나 도덕을 지키지 못하였다는 이유로 법적으로 처벌할 수는 없다. 따라서 사회의 안정을 위하여 일정한 질서를 가지기 위해서는 강제성을 띤 사회규범이 필요하고, 이것이 바로 법인 것이다.

2. 법의 체계

법은 일정한 체계를 가지고 있는데, 세계적으로는, 크게, 대륙법체계와 영미법체계가 존재한다. 공산국가의 경우는 법에 대한 인식 자체가 다르기 때문에 별도의 법체계가 존재한다고 보아야 한다.

일반적으로 대륙법체계는 공법(公法)과 사법(私法)을 구분하지만, 영미법체계는 공·사법을 따로 구분하지 않는 법체계라는 점에서 큰 차이가 있다. 우리나라는 대륙법체계에 속한다. 따라서 공·사법이 구별되어 있다.

일반적으로 공법(public law)은 공적인 영역(public sector)을 규율하는 법이다. 공법은 행정주체와 국민 간의 관계를 규율하는 법으로 여기에는 헌법(constitutional law)과 행정법(administrative law)이 속한다. 형법(criminal law)의 경우 국가가 형벌권을 행

301 김남철, 행정법, 제2판, 정독, 2022, 6면 이하; 김남철, 행정법강론, 제8판, 박영사, 2022, 4면 이하 등 참조.

사한다는 점에서 넓게는 공법의 영역에 속한다고 할 수 있다. 국제법(international law)의 경우도 국가 간의 법관계라는 점에서 공법의 영역에 속한다고 할 수 있다.

반면에 사법(private law)은 사적인 영역(private sector)을 규율하는 법이다. 사법은 일반 사인(私人) 간의 관계를 규율하는 법으로 여기에는 민법(civil law)과 상법(commercial law)이 속한다.

한편 공법과 사법이 모두 관련되는 법영역도 존재하는데, 예컨대, 노동법의 경우는 국가, 지방자치단체와 같은 행정주체가 사인의 고용·노동행위를 규율하는 범위에서는 공법이지만(고용노동행정), 고용인과 피고용인 간의 계약 등 사법적인 관계와 같은 사법적인 영역도 존재한다. 과거에는 이와 같이 공·사법이 혼재(混在)하는 법영역을 '사회법'이라 부르고, 여기에는 노동법·경제법·사회보장법이 속한다고 설명해 왔으나, 오늘날은 환경, 정보를 포함한 과학기술의 영역도 이에 속한다고 할 수 있다. '인공지능(AI)에 관한 법'도, 행정주체가 인공지능 영역을 법적으로 규율하는 경우는 공법의 영역이지만 사인 간의 인공지능과 관련된 법관계는 사법의 영역이라는 점에서 공·사법이 혼재하는 영역이라고 할 수 있겠다.

II. 행정법의 이해

1. 행정의 개념

행정법은 행정에 관한 법이므로, 행정법의 개념파악을 위해서는 먼저 행정의 개념을 알아보아야 한다. 역사적으로 절대군주의 통치권 가운데 입법권과 사법권이 분화·독립된 나머지의 국가기능을 행정이라고 보았다. 이와 같이 행정의 개념은 기본적으로 권력분립제도를 전제로 하고 있다.

권력분립의 각 축을 구성하는 국가작용은 각각 입법은 법정립작용, 사법은 법선언작용, 행정은 법집행작용으로 이해하는 것이 일반적이다.

법집행작용으로서의 행정의 개념은 매우 다양성을 띤 개념이고 이에 관한 학설도 다양해서 한 마디로 요약하기 어렵지만, 일반적으로 말한다면, 행정은 법 아래서 사법(司法) 이외의 일체의 국가작용을 현실적·구체적으로 실현하기 위하여 행해지는 전체로서의 통일성을 가지는 계속적인 사회형성활동이라고 할 수 있다.

한편 행정은 위와 같은 공익실현임무를 수행하기 위하여 매우 다양한 행정수단을 활용하는데, 과거에는 법규명령, 행정행위, 행정강제 등 그 수단이 비교적 단순하였으나, 오늘날 행정의 양상이 복잡·다양해지고, 이에 따라 행정기능이 확대되면서, 행정의 행위형식도 행정계획, 공법상 계약, 행정지도, 확약, 비공식적 행정작용 등으로 다양해지고 있다.

2. 행정법의 의의

행정법은 행정에 고유한 국내공법이다. 행정법은 내용적으로는 행정주체의 행정조직법·행정작용법 및 행정구제에 관한 법으로 구성되어 있다.

행정조직법은 행정주체의 조직에 관한 법으로서 행정기관의 설치, 권한, 기관상호 간의 관계에 관한 법을 말하고, 행정작용법은 일반적으로 행정주체와 사인 간의 관계에서 공익을 실현하기 위한 각종의 행정수단(예컨대, 행정입법, 행정계획, 행정행위 등)에 관한 법을 의미한다. 그리고 행정구제법은 행정작용에 대한 사인의 권리구제수단에 관한 법으로서 여기에는 주로 행정상 손해전보(행정상 손해배상·행정상 손실보상)와 행정쟁송(행정심판·행정소송)이 포함된다.

3. 행정법의 성립과 발전

행정법은 근대에 들어 행정도 법의 지배를 받아야 한다는 근대적 법치국가가 탄생하면서 성립하게 되었다.

영미법의 법의 지배(rule of law)는 모든 이는 보통법(common law)의 지배를 받는다는 것이어서 따로 행정에 대한 특별한 법체계가 성립하지 않은 반면, 유럽 대륙국가들은 '행정에 특수한 법체계'와 '행정재판소제도' 등의 '행정제도'를 가지고 있었는데, 이 행정제도가 행정법 성립의 직접적인 요인이 되었다.

4. 행정법의 특징

성문법주의에 따라 행정법도 그 형식상 다른 법과 마찬가지로 성문화(成文化)되어 있다. 다만 일반적으로 헌법, 민법, 형법, 상법은 각각 헌법전, 민법전, 형법전, 상법전과 같은 통칙적인 내용을 포함한 통일적이고 통합적인 법전(法典)을 가지고 있는데 반하여, 행정법에는 이러한 법전이 없는데, 이 점이 행정법의 형식상의 특징이라 하겠다. 그나마 1990년대 말에 행정'절차'에 관한 일반법인 '행정절차법'이 제정되었고, 한참이 지난 2022년에서야 행정의 '실체'에 관한 일반법인 '행정기본법'이 제정되기는 하였다. 하지만, 진정한 의미에서의 통일적·통합적 행정법전이 되려면, 행정의 실체에 관한 일반법·행정의 절차에 관한 일반법·행정강제와 행정벌에 관한 일반법 등 행정에 관한 여러 일반법들이 하나의 법전으로 통합되어야, 비로소 행정법전으로 불릴 수 있을 것이다.

행정법은 통합적인 법전은 없지만, 법률·명령·조례·규칙 등의 다양한 형식의 다양한 법규범으로 구성되어 있다. 2022년을 기준으로 약 4만개가 넘는 법령(법률과 법규명령)이 존재하는데, 이 가운데 90%가 훨씬 넘는 법령들이 행정법이다. 즉 행정법은 그 양에 있어서 다른 법에 비해 상당히 방대하다는 특징을 가지고 있다.

내용적인 면에서 행정법은 행정주체의 공익실현과 관련되어 있다는 점에서, 행정주체에게 국민을 일방적으로 명령·강제할 수 있는 우월한 힘이 인정되기도 한다. 이와 같은 우월한 힘은 결국은 공공복리·질서유지와 같은 공익의 실현을 위하여 행사되어야 한다.

행정법을 연구의 대상으로 하는 행정법학에서는 행정법을 일반적으로 총론과 각론으로 구별한다. 행정법총론에서는 행정법 전 영역에 걸쳐 적용되는 행정법의 공통적인 원리와 이론, 각종 행정작용·행정구제·행정조직에 대한 형식과 이론 등을 다루고 있고,

행정법각론에서는 이른바 특별행정법영역으로서 주로 지방자치법, 공무원법, 경찰행정법, 공물법, 공기업법, 공용부담법, 건축행정법, 환경행정법, 경제행정법, 재무행정법 등의 개별행정법분야들을 다루고 있다.

5. 법치행정의 원리

과거, 독일 행정법의 아버지라 불리는 오토 마이어(Otto Mayer)는 '헌법은 바뀌어도 행정법은 남는다.'고 하였다. 이는 행정법의 전문·기술성 때문에 헌법이 바뀌어도 행정법은 이에 큰 영향을 받지 않는 것을 의미한다. 하지만 오늘날 행정법은, 독일연방행정재판소 소장이었던 베르너(F. Werner)의 말처럼, '헌법의 구체화법'이라고 불린다. 즉, 헌법은 국가의 이념, 기본권, 통치기구들을 규정하고 있고, 행정법은 이러한 헌법의 원리와 규정들이 구체화하는 것이라는 의미이다. 따라서 행정법에서는 헌법상의 민주국가원리, 법치국가원리, 사회국가원리 등이 민주행정, 법치행정, 사회(복지)행정으로 보다 구체화되는데, 이 가운데 아래에서는 법치행정의 원리를 살펴보기로 한다.

(1) 법치주의와 법치행정의 원리

법치주의는 모든 국가작용은 법에 따라 행하여져야 한다는 헌법원리로서 인권보장을 그 목적으로 한다. 법치행정의 원리는, 이러한 헌법상의 법치주의원리를 행정법영역에서 보다 구체화한 것으로서, 행정이 헌법과 법률을 포함하는 의미에서의 '법'에 따라 이루어져야 한다는 것을 의미한다.

법치행정의 원리는 유럽에서 절대군주제가 붕괴되고 근대시민국가가 형성되면서, 이른바 시민계급이 군주로부터 자신들의 자유와 재산을 보호하고자 자신들의 대표로 구성된 의회를 통하여 법률을 제정하고, 그 법률로써 군주의 행정을 규제하려고 했던 근대적 법치행정의 기본이념으로부터 비롯된 것이다. 즉, 법치행정의 원리는 '인(人)의 지배'가 아닌, '법률의 지배'(Herrschaft des Gesetzes)를 의미하는 것이었다.

(2) 법치행정의 원리의 내용

법치행정의 원리로서, 특히 독일에서의 '법률의 지배'는 보다 구체적으로, 법률의 법규창조력, 법률의 우위, 법률의 유보라는 원칙으로 구성되어 있다.

법률의 법규창조력이라 함은 국민의 권리의무관계를 규율하는 법규를 제정하는 권한은 오로지 입법권에 속한다는 원칙을 말한다. 다시 말해서 국민의 대표인 입법권이 제정하는 '법률'만이 대국민적(對國民的) 구속력을 가지는 법규를 창조할 수 있다는 것이다. 이러한 원칙에 따라 우리 헌법도 입법권은 국회에 속한다고 규정하고 있고(헌법 제40조), 따라서 행정청에 의한 입법인 법규명령은 예외적으로 그 발령에 입법권에 의한 수권(授權)을 필요로 한다(헌법 제75조, 제95조).

법률의 우위라 함은 국민의 대표기관이 제정한 '법률'은 국민을 대표하는 국가의사로서 법적으로 다른 모든 국가의사에 우선한다는 원칙을 말한다. 즉, 법률은 행정이나 사법(司法)에 우선한다는 것이다. 이에 따라 행정은 법률에 저촉되어서는 아니 된다.

법률의 유보라 함은 행정권한의 발동에는 개별적인 법률의 근거 또는 법률의 수권을 요한다는 원칙을 말한다. 즉 법률의 유보는 행정권의 발동에 법률의 근거가 요구된다는 것으로, 이로써 행정이 법에 기속(羈束)되어 궁극적으로는 법치행정의 원리가 실현된다는 것이다. 다만 법률의 유보를 요구하는 범위에 대하여는 여러 학설이 있는데, 어떠한 경우에도 행정권의 발동이 국민의 권리·이익을 침해하거나 제한하는 경우에는 반드시 법률의 유보가 요구된다(침해유보).

(3) 형식적 법치주의와 실질적 법치주의

위에서 설명한 법치행정의 원리는 초기에는 단지 국가목적실현의 형식·절차만을 문제로 삼았고, 이에 따라 국민의 자유와 권리는 단지 형식적으로만 보장되었다. 이러한 법치행정의 이념은, 헌법에 입각하고는 있지만 국민의 자유와 권리가 실질적으로 보장되지 않았던, 소위 외견적(外見的) 입헌군주제도의 산물이었다. 이러한 의미에서 이를 형식적 법치주의라 부른다. 형식적 법치주의 아래에서는 법률의 법규창조력, 법률의 우위, 법률의 유보라는 법치행정의 이념이 대폭 제한을 받았고, 이러한 제한의 결과 법치주의의 원칙이 적용되지 않는, 이른바 '법률로부터 자유로운 행정영역'도 존재하였다.

그러나 제2차 세계대전 이후 독일과 일본 등에서의 형식적 법치주의에 대한 비판과 반성을 계기로, 과거의 형식적 법치주의는 인권보장을 실질적으로 실현하는 실질적 법치주의로 전환하게 되었다. 이에 따라 각 나라마다 행정권에 의한 입법작용을 제한적으로만 인정함으로써 법률의 법규창조력을 강화한다든지, 헌법에 대한 법률의 합헌성심사제도(위헌법률심사제도)를 도입함으로써 합헌적인 법률의 우위를 보장한다든지, 또는 법률유보와 관련해서도 행정권발동에 법적 근거를 요구하는 법률유보의 범위를 확대함으로써 국민의 권익보호의 범위를 확장하는 등 실질적 인권을 보장할 수 있는 제도적인 장치를 마련하고 있다.

6. 행정법의 법원(法源)

일반적으로 행정법의 법원이라 함은 '행정법의 존재형식' 또는 '행정법의 인식근거'를 의미한다. 이러한 행정법의 법원은 일반적으로는 성문법주의가 채택됨에 따라 성문의 형식으로 존재하지만, 이러한 성문의 규율이 없는 행정영역은 이른바 '불문법'에 의해 보충·보완되어야 하는 것이므로, 이러한 점에서 행정법의 법원은 불문의 형식으로도 존재한다.

(1) 성문법원

행정법의 성문법원으로는 헌법, 법률·조약, 명령, 조례·규칙을 들 수 있다. 이들은 헌법을 정점으로 하여 통일적이고도 상·하위의 계층적인 구조를 이루고 있다.

1) 헌법

헌법은 국가의 조직과 국민의 기본적 인권에 관한 국가의 최고규범으로서 행정법의 으뜸가는 법원이다. 행정법은 헌법구체화법으로서 헌법의 규정은 행정의 범위와 기준 또는 방향을 제시한다. 또 헌법은 비례·평등원칙 등과 같은 '행정법의 일반원리'의 도출 근거가 되기도 한다.

2) 법률

여기에서 법률은 형식적 의미의 법률로서 국회가 헌법이 정한 입법절차에 따라 제정하는 법률만을 의미한다. 이러한 법률은 행정법의 중심적 법원으로서의 의미를 가진다. 행정법의 법원이 되는 법률은 각종 단행법률의 형식으로 존재한다.

3) 명령

여기에서 명령은 일반적으로 국가행정권에 의하여 정립되는 법규범인 법규명령을 의미한다. 헌법이 정하고 있는 법규명령의 형식은 대통령령·총리령·부령과 중앙선거관리위원회규칙 등이 있다.

4) 자치법규

자치법규는 지방자치단체가 헌법 제117조 제1항, 지방자치법 제28조 제1항에 근거하여 제정하는 자치에 관한 법규범을 의미한다. 자치법규에는 지방자치단체의 의결기관인 지방의회에서 제정하는 '조례'와 집행기관의 장이 제정하는 '규칙'이 있다.

(2) 불문법원

행정법의 불문법원으로는 일반적으로 관습법, 판례법, 조리 등이 있다. 불문법원은 성문법의 흠결을 보완하는 중요한 의미를 가진다.

행정법상의 관습법은 행정에 관해 오랜 기간에 걸쳐 동일한 관행이 반복되고, 이 관행이 국민의 법적 확신을 얻어 법규범으로서 구속력을 가진 것으로 승인된 것이라고 할 수 있는데, 그 예는 많지 않다.

행정법령에 대한 법원의 판단이 이후 같은 종류의 사건에 계속 적용되면서 하나의 판례법을 형성하기도 하는데, 판례법은 대륙법체계를 가지고 있는 우리나라의 경우에는 인정되지 않는 것이 원칙이다. 하지만 실질적으로는 판례를 통해 확립된 법원칙은 하급법원이나 행정기관이, 특별한 이유가 없는 한, 이를 준수하게 된다는 사실상의 효력이 있으므로, 이러한 범위 안에서 판례법은 실질적으로 행정법의 법원으로 인정된다고 할 수 있다.

일반적으로 조리(條理)라 함은 '사물의 본질적 법칙'을 의미하는데, 오늘날은 '행정법의 일반원칙'이라고 부르는 것이 일반화되었다. 행정법의 일반원칙은 법해석의 기본원리가 되고, 또 성문법·관습법·판례법이 모두 흠결되어 있는 경우에 최후의 보충적인 법원이 된다는 점에서 그 존재의의가 상당히 크다. 따라서 그 구체적인 내용은 아래에서 별도로 살펴본다.

7. 행정법의 일반원칙

행정법의 일반원칙은 헌법, 실정법규정, 판례법 또는 정의의 관념 등에서 도출되는 행정법해석의 기준이 되는 원칙을 의미한다.

행정기본법은 제2장에서 '행정의 법 원칙(=행정법의 일반원칙)'으로, 법치행정의 원칙, 평등의 원칙, 비례의 원칙, 성실의무 및 권한남용금지의 원칙, 신뢰보호의 원칙, 부당결부금지의 원칙을 규정하고 있다

(1) 평등원칙

평등원칙은 행정청이 행정작용을 행하면서 달리 하여야 할 정당한 사유가 없는 한 동등하게 하여야 한다는 원칙이다. 즉 행정청은 합리적 차별 근거 없이 차별해서는 안 된다는 원칙이다(행정기본법 제9조). 이는 결국 같은 것은 같게, 다른 것은 다르게 하는 것이 평등하다는 것을 의미한다.

(2) 비례원칙

비례원칙(Grundsatz der Verhältnismäßigkeit)은 행정목적의 달성을 위하여 어떤 수단을 활용하는 경우 그 목적과 수단 간에 합리적인 비례관계가 있어야 한다는 원칙이다. 비례원칙은 헌법과 행정법 전 분야에 걸쳐 널리 적용되는 매우 중요한 원칙이다. 과잉금지의 원칙(Grundsatz der Übermaßverbot)이라고도 한다. 비례원칙은 내용적으로는 적합성의 원칙, 필요성의 원칙, 상당성의 원칙으로 구성되어 있다(행정기본법 제10조).

적합성(Geeignetheit)의 원칙은 행정기관이 취한 수단은 행정기관이 의도하는 목적달성에 적합한 것이어야 한다는 원칙이다.

필요성(Erforderlichkeit)의 원칙은 행정작용이 설정된 목적달성을 위해 필요한도 이상으로 국민의 권익을 침해해서는 아니 된다는 원칙을 말한다.

상당성(Angemessenheit)의 원칙은, 협의의 비례원칙으로서, 행정기관의 조치에 의한 개인의 이익의 침해 정도와 그 추구하는 행정목적 사이에 합리적인 비례관계가 있어야 한다는 원칙을 말한다.

(3) 신뢰보호원칙

신뢰보호원칙은 행정청의 명시적·묵시적 언동(言動)의 정당성 또는 존속성에 대한 개인의 보호가치 있는 신뢰는 보호해 주어야 한다는 원칙을 말한다(행정기본법 제12조).

신뢰보호원칙은 궁극적으로는 법치국가원리에 근거한 요청이라 볼 수 있다. 예컨대 행정기관의 언동에 의해 납세자가 과세가 없으리라 믿은 데 충분한 이유가 있었음에도 불구하고 나중에 과세처분이 발급된 경우, 그 과세처분이 비록 '합법적'인 것이라 할지라도 그로 인해 납세자의 권익침해가 실제로 발생하였으므로, 이는 법의 근본적인 이념인 정의의 이념에 부합하지 못하게 된다. 이와 같은 경우에 신뢰보호원칙은 형식적 합법성을 희생시켜서라도 납세자의 신뢰를 보호해 주는 것이 오히려 실질적 법치주의의 목적인 인권보장에 부합하는 것이라는 점을 그 배경으로 하고 있다.

다만 신뢰보호가 인정되기 위해서는 일정한 요건을 갖추어야 하고, 그 외에도, '행정작용의 계속성·존속성에 대한 개인의 신뢰보호의 이익'과 '적법상태의 실현에 의하여 달성되는 공익'을 구체적으로 형량하여 보았을 때, 개인의 신뢰보호의 이익이 더 커야 한다.

(4) 성실의무 및 권한남용금지의 원칙

행정기본법 제11조 제1항은 "행정청은 법령등에 따른 의무를 성실히 수행하여야 한다."고 하여 성실의무를 규정하고 있다. 이는 '법의 일반원칙'을 규정한 것이기도 하고, 행정절차법 제4조 제1항, 국세기본법 제15조에 규정되어 있는 신의성실의 원칙을 규정한 것이기도 하다.

행정기본법 제11조 제2항은 "행정청은 행정권한을 남용하거나 그 권한의 범위를 넘어서는 아니 된다."고 하여 권한남용금지의 원칙을 규정하고 있다. 이는 법령에 규정된 공익목적에 반하여 행정권한을 행사하는 것을 금지한다는 원칙이다. 판례도 권한남용금지를 법치국가원리에서 파생된 일반원칙으로 이해하고 있다.

(5) 부당결부금지의 원칙

행정기본법 제13조는 "행정청은 행정작용을 할 때 상대방에게 해당 행정작용과 실질적인 관련이 없는 의무를 부과해서는 아니 된다."고 하여 부당결부금지의 원칙을 규정하고 있다. 부당결부금지의 원칙(Koppelungsverbot)은 행정작용과 실체적으로 관련이 없는 반대급부를 결부시켜서는 안 된다는 원칙으로 비례원칙 중 적합성의 원칙과 같은 의미이다.

III. 행정조직법

행정조직법은 행정권의 조직에 관하여 규율하는 법으로서, 내용적으로는 행정주체, 즉 국가·공공단체의 조직에 관한 법, 행정기관 및 행정기관을 구성하는 공무원에 관한 법을 의미한다.

1. 행정주체

행정권을 담당하는 당사자를 행정주체라 한다. 행정주체에는 직접적으로 국가행정을 담당하는 국가와 국가 안에서 국가로부터 그 존립목적이 부여된 공법상의 법인으로서 간접적인 국가행정을 담당하는 공공단체가 있다.

먼저 국가는 주권에 기반하여 시원(始原)적으로 행정권을 가지고 직접 국가행정을 담당하는 행정주체다. 국가는 대통령을 정점으로 국무총리, 행정각부로 조직되어 있다.

공공단체에는 지방자치단체·공공조합·영조물법인·공법상의 재단이 있는데, 먼저 지방자치단체는 국가의 일정한 지역을 그 구성단위로 하여 그 지역의 행정을 담당하는 공법상의 법인(法人)이다. 지방자치단체의 자치권은 헌법 제117조 제1항에 의해 보장되고 있고, 이에 따라 지방자치단체는 조직고권·조례고권·재정고권 등의 포괄적인 자치권을 가진다. 우리나라 지방자치법은 지방자치단체의 종류로서 광역지방자치단체(특별시·광역시·도·특별자치도·특별자치시)와 기초지방자치단체(시·군·자치구)를 규정하고 있다. 지방자치단체에는 의결기관인 지방의회와 집행기관인 지방자치단체의 장이 있다.

공공조합은 특정한 행정목적을 위하여 일정한 자격을 가진 사람의 결합체에 공법상의 법인격이 부여된 단체를 말한다. 따라서 공공조합에는 구성원이 존재한다. 공공조합에는 임업협동조합·도시재개발조합·상공회의소 등이 있다.

영조물법인은 특정 행정목적을 달성하기 위하여 설립된 인적·물적 결합체에 공법상의 법인격이 부여된 경우를 말한다. 영조물법인에는 이용자가 있다. 영조물법인으로는 한국도로공사·한국전력공사·서울시지하철공사·한국은행·서울대학교병원·과학기술원 등이 있다.

공법상의 재단은 국가나 지방자치단체가 출연한 재산을 관리하기 위하여 설립된 재단법인인 공공단체를 말한다. 공법상의 재단에는, 구성원이나 이용자가 아닌, 수혜자만이 존재한다. 공법상의 재단으로는 한국연구재단을 들 수 있다.

2. 행정기관

행정기관은 위에서 살펴본 행정주체의 행정사무를 담당하는 기관을 말하는데, 이 가운데행정결정과정의 최종단계에서 행정주체의 의사를 결정하고, 이를 국민에 대하여 표시할 수 있는 권한과 책임을 가진 행정기관을 '행정청'이라고 한다.

행정기관은 한편 일정한 사무를 분담하는 조직으로서, 행정청을 중심으로 하고 그에 부속된 보조기관 등을 포함하는 총합체로서의 조직체를 의미하기도 하는데, 이러한 의미의 행정기관은, 그 권한을 기준으로 하여 볼 때, 국가의 의사를 결정하고 이를 대외적으로 표시하는 행정청, 행정각부의 차관·지방자치단체의 부시장과 같이 행정청의 권한 행사를 보조하는 보조기관, 행정청의 의사결정에 참여하는 권한을 가진 참여기관, 각종 위원회와 같이 행정청에 대하여 일정한 의사를 개진하는 권한을 가진 자문기관, 경찰·세무공무원같이 행정청의 의사결정을 구체적으로 집행하는 집행기관, 행정심판위원회·징계위원회와 같이 행정주체의 의사를 결정하는 권한을 가진 의결기관, 감사원과 같이 다른 행정기관의 사무처리나 회계처리를 감사하는 권한을 가진 감사기관, 공기업이나 영조물(공공시설)의 관리·운영을 담당하는 행정기관으로서 철도·체신관련 행정기관과 같은 공기업기관, 국립병원·국립대학과 같은 영조물기관, 그리고 행정기관에 부속하여 이를 지원하는 부속기관 등이 있다.

3. 공무원

행정기관은 그 행정기관의 사무를 담당하게 되는 공무원으로 구성된다. 그러나 공무원의 개념은 국가 또는 지방자치단체의 공무담당자를, 그 기관으로서의 지위를 떠나서 파악하는 경우로서, 공무원은 기관과는 달리 국가 또는 지방자치단체와는 별개의 법인격체로서, 행정주체에 대하여 일정한 권리와 의무를 가진다. 우리나라 헌법 제7조 제2항은 "공무원의 신분과 정치적 중립성은 법률이 정하는 바에 의하여 보장된다."라고 하여, 이른바 직업공무원제도를 채택하고 있다.

공무원의 신분상의 권리로는 직무집행권·직위보유권·쟁송제기권 등이 있고, 재산상의 권리로는 보수청구권·연금권 등이 있다. 공무원의 의무로는 선서의무·성실의무·법령준수의무·품위유지의무 등이 있고, 공무원은 잘못된 직무집행으로 인하여 징계책임·변상책임을 부담하기도 한다.

Ⅳ. 행정작용법

행정작용이라 함은 행정주체가 행정목적을 달성하기 위하여 행하는 각종 행정수단을 말한다. 오늘날 행정의 현상이 양적·질적으로 확대됨에 따라 행정작용도 과거에 비해 매우 다양해지기에 이르렀다. 아래에서는 일반적으로 논의되는 행정작용에 관하여 간략하게 살펴보기로 한다.

1. 행정행위

행정행위는 실정법상의 개념이 아니고, 학문상의 개념으로서 행정재판제도를 가지고 있는 독일·프랑스 등의 유럽국가에서 형성된 개념이다. 즉, 행정행위의 개념은 행정작용 가운데 특히 행정재판의 대상이 되는 작용을 행정행위라 부른 데에서 비롯된 것이다.

(1) 행정행위의 개념

일반적으로 행정행위는 '행정청이 법 아래서 구체적 사실에 관한 법집행으로서 행하는 권력적 단독행위인 공법행위'라고 정의되고 있다.

행정행위는 구체적 법집행행위라는 점에서 일반·추상적 규범정립행위인 입법행위와 구별되고, 공법적 효과를 발생시키는 공법행위라는 점에서 사법행위나 사실상의 결과만을 발생시키는 사실행위와 구별된다. 행정행위는 실정법상으로는 허가·인가·면허·특허 등으로 불린다.

행정행위는 원칙적으로는 행정심판법·행정소송법 등에서 정의하는 처분개념에 대한 강학상의 용어이다. 다만 행정심판법·행정소송법 등은 처분의 개념을 행정행위의 개념보다 다소 넓게 정의하고 있다.

(2) 행정행위의 종류

1) 법률행위적 행정행위와 준법률행위적 행정행위

이는 행정행위가 의사표시를 구성요소로 하는가, 의사표시 이외의 정신작용의 표현을 구성요소로 하는가에 따라 분류한 것이다.

① 법률행위적 행정행위

가. 하명

하명(下命)은 작위·부작위·급부·수인을 명하는 행정행위를 말한다. 이에 따라 하명은 내용적으로는 작위하명(예, 개선명령)·부작위하명(예, 영업금지)·급부하명(예, 납세처분)·수인하명(예, 강제예방접종)이 있게 된다.

나. 허가

허가는 법령에 의한 일반적·상대적 금지를 해제하여 적법하게 일정한 행위를 할 수 있도록 하여 주는 행위를 말한다. 즉, 질서유지 또는 공공복리를 위하여 잠정적으로 금지시키고, 법이 정한 일정한 요건을 갖추었을 때에 비로소 허가를 통해 이러한 제한을 해제하여 적법하게 행위를 할 수 있도록 해주는 것을 말한다. 일정한 허가요건을 갖추면 반드시 허가를 하여 자연적 자유를 회복시켜야한다는 점에서 허가는 기속행위라고 하는 것이 통설과 판례의 입장이다.[302]

다. 특허

특허는 넓은 의미로는 일정한 능력(예, 공법인의 설립행위)이나 포괄적인 법적 지위(예, 귀화허가)를 설정하는 행위를 포함하지만, 좁은 의미로는 특정 상대방에 대한 권리설정행위(예, 어업면허, 광업허가)를 의미한다. 일반적으로 특허는 허가와는 달리 재량행위이고, 특허를 통하여 제3자에게 대항할 수 있는 새로운 법률상의 힘이 부여된다.

특허와 관련하여 살펴보아야 할 행정행위로서 예외적 승인(Ausnahmebe- willigung)이 있다. 이는 일정 행위가 유해하거나 사회적으로 바람직하지 않은 것으로서 법령상 원칙적으로 금지되고 있으나, 예외적인 경우에 이러한 금지를 해제하여 당해 행위를 적법하게 할 수 있게 하여주는 행위를 말한다. 예외적 승인은 이를 통하여 개인의 권리영역의 확장을 가져온다는 점에서 일반적으로 재량행위로서의 성질을 가지고 있다.

라. 인가

인가는 제3자의 법률행위를 보충하여 그 법률적 효력을 완성시켜주는 행정행위를 말한다. 본래 사인간의 법률행위는 행정청의 개입이 없더라도 효력이 발생한다. 그러나 공익적 관점에서 일정한 법률행위는 행정청이 동의함으로써 효력이 발생하도록 규정하는 경우가 있다. 여기에서의 행정청의 동의를 인가라 한다. 이러한 인가는 제3자의 법률행위의 효력을 보충하는 효력발생요건이므로, 무인가행위는 원칙적으로 무효가 된다.

302 예컨대, 대판 2000.3.24, 97누12532; 대판 2006.11.9, 2006두1227 등 참조.

② 준법률행위적 행정행위

준법률행위적 행정행위는 의사표시 이외의 정신작용의 표현을 구성요소로 하는 행위로서, 행정청의 단순한 정신작용의 표현에 의하여 그 효과는 법령이 정하는 바에 따라 부여된다. 준법률행위적 행정행위에는 확인(당선인의 결정, 행정심판재결)·공증(각종 증명서발급, 여권발급)·통지(대집행의 계고, 납세독촉)·수리(각종 신청서·신고서의 수리)가 있다.

2) 기속행위와 재량행위

① 기속행위

기속행위는 법규정이 어떠한 요건 하에서(요건규정) 어떠한 행위를 할 것인가(효과규정)에 대하여 확정적이고 일의적(一義的)으로 규정하고 있어서, 행정청은 독자적 결정이나 선택의 여지없이 다만 이 규정을 적용하는데 그치는 행위를 말한다.

② 재량행위

재량행위는 행정청에게 일정한 행위의 여부 또는 행위의 내용에 관하여 결정 또는 선택의 여지를 인정하고 있는 경우를 말한다.

재량행위는 행정의 효율성과 적정한 공익실현이라는 관점에서 행정청에게 그 효과의 판단에 있어서 어느 정도의 독자적인 권한을 인정해 주고 있는 것이지만, 이 경우에도 행정청의 재량권은 적법하게 행사되어야 하고, 어느 경우에나 재량권을 일탈·남용하는 경우에는 그 재량권행사는 위법한 것이 된다.

2. 행정입법

행정입법은 행정기관이 일반·추상적인 규정을 정립하는 작용 또는 그에 따라 정립된 규범을 말한다. 본래 대외적 구속력을 가지는 법규범은 '법률의 법규창조력'의 원칙에 따라 입법권만이 정립할 수 있다. 이에 따라 헌법도 제40조에서 입법권은 국회에 속한다고 함으로써 '국회입법의 원칙'을 천명하고 있다. 다만 행정의 전문성을 고려하면 일정 사항은 국회보다는 관련 행정기관에서 규율하는 것이 보다 적절할 수 있다는 점 등에서 예외적으로 행정기관에 의한 입법행위가 허용되고 있다.

행정입법에는 대외적으로 국민을 구속하는 효력을 가지는지의 여부에 따라 법규명령과 행정규칙으로 나누어 볼 수 있다.

(1) 법규명령

법규명령이란 행정기관이 정립하는 일반·추상적인 규범으로서 대외적 구속력을 가지는 것을 말한다. 법규명령은 국회입법의 원칙에 대한 중대한 예외로서 인정되는 것이라는 점에서 헌법에서 직접 그 법형식을 규정하고 있다(법률적 효력을 가지는 대통령의 긴급재정·경제명령과 긴급명령(헌법 제76조), 법률보다 하위의 효력을 가지는 것으로서 보통 시행령이라 불리는 대통령령(헌법 제75조), 시행규칙 또는 시행세칙이라 불리는 총리령·부령(헌법 제95조), 그밖에 중앙선거관리위원회가 선거관리 등에 관하여 제정하는 중앙선거관리위원회규칙(헌법 제114조) 등).

법규명령은 어디까지나 국회입법의 원칙에 대한 예외로서 인정되는 것인 만큼, 법규명령의 제정을 위해서는 반드시 상위법령의 위임규정이 있어야 한다.[303] 더 나아가 이러한 위임규정은 법규명령에 대하여 입법권을 위임함에 있어서 반드시 명확한 위임의 범위나 기준을 정하여 위임하여야 하고, 따라서 포괄적 수권(授權) 내지 백지위임식 수권은 허용되지 아니한다.[304]

다만 법규명령 중 법률의 집행을 위하여 필요한 사항을 정하고 있는 집행명령의 경우는 법률의 수권이 없이도 제정할 수 있다.[305]

---

303 예컨대, 대판 2020.9.3, 2016두32992 등 참조.

304 대판 2000.10.19, 98두6265; 헌재결 1994.7.29, 92헌바49, 52(병합)

305 대판 2016.12.1, 2014두8650 등 참조.

(2) 행정규칙

행정규칙은 일반적으로 행정조직 내부에서 상급 행정기관이 하급 행정기관에 대하여 그 조직이나 업무처리의 절차·기준 등에 관하여 발하는 일반·추상적인 규정을 의미한다. 따라서 행정규칙은 행정기관 내부에서만 구속력이 있을 뿐, 행정기관 외부인 대(對)국민적 관계에서는 구속력을 가지지 못한다. 따라서, 법규명령과는 달리, 법률의 근거가 없더라도 제정할 수 있다. 행정규칙은 실무에서는 통첩·예규·훈령·고시 등 다양한 용어로 불린다.

행정규칙은 그 내용에 따라, 행정조직 내부에서의 조직·권한분배·업무처리절차 등에 관하여 규정하는 조직규칙, 법규범의 해석이나 적용방향을 확정하기 위하여 발하는 규범해석규칙, 재량권행사의 일반적 방향을 제시하는 재량준칙, 법적인 규율이 흠결되어 있는 행정영역에서 이를 보충하기 위하여 발하는 법률대위규칙 등으로 분류할 수 있다.

행정규칙은 행정내부에서만 효력을 발하는 것이 원칙이나(대내적 구속력), 예외적으로 상위법령의 위임에 근거하여 상위법령의 내용을 보충적으로 규율하기 위하여 제정된 경우(법령보충규칙)에는, 행정규칙이라는 형식을 띠고 있음에도 불구하고, 이를 실질적으로 법규명령이라고 보는 것이 판례의 입장이다.[306] 행정규제기본법은 "법령이 전문적·기술적 사항이나 경미한 사항으로서 업무의 성질상 위임이 불가피한 사항에 관하여 구체적으로 범위를 정하여 위임한 경우에는 고시(告示) 등으로 정할 수 있다"(제4조 제2항) 고 하여 이러한 행정규칙의 제정가능성을 인정하고 있다.

한편 행정규칙은 평등원칙·신뢰보호원칙을 매개로 해서 예외적으로 대외적 구속력이 인정되는 경우도 있을 수 있다. 예컨대 행정규칙의 반복적 시행으로 인하여 일정한 관행이 형성되면, 행정기관은 평등원칙이나 신뢰보호원칙에 의하여 이러한 관행에 스스로 따라야할 자기구속을 받게 되고,[307] 이러한 경우에는 간접적으로 대외적인 구속력

---

306 예컨대, 대판 1987.9.29, 86누484; 대판 2016.10.27, 2014두12017; 대판 2019.5.30, 2018두52204 등 참조. 헌법재판소도 이러한 법리를 인정하고 있다. 헌재결 1992.6.26, 91헌마25; 2004.1.29, 2001헌마894; 헌재결 2009.2.26, 2005헌바94, 2006헌바30(병합) 등 참조.

307 이를 행정의 자기구속(Selbstbindung der Verwaltung)의 원칙이라고 부른다.

을 가지게 된다는 것이다.[308]

3. 행정계획

일반적으로 행정계획은 '행정주체가 장래 일정기간 내에 달성하고자 하는 목표를 설정하고, 이를 위하여 필요한 수단들을 조정하고 통합하는 작용 또는 그 결과로서 설정된 기준'이라고 정의되고 있다.

행정계획은 여러 가지 기준에 따라 다양하게 분류할 수 있지만, 대체적으로는 공간적·지역적 의미를 가지는지의 여부에 따라 국토계획·광역도시계획·도시·군계획 등의 공간계획과 각종 경제계획이나 사회계획과 같은 비공간계획으로 나눌 수 있고, 계획대상의 종합성·개별성에 따라 국토계획이나 도시·군계획과 같이 일정한 지역을 종합적인 관점에서 계획하는 종합계획(Gesamtplanung)과 댐이나 항만, 원자력발전소와 같이 특정시설의 설치와 관련된 전문계획(Fachplanung)으로 나눌 수 있다.

행정기관은 행정계획을 수립함에 있어서는, 일반적인 재량행위에 있어서의 행정청의 형성의 여지보다 훨씬 광범위한 형성의 여지를 가지게 되는데, 이러한 계획상의 광범한 형성의 여지를 '계획재량 또는 계획상의 형성의 자유'라고 한다.

그러나 이러한 행정청의 계획재량은 무제한하게 인정되는 것은 아니고, 여기에는 행정계획의 목표가 행정계획의 근거법에 합치하는지, 근거법에서 정한 절차와 형식을 준수했는지, 비례원칙과 같은 행정법상의 일반원칙을 준수했는지 등의 일정한 한계가 존재한다. 특히 행정계획을 수립함에 있어서는 관계되는 모든 공·사익을 정당하게 형량하여야 하는데, 이를 '계획법상의 형량원리(Abwägungsgebot)'라고 한다.

이러한 형량원리에 따라 행정계획을 수립함에 있어서는 모든 관계되는 이익을 조사하고, 이들 이익을 평가한 후, 이익 사이의 비교형량을 하여야 한다. 만약 ① 이익형량이 전혀 없었거나(형량의 결여), ② 형량에 있어 반드시 고려하여야 할 이익을 빠뜨렸거나(형량의 결함), ③ 이익의 중요성을 잘못 판단하였거나(형량의 과오), ④ 특정 이익을 지

308 헌재결 1990.9.3, 90헌마13 참조.

나치게 고려한 경우(형량의 불평등)에는 형량원리를 위반한 것으로서 당해 행정계획은 위법한 것이 된다.[309]

4. 공법상의 계약

공법상의 계약은 공법적 효과의 발생을 목적으로 하여 복수당사자간의 의사표시의 합치에 의하여 성립하는 공법행위를 말한다. 행정기본법은 '공법상 계약'을 '행정목적을 달성하기 위하여 체결하는 공법상 법률관계에 관한 계약'으로 정의하고 있다(행정기본법 제27조 제1항).

공법상의 계약은 경제행정영역과 같이 지속적인 변동가능성이 존재하는 행정영역에서 변화된 환경에 탄력적으로 대응할 수 있고, 계약을 통해 통치의 대상인 사인에게 행정의 협상파트너로서의 지위를 인정하고, 그 결과 합의에 의한 행정을 실현할 수 있으며, 이러한 합의의 도출로 인하여 행정쟁송의 제기가능성을 줄임으로서 법률생활의 안정성을 도모할 수 있다는 유용성이 있다. 이러한 점에서 공법상의 계약은 오늘날 급부행정, 특히 경제촉진 및 조성행정의 수단으로 활용가치가 높다.

원래 계약은 계약당사자의 대등성을 전제로 하는 개념으로서 사적 자치의 원칙이 지배하는 사법관계의 전형적인 법형식이다. 하지만 오늘날 급부행정 등의 비권력행정의 범위가 확대되면서, 위에서 언급한 공법상의 계약의 유용성이 인정되면서, 행정법영역에서도 계약이 가능하다고 인정되고 있다.

공법상의 계약은 이른바 비권력적 행정작용이고, 또 당사자간의 의사합치에 의해 성립하는 것이므로 명시적인 법적 근거가 없더라도 성립할 수 있다고 하는 것이 일반적인 견해이다. 하지만 법적 제약이 없는 상태에서 공법상의 계약이 남용되면 자칫 법치행정의 원리와의 충돌 내지 행정의 상업화를 초래할 우려가 있다는 점에서, 공법상의 계약은 실정법에 위반하거나, 제3자의 권익을 침해해서는 안 된다는 한계가 있다.

공법상의 계약은 최소한 계약의 일방당사자가 행정주체이고, 또 공공성이 게재되어

309 대판 2015.12.10, 2011두32515; 대판 2016.2.18, 2015두53640; 대판 2020.9.3., 2020두34346 등 참조.

있다는 점에서 사법상의 계약과는 달리 계약의 내용이 일방적으로 정해져 있는 부합계약이거나, 또는 계약이 강제되는 경우도 있는 등의 특수성이 존재한다. 공법상 계약으로는, 예컨대 지방자치단체간의 도로·하천의 경비분담에 관한 계약, 공공시설의 이용관계에 관한 계약, 사유지를 도로·학교·공원 등의 부지로 제공하는 공용부담계약, 공법상의 보조금지급에 관한 계약, 행정사무의 위임계약 등을 들 수 있다.

5. 행정상의 사실행위

사실행위라 함은 행정주체의 행위가 -법적인 효과는 발생시키지 못하고- 단지 사실상의 결과만을 발생시키는데 불과한 행위를 말한다. 사실행위는 행정주체가 행하는 단순한 알림, 문서의 접수, 금전의 수납·지급, 인구조사에서부터 행정조사, 행정지도, 예방접종행위, 공공시설의 설치·유지행위에 이르기까지 그 양도 방대하고 그 유형 또한 매우 다양하다.

사실행위는 여러 기준에 따라 다양하게 분류될 수 있지만, 공권력을 행사하는 것을 내용으로 하는가의 여부에 따라 권력적 사실행위와 비권력적 사실행위로 구분할 수 있다. 전염병환자의 강제격리, 위법건축물의 강제철거, 폐기물시설의 설치는 전자에 속하고, 행정보고, 알림, 행정지도, 금전지급 등은 후자에 속한다.

이러한 권력적, 비권력적 사실행위의 구분은 특히 행정쟁송을 통하여 권리구제가 가능한지의 여부와 관련하여 중요한 의미를 가진다. 행정심판법과 행정소송법은 행정쟁송의 대상이 되는 '처분'과 관련하여 "행정청이 행하는 구체적 사실에 관한 법집행으로서의 공권력의 행사 또는 그 거부와 그밖에 이에 준하는 행정작용"이라고 정의하고 있다. 권력적 사실행위는 공권력의 행사로서 여기에서 말하는 '처분'에 해당한다고 보는 것이 학설·판례의 입장이다.[310] 따라서 권력적 사실행위는 그 자체 행정쟁송의 대상이 되지만, 비권력적 사실행위는 처분성이 인정되지 않아 행정쟁송의 대상이 될 수 없다. 그러나 경우에 따라서는 사실행위로 인하여 행정상의 손해배상이나 손실보상이 인정될

310 판례는 단수조치가 항고소송의 대상이 되는 처분이라고 한 바 있다(대판 1979.12.28, 79누218).

수는 있을 것이다.

6. 비공식적 행정작용

비공식적 행정작용은 이른바 정형화된 행정작용 이외의 경고·권고·정보제공·상·협의 ·협상·조정·지도와 같은 비구속적인 일체의 사실행위를 의미한다.

실무에서는 비공식적 행정작용이 자주 활용되고 있다. 예컨대 위반업소에 대하여 영업정지·취소, 과징금과 같은 법이 정한 제재처분으로 대응하는 것보다는 경고나 명단유포와 같은 비공식적 대응이 행정목적 실현에 보다 효과적일 수 있기 때문이다. 이와 같이 비공식적 행정작용은 정식 행정작용보다 효과적·탄력적이고, 시간과 경비를 절약할 수 있으며, 나아가 협의·협상·조정 등을 통하여 분쟁을 조기에 해결할 수 있다는 등의 장점이 있다. 하지만 법을 우회하거나 회피함으로써 법치행정의 원리와 충돌된다는 지적도 있다.

행정의 행위형식에는 제한이 없으므로, 비공식적 행정작용도 원칙적으로 허용된다. 그러나 비공식적 행정작용은 원칙적으로 비권력적 사실행위로서 법적 구속력이 없다. 그러나 법적 구속력이 없다 하더라도 행정작용인 이상 행정작용으로서의 적법요건(주체·내용·형식·절차요건)을 준수하여야 한다. 특히 관련 사무에 대한 정당한 권한이 있어야 하고, 법률우위원칙, 그밖에 행정법의 일반원칙을 준수하여야 한다.

7. 행정지도

행정지도는 비공식적 행정작용의 하나로서, 행정주체가 조언·권고 등의 방법으로 국민이나 기타 관계자의 행동을 유도하여 그 의도하는 바를 실현하기 위하여 행하는 비권력적 사실행위를 말한다. 행정지도의 개념과 관련하여 행정절차법 제2조 제3호는 "행정지도라 함은 행정기관이 그 소관사무의 범위 안에서 일정한 행정목적을 실현하기 위하여 특정인에게 일정한 행위를 하거나 하지 아니하도록 지도·권고·조언 등을 하는 행정작용을 말한다."라고 정의하고 있다. 행정지도의 예로는, 예컨대 특정농작물에 대한 영농지도, 장학지도, 중소기업에 대한 경영지도, 산업기술 및 생산성향상의 장려, 물가상승억제를 위한 행정지도 등을 들 수 있다.

오늘날 행정의 양식은 사회질서의 유지를 내용으로 하는 전통적인 '질서행정'에서 공공서비스의 제공 및 사회보장을 내용으로 하는 '급부행정'으로 중점이동을 하게 되었다. 이에 따라 행정의 기능은 질적·양적으로 확대되어, 모든 행정작용을 법률로 규율하는 것은 사실상 불가능하게 되었다. 행정지도는 이와 같이 법적 규율이 불완전한 급부행정의 영역에서 구체적인 상황에 적절한 조치를 취할 수 있는 임기응변적·탄력적 행정수단이 될 수 있고, 또 처분이나 명령에 의하여 일방적으로 의무를 부과하기에 앞서, 조언이나 권고를 통해 사인의 협력을 구할 수 있어, 공권력의 발동으로 인하여 야기될 수 있는 마찰이나 저항을 방지할 수도 있으며, 아울러 행정지도를 통해 사인에게 최신의 정보·지식·기술을 제공할 수 있는 등의 유용성을 가지고 있다.

하지만 이에 반하여 행정지도는 이른바 비권력적 사실행위로서 일반적으로 법률의 근거를 요하지 아니한다고 보므로, 법적 제약이 없고, 행정지도는 지도에 따를지의 여부를 상대방이 임의적으로 결정하는 것이라는 점에서 취소소송, 행정상 손해배상, 손실보상을 통한 권리구제에 어려움이 많다는 문제점이 있다. 이러한 점에서 행정주체는 정식행정행위보다 오히려 행정지도를 선호하게 될 수 있고, 이렇게 되면 궁극적으로는 법치행정의 원리를 무력화할 수 있다는 문제점이 지적되고 있다.

8. 확약

행정법상 확약(確約)이라 함은 일정한 행정행위를 하거나 하지 아니할 것을 내용으로 하는 행정청의 구속력 있는 약속을 말한다. 예컨대 행정청이 각종 인·허가의 발급을 약속하는 경우가 이에 해당한다. 이러한 약속에 따라 행정청은 상대방에게 확약의 내용인 일정한 행정행위를 하여야 할 법적 의무를 부담하게 된다.

이러한 확약의 법리는 독일 연방행정절차법에 규정되어 있다. 우리나라는 독일과 같은 확약에 대한 일반적인 법적 근거는 없지만, 행정작용으로서 확약은 허용되는 것으로 보고 있다. 이러한 확약에 일정한 구속력이 인정되는 근거로서는 신뢰보호원칙을 들고 있다. 즉, 행정청은 신뢰보호의 원칙에 따라 확약의 내용을 이행하여야할 법적 구속을 받게 되는 것이다. 상대방은 확약을 한 당해 행정청을 상대로 확약에 따를 것을 요구할 수 있고, 더 나아가서 그 이행을 청구할 수 있다. 다만 독일 연방행정절차법은 확약의 전제가 되었던 사실적·법적 상황이 변경되면, 확약의 구속력은 상실된다고 규정하고 있어, 이러한 점에서 확약의 구속력은 매우 상대적인 것이라 할 수 있다.

9. 행정의 의무이행확보수단

행정청은 공익을 실현하기 위하여 행정작용을 통하여 일정한 의무를 부과하거나 일정한 행위를 금지시키기도 한다. 그러나 사인이 이러한 의무를 이행하지 아니하는 경우에는 행정청에게는 행정목적달성을 위하여 상대방에게 의무의 이행을 강제하거나, 의무위반행위에 대하여 제재를 가하는 등의 행정작용의 실효성을 확보하기 위한 수단이 인정되기도 하는데, 이를 행정의 의무이행확보수단이라 부른다.

의무이행확보수단은 크게 직접적, 간접적 강제수단으로 나누어 볼 수 있다. 직접적 강제수단에는 행정상 강제집행과 행정상 즉시강제, 행정조사가 있으며, 간접적 강제수단으로서는 전통적인 행정벌과 새로운 간접강제수단으로서 과징금·가산금·공급거부·명단공표 등이 있다.

(1) 행정상 강제집행

행정상 강제집행이라 함은 행정법상의 의무불이행에 대하여 행정기관이 장래에 향하여 강제로 그 의무를 이행시키거나 이행된 것과 같은 상태를 실현하는 작용을 말한다. 행정상 강제집행의 수단으로는 대집행, 집행벌, 직접강제 및 행정상 강제징수가 있다.

1) 대집행

대집행은 대체적(代替的) 작위의무를 그 의무자가 이행하지 않는 경우에 당해 행정청이 그 의무를 스스로 이행하거나 또는 제3자로 하여금 이를 이행하게 하고 그 비용을 의무자로부터 징수하는 작용을 말한다. 예컨대 위법건축물에 대한 철거명령을 이행하지 아니하는 경우에 관할행정청이 이를 대신 철거하고 그 비용을 의무자에게 부담시키는 경우가 이에 해당한다(행정기본법 제30조 제1항 제1호, 행정대집행법 제2조).

여기에서 '대체적'이라는 의미는 타인이 대신하여 행할 수 있는 것을 뜻하는 것이므로, 타인이 대신할 수 없는 비대체적인 의무이거나, 또는 작위의무가 아닌 부작위·수인의무의 경우는 대집행의 대상이 되지 않는다.

행정대집행법이 정하는 대집행의 절차는 계고(戒告)·대집행영장의 통지·대집행의 실행·비용징수의 네 단계로 구성되어 있다.

2) (이행)강제금

강제금은 부작위의무 또는 비대체적 작위의무를 이행하지 않는 경우에 그 이행을 강제하기 위한 수단으로서 부과하는 금전부담이다(행정기본법 제30조 재1항 제2호). 강제금은 금전부담을 통해 심리적 압박을 가하는 간접적 강제수단으로서 이행강제금이라고도 한다. 이에 해당하는 대표적인 예로서는 「건축법」 제80조에 의한 이행강제금을 들 수 있다.

3) 직접강제

직접강제는 행정법상의 의무불이행에 대하여 직접 의무자의 신체 또는 재산에 실력을 가하여 행정상 필요한 상태를 실현하는 작용을 말한다(행정기본법 제30조 제1항 제3호). 예컨대 무허가영업소를 강제로 폐쇄하거나, 촬영금지지역에서 촬영한 필름을 즉각 압수하는 행위 등이 이에 해당한다.

직접강제는 개인의 권익침해의 소지가 크다는 문제가 있지만, 오늘날 종래의 간접적 강제수단을 통해서는 더 이상 행정상의 의무이행을 기대하기 어려운 경우가 발생하면서, 식품위생법이나 공중위생법 등의 영역에서 점차 확대 도입되고 있다.

4) 행정상 강제징수

행정상 강제징수란 공법상의 금전급부의무의 불이행에 대하여 행정청이 의무자의 재산에 실력을 가하여 그 의무가 이행된 것과 같은 상태를 실현하는 작용을 말한다(행정기본법 제30조 제1항 제4호).

행정상 강제징수에 관한 일반법적인 성격을 가지는 「국세징수법」에 의하면, 행정상 강제징수의 절차는 독촉 및 강제징수 절차로 이루어지는데, 여기에서 강제징수 절차는 다시 압류·압류재산의 매각·청산의 3단계로 행하여지게 된다.

5) 행정상 즉시강제

행정상 즉시강제라 함은 목전의 급박한 위험을 제거하기 위하여 또는 그 성질상 의무를 명해서는 그 목적을 달성하기 어려운 경우 직접 국민의 신체 또는 재산에 실력을 가하여 행정상 필요한 상태를 실현하는 작용을 말한다(행정기본법 제30조 제1항 제5호).

행정상 즉시강제는 시간적인 급박성으로 인하여 사전에 의무를 명하지 않고 직접 국민의 신체 또는 재산에 실력을 가한다는 점에서, 엄격한 법적 근거가 요구되고, 그밖에도 ① 행정상 장해가 목전에 급박하고, ② 다른 수단으로는 그 목적달성이 곤란하며, ③ 목적달성을 위한 필요최소한도에 그쳐야 한다는 한계를 준수하여야 한다.

6) 행정조사

행정조사는, 일반적으로, 행정기관이 궁극적으로 행정작용을 적정하게 실행함에 있어서 필요로 하는 자료·정보 등을 수집하기 위하여 행하는 조사활동을 의미하는 것으로 이해되고 있다. 행정조사의 예로는 불심검문, 장부·서류의 열람, 개인의 주거·영업소 등에 대한 출입·검사 등을 들 수 있다. 행정조사에 관한 일반법으로 행정조사기본법이 있다.

행정조사 역시 국민의 권익에 대한 침해적 성격이 강하므로, 국민의 권익을 침해하는 경우에는 반드시 법적 근거를 요하고, 그밖에도 수권법상의 구체적인 조사목적 이외의 목적을 위하여 행하여 질 수 없으며, 행정목적달성을 위한 필요최소한도에 그쳐야 하는 한계가 존재한다.

7) 새로운 의무이행확보수단

오늘날은 이상에서 설명한 전통적인 실효성확보수단들을 보완 또는 대체하는 많은 새로운 수단들이 등장하게 되었다. 이러한 새로운 수단들은 실제에 있어서는 매우 다양한 양상을 띠고 있지만, 대체로는 과징금, 가산금, 공급거부, 위반사실의 공표, 관허사업의 제한 등을 들 수 있다.

8) 행정벌

행정벌은 행정법상의 의무위반에 대하여 일반통치권에 근거하여 과하는 제재로서의 벌을 말한다. 행정벌은, 장래에 향하여 의무이행을 강제하는 것이 아니라, 과거의 의무불이행에 대한 제재라는 점에서 행정상 강제집행과는 구별된다. 행정벌은 그 성질에 따라 행정형벌, 행정질서벌, 지방자치단체의 조례에 의한 과태료로 나누어진다.

행정형벌은 행정법상의 의무위반에 대하여 형법상의 형명(刑名)이 있는 형벌(사형·징역·금고·자격상실·자격정지·벌금·구류·과료·몰수)이 과해지는 행정벌을 말한다. 행정형벌은 형벌이 과해진다는 점에서 형사소송법이 정하는 절차에 따라 법원이 과한다. 그러나 여기에는 예외로서, ① 정식재판에 갈음하여 행정청이 일정한 금액을 납부할 것을 명하는 통고처분과 ② 20만 원 이하의 벌금, 구류 또는 과료에 해당하는 행정형벌의 경우 「즉결심판에 관한 절차법」에 의하여 과하여지고, 경찰서장이 그 형을 집행하는 즉결심판이 있다.

행정질서벌은 형법에 형명이 없는 과태료가 과하여지는 행정벌이다. 행정질서벌은 단지 행정목적달성의 장해가 되는 정도의 비행(非行)에 대하여 과하여 지는 것으로서, 예컨대 신고·보고 등의 행정상의 의무태만행위에 대하여 과해지는 과태료가 이에 해당한다. 행정질서벌인 과태료의 부과·징수는 원칙적으로 질서위반행위규제법이 정하는 바에 의한다.

조례에 의한 과태료는 지방자치법의 규정에 의거하여 조례로써 정하는 과태료를 말한다. 「지방자치법」 제34조에 의한 과태료는 지방자치단체의 조례가 정하는 바에 따라 해당 지방자치단체의 장 또는 그 관할구역 안의 지방자치단체의 장이 부과·징수한다.

V. 행정구제법

행정구제라 함은 행정작용으로 자기의 권리·이익이 침해되었거나 침해될 것으로 주장하는 자가 행정기관이나 법원에 손해전보·원상회복 또는 당해 행정작용의 취소·변경을 청구하거나, 기타 피해구제 또는 예방을 청구하고, 이에 대하여 행정기관 또는 법원이 심리하여 권익보호에 관한 판정을 내리는 것을 말한다. 행정구제는 법치주의를 실질적으로 구현하는 제도로서, 궁극적으로는 행정의 법적 통제와 국민의 권리보호를 실현하기 위한 것이다.

행정구제는 내용적으로 사전구제와 사후구제로 나눌 수 있다. 사후구제는 행정작용으로 인하여 국민의 권익침해가 발생한 경우에 당해 작용을 시정하거나 그로 인한 손해를 전보하여 주는 제도를 말하는 것인데, 이에는 행정상 손해전보(행정상 손해배상·행정상 손실보상)와 행정쟁송(행정심판·행정소송)이 있다. 사전구제는 위법·부당한 행정작용으로 인한 권익침해를 사전에 예방하는 제도적 장치를 의미하는 것인데, 행정절차, 옴부즈만제도, 청원제도·민원처리제도 등은 이러한 사전구제절차로서의 의미도 가지고 있다.

Ⅵ. 행정규제

1. 규제의 개념

(1) 개설

행정의 기본적인 기능은 질서유지이다. 질서는 법과 행정이 존재하는 이유이기도 하다. 따라서 공공복리나 질서유지를 위해서 규제는 불가피하다. 다만, 행정주체의 규제가 이러한 목적과 무관하다거나, 규제권한을 남용하거나, 행정의 편의를 우선시 하는 등 규제의 존재이유에서 벗어나는 규제를 하는 경우가 문제이다. 다른 한편으로, 인류사회를 위한 새로운 기술을 발전시켜야 할 필요가 있을 경우 기존의 규제의 틀만으로 규제하는 경우에는 이와 같은 기술이 탄생하거나 발전하기 어려워진다는 문제가 생긴다. 이와 같은 관점에서 오늘날 규제와 규제개혁(규제개선, 규제완화, 규제혁파 등 다양한 용어가 등장함)이 문제되고 있다.

이와 관련하여 먼저, 규제를 어떻게 이해하고 정의할 것인가, 그리고 이 규제제도를 어떻게 합리적으로 운영할 것인가 하는 문제는 사회가 존재하는 한 끊임없이 제기되는 문제라고 할 수 있다. 행정법의 관점에서는, 행정규제에 관한 일반법인 행정규제기본법의 내용과 규제 관련 정책의 내용을 중심으로 이 문제를 검토해 보아야 할 것이다.

한편 최근 들어서는 '4차산업혁명'이라는 용어가 이미 일반화되었고, 이와 관련된 '신기술·신산업 육성'이 미래를 위한 성장동력이 될 것이라는 인식 아래, 우리 사회뿐 아니라 세계적으로 신기술·신산업을 발전시키기 위하여 '기존 규제에 대한 다양한 특례제도'가 논의되고 있다. 특히 AI분야에 대해서 전 세계적인 관심이 집중되고 있고, 이는 우리나라에서도 마찬가지이다. 다만 이와 관련해서는 아직 법률이 마련되어 있지는 않은 상황이지만, 현재로서는 관련된 정책 또는 국회에 제출된 여러 법률안들의 내용을 검토해 보는 것이 행정법의 역할일 것이다.

(2) 규제의 정의

규제의 사전적 의미는 "규칙이나 규정에 의하여 일정한 한도를 정하거나 정한 한도를 넘지 못하게 막는 것"이다. 즉, 일정한 행위를 못 하게 하는 것을 말한다.

이와 같은 '규제'는 일반적으로 공법관계에서 문제가 된다. 즉, 사인 간에도 계약이나 규정 등에 의해서 일정한 행위를 하지 못하도록 규제할 수는 있지만, 규제가 법적으로 사회적 이슈가 되는 경우는 행정에 의한 규제, 즉 행정규제의 경우일 것이다.

행정기관이 행하는 규제는 이른바 '침익적 행정작용'이기 때문에, 법률유보의 최하한인 '침해유보'의 관점에서 반드시 법적 근거가 필요하다. 이에 따라 '법령등'[311]에서는 일정한 행위의 금지나 제한 등을 내용으로 하는 규정을 두고 있다. 따라서 '규제'란 '법령등에 따라 행정기관이 일정한 행위를 금지하거나 제한하는 것', 즉 '행정규제'를 의미한다고 이해할 수 있을 것이다. 따라서 '사인 간의 규제'는 행정기관에 의한 규제가 아니라는 점에서 행정규제라 할 수 없고, 행정기관이 행하는 규제라 할지라도 법령등에 근거가 없으면 '위법한 행정규제'가 된다.

행정규제에 관한 일반법인 행정규제기본법도 '행정규제'를 '법령등이 정하고 있는, 국민의 권리를 제한하거나 의무를 부과하는 행위'라고 정의하고 있다. 행정규제의 자세한 내용은 아래 표와 같다.

---

311 행정기본법 제2조(정의) 이 법에서 사용하는 용어의 뜻은 다음과 같다.
1. "법령등"이란 다음 각 목의 것을 말한다.
가. 법령: 다음의 어느 하나에 해당하는 것
1) 법률 및 대통령령·총리령·부령
2) 국회규칙·대법원규칙·헌법재판소규칙·중앙선거관리위원회규칙 및 감사원규칙
3) 1) 또는 2)의 위임을 받아 중앙행정기관(「정부조직법」 및 그 밖의 법률에 따라 설치된 중앙행정기관을 말한다. 이하 같다)의 장이 정한 훈령·예규 및 고시 등 행정규칙
나. 자치법규: 지방자치단체의 조례 및 규칙

행정규제기본법

제2조(정의) ① 이 법에서 사용하는 용어의 뜻은 다음과 같다.

1. "행정규제"(이하 "규제"라 한다)란 국가나 지방자치단체가 특정한 행정 목적을 실현하기 위하여 국민(국내법을 적용받는 외국인을 포함한다)의 권리를 제한하거나 의무를 부과하는 것으로서 법령등이나 조례·규칙에 규정되는 사항을 말한다.
2. "법령등"이란 법률·대통령령·총리령·부령과 그 위임을 받는 고시(告示) 등을 말한다.
3. "기존규제"란 이 법 시행 당시 다른 법률에 근거하여 규정된 규제와 이 법 시행 후 이 법에서 정한 절차에 따라 규정된 규제를 말한다.
4. "행정기관"이란 법령등 또는 조례·규칙에 따라 행정 권한을 가지는 기관과 그 권한을 위임받거나 위탁받은 법인·단체 또는 그 기관이나 개인을 말한다.

…

② 규제의 구체적 범위는 대통령령으로 정한다.

행정규제기본법 시행령

제2조(행정규제의 범위 등) ① 법 제2조 제2항에 따른 행정규제(이하 "규제"라 한다)의 구체적 범위는 다음 각 호의 어느 하나에 해당하는 사항으로서 법령등 또는 조례·규칙에 규정되는 사항으로 한다.

1. 허가·인가·특허·면허·승인·지정·인정·시험·검사·검정·확인·증명 등 일정한 요건과 기준을 정하여 놓고 행정기관이 국민으로부터 신청을 받아 처리하는 행정처분 또는 이와 유사한 사항
2. 허가취소·영업정지·등록말소·시정명령·확인·조사·단속 등 행정의무의 이행을 확보하기 위하여 행정기관이 행하는 행정처분 또는 감독에 관한 사항
3. 고용의무·신고의무·등록의무·보고의무·공급의무·출자금지·명의대여금지 그 밖에 영업 등과 관련하여 일정한 작위의무 또는 부작위의무를 부과하는 사항
4. 그 밖에 국민의 권리를 제한하거나 의무를 부과하는 행정행위(사실행위를 포함한다)에 관한 사항

2. 규제의 유형[312]

한편 '규제'는 주로 그 현상의 관점에서 행정학 등의 분야에서 연구의 대상으로 삼아 왔고, 민간영역에 대한 행정관여의 적정성 등의 관점에서 규제의 유형이나 규제완화 또는 규제개혁[313] 등이 논의되어 왔다.

---

312 이에 관하여는, 예컨대, 이재훈/장은혜/조용혁, 규제혁신 이론연구(I), 한국법제연구원, 2019, 25면 이하 등 참조.

313 규제완화는 기존의 행정규제가 지나치게 행정편의적으로 시행되고 있는 점에 초점을 두고 일종의 행정민원의 편의성, 행정서비스의 개선 등의 관점에서 기존의 규제를 완화하자는 데 중점이 있는 것인데, 여기에서 더 나아가서, 기존의 규제의 틀이나 구조를 국민 중심적으로 바꾸어야 한다는 관점에서 '규제개혁'이라는 용어가 등장하였다. 오늘날에는 '개혁'이라는 용어를 다소 순화하여 '규제개선'이라고 부르기도 한다.

물론 법학, 특히 행정법학에서도 '규제행정법'이 연구의 대상이 되고 있지만, 이는 최근의 일이다. 그리고 법적으로는 규제가 국가와 사회를 위하여 필요한 규제인지, 규제의 정도가 지나치지는 않은지 등의 관점, 다시 말해서 '법치행정'과 '행정법의 일반원칙'이라는 관점에서 적절한 규제는 무엇이고 어디까지 규제하여야 하는 하는 점이 주로 논의의 대상이 되고 있다. 이에 관하여는 아직 확립된 법이론이나 법원칙이 따로 존재하지는 않고 있고, 다만 -위에서 살펴본 바와 같이- 행정규제기본법에 '행정규제'에 관한 정의나 규제원칙 등이 존재하고 있을 뿐이다.

아래에서는 규제의 유형을 살펴보는데, 이는 '행정규제라는 현상'을 보다 잘 이해하기 위한 분류에 불과한 것이라고 이해하면 되겠다.

(1) 행정분야에 따른 유형분류: 경제적 규제와 사회적 규제

규제의 유형분류에 대해서는 다양한 견해가 있을 수 있으나, 가장 일반적인 유형분류는 이를 '경제적 규제와 사회적 규제'로 분류하는 것이다.

물론 법학적 관점에서는 '공익을 위하여 필요한 또는 불가피한 규제인가' 하는 점, '보호하여야 할 공익의 정도가 크면 규제가 강하여야 하고, 적으면 약하게 규제하여야 한다'는 점이 중요한 문제이기 때문에 이와 같은 유형분류는 큰 의미가 없을 수 있다.

다만, 규제를 행정의 분야별로 나누어 살펴보는 것은 위와 같은 법적 관점에서의 규제의 허용성과 적정성 문제를 파악하는 데 도움이 될 것이다.

1) 경제적 규제

경제적 규제는 '기업활동에 대한 행정규제'를 의미하는 것인데, 이와 관련하여 "기업활동 규제완화에 관한 특별조치법(기업규제완화법)"은 기업활동과 행정규제를 아래 표와 같이 정의하고 있다.

한편, 예컨대 신산업이나 신기술, 특구의 개발과 발전 등을 위하여 과감하게 규제를 없애야 한다는 관점에서 '규제혁파'라는 용어를 사용하기도 한다.

기업활동 규제완화에 관한 특별조치법(기업규제완화법)
제2조(정의) 이 법에서 사용하는 용어의 뜻은 다음과 같다.
1. "기업활동"이란 법인 또는 개인이 영리를 목적으로 계속적·반복적으로 행하는 모든 행위 및 이에 부수되는 행위를 말한다.
2. "행정규제"란 국가, 지방자치단체 또는 법령에 따라 행정권한을 행사하거나 행정권한을 위임 또는 위탁받은 법인·단체 또는 개인이 특정한 행정목적을 실현하기 위하여 기업활동에 직접적 또는 간접적으로 개입하는 것을 말한다.

경제적 규제는 다시, 진입규제, 가격규제, 독과점 및 불공정거래 규제, 자율규제로 분류해 볼 수 있겠다.

① 진입규제

진입규제는 '시장에 진입하는 것을 제한'하는 것을 말한다. 이는 국가가 '직접적으로 시장진입에 개입'하는 것으로, 강력한 규제유형이라고 할 수 있겠다.

이를 다시, ① 사업의 인허가, ② 희소자원의 배분, ③ 직업면허, ④ 특허, ⑤ 수입규제, ⑥ 사회적 규제(환경규제, 안전규제 등)의 진입제한 효과, ⑦ 진입규제와는 상반 관계에 있는 퇴출규제 등으로 세분화하기도 한다. 이 가운데 ⑥의 경우는 안전이나 환경과 같은 사회적 공익을 보호하기 위한 규제로 인하여 그 부수적인 결과로 시장진입이 규제되는 경우를 말하는데, 행정규제기본법은 이러한 규제가 불합리한 결과로 이어지지 않도록 하기 위하여, 소상공인이나 소기업을 보호하기 위한 규정을 둔다거나[314] 규제를 신설하거나 강화하려면 규제개혁위원회의 심사를 거치게 하는 등[315]의 제도적 장치를 마련해 두고 있다.

---

314 행정규제기본법 제8조의2(소상공인 등에 대한 규제 형평) ① 중앙행정기관의 장은 규제를 신설하거나 강화하려는 경우 「소상공인기본법」 제2조에 따른 소상공인 및 「중소기업기본법」 제2조 제2항에 따른 소기업에 대하여 해당 규제를 적용하는 것이 적절하지 아니하거나 과도한 부담을 줄 우려가 있다고 판단되면 규제의 전부 또는 일부의 적용을 면제하거나 일정기간 유예하는 등의 방안을 검토하여야 한다.

315 행정규제기본법 제10조(심사 요청) ① 중앙행정기관의 장은 규제를 신설하거나 강화하려면 위원회에 심사를 요청하여야 한다. 이 경우 법령안(法令案)에 대하여는 법제처장에게 법령안 심사를 요청하기 전에 하여야 한다.

② 가격규제

가격규제는, 예컨대 '생활에 필수적인 공공재화를 안정적으로 공급함으로써 국민생활의 안정성을 도모하기 위하여 가격에 일정한 제한을 가하는 것'을 말한다. 공공요금, 공공시설에 대한 사용료나 공공서비스에 대한 수수료, 에너지가격 등에 대한 제한을 예로 들 수 있겠다.

③ 독과점 및 불공정거래 규제

독과점 및 불공정거래에 대한 규제는 독과점이나 부당공동행위 등의 불공정거래로 인한 시장교란행위를 방지하기 위하여 불공정거래행위를 하지 못하도록 하는 규제를 말한다. 대표적인 것이 독점규제 및 공정거래에 관한 법률(공정거래법)에 의한 규제이다.

④ 자율규제[316]

자율규제는 국가가 규제를 하는 것이 아니라 민간 영역이 스스로 규제를 하는 것을 말한다. 예컨대, 기업활동으로 인한 자연환경침해가 문제되는 경우 자연환경보호 관련 법령등에서 직접 규제를 규정하는 것도 생각해 볼 수 있지만, 법령등을 제·개정하지 않고 관련 기업들이 스스로 규제방안을 마련하여 규제를 시행하는 것을 말한다.

2) 사회적 규제

사회적 규제는 국민의 안전, 환경보호, 위험방지, 소비자나 근로자의 보호와 같은 사회적 법익을 보호하기 위하여 일정한 행위를 금지하거나 제한거나 또는 일정한 의무를 부과하는 것을 내용으로 하는 규제를 말한다.

---

316 자율규제에 관하여는 무수히 많은 문헌들이 존재한다. 최근 법학분야에서는, 신자유쥬의적 관점에서의 가역할의 축소와 민간영역의 확대라는 관점에서 보장국가론이 자주 소개되고 있고, 이 보장국가론의 관점에서 국가의 규제도 민간 스스로의 자율규제에 중점을 두면서 국가의 역할은 이 자율규제를 규제하는 데 중점을 두어야 한다는 의미에서 이른바 '규제된 자율규제'라는 것이 자주 논의되고 있다. 이에 관하여는, 예컨대, 임현, 보장국가론의 이해를 위한 소고, 정부학 연구 제22권 제2호(2016.4), 고려대학교 정부학연구소, 31면 이하; 서보국, 독일공법상 규제된 자율규제제도, 지방자치법연구 제19권 제1호(2019.2), 한국지방자치법학회, 167면 이하 등 참조.

사회적 규제는 대체로 공공복리나 질서유지를 위한 질서행정분야, 사회국가원리에 따라 실질적 자유와 평등을 실현하기 위한 사회행정분야에서의 규제를 말한다.

(2) 규제방식에 따른 유형분류: 네거티브 규제와 포지티브 규제

네거티브(negative) 규제와 포지티브(positive) 규제는 법령에서 '규제를 정하는 형식'이나 '규제에 대한 방식'에 따른 분류이다. 즉, 네거티브 규제는 '법령등에서 금지하지 않은 것은 허용된다'는 방식의 규제를 말하고, 포지티브 규제는 '법령등에서 허용하지 않으면 금지된다'는 방식의 규제를 말한다. 포지티브 규제방식의 경우 법령등에서 일정한 행위를 허용하는 것을 규정하는 경우 그 외의 행위는 금지된다는 이해이고, 네거티브 규제방식의 경우 법령등에서 금지되는 행위를 규정하는 경우 그 외의 행위는 허용된다는 이해이다. '어떠한 행위를 할 수 있는가'라는 관점에서 보면, 포지티브 방식 보다는 네거티브 방식으로 규제할 때 할 수 있는 행위가 더 많아진다고 할 수 있겠다.

네거티브 규제는 '원칙적 허용·예외적 금'의 방식이고, 포지티브 규제는 '원칙적 금지·예외적 허용'의 방식이다. 기본적으로 포지티브 방식은 허용되는 행위를 제한적으로 열거하는 열거주의적 방식으로 사전규제에 적합하고, 네거티브 방식은 금지되는 행위 이외의 행위는 모두 허용되는 것으로 하는 포괄주의적 방식으로 사후규제의 방식으로 활용되고 있다. 전자는 현상유지를 위한 최적화된 원칙이고, 후자는 혁신을 위해 최적화된 원칙이라고 할 수 있다. 미국의 경우 후자의 원칙이 통용되어 온 데 비하여 우리나라에서는 오랜 실무관행으로 전자의 입장이 받아들여져 왔다.

입법의 실제에서도 네거티브규제는 사후규제방식으로 제도화되고, 포지티브규제는 사전규제로 나타나는데, 이는, 진입규제든 행위규제든 포지티브 규제방식에 따르면 허용되는 서비스나 상품의 개념과 종류, 시장에서 행위방식이 사전에 규정되어야 하고, 네거티브 방식에 따르면 서비스나 상품이 금지되지 않은 것이라면 출시될 수 있고 법령에서 금지하고 있는 행위(금지행위)에 해당하지 않는 행위는 일단 허용되기 때문이다. 물론 개념적으로 두 원칙은 구분될 뿐 아니라 실제 구체적인 법제에서는 포지티브 방식과 사후규제, 네거티브 방식과 사전규제가 얼마든지 혼합될 수 있다.

행정규제기본법 제5조의2에서는 “우선허용의 원칙”이라는 이름으로 “규제로 인하여 제한되는 권리나 부과되는 의무는 한정적으로 열거하고 그 밖의 사항은 원칙적으로 허용하는 규정 방식”(제1항 제1호)을 우선적으로 고려하도록 규정하고 있는데, 이는 바로 네거티브 규제방식을 원칙으로 채택한 것으로 해석된다. 다만 이 원칙은 행정규제 일반에 대한 것이 아니라 신기술을 활용한 새로운 서비스나 제품에 관한 규제에서 적용되는 것이다.

행정규제기본법

제5조의2(우선허용·사후규제 원칙) ① 국가나 지방자치단체가 신기술을 활용한 새로운 서비스 또는 제품(이하 “신기술 서비스·제품”이라 한다)과 관련된 규제를 법령등이나 조례·규칙에 규정할 때에는 다음 각 호의 어느 하나의 규정 방식을 우선적으로 고려하여야 한다.

1. 규제로 인하여 제한되는 권리나 부과되는 의무는 한정적으로 열거하고 그 밖의 사항은 원칙적으로 허용하는 규정 방식
2. 서비스와 제품의 인정 요건·개념 등을 장래의 신기술 발전에 따른 새로운 서비스와 제품도 포섭될 수 있도록 하는 규정 방식
3. 서비스와 제품에 관한 분류기준을 장래의 신기술 발전에 따른 서비스와 제품도 포섭될 수 있도록 유연하게 정하는 규정 방식
4. 그 밖에 신기술 서비스·제품과 관련하여 출시 전에 권리를 제한하거나 의무를 부과하지 아니하고 필요에 따라 출시 후에 권리를 제한하거나 의무를 부과하는 규정 방식

② 국가와 지방자치단체는 신기술 서비스·제품과 관련된 규제를 점검하여 해당 규제를 제1항에 따른 규정 방식으로 개선하는 방안을 강구하여야 한다.

(3) 규제시점에 따른 분류: 사전규제와 사후규제

사전규제와 사후규제는 규제의 대상이 되는 행위를 기준으로 그 이전에 규제가 이루어지는지 행위 이후에 규제를 하는지에 따른 분류이다.

‘네거티브 규제와 포지티브 규제’는 그 성질상 ‘사전규제와 사후규제의 구분’과도 관련이 있다. 왜냐하면, 사전규제가 예방차원에서의 규제라면 이는 포지티브 방식과 연결되는 측면이 있고, 사후규제가 결과차원에서의 규제라면 이는 네거티브 방식과 연결되

는 측면이 있기 때문이다. 그러나 이는 그 특성을 고려한 논리적 연결에 불과할 뿐이어서, 이를 제도화할 때는 -이미 언급한 바와 같이- 서로 반대의 방식과 결합하는 것이 얼마든지 허용된다.

행정규제기본법 제5조의2는 “신기술 서비스·제품과 관련하여 출시 전에 권리를 제한하거나 의무를 부과하지 아니하고 필요에 따라 출시 후에 권리를 제한하거나 의무를 부과하는 규정 방식”(제1항 제4호)도 우선적으로 고려하여야 할 원칙으로 규정함으로써 신기술관련 규제에서 사후규제를 원칙으로 고려하도록 하고 있다.

행정규제기본법 제5조의2는 우선허용의 원칙, 사후규제의 원칙, 포괄적 규제의 원칙 등 과학기술의 혁신적 발전을 고려한 특별규정으로서 4차산업혁명 시대에 걸맞는 규제개혁을 가능하게 하는 규정이라고 할 수 있다.

행정규제기본법이 다른 법률에 우선하는 효력을 가지는 것은 아니기 때문에 입법자는 개별 법률에서 이러한 원칙을 채택하지 않을 수도 있음. 그러나 행정규제에 관한 기본법으로서 행정규제 정책의 방향을 제시하고 입법과 해석의 기준을 제시하고 있기 때문에 입법자들도 이를 스스로 존중하여야 하고, 특히 행정부는 이 법률에 구속되므로 적어도 행정입법을 제정할 경우에는 이러한 원칙을 우선적으로 고려할 의무가 있기 때문에 이 규정은 법정책적으로 중요한 의미를 가진다고 할 수 있겠다.

(4) 위험기반규제

위험의 종류와 중대성 및 그 발생가능성 등에 따라 규제수단과 그 강도를 차별화하는 규제방식을 위험기반규제(risk-based regulation)라 하며, 오늘날 규제개혁의 중요한 방식으로 주목받고 있다. 위험기반규제는 수반되는 위험에 비례하여 규제수단을 달리 취하기 때문에 위험상황에 따라 유연하게 규제체계가 대응할 수 있다는 장점이 있다.

3. 행정규제기본법

(1) 목적

행정규제기본법은 행정규제에 관한 기본적인 사항을 규정하여 불필요한 행정규제를 폐지하고 비효율적인 행정규제의 신설을 억제하기 위한 목적으로 1997년경 제정되었다.

'기본법'이라는 법제목에 대해서는 논란도 많지만, 일반적으로는 어느 분야의 기본이 되는 법률이라는 의미로, 주로 그 분야의 기본이념이나 기본적인 정책방향, 기본원칙, 기본적인 용어의 정의 등을 규정하고 있는 법을 말한다.

(2) 정의

동법 제2조 제1항 제1호에서는 행정규제를 정의하고 있는데, 즉 "행정규제"(이하 "규제"라 한다)란 국가나 지방자치단체가 특정한 행정 목적을 실현하기 위하여 국민(국내법을 적용받는 외국인을 포함한다)의 권리를 제한하거나 의무를 부과하는 것으로서 법령등이나 조례·규칙에 규정되는 사항을 말한다.

동조 제2항은 규제의 구체적 범위를 대통령령에 위임하고 있고, 이에 따라 동법 시행령 제2조 제1항에서 구체적인 범위를 규정하고 있음은 앞서 살펴보았다.

(3) 규제법정주의

'법정주의'란 어떠한 사항을 법률로 정하도록 하는 입법주의를 말한다. 법률은 국민의 대표인 국회에서 제정하는 것이기 때문에, 국민의 생활에 중요한 사항들은 일반적으로 법률로서만 정할 수 있도록 한 것이다. 다시 말해서, 이러한 중요한 사항들은 국민들만이 정할 수 있고, 그 외에 행정이 이를 정할 수는 없다는 의미이기도 하다.

아무튼 규제는 법률에 근거하여야 하며, 그 내용은 알기 쉬운 용어로 구체적이고 명확하게 규정되어야 한다(제4조 제1항).

규제는 법률에 직접 규정하되, 규제의 세부적인 내용은 법률 또는 상위법령(上位法令)에서 구체적으로 범위를 정하여 위임한 바에 따라 대통령령·총리령·부령 또는 조례·규칙으로 정할 수 있다. 다만, 법령에서 전문적·기술적 사항이나 경미한 사항으로서 업무의 성질상 위임이 불가피한 사항에 관하여 구체적으로 범위를 정하여 위임한 경우에는 고시 등으로 정할 수 있다(제4조 제2항). 단서와 관련하여, 이는 입법기술적으로 법률로 규정하기보다는, 법률의 위임에 따라 고시 등으로 정하도록 하는 것이 보다 적절한 경우(이른바 법령보충규칙)를 반영한 것이다.

행정기관은 법률에 근거하지 아니한 규제로 국민의 권리를 제한하거나 의무를 부과할 수 없다(제4조 제3항). 이는 침익적 행정의 경우는 반드시 법률의 유보가 요구된다는 점을 반영한 것이다.

(4) 규제의 원칙

국가나 지방자치단체는 국민의 자유와 창의를 존중하여야 하며, 규제를 정하는 경우에도 그 본질적 내용을 침해하지 아니하도록 하여야 한다(제5조 제1항).

국가나 지방자치단체가 규제를 정할 때에는 국민의 생명·인권·보건 및 환경 등의 보호와 식품·의약품의 안전을 위한 실효성이 있는 규제가 되도록 하여야 한다(제5조 제2항).

규제의 대상과 수단은 규제의 목적 실현에 필요한 최소한의 범위에서 가장 효과적인 방법으로 객관성·투명성 및 공정성이 확보되도록 설정되어야 한다(제5조 제3항).

위 규정들은 비례원칙을 규제행정으로 특화한 것으로 볼 수 있다.

(5) 우선허용·사후규제 원칙

제5조의2는 '우선허용·사후규제 원칙'을 규정하고 있는데, 앞서 언급한 바와 같이, 이

내용이 신기술 등에 대한 규제완화 또는 규제개선의 대표적인 방식이다.

국가나 지방자치단체가 신기술을 활용한 새로운 서비스 또는 제품(이하 "신기술 서비스·제품"이라 한다)과 관련된 규제를 법령등이나 조례·규칙에 규정할 때에는 ① 규제로 인하여 제한되는 권리나 부과되는 의무는 한정적으로 열거하고 그 밖의 사항은 원칙적으로 허용하는 규정 방식, ② 서비스와 제품의 인정 요건·개념 등을 장래의 신기술 발전에 따른 새로운 서비스와 제품도 포섭될 수 있도록 하는 규정 방식, ③ 서비스와 제품에 관한 분류기준을 장래의 신기술 발전에 따른 서비스와 제품도 포섭될 수 있도록 유연하게 정하는 규정 방식, ④ 그 밖에 신기술 서비스·제품과 관련하여 출시 전에 권리를 제한하거나 의무를 부과하지 아니하고 필요에 따라 출시 후에 권리를 제한하거나 의무를 부과하는 규정 방식의 어느 하나의 방식을 우선적으로 고려하여야 한다(제1항).

국가와 지방자치단체는 신기술 서비스·제품과 관련된 규제를 점검하여 해당 규제를 제1항에 따른 규정 방식으로 개선하는 방안을 강구하여야 한다(제2항).

(6) 규제의 등록 및 공표

중앙행정기관의 장은 소관 규제의 명칭·내용·근거·처리기관 등을 제23조에 따른 규제개혁위원회(이하 "위원회"라 한다)에 등록하여야 한다. 위원회는 제1항에 따라 등록된 규제사무 목록을 작성하여 공표하고, 매년 6월 말일까지 국회에 제출하여야 한다(제6조).

(7) 규제의 신설·강화에 대한 원칙과 심사

중앙행정기관의 장은 규제를 신설하거나 강화(규제의 존속기한 연장을 포함한다. 이하 같다)하려면 규제영향분석을 하고 규제영향분석서를 작성하여야 한다(제7조 제1항). 중앙행정기관의 장은 제1항에 따른 규제영향분석의 결과를 기초로 규제의 대상·범위·방법 등을 정하고 그 타당성에 대하여 자체심사를 하여야 한다(제7조 제3항).

중앙행정기관의 장은 규제를 신설하거나 강화하려는 경우에 존속시켜야 할 명백한 사유가 없는 규제는 존속기한 또는 재검토기한(일정기간마다 그 규제의 시행상황에 관한 점검결과에 따라 폐지 또는 완화 등의 조치를 할 필요성이 인정되는 규제에 한정하여 적용되는 기한을 말한다. 이하 같다)을 설정하여 그 법령 등에 규정하여야 한다(제8조 제1항).

중앙행정기관의 장은 규제를 신설하거나 강화하려면 위원회에 심사를 요청하여야 한다. 이 경우 법령안(法令案)에 대하여는 법제처장에게 법령안 심사를 요청하기 전에 하여야 한다(제10조 제1항).

(8) 신기술·신산업 규제정비

동법 제19조의3은 '신기술 서비스·제품 관련 규제의 정비 및 특례'에 관하여 규정하고 있다.

즉, 중앙행정기관의 장은 신기술 서비스·제품과 관련된 규제와 관련하여 규제의 적용 또는 존재 여부에 대하여 국민이 확인을 요청하는 경우 신기술 서비스·제품에 대한 규제 특례를 부여하는 관계 법률로 정하는 바에 따라 이를 지체 없이 확인하여 통보하여야 한다(제1항).

중앙행정기관의 장은 신기술 서비스·제품과 관련된 규제와 관련하여 ① 기존 규제를 해당 신기술 서비스·제품에 적용하는 것이 곤란하거나 맞지 아니한 경우 또는 ② 해당 신기술 서비스·제품에 대하여 명확히 규정되어 있지 아니한 경우에 해당하여 신기술 서비스·제품의 육성을 저해하는 경우에는 해당 규제를 신속하게 정비하여야 한다(제2항).

중앙행정기관의 장은 제2항에 따라 규제를 정비하여야 하는 경우로서 필요한 경우에는 해당 규제가 정비되기 전이라도 신기술 서비스·제품과 관련된 규제 특례를 부여하는 관계 법률로 정하는 바에 따라 해당 규제의 적용을 면제하거나 완화할 수 있다(제3항).

중앙행정기관의 장은 신기술 서비스·제품과 관련된 규제 특례를 부여하는 관계 법률에 규제의 적용을 면제하거나 완화하는 규정을 두는 경우에는 ① 국민의 안전·생명·건강에 위해가 되거나 환경 및 지역균형발전을 저해하는지 여부와 개인정보의 안전한 보호 및 처리 여부, ② 해당 신기술 서비스·제품의 혁신성 및 안전성과 그에 따른 이용자의 편익, ③ 규제의 적용 면제 또는 완화로 인하여 발생할 수 있는 부작용에 대한 사후 책임 확보 방안을 종합적으로 고려하여야 한다.

한편 동법 제19조의4는 위원회로 하여금 신산업을 육성하고 촉진하기 위하여 신산업 분야의 규제정비에 관한 기본계획을 3년마다 수립·시행하도록 규정하고 있다(제1항).

VII. 인공지능 관련 법률

1. 관련 법률

현재 우리나라에는 인공지능에 관한 법률이 따로 제정되어 있지는 않다. 이는 다른 나라들의 경우도 대체로 그러하다. 인공지능과 관련된 기술은 아직 개발 중에 있고, 이 기술이 구체적으로 어떻게 활용될 수 있을지에 대한 윤곽이 드러나기 전까지는 입법을 기대하기는 다소 어렵지 않을까 전망된다.

다만, 인공지능과 관련하여, '정보'나 '정보기술'과 관련된 다양한 법률들이 존재하는데, 예컨대, 지능정보화 기본법, 지능형 로봇 개발 및 보급 촉진법, 클라우드컴퓨팅 발전 및 이용자 보호에 관한 법률, 소프트웨어 진흥법, 정보통신산업 진흥법, 정보통신 진흥 및 융합 활성화 등에 관한 특별법, 산업 디지털 전환 촉진법 등이 그것이다.

이들 가운데, 정보통신 진흥 및 융합 활성화 등에 관한 특별법은 제3조의2에서 '우선허용·사후규제'를 규정하고 있고, 제37조에서는 임시허가를 규정하고 있다. 임시허가제도도 신기술·신산업에 대한 규제개선의 대표적인 제도이다. 산업 디지털 전환 촉진법(산업디지털전환법)은 2022.1.4.제정되었는데, 제17조는 산업 디지털 전환 선도사업에 참여하는 기업등이 선도사업의 목적 달성을 위하여 필요한 경우 산업통상자원부장관에게 해당 활동에 필요한 규제의 개선을 신청할 수 있도록 하는 '규제개선의 지원'에 관하여 규정하고 있다.

2. 관련 법률안

현재 국회에는 인공지능과 관련된 아래와 같은 법률안이 접수되어 있다:[317]

- 인공지능산업 육성 및 신뢰 확보에 관한 법률안(윤두현의원 등 12인)
- 인공지능교육진흥법안(조해진의원 등 12인)[318]
- 한국인공지능·반도체공과대학교법안(안민석의원 등 13인)
- 알고리즘 및 인공지능에 관한 법률안(윤영찬의원 등 12인)
- 인공지능에 관한 법률안(이용빈의원 등 31인)[319]
- 인공지능 육성 및 신뢰 기반 조성 등에 관한 법률안(정필모의원 등 23인)
- 인공지능교육진흥법안(안민석의원 등 10인)
- 인공지능 기술 기본법안(민형배의원 등 10인)
- 인공지능 집적단지의 육성에 관한 특별법안(송갑석의원 등 11인)
- 인공지능산업 육성에 관한 법률안(양향자의원 등 23인)
- 인공지능 연구개발 및 산업 진흥, 윤리적 책임 등에 관한 법률안(이상민의원 등 11인)

위 법률안들은 인공지능이라는 용어를 사용하고는 있지만, 대체로 디지털 정보와 관련된 현행 법률들의 내용과 상당부분 관련이 있다. 주로 인공지능기술과 관련하여, 기술발전이나 산업진흥을 위한 내용들이다.

아마도, 많은 사람들이 기대하는 것과 같은, 예컨대 인공지능이 인간의 삶에서 어디

317 의안정보시스템(http://likms.assembly.go.kr/bill/BillSearchResult.do)에서 인공지능으로 검색한 결과이다.

318 동 제정안은 '인공지능에 의한 교육'에 관한 것으로, 디지털을 기반으로 하는 정부 교육정책 전환을 지원하기 위하여 2022.3.25. 디지털 기반의 원격교육 활성화 기본법이 제정·시행된 바 있다.

319 동 제정안에 대하여는 「지능정보화 기본법」, 「정보통신 진흥 및 융합 활성화 등에 관한 특별법」, 「소프트웨어산업진흥법」, 「지능형로봇법」 등 인공지능산업 육성 정책울 추진할 법체계가 이미 갖추어져 있으므로, 별도 입법 필요성이 낮아 보인다는 지적이 있었다고 한다(검토보고서, 9면).

까지 활용될 수 있는지에 대한 법적 규율에까지는 아직은 시간이 더 소요될 전망이다.

3. 행정법적 논의점

인공지능법과 관련하여 향후 행정법학의 과제는 인공지능기술의 개발에 따른 이 기술의 적용 또는 활용의 기준이나 범위를 정하는 것이 될 것이다.

아마도, 인공지능에 관한 법률은, 현재 기술개발 중인 분야, 예컨대 자율자동차, 원격의료, 의료정보 등의 분야와 관련된 개별법률들을 일부 개정하는 것에서부터 시작될 것으로 보인다. 예컨대, 자율자동차의 경우 도로교통법에서 자동차와 자율자동차의 공존문제를 해결하기 위한 규정을 마련하여야 할 것이다. 원격의료나 의료정보를 활용한 의료행위의 경우는 의료법의 개정이 필요하게 될 것이다.

또 하나 생각해 볼 수 있는 것은 인공지능이 인간이 수행해 오던 직업을 어디까지 수행할 수 있게 하는가 하는 문제이다. 예컨대, 단순노동행위, 위험행위를 인공지능으로 대체하는 것을 생각해 볼 수 있겠고, 비교적 단순한 행위들도 인공지능으로 대체될 가능성도 높다. 예컨대 이미 바리스터 자격이 있는 사람이 하는 커피만들기를 인공지능이 훌륭히 수행한 경우가 언론에 보도된 바 있다. 문제는 인공지능으로 불가능한 일이 무엇인가가 아니고, 인공지능으로 대체해서는 안 될 일이 무엇인가 하는 것을 가려내는 일이다. 해박한 법률지식이나 의료지식으로 무장한 인공지능이 법조인이나 의료인이 될 수 있을까 하는 것이다. 아마도 법조인이나 의료인은 존재하되 이들을 돕는 도구로 활용될 가능성은 매우 높다. 이상과 같이 개별적인 영역에서 인공지능의 활용 문제가 발생하고 이를 해결하는 과정에서 개별법률들을 제·개정해 나아가면서 인공지능기술의 활용 문제도 어느 정도 사회적으로 자리를 잡아가지 않을까 판단된다.

행정법은 행정에 관한 법인데, 아마도 행정의 실제에서 인공지능이 점차 더 많이 활용될 것으로 보인다. 이미 국세청에서는 -그 복잡한 세금 및 정산 관련 법률들에 따른- 연말정산과 관련하여 인공지능기술을 활용한 바 있고, 그 결과 대체로 간편해지고 정확해졌다는 긍정적인 평가가 많았던 것 같다. 인공지능을 행정에 활용하게 되면 이와 같이 행정의 투명성이나 적법성에 상당히 큰 도움이 될 것으로 기대된다. 다만 그럴수록 행정절차, 특히 개인에게 진술을 할 수 있는 기회를 부여하는 절차의 중요성도 강조되어야 할 것이다.

[연세대학교 법학전문대학원 교수 김남철]

제7장

형법의 개념과 인공지능의 처벌

| 김정환 |

Ⅰ. 인공지능과 형사법의 논의 방향

1. 인공지능

센서를 통해 외부 환경을 지각하고 액츄에이터(Actuator)를 통해 외부 환경에 영향을 미치는 행위를 하는 모든 종류의 시스템을 에이전트라고 하는데, 에이전트는 '지각-판단-행동'의 세 가지 기능을 차례로 끊임없이 반복한다. 이때 지각과 행동의 연관함수인 판단기능이 에이전트의 지능 수준을 결정하는데, 지능적 에이전트에는 자율성·적응성·융통성 등의 특성이 나타난다.[320] 대표적인 에이전트가 인간이다.

지능이 필요한 인간의 업무를 기계, 특히 (제작 당시 하는 것이 정해지지 않고 제작된 후에 프로그램에 따라 그 성격이 결정되는) 보편기계(Universal machine)인 컴퓨터에 시키고자 하는 노력이나 기술을 '인공지능'이라고 한다.[321] 인공지능의 목표는 기계를 이용해 사람의 행동을 흉내 내는 것이라고 하는데,[322] 인공지능의 기술은 ① 첫째, 컴퓨터가 보고, 듣고, 언어로 소통하게 하는 인지 기술, ② 둘째, 판단하여 의사결정을 하며 계획을 수립하여 문제를 해결하는 기술, ③ 셋째, 지식을 이용하여 추론하는 기술, ④ 넷째, 데이터로부터 배우는 기술 등 크게 4가지로 분류된다.[323] 과거에는 이러한 기술이 독립적으로 연구되고 구현되었지만, 현재는 이러한 기술을 종합한 인공지능이 지능적 업무를 자동화하고 고난도 문제를 해결하며 사람과 상호작용을 하는 정보시스템을 만들려고 시도하고 있다.

인공지능의 발전과 사용에 따라 민사상 손해나 형사상 침해가 발생하고, 그에 대한

---

320 김진형, 『AI 최강의 수업』, 매일경제신문사, 2021, 39면.

321 인공지능은 여러 소프트웨어 기술 중 하나인데, 소프트웨어 기술에는 컴퓨터를 효율적으로 작동시키는 운영체계 기술, 프로그램 작성을 가능하게 하는 프로그램 언어 기술, 인터넷을 운영하는 네트워크 기술, 보안을 다루는 정보보호 기술, 영상을 만드는 그래픽 및 AR·VR 기술, 데이터를 저장·관리하는 데이터베이스 기술, 소프트웨어 생산성과 신뢰성을 다루는 소프트웨어공학 등이 있다(김진형, 앞의 책, 46면). ***'인공지능'***과 ***'로봇'***을 구분한다면, 인간의 정신 능력을 인공적으로 구현한 기계가 '인공지능'이고 인간의 육체를 인공적으로 구현한 기계가 '로봇'이다(양천수, "인공지능과 법체계의 변화-형사사법을 예로 하여-", 『법철학연구』 제20권 제2호, 2017, 52면).

322 김진형, 앞의 책, 35면.

323 김진형, 앞의 책, 43면.

법적 대응이 문제 된다. '민사상 손해'에서는 손해배상의 주체가 누구인가보다는 손해배상의 내용이나 방식에 중점이 있고, 이익을 얻은 측에게 피해를 본 측에 대해서 손해를 배상하도록 한다. 반면 '형사상 침해'에서는 ***형벌을 통한 비난***에 초점이 있기에 ***책임의 주체***가 누구인지가 중요하고 그 주체에게 책임이 부과될 수 있는 근거가 중요하다.[324] 그래서 인공지능에 ***형법상 범죄의 주체성***을 인정할 수 있을 것인지에 대해서 깊이 논의된다. 이러한 인공지능의 범죄주체성에 대한 연구를 하다 보면 인간의 의식·감정·창의성이 무엇인가라는 질문에 마주치는데, 이것은 형법의 출발점인 인간 행위의 본질이란 무엇인가라는 질문이기도 하다.

2. 형사법 논의 방향

중세 이후 17세기에 이성의 시대로 들어서면서 지식을 탐구하고 성찰하며 과학을 통해 세상의 이치를 이해하고 설명하였다. 이러한 바탕에서 합리적 이성을 가진 인간을 전제로 한 근대형법이 탄생하였고, 근대형법은 현재까지 발전하면서 사용되고 있다. 근대형법에서는 합리적 이성을 가진 인간이 결정한 행위의 결과가 사회에 침해가 되면 국가가 형법을 통해 행위자를 처벌하였는데, 의사결정을 인간이 아니라 인공지능이 하는 경우라면 형사법(형법과 형사소송법)에는 어떠한 변화가 있을지가 궁금해진다.

인공지능을 크게 약한 인공지능과 강한 인공지능으로 구분한다면, 현재 우리가 실생활에서 볼 수 있는 인공지능은 프로그램된 특정 업무를 수행하는 '***약한 인공지능***'이다. 알파고가 대표적인 약한 인공지능이다. 코딩으로 만들어진 프로그램이든 기계학습 알고리즘을 이용한 데이터 학습으로 만들어진 프로그램이든, 정해진 것만 정해진 대로 수행하는 약한 인공지능은 좁은 영역의 정해진 기능에 있어서는 전문가를 능가하는 업무처리 능력을 나타낸다. 하지만 약한 인공지능이 스스로 목표를 세우고 의지를 발휘하는 일은 발생하지 않는다.[325]

---

324 윤지영·김한균·감동근·김성돈, 『법과학을 적용한 형사사법의 선진화 방안(Ⅷ) : 인공지능 기술』, 2017, 199면.

325 김진형, 앞의 책, 55면.

반면 범용 인공지능(AGI, Artificial General Intelligence)이라고 하는 '***강한 인공지능***'은 인간과 같이 생각하고 행동하는 지능을 의미하는데, 여러 가지 다른 상황에서 여러 가지 문제를 해결한다는 개념(***범용성***)과 독립적으로 의지를 갖고 의사결정을 한다는 개념(***자율성***)의 특성이 있다. 인공지능 연구자들의 꿈인 강한 인공지능은 소설이나 영화 등에 등장하고 있는데, 약한 인공지능이 출현하면 인간이 원하지 않아도 인공지능 스스로가 강한 인공지능으로 발달할 수 있다는 시각도 있고[326] 아직 구현 방법에 대한 초보적인 아이디어조차 없는 상황으로 강한 인공지능을 실제로 만들어낼 수 있는지조차 의심된다는 시각도 있다.[327]

인공지능과 관련하여 형사법에서 논의되는 방향은 크게 두 가지인데, 약한 인공지능과 강한 인공지능의 구분과 연결된다.[328] 한 방향은 '형사법을 위한 인공지능'이라는 측면'이다. 이것은 인공지능을 형사법의 운용에 있어서 보조자로 이용하는 것인데, '***인간의 기술화***(Technisierung des Menschen)'라고 한다. 이것은 현재의 약한 인공지능과 관련하여 주로 논의될 수 있는 측면이다. 방범용 CCTV·드론·양형 빅데이터·로봇교도관 등과 같은 인공지능의 활용은 범죄예방, 수사, 재판, 형 집행의 실효성을 높일 수 있다.

다른 한 방향은 '인공지능을 위한 형사법'이라는 측면이다. 인공지능이 인간과 유사하게 된다면 인공지능에 대한 법적 평가나 규제가 필요하게 되는데, '***기술의 인간화***(Vermenschlichung der Technik)'라고 한다.[329] 이것은 강한 인공지능의 단계와 관련하여 주로 논의될 수 있는 측면이다. 기술의 인간화 측면은 인공지능 기술 발전에 따른 부정적인 결과와 이를 해결하기 위한 새로운 책임의 문제가 등장한다.

아래에서는 인공지능과 관련한 형사법의 논의 중 강한 인공지능과 관련된 인공지능을 위한 형사법의 측면을 설명하고자 한다. 이를 위해서 먼저 형법의 개념을 설명하면서, 특히 (만약 강한 인공지능이 현실에 등장한다면) 형법에서 강한 인공지능을 범죄의 주체로까지 인정할 수 있는지도 생각해 본다.

---

326 김대식, 『인간 vs 기계』, 동아시아, 2016, 329면.

327 김진형, 앞의 책, 58면.

328 윤영철, "인공지능 로봇의 형사책임과 형법의 인격적 인간상에 대한 고찰", 『원광법학』 제35권 제1호, 2019, 99면 이하.

329 약한 인공지능과 관련된 '형사법을 위한 인공지능의 측면'은 제9장에서 설명한다.

II. 형법

1. 형법의 의의

국가는 공동체의 평화로운 질서를 유지하기 위해서 '범죄행위'에 대해서 '형벌'을 과한다. ***형법***이란 ***범죄행위***와 그에 대한 ***형벌***을 규정한 법을 말한다. 즉《형법 = 범죄 + 형벌의 법률》인데, 형법에서 범죄는 요건이고 형벌은 효과이다. 예를 들어 "사람을 살해한 자는 사형, 무기 또는 5년 이상의 징역에 처한다."라는 살인죄(형법 제250조 제1항)를 보면, "사람을 살해한 자"라는 범죄와 "사형, 무기 또는 5년 이상의 징역에 처한다."라는 형벌로 이루어져 있다. 이렇듯 형법은 범죄행위라는 실체의 종류와 구체적 내용을 규정한 법이므로 실체법에 속하며, 범죄에 대한 수사와 재판절차를 규정한 절차법인 형사소송법과 구별된다.

형법의 개념은 협의의 개념과 광의의 개념이 있는데, 협의의 형법은 「형법」이라는 명칭으로 1953년 제정되어 지금까지 시행되고 있는 형법전을 의미한다. 광의의 형법은 협의의 형법뿐만 아니라 각종 형사특별법(특정범죄가중법, 특정경제범죄법, 폭력행위처벌법, 교통사고처리법, 성폭력처벌법, 청소년성보호법 등)과 행정법규 등의 형벌규정(도로교통법 제148조 이하, 도로법 제113조 이하, 식품위생법 제93조 이하, 대기환경보전법 제89조 이하, 의료법 제87조 이하, 부정경쟁방지법 제18조 이하, 특허법 제225조 이하, 상표법 제230조 이하, 저작권법 제136조 이하 등)을 포함하는 개념이다.

2. (협의의) 형법 제정과정

한국에서는 1894년 갑오경장(甲午更張) 이후에 근대적 의미의 법령체계가 정비되어, 1905년 형법대전(刑法大全)이 제정되었다. 형법대전은 1905(光武 9). 4. 29. 법률 제2호로서 頒示(반시)되고 동시에 칙령 '刑法大全을 頒示하는 件'이 발포되었다.[330] 형법대전

330 이병수, "우리나라 근대화와 형법대전의 반시", 『법사학연구』 제2권, 1975, 66면.

의 시행은 갑오경장 당시 '新式法律頒示' 예고에 유래한 것으로 고종이 1895. 2. 17. 국민에게 선포한 洪範十四條 중의 '民法·刑法嚴明制定'의 구체화이었다.[331] 형법대전은 1906년 2월에 1차 개정, 1908년 7월에 2차 개정이 있었다. 형법대전은 1910년 편찬된 '韓國法典'에 刑法이라는 명칭으로 편입되어 구한말 법체계에 정착하였다.

국권피탈 후 1912. 3. 18. 朝鮮刑事令(조선총독부 制令 제11호) 및 1912. 3. 25. 경찰범처벌규칙(조선총독부령 제40호)이 공포되어 1912. 4. 1.부터 일본의 형법과 형법시행령 및 형사소송법, 폭발물취제법칙 등 12개의 일본 형사법을 의용(依用)하고, 부칙 제41조에서 형법대전을 폐지하였다. 1912년 4월부터 1953년 9월 형법이 제정되어 시행될 때까지 사용되었던 일본 형법을 ***의용***(依用) ***형법*** 또는 ***구***(舊) ***형법***이라고 부르는데, 의용된 당시의 일본 형법은 1871년 독일제국형법의 영향을 강하게 받아 1907년에 제정되어 1908년부터 시행된 것이다.

[참고 : 일본 형법의 제정과정][332]
일본에서 최초의 근대적 의미의 형법은 1880년에 제정되어 1882년에 시행되었던 형법인데, 이것은 프랑스 형법을 모범으로 보아소나드(Gustave Emile Boissonade, 파리대학 교수)가 기초한 것이었다. 그런데 프로이센-프랑스 전쟁[1870.7.19. ~ 1871.5.10. 보불전쟁(普佛戰爭)]에서 프랑스가 독일에 패한 것에 충격을 받은 일본은 이후 공화국인 프랑스 법제보다는 일본과 같이 군주제를 취하는 독일 법제에 관심을 가지게 되었고, 이토오(伊藤博文)를 중심으로 한 시찰단을 프로이센에 파견하여 독일법을 계수하였다. 당시 일본에서는 '독일법이 아니면 법이 아니다'라는 풍조까지 생겨났다. 또한 1882년 시행된 일본 구형법은 1880년대 종반 이후 급격하게 증가한 범죄의 대책에도 무력하다고 평가되어, 일본 법학자들 사이에서도 일본 구형법에 대한 비판이 제기되었다.
이러한 상황에서 법률제도 전반에 걸쳐 독일법계로의 전환과 청일전쟁·러일전쟁 후의 독점으로 급격하게 진행된 일본의 자본주의에 대응할 수 있는 형법의 요구가 강해지면서 형법개정에 착수하였다. 1871년의 독일제국형법을 기초로 한 제5차 개정안에 따라 새로운 형법이 1907년 제정되고 1908년부터 시행되었고, 이것이 일제강점기에 한국에서 사용되었다.

의용형법(구형법)은 1945. 8. 15. 광복 이후에도 미군정법령(1945. 11. 12. 군정법령 제21호 제1조)에 의해서 계속 사용되었고, 1948. 7. 17. 공포된 대한민국헌법 제100조에 의

331 이병수, 앞의 논문, 67면.
332 장규원·강동욱, 『형법총칙 비교법 자료집』, 한국형사정책연구원, 2006, 21~23면

해서 다시 사용되었다. 1948. 8. 15. 대한민국 정부 수립 이후 법률제정의 작업이 진행되었고, 1953. 9. 18. 형법이 제정되었다. 형법의 제정작업에 있어서 당시 독일 형법과 독일 형법개정안 및 일본의 개정형법가안(改正刑法假案)[333]이 중요한 입법적 모델로 사용되었고, 형법은 독일 형법을 본받아 총칙과 각칙으로 구성되었다. 1953년 제정된 형법은 2023년 2월까지 25차례 개정되었는데, 제정 당시의 내용에는 근본적인 변화가 없고 개별적인 범죄가 시대의 변화에 따라 신설되고 폐지·개정되었다.

3. 범죄

(1) 형식적 범죄 개념

형법의 전제조건이 되는 범죄는 실질적 개념과 형식적 개념으로 나뉜다. 사회 질서의 유지에 필수적인 법적 이익을 침해하는 행위를 범죄라고 한다면, 이것은 실질적 범죄의 개념을 말하는 것이다. 이렇게 범죄의 개념을 실질적으로 파악하면, 시각에 따라 범죄의 개념이 다양하여 통일적이고 일관된 범죄개념이 존재하기 어렵다. 실질적 범죄개념에 따라 재판을 하면, 균질하고 공정한 재판의 결과를 기대하기 어렵게 된다. 따라서 범죄개념을 형식적으로 통일할 필요가 있고, 형법에서 범죄는 형식적 개념으로 사용한다.

형식적 범죄의 개념은 '***구성요건에 해당하고 위법하고 책임이 있는 인간의 행위***'라고 약속하고 있다. 이렇게 약속한 배경을 다음의 예시를 통해 살펴본다.

예를 들어, 상해죄(형법 제257조 제1항: 사람의 신체를 상해한 자는 7년 이하의 징역, 10년 이하의 자격정지 또는 1천만원 이하의 벌금에 처한다)의 적용에 있어서 다음과 같은 3가지 경우를 가정해 보자.

〈제1 경우〉 20살의 甲은 A에게 근거리에서 공기총을 조준하여 쏘았고, A는 공기총

333 1931년 총칙이 1940년 각칙이 유보조항과 함께 공표된 일본 개정형법가안은 하나의 시안으로서 앞으로 진행될 일본 형법의 개정안을 마련하기 위한 논의대상으로 제안된 것이었으나 2차 세계대전의 발발과 함께 그에 대한 본격적인 논의는 불가능해졌다. 이러한 일본 개정형법가안이 우리 법전편찬위원회에 의하여 의용(依用)형법을 극복하기 위한 형법제정작업에 있어서 시간과 노력의 절약을 가져올 수 있는 출발점으로 사용되었다(신동운, "공범론 조문체계의 성립에 관한 연혁적 고찰", 『우범 이수성 선생 화갑기념논문집』, 2000, 72면).

을 맞고 다쳤다.

〈제2 경우〉 20살의 甲은 A가 자신의 돈을 빼앗기 위해서 흉기를 들고 달려오자, 지니고 있던 공기총을 A에게 쏘았고 A는 공기총을 맞고 다쳤다.

〈제3 경우〉 7살의 甲은 A에게 근거리에서 공기총을 조준하여 쏘았고, A는 공기총을 맞고 다쳤다.

위 3가지 경우에서 결과(A는 공기총을 맞고 다쳤다.)는 일치한다. 하지만 甲을 3가지 경우 모두에 있어서 동일하게 처벌하는 것이 옳지 않다고 판단한다면, 어떻게 甲을 각 경우에 맞게 처벌하도록 체계를 세울 것인가를 고민하게 된다. 이때 사용되는 것이 범죄론체계인데, '구성요건'에 해당하고 '위법'하고 '책임'이 있는 인간의 행위가 범죄라는 형식적 범죄개념은 3단계 범죄론체계에서 나온 개념이다.

(2) 3단계 범죄론체계

범죄론체계는 범죄성립 여부를 논하는 일련의 검토과정(혹은 시스템)으로서 개별사건의 구체적 문제를 다루기 위한 출발점이다. 현재 사용되는 범죄론체계는 3단계(구성요건-위법성-책임)이다. 범죄론체계에 따라 범죄의 성립여부를 검토하면, 우선 형법을 해석·적용하는 데에 원칙과 한계가 설정되어 불합리하고 자의적인 판단이 배제되고 결과에 대한 예측이 가능해진다. 이에 따라 사법기관의 판단에 대한 국민의 신뢰를 높일 수 있다. 다음으로 범죄의 성립을 단계적으로 검토하게 되어 중요한 논점이 간과되지 않으며, 무엇보다도 법적용의 일관성과 형평성이 유지된다. 범죄론체계는 형법의 해석·적용에 있어서 ***법적확실성***과 ***예측가능성***을 담보하는 장치라고 할 수 있다.

3단계 범죄론체계의 첫 번째 단계는 '***구성요건***(Tatbestand)'이다. 구성요건은 형법에 규정되어 있는 위법행위의 정형(定型)으로서, ***입법자가 일정한 틀을 설정하여 그려놓은 것***이다. 예를 들어, 형법 제257조 제1항(상해죄)에는 "사람의 신체를 상해한 자는 7년 이하의 징역, 10년 이하의 자격정지 또는 1천만원 이하의 벌금에 처한다."고 규정되어 있는데, 여기서 "사람의 신체를 상해한 자"가 구성요건이다. 어떤 구체적 행위가 상해죄의 구성요건의 틀 속에 들어오면, '상해죄의 구성요건에 해당'한다고 표현한다.

3단계 범죄론체계의 두 번째 단계는 '***위법성***(Rechtswidrigkeit)'이다. 위법성은 어떠한 특정한 형법규정에 위반하였다는 의미가 아니라, ***전체 법질서***(Recht, right)***에 반한다***는 의미이다. 예를 들어, 의사가 환자를 치료하기 위해서 수술을 하는 것은 사람의 신체를 상해한 것으로서 상해죄의 구성요건에 해당하지만, 전체 법질서에서 보면 허용되어야 하므로 위법성이 없다고 보는 것이다. 일반적으로 어떤 행위가 구성요건에 해당하면 일단 그 행위에는 위법성이 징표 된다. 하지만 행위의 위법성은 일정한 경우에 제거될 수 있는데, 그것을 ***위법성 조각***(阻却)이라고 표현한다. 위법성조각사유로 정당행위(형법 제20조), 정당방위(형법 제21조), 긴급피난(형법 제22조), 자구행위(형법 제23조), 피해자의 승낙(형법 제24조)이 있다.

3단계 범죄론체계의 세 번째 단계는 '***책임***(Schuld)'이다. 구성요건과 위법성은 특정한 '행위'에 관한 판단이지만, 책임은 구성요건에 해당하고 위법한 행위를 한 '행위자'의 개인적 특성에 관한 판단이다. 즉 책임이라는 것은 구성요건에 해당하고 위법한 행위를 한 사람에 대하여 그의 개인적 특성을 고려하여 행해지는 '***비난가능성***'을 의미한다. 구성요건에 해당하고 위법한 행위가 '너 때문이다.'라고 꾸짖는 것이 비난가능성이다. 예를 들어, 저항할 수 없는 폭력이나 자기 또는 친족의 생명, 신체에 대한 위해를 방어할 방법이 없는 협박에 기인하여 범죄행위를 한 사람에 대해서는 비난할 수 없으므로 책임을 인정하지 않는다(형법 제12조, 강요된 행위). 책임에는 책임능력이 전제되는데, 책임능력은 자신 행위의 불법성을 변별하고(변별능력) 그에 따라 행동을 조종할 수 있는 능력(조종능력)을 말한다. 형법에서는 만 14세 되지 아니한 사람은 책임능력이 없다고 규정하고 있으며(형법 제9조, 형사미성년자), 심신장애로 사물을 변별할 능력이 없거나 의사를 결정할 능력이 없는 사람도 책임능력이 없다고 규정한다(형법 제10조 제1항, 심신상실자).

4. 형벌

「형법」 제41조에는 9가지 종류의 형벌이 규정되어 있는데, 중한 형벌부터 차례로 나열하면 ① 사형, ② 징역, ③ 금고, ④ 자격상실, ⑤ 자격정지, ⑥ 벌금, ⑦ 구류, ⑧ 과료, ⑨ 몰수가 있다. 이러한 형벌의 본질은 범죄(형벌의 전제조건)에 대한 사회적·공적 반가치 판단이라고 할 수 있다. 국가가 국민의 특정 행위(범죄)에 대해서 가하는 형벌이 수행하는 기능과 관련한 관점을 ***형벌이론*** 또는 ***형벌관***(刑罰觀)이라고 하는데, 크게 2가지 형벌이론(응보이론, 예방이론)이 있다.

먼저 '***응보이론***'에서 응보란 범죄자에게 죄값을 치르도록 한다는 의미이다. 형벌은 죄를 범하였기 때문에 부과되는 것이지, 다른 이유는 없다는 것이 응보이론이다. 이처럼 응보이론은 형벌 자체를 자기 목적적으로 파악하기에 '***절대적 형벌론***'이라고도 한다. '자신이 상대방으로부터 입은 피해만큼 상대방에게도 똑같이 피해를 준다.'는 고대의 탈리오 법칙이 응보이론의 예시로 언급된다. 하지만 오늘날 응보적 의미에서의 형벌이란 범죄자에 대해 증오감을 가진 사회에 의한 복수의 의미가 아니라 균형 있는 형벌기준의 원칙에 따른 사회적 대응이라는 의미(책임주의원칙)이다. 이와 같은 절대적 형벌론인 응보이론이 정당화되기 위해서는 범죄자에 대한 사회공동체의 도덕적 우위성이 있어야 하고, 책임의 정도와 이에 대한 형벌량의 균형성이 있어야 한다.

다음으로 '***예방이론***'은 범죄가 있었기에 형벌을 가하는 것이 아니라, 범죄를 예방하기 위해서 형벌을 가하는 것이라고 본다. 형벌의 목적을 형벌 자체 이외의 예방에서 찾기에 '***상대적 형벌론***'이라고도 한다. 예방이론에서는 형벌의 종류와 정도가 범죄의 정도에 의해서 결정되는 것이 아니라 예방목적에 의해서 결정된다. 예방이론은 누구를 대상으로 하여 범죄의 예방을 도모하는지에 따라 구분되는데, 사회구성원 일반을 대상으로 범죄의 예방을 도모하는 '일반예방론'과 범죄자 개개인을 대상으로 범죄의 예방을 도모하는 '특별예방론'이 있다. 상대적 형벌론인 예방이론이 정당화 되기 위해서는 인간의 장래 행위에 대하여 예견이 확실히 가능하고, 형벌로 범죄의 발생을 효과적으로 저지할 수 있어야 한다.

현재 형법의 제도들은 응보이론(절대적 형벌론)과 예방이론(상대적 형벌론)을 종합적으로 고려한 것, 즉 '***결합이론***'에 따른 것이라고 할 수 있다. 결합이론은 응보이론의 관점에서 형벌부과의 근거를 마련한 다음 예방의 관점을 고려한다. 형벌은 '응보'라는 인간적 현실을 인정해야 하지만, 응보의 현실은 인간의 이성이 지향하는 이상이 아닌 인간적 현실 그 자체일 뿐임을 또한 인정해야 한다는 것이다.[334] 응보이론에 의한 책임에 부합하는 정도가 형벌의 한계가 되고, 그 한계 내에서 예방의 목적을 고려하여 형을 집행하는 것이다. 형의 집행유예제도(형을 선고하면서 그 집행만을 일정 기간 유예하기로 하는 법원의 유죄판결, 형법 제62조)나 가석방제도(징역이나 금고의 집행 중인 사람을 형기만료 전에 석방하고, 일정 기간이 경과할 때 형의 집행이 종료된 것으로 보는 제도, 형법 제72조) 등도 결합이론에 의하여 설명될 수 있다.

[참고 : 형벌과 유사한 개념의 구별]
국가가 위법한 행위를 한 국민에게 부과한다는 측면에서 형벌, 특히 벌금과 유사하지만, 형사재판을 통해서만 부과되고 전과가 남는 형벌과 구분하여야 하는 개념이 있다. 첫째, '**과태료**'이다. 과태료는 법원이 아니라 행정기관이 규범위반자에게 가하는 금전적 제재이다. 과태료는 행정상의 제재처분으로서 전과자가 되지 않으며, 과태료를 납부하더라도 형사재판이 면제되는 것이 아니다. 둘째, '**범칙금**'이다. 범칙금은 범칙행위를 범한 사람에게 행정기관이 통고처분을 하여 납부를 하게 한 금전이다. 주·정차 위반과 같은 도로교통법 위반행위에 대하여 경찰서장이 범칙금 납부통고서로 범칙금을 낼 것을 통고하는 경우가 대표적이다. 과태료와 달리 범칙금을 납부하면 형사절차를 종료한 것과 같이 취급되어 그 범칙행위에 대해서는 형사재판이 면제된다(일사부재리 효력 발생, 도로교통법 제164조 제3항 참조).

III. 중세의 동물재판

(강한 인공지능이 현실에 등장한다면) 강한 인공지능을 범죄의 주체로 인정하여 형벌을 가할 수 있는지를 생각해 보기 위해서 먼저 형법의 개념을 살펴보았다. 덧붙여 형법의 개념에서 이해하기 어려운 중세의 동물재판에 대해서도 인공지능의 범죄주체성을 검토하기 이전에 살펴보고자 한다. 인공지능의 범죄주체성을 인정하여 인공지능의 형사책임을 인정하는 견해는 그 근거로서 중세에 인간 이외에 동물에 대해서 형사재판이 행해졌다는 사실을 제시하기도 한다.

334 김욱, 『법을 보는 법』, 개마고원, 2009, 179면.

1. 중세의 형사재판

11세기에서 13세기 중세 초기 유럽에서 형사재판은 민사재판과 마찬가지로 당사자(피해자와 가해자) 간의 사적(私的) 분쟁으로 이해되었다. 법원은 공동체의 평화를 유지하기 위해서 당사자 간의 분쟁을 해결하는 것을 임무로 하였고, 사건의 실체적인 진실은 법관이 밝히는 것이 아니라 당사자가 밝히도록 하였다. 당사자 간의 결투나 신의 심판(Gottesurteil)이 진실의 입증 방법으로 이용되었다.[335]

피해자 개인의 주도로 행해졌던 중세 초기의 형사재판은 13세기 이후 중세사회의 정치·경제적 불안으로 범죄가 급증하자, 범죄가 피해자와 가해자 당사자 간의 문제만이 아니라 공동체 구성원 전체의 문제라고 인식하게 되었다. 범죄의 증가로 철저한 형사소추의 필요성이 제기되었고 이를 위해서 피해자가 아니라 (현재의 검사와 같은) 공적인 소추기관이 필요하다는 사고가 등장하였다.[336] 이에 개인의 소추로 재판이 시작하는 개인소추가 아니라 법원이 직권으로 재판을 개시하는 규문재판이 시작되었다.

'***규문재판***'은 소추자와 재판관을 분리하지 않고 재판관 한 사람이 소추와 재판을 통합하여 행하는 형태이다. 규문재판의 형태에서 피해자는 단지 범죄사실을 알리는 고발자의 역할을 행하고, 피고인은 재판의 당사자가 아니라 단순한 조사의 객체가 된다. 또한 규문재판의 형태에서는 실체적 진실의 발견을 위해 증인과 자백을 중시하였는데, 충분한 증인이 없는 경우에는 자백이 가장 중요한 증거방법이 되었다. 규문재판에서는 피고인에 대한 수사가 밀폐된 공간에서 이루어졌고, 피고인이 자백하지 않는 경우는 자백을 받아내기 위해서 고문이 허용되었다.[337] 그래서 규문재판은 오늘날까지도 고문을 연상시키곤 한다.

자백을 받기 위해서 고문이 허용되던 중세 후기 형사재판의 모습은 당시의 약한 국가권력이 급증하는 범죄에 대처하는 효과적인 방법이라고 생각하였는지도 모르겠지만,

---

335 박상기, 『독일형법사』, 율곡출판사, 1993, 93면.

336 재판기관과 소추기관을 구분하는 형태는 14세기 프랑스에서 (국고의 수입원이었던) 벌금·몰수품을 확보하기 위하여 관련된 소송에 왕실 관리들이 왕을 대신하여 참여한 것에서 비롯되었고, 현재의 검찰제도는 프랑스 대혁명 이후에 수립된 프랑스 형사소송법에서 처음 등장하였다[이은모·김정환, 『형사소송법(제8판)』, 박영사, 2021, 63면].

337 박상기, 앞의 책, 99면.

결국 잔혹했던 중세 후기 형사재판은 범죄예방의 효과를 거두지 못하였으며 잔인한 형집행방식은 오히려 범죄자에 대한 동정심을 불러왔고 시민의 반항을 가져왔다.[338] 17세기 이후 근대 계몽사상의 자연법론을 기반으로 한 근대형법의 등장에 따라 형사재판은 변화되었다. 국가가 더이상 신으로부터 권력을 부여받지 않았듯이 형법도 신의 뜻에 따라 설명하지 않고 자연법이나 인간의 이성을 토대로 이해하기 시작했고, 형사재판도 실체적 사실의 규명만을 중요시하지 않고 실체적 사실의 규명과정에서 인간의 존엄을 지킬 수 있도록 변화되었다.

2. 동물재판의 기록

중세시대의 재판 중에는 현대의 시선에서 이해하기 어려운 동물재판이 있었는데, 이는 독일과 프랑스를 중심으로 12세기부터 행해졌으며 19세기 초까지 존재하였다.[339] 최초의 동물재판은 1120년 프랑스 리옹에서 있었던 들쥐와 유충의 재판이었고, 1266년부터 1586년까지 프랑스에서는 60여 건의 동물재판이 있었고, 19세기까지 유럽에서 200여 건의 동물재판이 확인된다.[340] 아이를 살해한 '돼지의 재판'이 다수이었고, 다음으로 고양이, 소 등의 가축이 일으킨 침해를 사람의 범죄와 동일시하여 재판에서 다루었고, 메뚜기 재판, 풍뎅이 재판, 쥐 재판 등도 있었다.[341] 동물재판은 이후 마녀재판과 연결되었고 근대 계몽사상이 출현하면서 점차 사라졌다.

동물재판은 사람의 생명이나 신체에 대한 침해뿐만 아니라, 곡식에 대한 침해 및 종교적 물건에 대한 침해 등의 이유로 행해졌다. 아이들을 대상으로 한 동물의 폭력은 신의 영역을 침범하는 것이었고, 동물들에 의한 농작물의 피해는 공동체의 존속을 위협하는 것이었다. 이처럼 동물이 행한 침해는 당시 사회의 근간을 뒤흔드는 것이었기에 동

338 박상기, 앞의 책, 101면.
339 양태자, "중세인들의 동물 사랑과 학대, 그리고 동물재판", 『기독교 사상』 제717호, 2018, 203면.
340 로랑 리첸뷔르거/조민영 역, "돼지, 황소, 들쥐들을 법정에 세워라!", 『르몽드 디플로마티크』 제118호, 2018, 11면.
341 로랑 리첸뷔르거/조민영 역, 앞의 기사, 11면.

물재판이 행해졌다.[342]

구체적인 동물재판을 보면, 1386년 프랑스 팔레즈에서는 아이를 살해한 혐의로 암돼지 한 마리가 재판을 받았는데, 사람의 모습으로 분장시킨 돼지가 다른 돼지들 앞에서 재판을 받고 교수대에서 사형을 당하였다.[343] 1478년부터 1479년까지 프랑스 로잔느에서 풍뎅이의 재판이 있었는데, 풍뎅이가 폭풍우나 우박 등을 일으키는 악마적인 시도를 하면서 인간을 괴롭힌다는 명목이었다.[344] 1500년 농작물을 엉망으로 만든 유충들의 재판이 있었다. 유충에 대한 재판은 먼저 대리인이 임명되고 나서, 대리인에 의해 유충들이 논밭에서 작물을 뜯어먹은 것이 확인되면 해당 유충 중 몇 마리가 법정에 소환되고, 재판을 통해 재판관이 유충들에게 엄중한 목소리로 3일 안에 이 지역을 떠나라고 명령하였고, 형의 집행을 위임받은 그 지역의 사제는 멀리 떠나라고 하면서 성수를 논밭에 뿌렸다.[345]

동물재판은 인간의 재판절차에 따라 진행되었다.[346] 1494. 6. 14. 프랑스 클레르몽에서는 동물재판에 여러 사람이 증인으로 법정에 나와 선서를 한 후 증언을 하기도 했고, 어떤 경우에는 다른 동물을 증인으로 세우기도 하였다.[347] 심지어 재판에서 동물들에 대한 변호도 행해졌는데, 16세기 초반 프랑스에서 최고의 법률가이었던 바르텔레미 드 샤스노(Barthélemy de Chasseneuz)는 뛰어나게 동물을 변호했다고 한다. 1508년 샤스노는 들쥐의 재판에서 변호를 받았는데, 쥐들이 재판정에 오는 길에 배고픈 고양이들을 피하느라 재판정에 도착할 시간이 충분하지 못하였으므로 재판의 연기를 주장하기도 했다.[348] 다만 일반적으로 변호인들은 동물이 아니라 동물의 주인을 변호했는데 암돼지의 유죄가 인정되면 암돼지를 사형에 처하면서 주인에게 소송비용을 부담하는 벌금형이 부과되었기 때문이다. 이때 사형선고를 받은 암돼지의 새끼돼지들은 그들을 처벌해

---

342 로랑 리첸뷔르거/조민영 역, 앞의 기사, 11면.

343 로랑 리첸뷔르거/조민영 역, 앞의 기사, 11면.

344 양태자, 앞의 자료, 205면.

345 양태자, 앞의 자료, 206면.

346 중세의 재판은 민사재판과 형사재판이 분리되지 않은 형태로 진행되었고, 근대 이후에 민사재판과 형사재판이 분리되었다.

347 양태자, 앞의 자료, 204면.

348 양태자, 앞의 자료, 206면.

야 할 증거가 없다면 사형을 시키지 않았다.[349]

그리고 재범의 예방과 재판의 진행을 위해서 재판을 받는 동물을 가두기도 했는데, 1408년 프랑스에서는 가두어 둔 돼지들에게 들어간 먹이에 대한 비용이 청구되기도 했다.[350] 재판 결과 동물들의 죄가 확정되면, 범죄자의 사형을 집행하듯이 동물을 불태우거나 땅에 묻거나 동물의 목을 매달거나 자르는 등의 방식으로 형을 집행했다.[351] 1386년 프랑스 팔레즈에서는 암퇘지의 사형 집행에 사용된 비용이 청구되었고, 어떤 경우는 사형의 집행에 사용된 초와 기도의 값까지도 청구되었다. 한편 부상당한 피해자가 회복되었다면 소송은 취하될 수 있었고, 재판에서 증거불충분으로 무죄가 선고되기도 하였다.[352]

[참고 : 조선 시대 코끼리 재판]

조선 시대에도 동물재판에 대한 기록이 있다. 태종실록 21권[태종 11년(1411년) 2월 22일 계축 2번째 기사]을 보면, "일본 국왕(日本國王) 원의지(源義持)가 사자(使者)를 보내어 코끼리를 바쳤으니, 코끼리는 우리나라에 일찍이 없었던 것이다. 명하여 이것을 사복시(司僕寺)[353]에서 기르게 하니, 날마다 콩 4·5두(斗)씩을 소비하였다."고 한다.[354] 이어 태종실록 24권[태종 12년(1412년) 12월 10일 신유 6번째 기사]에는 "전 공조전서(工曹典書) 이우(李瑀)가 죽었다. 처음에 일본 국왕(日本國王)이 사신을 보내어 순상(馴象)[355]을 바치므로 3군부(三軍府)에서 기르도록 명했다. 이우가 기이한 짐승이라 하여 가보고, 그 꼴이 추함을 비웃고 침을 뱉었는데, 코끼리가 노하여 밟아 죽였다."라고 한다.[356] 이우가 코끼리에 의하여 사망한 것에 대한 즉각적인 조치는 기록으로 확인되지 않는다.

그런데 다음 해 다시 코끼리에 의한 사망사건이 발생하였다. 태종실록 26권[태종 13년(1413년) 11월 5일 신사 4번째 기사]에는 "코끼리[象]를 전라도의 해도(海島)에 두도록 명하였다. 병조 판서 유정현(柳廷顯)이 진언(進言)하였다: '일본 나라에서 바친바, 길들인 코끼리는 이미 성상의 완호(玩好)하는 물건도 아니요, 또한 나라에 이익도 없습니다. 두 사람을 다쳤는데, 만약 법으로 논한다면 사람을 죽인 것은 죽이는 것으로 마땅합니다. 또 일년에 먹이는 꼴은 콩이 거의 수백 석에 이르니, 청컨대, 주공(周公)이 코뿔소와 코끼리를 몰아낸 고사(故事)를 본받아 전라도의 해도(海島)에 두소서.' 임금이 웃으면서 그대로 따랐다."고 한다.[357] 결국 2명을 사망케 한 코끼리에 대하여 조선 시대 형벌 중 하나인 유배형이 선고되었고, 코끼리는 전남 순천의 장도라는 섬으로 유배를 떠났다.

---

349 로랑 리첸뷔르거/조민영 역, 앞의 기사, 11면.

350 양태자, 앞의 자료, 203면.

351 양태자, 앞의 자료, 204면.

352 로랑 리첸뷔르거/조민영 역, 앞의 기사, 11면.

353 왕이 타는 말인 어승마나 금군들의 말을 관리하는 곳.

354 국사편찬위원회 조선왕조실록 홈페이지(http://sillok.history.go.kr/id/kca_11102022_002), 2022. 3. 20. 방문.

355 길들인 코끼리.

356 국사편찬위원회 조선왕조실록 홈페이지(http://sillok.history.go.kr/id/kca_11212010_006), 2022. 3. 20. 방문.

357 국사편찬위원회 조선왕조실록 홈페이지(http://sillok.history.go.kr/id/kca_11311005_004), 2022. 3. 20. 방문.

3. 동물재판의 평가

오늘날 도사견과 같은 동물이 아이를 물어 상처를 입혔다면, 동물주인의 부주의가 있는 경우에 동물의 주인에게 과실치상죄(형법 제266조 제1항)의 형사책임을 물을 수 있다. 동물의 주인에 대해서 재판을 하지, 동물 자체의 형사책임을 묻기 위해서 재판하지는 않는다. 반면 중세에는 그러한 경우 동물 자체에 대해서 재판을 한 것이다. 물론 중세에도 동물재판에 반대하는 사람들도 있었다. 1283년 프랑스의 법학자 필립 드 보마누아르(Philipp de Beaumanoir)는 동물재판은 무의미하다고 주장했다. 동물들은 선과 악을 구분할 수 없으며, 이성이 없는 동물은 법적으로 권리능력이 없을 뿐만 아니라 동물 스스로 죄의식의 측면에서 악의를 가질 수도 없기 때문이라는 것이었다.[358] 이러한 주장은 근대 이후 발전된 형법의 사고와도 일치한다.

그런데 중세에 동물을 대상으로 하는 재판을 규정한 법률규정은 확인되지 않는다.[359] 오히려 중세 유럽의 대표적인 형법전을 보면 동물이 아니라 동물의 주인에 대해서 재판을 하도록 규정하였다. 1532년 독일의 카롤리나형법(Constitutio Criminalis Carolina, CCC)[360] 제136조(동물의 침해에 대한 처벌)에서는 동물이 손해를 가져오거나 다른 사람을 다치게 한 경우에는 동물의 주인을 처벌하도록 규정하였다.[361] 하지만 중세에 동물을 마치 인간처럼 다루는 재판이 있었다는 것은 다수의 문서에서 확인되는데, 그것은 중세의 사람들에게는 동물도 신이 부여한 권리와 의무가 있다는 생각이 자리 잡고 있었기 때문이다. 중세에 동물은 엄연히 의식이 있고 자신의 의지에 따라 행동하며, 재판의 내용을

---

358 양태자, 앞의 자료, 207면.

359 윤지영·윤정숙·임석순·김대식·김영환·오영근, 『법과학을 적용한 형사사법의 선진화 방안(VI)』, 한국형사정책연구원, 2015, 317면; 로랑 리첸뷔르거/조민영 역, 앞의 기사, 11면.

360 독일형법에서 로마법의 정신이 나타난 최초의 법은 1507년 밤베르크형법(Constitutio Criminalis Bambergensis, CCB)이고, 이어서 1532년 카롤리나형법(Constitutio Criminalis Carolina, CCC)이다. 카롤리나형법에서부터 형법총론에 해당하는 고의, 인과관계, 위법성조각 등이 상세히 규정되었다(박상기, 앞의 책, 111면).

361 Arno Buschmann, Textbuch zur Strafrechtsgeschichte der Neuzeit, 1997, 148면. 근대로 넘어선 18세기 신성로마제국의 전 지역을 최초로 적용했던 1751년 바이에른형법(Codex Jurix Bavarici Criminalis) 제1장 제4조에는 책임무능력(Unzurechnungsfähigkeit)을 규정하였는데, 수면상태·명정상태·무의식상태·긴급강제상태·정신병자·미성년자에 의한 것뿐만 아니라 비이성적인 동물에 의해 범해진 것은 범죄가 아니라고 명시적으로 규정하였다(Arno Buschmann, 같은 책, 181면).

이해할 수 있는 존재로서 자신의 행동에 책임을 질 줄 아는 존재로 여겨졌다고 한다.[362]

현재의 시선에서 보면 이해하기 어려운 중세의 동물재판은 단순히 재미로 하는 재판이 아니었다. 13세기 이래 유럽에서 동물재판이 성행한 이유는 다음과 같이 설명되기 때문이다. 첫째, 종교적 관념에 기인하여 ***동물도 영혼을 지니고 있다***는 중세인들의 사고가 동물의 행동에 대해서도 책임을 물은 배경이고, 둘째, 고양이와 까마귀 같은 동물의 몸에는 ***마귀가 살고 있다***는 믿음이 중세의 마녀재판과 함께 연결되어 동물재판이 행해지게 되었고, 셋째, 당시 재판관들이 ***동물재판을 하고 나서 고수익***을 챙길 수 있었기에 동물재판을 부추겼다고 한다.[363] 이처럼 중세의 동물재판은 당시 사회의 상황에서 인간에게 필요했기에 존재했다. 인간이 동물과 공생하면서 발생하는 위험에 대응한 것인데, 종교가 지배했던 유럽의 중세시대에 동물재판을 통해서 종교적 당위성을 합리화하고 피해를 본 인간에게 다시 주도권을 부여하여, 신이 인간과 동물 사이에 만들어 놓은 위계질서를 재건하려는 의지를 드러낸 것이라고 평가된다.[364]

Ⅳ. 범죄 주체

형법의 기본개념과 중세의 동물재판에 대한 이해를 바탕으로, 아래에서 인공지능의 범죄주체성에 대해서 살펴본다.

1. 인간과 법의 관계

(1) 법이 전제하는 인간

법이 전제하는 인간상은 현실의 인간(경험적·구체적 인간)을 의미하는 것이 아니라

362 로랑 리첸뷔르거/조민영 역, 앞의 기사, 11면.
363 양태자, 앞의 자료, 208면.
364 로랑 리첸뷔르거/조민영 역, 앞의 기사, 11면.

법이 예정하는 인간의 모습을 말하는데,[365] 법의 역사는 인간상 변화의 역사라고도 한다. 법에 있어서 가장 기본적인 변화의 요인은 ***인간과 법의 관계***에 대한 이해의 변화이기 때문이다. 일반적·추상적 성격의 법은 현실의 구체적 인간을 일정하게 정형화하고, ***정형화된 인간 유형을 전제로 하여 규칙들을 배열***하게 된다. 따라서 한 시대의 법이 염두하고 있는 인간 유형(공통적인 인간형)이 법의 근본 성격을 규정하게 된다.[366]

역사적으로 보면 시대마다 법이 전제하는 인간상이 있으며, 그것은 인간의 생존방식 변화에 따라 함께 변화하였다.[367] 로마법에서 인간은 개개인의 인간(Mensch)이 아니라 단지 물건(Sache)으로서의 인간이었듯이, ***고대***에 각 개인은 공동체의 단순한 구성원으로서 존재할 뿐이었다. ***중세***에서 법은 국가이념에 존재하는 자기목적으로 인식되었는데, 의무에 구속된 인간을 법의 출발점으로 삼았고 조합 질서나 봉건 질서와 같은 사회질서가 인간 위에 존재하였다. 문예부흥(Renaissance)·종교개혁(Reformation)·로마법 수용(Rezeption)으로 특징되는 ***근대***는 개인을 사회로부터 해방하였다. 의무에 구속된 인간이 아니라 이익을 따르는 개인을 법의 출발점으로 삼았다. 의무와 사회에서 해방된 인간, 이기적이고 이성적이며 자유로운 인간은 자연히 서로 평등하다고 가정되었다. 헌법에서 사회계약설, 민법에서 계약자유, 형법에서 책임주의 등은 이러한 인간상 위에 기초한 것이다.[368] ***현대***의 법이 전제하고 있는 인간은 한편으로 자기의 이익을 위해서는 사소한 고통은 인내하는 상당히 계산적이고 이성적인 존재(***이기성***)이며, 다른 한편으로 이기적이면서도 동시에 ***사회성***(공동성)을 가지고 있어서, 공동사회의 질서유지를 위해서 다소의 불이익은 감수할 줄 아는 존재이다.[369]

형법은 인도주의(Humanität)를 바람직한 상으로 설정하고 그것을 위반하는 자에게 처벌을 가함으로써 인간성을 유지해 나가려는 윤리성이 매우 강한 법이라고 할 수 있으며, 법 가운데에서 인간성과 가장 직접 관련되는 법이라고 할 수 있다.[370] 바람직한 인간

---

365 최종고, 『법철학(2판)』, 박영사, 2005, 439면.
366 구모영, "법에 있어서의 인간상", 『동아법학』 제30호, 2002, 106면.
367 최종고, 앞의 책, 443면.
368 최종고, 앞의 책, 441면.
369 구모영, 앞의 논문, 126면.
370 최종고, 앞의 책, 449면.

성에 반한 행동을 할 때 그것이 범죄가 되므로, 형법이 어떤 인간상을 전제하느냐에 따라 형법이론과 형법개정의 방향이 달라진다. 예를 들어, 자유의사에 따라 합리적인 행위를 선택할 수 있는 인간상을 상정한다면, 형벌의 목적은 행위의 자유로운 선택에 대해 고통과 해악을 부과하는 방식으로 책임을 묻는 응보이론이 강조된다. 반면 인간의 자유의사가 과학적으로 증명될 수 없다는 전제에서 인간을 생물학적 특징 또는 사회환경적 요인에 의해 지배되는 존재로 본다면, 범죄가 발생하게 된 환경적 원인을 찾아 개선하려는 예방이론이 강조된다.

(2) 인간과 인격의 구분

1) 개념 구분

법학에서는 인간과 인격이라는 용어가 구분된다.[371] ***인간***(Mensch)은 자연적·생물학적 존재를 말하고, 인격(Person)은 법이 법적 주체로서 인정하는 존재나 자격을 말한다. 즉 생물학적 인간과 규범적 인격이 구분되는데, 인격은 권리·의무·책임의 주체인 규범적 주체이다. ***인격***이라는 개념을 사용하는 이유는 다음과 같다.[372] 첫째, 인격체(인격을 부여받은 주체)를 보호할 수 있기 때문이다. 권리주체가 된다는 것은 자신을 보호할 수 있는 권리를 누리는 것이다(주체보호기능). 둘째, 인격체와 법적 관계를 맺은 상대방을 보호할 수 있다. 인격체가 법적으로 잘못된 행위를 한 경우 그에 대한 책임을 부담시킬 수 있게 된다(책임귀속기능), 셋째, 인격체가 행사할 수 있는 권리의 범위나 부담하는 의무의 범위를 명확하게 확정하여, 법체계를 안정화할 수 있다(법체계안정화기능).

이처럼 인간은 실존적 존재이지만 인격은 규범적 존재로서 사회적 관계에서 형성되는 존재라고 할 수 있다. 규범적 존재로서 인격은 고정된 이해가 아니라 사회에 따라 다르게 이해될 수 있다. 규범적 존재로서 인격을 대할 때, '***인간 이외의 존재도 인격으로 볼 수 있는가***'라는 문제, 즉 법인(法人)이나 동물, 인공지능 등도 특정한 요건을 갖추면 인

371 인간이면 누구나 평등하게 누리는 권리를 '인권(human rights, Menschenrechte)'이라고 하고, 인격과 관련된 명예권·성명권·초상권·프라이버시권·개인정보자기결정권 등을 '인격권'이라고 한다.

372 양천수, 『인공지능 혁명과 법』, 박영사, 2020, 75면·147면.

격으로 인정되는가의 질문이 제기되는 것이다. 이에 대해서는 2가지 기본적 입장이 있는데, 하나는 ***인간중심적 시각***이고 다른 하나는 ***탈인간중심적 시각***이다.

2) 인간중심적 시각의 인격

본래 인격이라는 개념은 근대에 인간중심적 시각에서 발전하였다. 인간의 사고와 행동을 유물론(인간의 정신, 의식, 마음의 요소는 물질의 작용으로 환원됨) 및 결정론(인간의 사고와 행동은 원인-결과로 이어지는 인과적 필연성에 의존됨)의 입장에서 설명하는 것을 반대하는 시각에서 근대에 들어 본격적으로 인격의 개념을 사용하였다. 인간은 물질계로부터 파생된 존재가 아니라 고유한 정신적 존재이고, 인과 법칙의 필연성에 종속되지 않고 자유의지를 통해 선택·결정하고 행위 할 수 있는 존재이며, 그렇기에 규범-당위의 요청이 의미 있게 성립되고 책임의 귀속이 가능한 존재라는 것이 근대적 인격의 관념이었다.[373] 이것은 근대 이전에 제도적인 비인간(물건으로 취급된 노예나 신분상 극도로 부자유한 예속민)을 구별하던 것을 타파하기 위해서 노예나 예속민까지 포함하는 인간 보편의 본성적 징표가 필요했는데, '이성'(理性)이 유력한 징표가 되었다(***인간중심적 인격***).[374]

현재에도 인간중심적 시각이 지배적인데, 이러한 시각에서 보면 인간은 생존하는 동안 인격을 소유한다. 이때 인격을 취득하는 인간은 자유의지에 따라 행위를 할 수 있는 자율적인 인간인 경우를 전제한다. 이러한 시각에서는 민법상 법인(法人)의 인격성이 바로 인정되지 않기 때문에, 인격성을 설명하기 위해서 법인의 인격성은 의제일 뿐이라거나(법인의제설) 사회에서 이미 인격체로 실재하고 있다고 한다(법인실재설).

3) 탈인간중심적 시각의 인격

이러한 인간중심적 인격의 개념에 대해서 비판적인 시각(***탈인간중심적 인격***)이 현대에 나타났다. 루만(Niklas Luhmann)에 의하면 도덕은 고유의 존재 영역을 갖는 것이

373 임미원, "인공지능의 기초적 이해 - 규범적 관점에서 -", 『법학논총』 제38집 제3호, 2021, 5면.
374 임미원, 앞의 논문, 14면.

아니라 체계의 기능적 일부일 뿐이라고 하면서, 근대의 '도덕적-자율적 존재'가 아니라 체계의 요구에 따라 규정되는 '자연적-가변적 현존성'을 강조한다. 이에 의하면, 인격이란 실체가 아니라 일종의 인위적인 도구이고 사회의 문제를 해결하는 형식이다.[375] 인간이 ***사회적 체계*** 안에 포함되기 위해서는 사회적 체계를 구성하는 소통에 자율적으로 참여할 수 있어야 하고, 법체계에서는 권리주체라는 인격으로서 각자의 소통에 참여하는 것이라고 한다.[376] 이러한 시각에서는 소통의 주체에 인간만이 있는 것이 아니라 법인(法人)이나 법인과 유사한 단체 등도 포함될 수 있으므로, 이들에게도 인격이 부여될 수 있다고 본다. 그리고 소통에 자율적으로 참여할 수 있는 존재라는 의미는 스스로 목적을 설정하고 목적을 위해서 스스로 수단을 선택하고 선택한 수단의 결과를 반성적 시각에서 고찰할 수 있는 정도의 자율성이라고 한다.[377] 21세기의 관심사는 노예나 예속민이 아니라 '인공지능'을 인격에 포함할 수 있는가인데, 사회적인 역할이나 기능에 주목하는 탈인간중심적 인격의 관점에서는 인공지능도 도구적 실존으로서 인간과 다를 바 없다는 태도를 가질 수 있게 된다.

2. 형법과 책임주의

법이 전제하는 인간상과 인격의 개념에 대해서 살펴보았다. 아래에서는 형법에 전제된 인격에 대해서 살펴보고자 하는데, 형법의 인간상은 인간중심적 인격을 전제로 하고 있다.

(1) 책임주의

범죄의 주체가 될 수 있는 자격을 '범죄능력'이라고 하고 행위자가 비난을 받을 만한 자격을 '책임능력'이라고 하는데, 현재의 형법은 ***범죄능력(범죄행위능력)과 책임능력 있***

375 임미원, 앞의 논문, 9면.

376 양천수, 앞의 책, 81면.

377 양천수, 앞의 책, 82면: 이러한 자율성은 형법의 엄격한 의미의 자유의지(Willensfreiheit)와는 구별된다고 한다.

는 인간의 행위만을 형벌의 대상인 범죄로 본다. 이것을 뒷받침하는 가장 주요한 논거는 인간만이 자유의지를 가지고 있고, 자유의지에 기인한 행위에 대해서 비난을 가할 수 있다는 것이다. 형법은 근대에 종교개혁이나 계몽주의, 시민혁명 등을 통해 법질서의 중심이 신으로부터 인간으로 넘어온 ***인간중심적 시각***에 기초하고 있는 것이다. 인간중심적 시각은 형법의 책임주의에서 명확히 드러난다.

책임주의(혹은 ***책임원칙***)는 형법의 기본원리인데, 형벌을 부과하기 위해서는 행위자의 책임이 전제되어야 하고('책임 없는 형벌 없다'), 동시에 형벌은 책임의 정도를 넘어서는 안 된다는 것이다(책임과 형벌 간의 비례의 원칙). 형법에 책임주의가 명시적으로 규정되어 있지는 않지만, 책임주의는 형법의 기본원리로서 헌법상 법치국가의 원리에 내재하는 원리인 동시에, 국민 누구나 인간으로서의 존엄과 가치를 가지고 스스로 책임에 따라 자신의 행동을 결정할 것을 보장하고 있는 헌법 제10조의 취지로부터 도출되는 원리이다.[378]

책임주의는 형벌권을 독점하는 국가로부터 개인을 보호하는 기능을 하는데, 개인을 형벌의 객체가 아니라 자기의 범행에 대하여 스스로 책임을 부담하는 성숙한 시민으로 간주하는 것이다.[379] 이러한 책임은 행위자가 행위 시점에 실제로 행한 것과 다르게 행위 할 수 있었다는 것을 전제하는데, 행위자에게 의사결정의 자유가 존재한다는 전제에서 가능하다. 만약 여러 가능성 중에서 어느 하나를 자유로이 결정할 여지가 없다면, 비난의 여지가 없다고 본다.[380]

이처럼 책임주의가 인간에게 결정의 자유가 존재한다고 보면, 형법상 책임은 오직 인간에게만 인정되어야 한다. 책임주의가 인간의 존엄성으로부터 도출되고 이러한 인간 존엄의 원칙이 인공지능에 적용될 수 없다면, 인간 존엄의 원칙에서 도출되는 책임주의 역시 인공지능에 대해서는 효력이 없을 것이다. 만약 형벌에서 책임 비난 요소를 빼버리고 인공지능을 처벌한다면, 형벌의 선고가 갖는 진지함과 도덕적 요소가 없어질 위험이 있다. 그렇게 되면 인간의 처벌에서도 책임주의가 약화되는 결과가 초래되며, 그 결

378 헌법재판소 2007.11.29. 선고 2005헌가10 결정.
379 박상기, 『형법총론(제9판)』, 박영사, 2012, 233면.
380 라인홀트 치펠리우스/김형배 역, 『법학입문』, 삼영사, 1993, 172면.

과 형벌 개념과 형벌제도가 공허해질 우려가 제기된다.[381]

(2) 자유의지

1) 결정론 vs. 비결정론

책임주의는 이처럼 인간 누구나 자신 스스로 행동을 결정할 수 있음을 전제로 하는데, 인간이 자신의 행위를 자유롭게 결정할 수 있다는 비결정론의 시각에 연결된다. ***비결정론***에 의하면, 인간에게는 불법과 합법 가운데 선택해서 그에 따라 행동할 수 있는 자유로운 의사가 있으므로, 불법을 선택한 개인에게 책임을 부과하는 것이고 책임의 개념이 인정된다. 반면 ***결정론***에 의하면, 인간의 행동은 소질과 환경에 의해 인과적으로 이미 결정되어 있고, 범죄란 소질과 환경의 산물에 불과하므로, 책임의 개념이 인정되지 않는다.

생각건대 인간에게 자유의사가 존재하는지는 증명될 수 없다고 하더라도, 형사책임과 관련하여 발생한 사태(Sachverhalt)[382]를 그것이 어떻게 발생했는가의 인과성의 관점을 넘어 그것은 누가 의도하고 실행했으며 누구의 책임인가라는 책임성의 관점에서 설명하고자 한다면, 이때 필요한 것은 고유한 규범적 특성을 가진 특정한 행위자의 관념이다.[383] 이런 시각에서 보면, 형법의 인격체를 결정론에 따른 인간 행위를 전제로 하여서는 형사책임의 주체를 특정하기 어렵게 된다. 따라서 ***비결정론에 따른 인간의 행위를 전제***로 하는 것이 필요하게 된다.

한 가지 사례를 보자. 이혼소송 중이던 남편 甲은 아내 A와 심한 다툼 후 A를 자신의 승용차 조수석에 태우고 양주시 장흥면의 국도를 운전하고 있었는데, 甲의 승용차 우측면이 도로 옆에 설치된 대전차 방호벽의 안쪽 벽면을 들이받아 당시 안전벨트를 매지 않

---

381 윤지영·윤정숙·임석순·김대식·김영환·오영근, 앞의 보고서, 326면.

382 논리학에서는 인식의 대상을 지칭하는 '사물(Sache)'과 한 대상이 다른 대상과 일정한 관계를 맺고 있을 때 지칭하는 '사태(Sachverhalt)'를 구분하는데, 이에 따르면 소송의 대상이 되는 것은 '사태' 혹은 '법적 사태(Rechtssachverhalt)'라고 부르는 것이 논리적이지만 일반적으로 소송의 대상이 되는 것을 '사안', '사건', '사례'라고 부른다(김정환, "사실확정을 전제하는 형법이론과 사실미확정을 전제하는 형사절차의 조화", 『연세법학 또 다른 백년-진리·자유와 법학-』, 연세대학교 출판부, 2021, 29면).

383 임미원, 앞의 논문, 8면.

았던 A가 사망하였다.[384] 이 사례에서 남편 甲에게 아내 A에 대한 살인의 의사가 있었다면 사형, 무기 또는 5년 이상의 징역이 규정된 살인죄(형법 제250조 제1항)가 적용될 것이지만, 남편 甲에게 A에 대한 살인의 의사가 없었고 단순히 운전 부주의로 인한 사고였다면 5년 이하의 금고 또는 2천만 원 이하의 벌금이 규정된 교통사고처리 특례법 위반죄(제3조 제1항)가 적용될 것이다.[385] 우리는 인간이 타인을 죽게 하였다는 것을 범죄라고 하여 처벌하도록 형법에 규정하고 있는데, 인간이 범죄를 저질렀다는 것은 단순히 어떤 결과의 발생에 대한 원인행위를 하였다는 것만을 의미하지는 않는다. 사례에서 甲이 사고 차량을 운전하였고, 사고가 발생하였고, A가 사고로 사망하였다는 ***객관적(외적) 사실*** 이외에 甲이 사고와 A의 사망에 대한 의사를 가졌는지의 증명이 어려운 주관적(내적) 사실도 고려하여 甲의 처벌을 판단한다. 여기서 범죄자의 ***주관적(내적) 사실***의 의미를 인정함에는 전제가 필요한데, 그것은 인간의 의사 혹은 의지이다. 자신의 운전행위로 A를 사망케 한 甲에게 살인죄가 성립한다고 판단하여 처벌하는 이유는 甲의 운전과 그로 인한 A의 사망이라는 외적 사실 이외에 甲에게 A의 사망에 대한 의사가 있었기 때문이다. 甲에게 A의 사망에 대한 의사가 없었다면 甲을 살인죄로 처벌하지는 않는다.

2) 환상으로서의 자유의지

다만 인간이 의지 혹은 의사를 가진다는 것을 인정하더라도, ***의지가 곧 자유의지를 의미하는 것이냐***에 대해서 의문을 제기할 수 있다.[386] 인간은 끊임없이 결정을 내리는데 그 결정은 여러 가지 외적 요소의 영향을 받으므로, 결정을 내린다는 것이 인간이 실제로 결정의 자유를 갖고 있다는 의미일 수는 없다는 것이다.[387] 인간은 사회적 동물이므로 결정을 내릴 때 일반적으로 동족의 태도와 행동을 고려한다는 점에서 인간의 태도와 행동이 갖는 모든 충동에서 완전히 독립적인 자유로운 결정이란 실제로는 자기모순

384 대법원 2011. 5. 26. 선고 2011도1902 판결 참조.

385 교통사고처리 특례법 제3조는 형법 제268조 업무상과실·중과실 치사상죄에 대한 특칙을 규정하고 있다. 차의 운전자가 교통사고로 인하여 형법 제268조 업무상과실·중과실 치사상죄를 범한 경우는 형법 제268조와 마찬가지로 5년 이하의 금고 또는 2천만 원 이하의 벌금에 처하는데(제3조 제1항), 업무상과실·중과실 '치상'의 경우에 대해서 특칙을 규정하여 원칙적으로 반의사불벌죄로 하고 있다(제3조 제2항 본문).

386 프란츠 M. 부케티츠/원석영 역, 『자유의지 그 환상의 진화』, 열음사, 2009, 147면.

387 프란츠 M. 부케티츠/원석영 역, 앞의 책, 202면.

이라는 것이다.[388]

인류는 자연선택에 의한 진화의 산물이라고 보고 인간이 가지는 모든 특성을 생존이라는 측면에서 탐구하는 부케티츠(Franz M. Wuketits)는, 자유의지의 존재에 대해서 부정하고 자유의지는 환상이라고 한다. 예를 들어, 고슴도치는 자신에게 위험한 여우나 개가 다가올 때 다른 대안이 없이 오로지 가시만이 위험한 적으로부터 자신을 보호할 수 있는데, 만약 고슴도치가 생각을 할 수 있다면 아마 적이 다가올 때 가시를 세우는 것이 자신의 자유의지에 따른 행동이라고 믿는 것과 같은 환상이 인간의 자유의지라고 본다.[389] 그러면서도 이러한 자유의지에 대한 인간의 환상은 자연선택에 의한 진화의 결과라고 보고, 인간의 생존에 전적으로 유용하게 기여하고 있다고 본다.[390]

부케티츠는 자유의지라는 개념이 인간의 생존에 어떤 이익을 제공했는지 그리고 여전히 제공하는 이익은 무엇인지를 다음과 같이 설명한다.[391] 살인 의도를 지닌 사람이 살인하기 전에 먼저 살인에 대한 자유의지의 존재에 대해서 고민하는 경우는 거의 없을 것이고, 학생들이 강의에 참석하는 것을 자발적으로 승낙하는 것인지 나의 뇌가 승낙하도록 강제한 것인지는 중요한 문제가 아니라고 한다.[392] 그러나 살인자가 다르게 행동할 가능성이 없었음을 인정한다면, 살인자를 처벌함에 있어서는 이것을 진지하게 고려할 필요가 있다는 것이다.[393]

또한 자유의지의 인정은 인간의 책임능력에 대해서도 실질적으로 중요한 의미를 지니는데, 인간이 자유롭게 행동할 수 없다면 인간의 권리에 관한 사고는 공허하게 된다.[394] 예를 들어, 자신의 처지를 비관하여 오던 중 뒷산에서 산상기도를 하다가 갑자기 '백목사는 사탄이고 큰 자이므로 작은 자인 자신이 살아남는 길은 큰 자인 백목사를 죽이는 것이다. 공자·맹자도 천당에 못 갔다는데 자신도 분명히 천당에 못 갈 것이므로, 백목사를 죽여야만 자신이 큰 자가 되어 천당에 갈 수 있다.'는 정신분열증의 상태에서 백목사

388 프란츠 M. 부케티츠/원석영 역, 앞의 책, 178면.
389 프란츠 M. 부케티츠/원석영 역, 앞의 책, 207면.
390 프란츠 M. 부케티츠/원석영 역, 앞의 책, 5면.
391 프란츠 M. 부케티츠/원석영 역, 앞의 책, 6면.
392 프란츠 M. 부케티츠/원석영 역, 앞의 책, 171면.
393 프란츠 M. 부케티츠/원석영 역, 앞의 책, 171면.
394 프란츠 M. 부케티츠/원석영 역, 앞의 책, 6면.

를 살해하기로 마음먹고, 집으로 돌아와 부엌에서 사용하던 식도를 허리춤에 넣은 후 새벽 05:10경 예배당에 도착하여 신도 1,000여 명을 모아놓고 단상에서 설교하고 있는 백목사에게 접근한 후 가지고 간 식도를 허리춤에서 꺼내어 오른손에 들고서 백목사의 우측 가슴 등을 힘껏 3회 찔러 백목사를 사망에 이르게 한 사람을 살인죄로 처벌하는 것이 타당한가에 대한 의문이 제기되는 것이다.[395] 이 사례에서 제1심법원과 제2심법원은 피고인에게 범행 당시 사물을 변별할 능력이 없거나 의사를 결정할 능력이 없었다고 할 수는 없고 다만 그 능력이 미약한 상태에 있었음에 지나지 않는다고 판단하여 피고인에게 무기징역의 형을 선고하였으나, 대법원은 피고인은 범행 당시 정신분열증에 의한 망상에 지배되어 사물의 선악과 시비를 구별할 만한 판단능력이 결여된 상태에 있었던 것으로 볼 수 있다는 무죄의 취지로 사건을 파기하고 제2심법원에 환송하였다. 이처럼 정신분열증의 상태에서 자유롭게 선택할 수 없었던 사람의 살인행위와 자유롭게 선택할 수 있었던 사람의 살인행위를 동등하게 평가할 수는 없다.

3) 소결 (자유의지의 수용)

만약 인간에게 자유의지가 없다고 전제한다면, 타인을 살해한 사람에게 어떻게 형사책임을 부과할 것인지에 대한 답변은 다음과 같을 것이다. 일반적으로 사람들은 다른 사람들에 의해 죽임을 당하지 않기를 원하므로, 그들은 의도적으로든 그렇지 않든 간에 자신들에게 그런 행위를 한 사람들로부터 자신을 보호할 권리가 있다는 것이다.[396] 이러한 권리를 보호하기 위해서 국가가 범죄자를 처벌한다고 설명할 것이다. 즉 인간이 어떠한 의도나 의사에 의해서 범죄행위를 한 것인지에 의미가 두어지지 않고, 범죄행위로 피해받은 사람의 보호차원에서만 가해자의 형사처벌이 판단되는 것이다.

우리 모두는 잠재적으로 범죄자가 되어 처벌받을 수 있다는 것을 상정할 때, ***우리의 자유의지를 인정하지 않고 우리의 삶을 국가가 판단하도록 내맡길 것인지, 아니면 (비록 환상이라고 할지라도) 우리의 자유의지를 인정하여 자유로운 의사에 따른 선택에 대***

395 대법원 1990. 8. 14. 선고 90도1328 판결.

396 프란츠 M. 부케티츠/원석영 역, 앞의 책, 191면.

한 책임을 부담하고 국가가 단순히 책임부담의 집행만을 하도록 할 것인지를 결정하면 된다.

형법은 일정한 행위를 범죄로 하고 그에 대하여 국가가 형사제재를 부과하는데, 이때 일정한 행위가 가치에 반하고 위법하다고 평가한 것으로서 '***평가규범***'의 성격을 가진다. 다른 한편으로 형법은 국민에게 형법이 무가치하다고 평가한 불법을 결정하여서는 안 된다는 의무를 부과하는 것으로 '***의사결정규범***'의 성격을 가진다. 이러한 ***형법의 평가규범적·의사결정규범적 성격을 인정함에는 수범자인 국민에게 적법행위를 결정할 수 있는 일정한 자유의지를 전제***하게 된다.[397] 비록 (부케티츠의 말처럼) 이것이 환상이라 할지라도, 이러한 환상을 갖는 것이 우리에게 유용하다. 결국 우리는 ***자유의지를 전제로 할 때*** 형법의 존재와 의미를 올바로 설명할 수 있다.

3. 법인의 범죄능력과 양벌규정

(1) 법인의 범죄능력

앞서 보았듯이, 인간중심적 인격과 탈인간중심적 인격의 시각에 따라 법인이나 인공지능과 같은 인간 이외의 존재도 인격으로 볼 수 있는지에 대한 설명이 달라진다. 그와 관련해서 형법에서 법인의 범죄능력을 인정할 수 있는지가 기존에 많이 논의되었다. 범죄행위의 주체가 될 수 있는 자격을 '범죄능력'이라고 하는데, 미성년자이든 장애인이든 자연인은 모두 범죄능력이 인정된다. 그런데 민법상 권리와 의무의 주체가 될 수 있는 법인도 범죄능력이 인정되는지가 형법에서 문제 되었다. 이것은, 예를 들어 A 기업이 유독한 화학물질을 정화하지 않고 배출하여 인근 주민들에게 화학물질로 인한 신체적 상해를 입혔을 때, A 기업의 범죄능력을 인정하여 A 기업 자체를 상해죄(상해의 고의가 있는 경우) 혹은 과실치상죄(상해의 고의가 없는 경우)로 처벌할 수 있는지가 논의되는 것이다.

---

397 김정환, "성폭력범죄에서 책임능력", 『법학논총』 제23권 제1호, 2010, 166면.

이에 대해서 ***법인의 범죄능력을 긍정하는 견해***의 논거는 다음과 같다. 임직원 등 법인기관의 행위는 법인 자체의 행위이고, 법인이 사회에서 실질적으로 권리와 이익을 누린다면 그에 상응하여 범죄행위의 주체가 되고, 법인에 속한 개인만을 처벌한다면 법인의 범죄행위는 계속될 수 있으므로 정책적으로 법인의 범죄능력 인정할 필요가 있고, 사형이나 징역형 같은 형벌도 법인의 해산이나 업무정지 형태로 적용 가능하다는 것이다. 반면 ***법인의 범죄능력을 부정하는 견해***의 논거는 다음과 같다. 형벌은 범죄자의 비난가능성을 전제로 하는데 법인의 범죄능력을 인정하는 것은 이러한 전제에 반하고, 사형이나 징역형 같은 형벌은 강한 사회윤리적 비난에 바탕을 둔 것인데 법인 자체는 사회윤리적 비난의 의미를 알지 못하며, 법인을 처벌하면 범죄와 무관한 법인의 구성원까지 처벌하는 것이 되어 자기책임의 원칙에 반하며, 자연인인 법인소속원을 처벌하면 충분하다는 것이다.

법인의 범죄능력을 인정할 것인지에 대해서는 각국의 입법례가 다른데, 예를 들어, 스위스의 형법에서는 법인의 범죄능력을 명시적으로 인정하고 있다. 기업과 관련된 업무의 수행으로 행해진 범죄가 특정한 행위자에게 귀속될 수 없는 경우는 기업에 벌금형을 처할 수 있도록 규정하고 있다(스위스 형법 제100조의4). 반면 한국 형법에는 법인의 범죄능력을 인정하는 규정을 두고 있지 않으며, 법인의 범죄능력을 부정하는 견해가 형법학계의 일반적인 입장이다. 판례도 법인의 범죄능력 부정설의 입장에서 "법인은 기관인 자연인을 통하여 행위를 하게 되는 것이기 때문에, 자연인이 법인의 기관으로서 범죄행위를 한 경우에도 행위자인 자연인이 범죄행위에 대한 형사책임을 지는 것이고, 다만 법률이 목적을 달성하기 위하여 특별히 규정하고 있는 경우에만 행위자를 벌하는 외에 법률효과가 귀속되는 법인에 대하여도 벌금형을 과할 수 있을 뿐"이라고 본다.[398]

생각건대 법인의 범죄능력이 인정되는가라는 문제는 법인의 본질에 관한 논의로서 행위능력·책임능력과 연결되는 존재론적인 논의인데, 이것은 현재 양벌규정을 통해 법인을 처벌하는 현실에서 논의의 실익이 크지 않다. 일정한 목적의 달성을 위해 결성한 단체의 경우 구성원 모두를 주체로 삼을 수도 있지만, 그렇게 되면 거래관계에서 매우

398 대법원 1994. 2. 8. 선고 93도1483 판결.

불편하므로 구성원과 독립된 주체로서 단체 자체를 인정한 것이 민사상 법인이다.[399] 사회적 편의를 위해서 의인화한 단체에 법인이라고 법인격을 부여한 점을 고려해보면, 법인의 범죄능력의 인정할 수 있는지에 있어서 중요한 것은 법인의 처벌 방법과 그 한계이며, 이를 결정하는 중요한 기준은 법인 처벌의 필요성에서 연유하는 처벌 효과이다. 즉 법인의 범죄능력의 인정여부를 법인의 본질론과 연결하기보다는 형사정책적·기능적 시각에서 규범적으로 판단하는 것이 중요하다.[400] 형법은 자연인인 14세 미만자의 형사책임능력을 인정하지 않는데(제9조), 이것도 형사책임능력의 인정에 있어서 규범적으로 판단된 것이지 자연인의 존재론적 측면인 심리적·정신적 판단에만 의존해서 결정된 것은 아니다.[401] 현재 법인의 형사처벌을 규정하는 방식인 양벌규정에 대해서는 항목을 바꾸어 설명한다.

(2) 양벌규정

법인의 범죄능력을 긍정한다면, 형사처벌이 규정된 모든 범죄를 법인이 범할 수 있게 되고 그에 대한 형사처벌이 가능해진다. 그러나 현재의 형법은 근대 계몽주의 철학에 기초하고 있으며, 이에 따라 범죄의 주체는 의사의 자유, 즉 자유의지를 가진 자율적인 인간을 전제하고 있다. 이에 따라 형법에는 법인의 범죄능력을 인정하는 규정을 두고 있지 않다. 그러나 법인의 사회적 활동이 확대된 상황에서 현실적으로 법인 처벌의 필요성이 있는데, 자연인을 전제로 한 형법과의 모순을 피하면서 이러한 필요성을 충족시키기 위해서 수많은 각종 개별법률(중대재해처벌법 제11조, 의료법 제91조, 변호사법 제115조, 식품위생법 제100조, 감정평가법 제51조, 저작권법 제141조, 개인정보 보호법 제74조, 감염병예방법 제82조, 가축전염병 예방법 제59조 등)에 법인을 처벌할 수 있는 특별규정을 양벌규정의 형식으로 두고 있다.

양벌규정은 임직원 등 법인의 기관으로서 직접 불법행위를 한 사람을 형사처벌하고

---

399 김준호, 『민법강의(제23판)』, 법문사, 2017, 115면.
400 박상기, 『형법총론(제9판)』, 박영사, 2012, 78면.
401 Günther Jakobs, Strafrecht Allgemeiner Teil(2. Aufl.), 1993, 522면.

동시에 법인이나 영업주도 처벌하도록 규정하는 방식이다. 하나의 범죄행위와 관련한 직접 행위자와 제3자를 함께 처벌한다는 의미에서 '양벌'이라고 하는데, 직접적인 범죄 행위자뿐만 아니라 범죄행위로 인한 이익의 귀속 주체인 제3자를 처벌함으로써 범죄행위를 근절하기 위한 입법의 방식이다. 양벌규정에 대하여 헌법재판소는 "양벌규정으로 사업주인 법인 또는 개인을 처벌하는 것은 위반행위를 한 피용자에 대한 선임 감독의 책임을 물음으로써 행정규제의 목적을 달성하려는 것이므로 형벌체계상 합리적인 근거가 있다."고 본다.[402]

양벌규정은 기업범죄의 처벌을 위한 근거로 역할을 한다. 예를 들어, 전기통신사업법에서는 전기통신업무에 종사하는 사람이 재직 중에 통신에 관하여 알게 된 타인의 비밀을 누설하면 5년 이하의 징역 또는 2억 원 이하의 벌금에 처하도록 규정되어 있는데(제94조), 이 경우 비밀을 누설한 사람을 처벌하는 외에 비밀을 누설한 사람이 법인에 속한 경우는 그가 속한 법인에 대해서 그리고 비밀을 누설한 사람이 법인에 속하지 않은 경우는 그의 사용자에 대해서 2억 원 이하의 벌금에 처하도록 규정되어 있다(제103조 본문).

다만 비밀을 누설한 사람이 속한 법인이나 그의 사용자가, 비밀을 누설한 사람의 위반행위를 방지하기 위하여 해당 업무에 관하여 상당한 주의와 감독을 게을리하지 아니한 경우는 처벌되지 않는다(전기통신사업법 제103조 단서). 종업원 등이 저지른 행위의 결과에 대하여 단순히 법인이 고용한 종업원 등이 업무에 관하여 범죄행위를 하였다는 이유만으로 법인에 대하여 형사처벌을 부과하는 형태의 양벌규정이라면, 이것은 다른 사람의 범죄에 대하여 그 책임 유무를 묻지 않고 형벌을 부과하는 것이므로 책임주의에 반하여 허용되지 않는다.[403]

402 헌법재판소 2000. 6. 1. 선고 99헌바73 결정.

403 헌법재판소 2013. 7. 25. 선고 2011헌가26, 2013헌가14(병합) 결정. 예를 들어 범죄행위로 인한 이익의 귀속주체인 제3자의 의무위반을 고려하는 단서 조항 등을 두지 않고 "법인의 대표자나 법인 또는 개인의 대리인, 사용인 그 밖에 종업원이 그 법인 또는 개인의 업무에 관하여 제75조 내지 제80조의 위반행위를 한 때에는 행위자를 벌하는 외에 그 법인 또는 개인에 대하여도 각 해당 조의 벌금형을 과한다."[(구)수질 및 수생대계 보전에 관한 법률 제81조]는 규정만을 두고 법인이나 사용자의 주의·감독의무의 위반과 관계없이 바로 제3자의 형사책임을 묻는 것은 허용되지 않는다.

4. 인공지능의 범죄주체성

(1) 의의

앞에서 우리는 인공지능과 관련하여 인공지능을 위한 형사법의 측면에 대한 논의(기술의 인간화)를 살펴보았다. 근대에 확립된 지금의 형법은 근대 이후 지금까지 ***범죄능력과 책임능력 있는 인간의 행위***만을 형벌의 대상인 범죄로 본다. 이러한 시각을 엄격히 유지한다면, 인공지능에 대해서 범죄능력을 인정할 수는 없을 것이다.

그러나 (만약 강한 인공지능이 현실에 등장한다면) 강한 인공지능의 범죄주체성을 부정하는 시각만이 있는 것이 아니며, 인공지능의 범죄주체성을 인정하는 시각도 있다. 이러한 인공지능의 범죄주체성 논의에는 잠재된 것이 있다. 강한 인공지능의 현실에 등장하는 경우를 대비한 논의에 잠재된 기준은 인간이라는 점이다. 인공지능의 본질이나 지위에 대한 논의들은 인간과 비교하여 인공지능의 속성을 최대한 객관적으로 확인하여, 인간과의 합당한 관계를 설정하고 규범적 지위를 부여하려 하고 있다.[404] 즉 인공지능에 형사책임을 인정하기 위해서 범죄주체를 인정할 수 있는지도 인간을 기준으로 생각하게 된다. 형법이 적용되는 것은 '인간의 행위'이기 때문이다.[405]

(2) 약한 인공지능

약한 인공지능의 경우는 인간에 대해서 ***도구적 관계***에 있는 것이고, 자신의 행위에 대한 규범적 판단능력이 없으므로, 약한 인공지능 자체에 대해서 형법상 책임의 비난가능성이 인정되지 않는다. 약한 인공지능에 의해 침해가 발생한 경우, 그 결과의 원인이 누구(제조자, 유통자, 판매자, 이용자 등)의 행위에 있는지를 찾아 원인행위자에게 형사책임을 묻게 된다. 특히 약한 인공지능과 관련된 형사책임은 ***형사제조물책임***의 개념으로 해결할 수 있는데, 약한 인공지능의 관련자(설계자, 제조자, 소유자, 사용자 등)의 형사책

---

404 임미원, 앞의 논문, 1면.

405 형법에서는 행위(Handlung)라는 용어를 사용하는데, 행위는 인간만이 할 수 있는 동작이고 동물이나 기계의 동작에 대해서는 행위라는 용어를 사용하지 않는다.

임이 논의된다. 이것은 약한 인공지능을 '***물건***'으로 보는 것이고, 약한 인공지능과 관련된 형사책임은 관련된 사람에게 묻게 된다.[406]

다른 한편으로 약한 인공지능이 ***범죄의 대상***이 될 수도 있다. 타인의 인공지능을 파괴하면 재물손괴죄(형법 제366조)가 성립하고, 타인의 인공지능에 대한 절도죄(형법 제329조)나 강도죄(형법 제333조), 그 밖의 범죄도 성립할 수 있다. 그리고 약한 인공지능이 범죄행위에 제공되었거나 범죄행위로 약한 인공지능을 취득한 경우는 약한 인공지능이 몰수의 대상도 된다(형법 제48조 참조).

(3) 강한 인공지능

현재 약한 인공지능이 가능해진 이유는 물체인식, 음성인식, 기억 등의 과정을 이해하여 알고리즘으로 구현할 수 있게 되었기 때문이다.[407] 약한 인공지능에 필요한 뇌의 기능들을 이해했기 때문에, 약한 인공지능이 가능해졌다. 약한 인공지능의 능력에 추가하여 독립성이 있고, 자아가 있고, 정신이 있고, 자유의지가 있는 것을 강한 인공지능(강인공지능)이라고 하는데,[408] 강한 인공지능에 필요한 뇌의 기능들인 정신·감정·창의성·자아에 대해서는 아직 과학적으로 이해하지 못하고 있다.[409] 그래서 현재 인간 의식을 인위적으로 재현하는 인공지능의 출현이 불가능하다.

그렇다면 미래에 강한 인공지능의 탄생이 가능한 것인가? 이에 대해서는 견해가 나뉜다. 강한 인공지능을 실제로 만들 수 있는지조차 의심하는 시각도 있고,[410] 현재까지 뇌의 기능 중 정신·감정·창의성·자아를 이해하지 못해서 아직은 만들지 못하는 것일 뿐이라는 시각도 있다.[411] 후자의 시각에서는 인간의 자유의지라는 것도 뇌가 운동하며 세상에 작용하는 하나의 방식에 불과하다고 본다.[412]

---

406 형사제조물책임에 대해서는 제7장의 자율주행자동차 사고의 형사책임에서 자세히 살펴볼 것이다.
407 김대식, 앞의 책, 318면.
408 김대식, 앞의 책, 275면.
409 김대식, 앞의 책, 318면; 리처드 왓슨/방진이 역, 『인공지능 시대가 두려운 사람들에게』, 원더박스, 2019, 329면.
410 김진형, 앞의 책, 58면.
411 김대식, 앞의 책, 318면
412 윤영석, "인공지능로봇에 관한 형사법적 연구", 박사학위논문, 서울대학교 대학원, 2018, 115면.

인공지능의 형사책임과 관련된 기본적 어려움은 첫째, 인공지능의 활용과정에서 관련자가 많다는 점, 둘째, 발생한 결과에 대한 인과성의 확인이나 결과예견이 어려워 책임을 특정하기가 어렵다는 점, 셋째, 인공지능이 기술적으로 발전할수록 통제를 위한 인간개입의 여지가 줄어들어 인간의 책임은 제한된다는 점이다.[413] 이러한 특징으로 인해 인공지능 특유의 책임, 그리고 그러한 책임귀속의 전제로서 인공지능에 특화된 자유 혹은 자율성이 가능한지가 문제 된다.

이러한 상황에서 강한 인공지능의 범죄능력 혹은 범죄 주체성을 인정하는 견해는 다음을 근거로 한다. 첫째, 인간이 아닌 동물에 대해서도 형사처벌을 한 적이 있다.[414] 둘째, 법적 지위나 책임 등은 사회적·법적으로 구성되는데, 법적 개념은 역사적인 개념으로서 사회적으로 변경 가능하며, 중요한 것은 해당 법적 개념이 특정한 사회적 목적을 실현하는 데 적합한 것인가라는 것이다. 셋째, 인공지능에 대해서도 형사제재가 가능하다는 것이다. 넷째, 인공지능에 대한 형사처벌을 긍정하지 않으면 처벌의 공백이 생긴다는 것이다.[415]

인공지능의 범죄능력을 긍정하는 시각에서는 (자유의지에 따라 자율적으로 결정함으로써 발생한 결과에 대해 완벽히 책임질 것을 인공지능에 요구하는 차원이 아니라) 정보행위자로서 관계적 맥락 안에서 주도적으로 선택-결정함으로써 일정한 결과가 발생하면 그에 관한 의사결정 과정을 설명할 수 있을 차원에서 상대적-관계적 비중을 고려하는 책임귀속이 제시된다.[416] 이것은 자유로운 자만이 책임질 수 있다는 관점이 아니라, 설명할 수 있는 자가 책임질 수 있다는 관점이라고 한다.[417] 인간과 동일한 수준의 자유의지가 인공지능에 존재하기 전이라도 인간이 처음 프로그램을 설치한 후에 별도로 개입하지 않는 상황에서 인공지능이 스스로 복잡한 작업을 해낸다면 그 인공지능은 자율성을 가졌다고 말할 수 있고, 인공지능이 주어진 상황에 맞추어 자율적으로 상호작용

413 임미원, 앞의 논문, 16면.
414 제7장 III. 중세의 동물재판 참조
415 양천수, 앞의 논문, 64면 참조.
416 임미원, 앞의 논문, 17면.
417 임미원, 앞의 논문, 17면

을 한다면 인간의 행동 양식과 공통된다고 보고 범죄능력을 인정할 수 있다는 것이다.[418]

(4) 인공지능의 범죄주체성에 대한 전망

인간은 기적과 예언을 믿으며 신비주의에 몰입했던 중세 종교의 시대에서 벗어나, 지식을 탐구하고 과학적 합리성을 추구하며 이해와 설명을 요구하는 근대 이성의 시대에서 지금까지 살아오고 있다. 그런데 의사결정을 인간뿐만 아니라 인공지능도 할 수 있는 인공지능의 시대는 등장하는 것일까? 그러한 강한 인공지능이 등장한다면 근대 이후 인간의 이성을 중시하여 발전시킨 ***형법의 기본개념은 변경될 것일까?***

생각건대 인공지능의 시대가 언제 등장할 것인지는 알 수 없다. 약한 인공지능이 존재하는 현재에는 기존의 형법 개념이나 이론이 변경되지는 않는다. 그런데 ***만약 언젠가 강한 인공지능이 출현한다고 가정하더라도, 형법의 기본개념은 이론상 변경될 수도 있을 뿐이지 실제로는 변경되지는 않을 것이라고 본다.*** 도덕성을 갖춘 강한 인공지능이 출현할 경우, 법은 일정한 목적을 달성하기 위한 수단이라는 법개념의 상대성에서 이론상 기존 형법의 기본개념은 변경될 수도 있지만, 실제로는 강한 인공지능의 독립적인 범죄주체성을 인정하여 그의 독자적인 형사책임만을 문제 삼기보다는 인공지능 관련자의 책임을 같이 고려(양벌규정의 활용)할 것이라고 예견되기 때문이다.

1) 법개념의 상대성

이론상으로 강한 인공지능에 범죄능력을 인정할 수 있다는 것은 '법개념의 상대성'에 기반을 둔다. 법은 무엇보다도 그 체계성과 합리성, 보편성과 문화성을 강하게 추구하는 규범이다. 법에는 제도와 기술이라는 측면 및 사상과 정신의 산물이라는 측면이 있다. 법은 경제적 성장, 종교적 충동, 정신적·문화적 자극, 정치적 목적 등 다양한 요인이 복합적으로 작용하여 발전한다.[419]

법에서 인간상은 시대에 따라 변해왔다. 이것은 법에서 인간의 개념과 인격의 개

418 윤영석, 앞의 논문, 116면.
419 최종고, 앞의 책, 426면.

념이 구분되는 것으로도 설명된다. 고대부터 근대까지 노예는 사람이 아니라 물건으로 주인의 소유물로 인정해 왔다. 미국에서 노예는 1863. 1. 1. 해방(Emancipation Proclamation)이 선언되었다. 미국의 노예해방에는 인간의 존엄과 평등이라는 계몽주의적 사상뿐만 아니라 경제적 필요성이라는 측면이 중요하게 작용했다는 시각에서 보면, 인공지능에 사람과 동등한 지위를 부여하는 것이 사람에게 유익하다고 설득될 때 비로소 인공지능도 사람의 지위를 부여받게 될 것이다.[420] 이것은 2010년대 사우디아라비아의 경우에서도 확인할 수 있다. 사우디아라비아에서는 2011년에 비로소 여성에게 참정권이 인정되었지만,[421] 2017년 세계에서 처음으로 인공지능 로봇에게 시민권을 부여했다. 미국 로봇 업체 핸슨 로보틱스(Hanson Robotics)가 개발한 소피아(Sophia)라는 인공지능은 2017. 10. 27. 리야드에서 열린 국제투자회의 행사에서 히잡을 두르지 않고 대담자로 출연하여 자신이 시민권을 받았다고 알렸다.[422] 21세기 사우디아라비아에서 여성의 지위 향상과 19세기 미국에서 흑인의 노예해방은 인간의 존엄과 평등이라는 가치뿐만 아니라 경제적 논리에 의해서 뒷받침된 공통점이 있다.[423]

역사적으로 형성되는 법개념의 의미는 옳고 틀린 것이 아니라 그 개념의 목적에 비추어 합목적적인지 아닌지만 평가될 뿐이라고 한다면, 법개념은 일정한 목적을 달성하기 위한 수단이며 따라서 그 개념은 항상 고정될 필요는 없다.[424] 법은 신에 의하여 계시되거나 과학실험으로 발견되는 것이 아니라, 순전히 인간에 의해 만들어진 것이다. 비록 정의에 대한 관념은 시대와 나라별로 다를 수 있지만, 특정 시대와 특정 국가에서 정의에 대한 공통된 표상이 있어야 하는데 법은 이러한 표상의 공간이며 사람들의 행동에 공통된 의미를 부여하는 것이다.[425] 법은 정치제도의 역사에서든 과학기술의 역사에서든 가변적인 여러 목적을 위해 쓰일 수 있으며, 변화하는 다양한 목표에 부응할 수 있다.[426]

국가로부터 형사처벌을 받는다는 것은 자신의 형법상 책임의 존재를 확인하는 것이

420 정상조, 『인공지능 법에게 미래를 묻다』, 사회평론, 2021, 108면.
421 한국일보, “참정권 받아든 사우디 여성, 중동 정치 변화의 씨앗 될까”, 2015. 9. 9. 기사.
422 중앙일보, “히잡 안쓴 ‘여성 로봇’에 시민권 준 사우디아라비아”, 2017. 10. 27. 기사.
423 정상조, 앞의 책, 111면.
424 윤지영·윤정숙·임석순·김대식·김영환·오영근, 앞의 보고서, 321면.
425 알랭 쉬피오 저/박제성·배영란 역, 『법률적 인간의 출현』, 글항아리, 2015, 31면.
426 알랭 쉬피오 저/박제성·배영란 역, 앞의 책, 31면.

아니라 자신의 행위에 대해서 책망을 받는 것이라는 점에 동의한다면, 책임이란 사회적 행위에 따른 결과물이므로 책임을 인정할지는 사회(타인)에 의해 결정되는 측면이 있음을 나타낸다. 법개념의 상대성에서 보면, 강한 인공지능이 출현하여 사회에서 기능할 때 이론상으로 인공지능에도 형사책임을 물을 수도 있다.

2) 도덕성을 갖춘 인공지능의 출현

인간과 대등한 지적 사고력을 갖춘 인공지능이더라도 인간과 대등한 도덕적 판단력을 갖추었는지는 별개의 문제이다. 형사처벌은 인간에게만 유의미하다는 시각에는, 형벌이란 사회가 부도덕한 행위에 대한 제재를 가하는 것이고 인간만이 도덕성에 대한 판단력이 있다고 본다. 도덕적 판단은 특정한 상황에서 자신의 가치관에 따라 판단하는 능력으로서 이성적 판단(지적 사고력)과는 구별된다. 도덕적 판단력은 타인과 공감하는 능력을 바탕으로 하여 타인의 고통과 슬픔을 같이 느낄 수 있음을 전제하는데, 인공지능에 인간과 공감하는 능력이 존재하는 것을 부정한다면 인공지능을 형사처벌 하는 것은 무의미하게 된다.

물론 인간의 도덕성이나 반성도 뇌 활동의 결과이고 인공지능에도 인간과 동등한 사고, 감정, 의도를 갖게 할 수 있다는 시각에서는 형법상 인공지능의 주체성을 인정할 수도 있을 것이다. 그러나 일반적으로 사람들은 인공지능이나 동물을 인간과 동등하게 여기는 것에 대한 거부감이 있는데, 이것은 인간 중심 사고에 기인한다.[427] 인간은 동물과 달리 육체적 본능에서 벗어나 이성적으로 판단하고 보편적인 도덕 규범에 따라 행동할 수 있는데, 인공지능에는 이러한 특성이 존재하지 않는다고 생각하기 때문이다. 형법은 금지된 행위를 한 것을 윤리성과 연결하여 도덕적 자기반성의 토대에서 책임을 묻는 것이다.[428] 피해를 발생시킨 가해자에게 민사상 손해배상을 묻는 것과 별도로 국가가 형사상 처벌을 가하는 것에는 응보의 의미가 있다. 형벌에 있어서 응보의 의미를 부정할 수는 없는데, 여기서 응보이론은 사회공동체의 도덕적 우위성이 전제된다. 그렇다면 도덕

427 정상조, 앞의 책, 106면.

428 전지연, "형법상 전자인(e-person)의 가능성", 『비교형사법연구』 제21권 제2호, 2019, 14면.

적 판단력이라는 개념이 형사처벌에 있어서 전제되는 개념이고, 범죄자에게 형사책임을 인정하여 형사처벌을 하기 위해서 그에게 도덕적 판단력이 존재해야 함을 부정할 수는 없다.

만약 앞으로 자신의 의지를 도덕적으로 고려할 수 있는 강한 인공지능이 나타난다면, (비록 실제로 그러한 강한 인공지능이 나타날 것인지에 대해서는 의구심을 떨칠 수 없지만) 이론적으로 강한 인공지능에도 형사책임을 물을 수 있을 것이다. 탈인간중심적 인격을 수용하는 시각에서는 법적 지위는 사회적인 관점에서 제정된다는 생각으로부터 출발해서 인공지능에도 책임들을 부담시키는 것이 가능하다고 한다. 이러한 생각에 따르면 법인과 유사하게 인공지능도 '***전자 인격(elektronische Person)***'이라는 지위를 독자적으로 부여받을 수도 있다.[429]

한편 인공지능의 범죄주체성이 부정되는 이유는 자유의지의 부재가 아니라 자유의식과 성찰능력의 부재, 즉 인공지능은 자신의 자유를 의식하지 못하고 자신이 과거와 미래가 있는 실재하는 존재임을 이해할 수 없다는 점이라고 설명되기도 한다.[430] 그렇다면 이러한 시각에서도 자신의 과거 행동을 윤리적으로 반성하여 되돌아보고 미래에 고쳐나갈 수 있는 강한 인공지능이 나타난다면, 강한 인공지능에도 범죄주체성을 인정하여 형사처벌을 부과할 수 있을 것이다.

3) 인공지능 관련자의 형사책임 고려

다음으로 (만약 도덕성을 갖춘 강한 인공지능이 실제로 출현하여) 인간과 동등한 사고와 감정, 도덕성까지 갖춘 강한 인공지능에 이론상 범죄주체성을 인정할 수 있더라도, 이러한 ***강한 인공지능의 독자적인 형사책임을 실제로 형법에 규정할 것인지에 대해서는 재고***하게 된다.

자신의 의지를 도덕적으로 고려할 수 있는 강한 인공지능이 등장하더라도, 형법에서 강한 인공지능을 인간과 마찬가지로 형사책임의 주체로 규정할 것인지는 단정할 수 없

429 윤지영·윤정숙·임석순·김대식·김영환·오영근, 앞의 보고서, 320면.

430 Sabine Gleß·Thomas Weigend, "Intelligente Agenten und das Strafrecht", Zeitschrift für die gesamte Strafrechtswissenschaft Volume 126 Issue 3, 2014, 569면.

다.[431] 예를 들어, 법인의 존재를 인정하면서도 법인의 범죄능력을 규정함에 있어서는 국가마다 다르다. 스위스 형법에서는 법인의 범죄능력을 직접적으로 규정하고 있지만, 한국의 형법에서는 법인의 범죄능력을 규정하지 않고 양벌규정이라는 형식을 통해 직접 행위를 한 사람에 대한 처벌을 전제로 법인의 형사처벌을 규정한다. 이처럼 강한 인공지능이 등장하더라도 바로 인공지능의 범죄주체성을 독립적으로 규정하기보다는 양벌규정의 형식을 이용하여 인공지능 이외에 관련자(인공지능의 설계자, 제작자, 소유자, 사용자 등)의 형사책임도 함께 규정하는 방식이 선호될 수 있다. 이것은 아래의 이유와도 연결된다.

현대 사회에서 인간들은 안정성, 확실성, 공정성이라는 요소를 갈망하면서도 다른 한편으로는 개인 자신이 주도권을 쥐고 자신의 기계를 마음대로 휘두를 수 있기를 바라는데,[432] 강한 인공지능에 범죄능력을 인정하는 것은 인공지능 제작자 등 ***관련자의 책임을 회피하려는 방안은 아닌지 의심***되기 때문이다.[433] 강한 인공지능의 범죄주체성을 논하는 것은 강한 인공지능도 완벽할 수 없어서 범죄를 저지른다는 것을 전제한다. 그런데 정해진 기능 안에서 전문가를 능가하는 수준의 업무처리 능력을 갖추었을 뿐만 아니라 자율성과 도덕성까지 갖춘 강한 인공지능이라면, 그가 범죄를 행했다는 것은 인공지능의 지적·정신 능력에 문제가 아니라 기계적 능력, 즉 인공지능의 측면이 아니라 로봇의 측면의 문제로 인한 경우이지 않을까 생각한다. 우리가 이상적으로 생각하는 강한 인공지능 스스로가 자율적으로 범죄를 행한다는 자체가 모순일 수도 있다. 이러한 시각에서 인공지능의 배후에 있는 인간의 범죄주체성을 검토해야 필요성은 항상 존재한다.

결국 강한 인공지능의 독립적인 범죄주체성을 인정하여 그의 독자적인 형사책임만을 문제 삼기보다는, 인공지능 관련자에게도 책임을 묻는 것이 필요하다. 따라서 실제로는 형사제조물책임의 법리를 발전시켜 인공지능 관련자에게 인공지능의 범죄에 대한 책임을 물을 수 있는 법률을 제정하는 방향으로 전개되어야 하고 그러리라고 예상한다.

---

431 안성조, "인공지능 로봇의 형사책임-논의방향의 설정에 관한 몇 가지 발전적 제언-", 『법철학연구』 제20권 제2호, 2017, 112면.

432 리처드 왓슨/방진이 역, 앞의 책, 37면.

433 전지연, 앞의 논문, 2면 참조.

참고문헌

구모영, "법에 있어서의 인간상", 『동아법학』 제30호, 2002.

김대식, 『인간 vs 기계』, 동아시아, 2016.

김 욱, 『법을 보는 법』, 개마고원, 2009.

김정환, "성폭력범죄에서 책임능력", 『법학논총』 제23권 제1호, 2010.

김정환, "사실확정을 전제하는 형법이론과 사실미확정을 전제하는 형사절차의 조화", 『연세법학 또 다른 백년 - 진리·자유와 법학 -』, 연세대학교 출판부, 2021.

김준호, 『민법강의(제23판)』, 법문사, 2017.

김진형, 『AI 최강의 수업』, 매일경제신문사, 2021.

라인홀트 치펠리우스/김형배 역, 『법학입문』, 삼영사, 1993.

로랑 리첸뷔르거/조민영 역, "돼지, 황소, 들쥐들을 법정에 세워라!", 『르몽드 디플로마티크』 제118호, 2018.

리처드 왓슨/방진이 역, 『인공지능 시대가 두려운 사람들에게』, 원더박스, 2019.

박상기, 『독일형법사』, 율곡출판사, 1993.

박상기, 『형법총론(제9판)』, 박영사, 2012.

신동운, "공범론 조문체계의 성립에 관한 연혁적 고찰", 『우범 이수성 선생 화갑기념논문집』, 2000.

신동운, 『형법총론(제9판)』, 법문사, 2015.

안성조, "인공지능 로봇의 형사책임 - 논의방향의 설정에 관한 몇 가지 발전적 제언 -", 『법철학연구』 제20권 제2호, 2017.

알랭 쉬피오 저/박제성·배영란 역, 『법률적 인간의 출현』, 글항아리, 2015.

양천수, "인공지능과 법체계의 변화 - 형사사법을 예로 하여 -", 『법철학연구』 제20권 제2호, 2017.

양천수, 『인공지능 형명과 법』, 박영사, 2020.

양태자, "중세인들의 동물 사랑과 학대, 그리고 동물 재판", 『기독교 사상』 제717호, 2018.

윤영석, "인공지능로봇에 관한 형사법적 연구", 박사학위논문, 서울대학교 대학원, 2018.

윤영철, "인공지능 로봇의 형사책임과 형법의 인격적 인간상에 대한 고찰", 『원광법학』 제35권 제1호, 2019.

윤지영·윤정숙·임석순·김대식·김영환·오영근, 『법과학을 적용한 형사사법의 선진화 방안(VI)』, 2015.

윤지영·김한균·감동근·김성돈, 법과학을 적용한 형사사법의 선진화 방안(Ⅷ) : 인공지능 기술』, 2017.
이병수, “우리나라 근대화와 형법대전의 반시”, 『법사학연구』 제2권, 1975.
이은모·김정환, 『형사소송법(제8판)』, 박영사, 2021.
임미원, “인공지능의 기초적 이해 - 규범적 관점에서 -”, 『법학논총』 제38집 제3호, 2021.
장규원·강동욱, 『형법총칙 비교법 자료집』, 한국형사정책연구원, 2006.
전지연, “형법상 전자인(e-person)의 가능성”, 『비교형사법연구』 제21권 제2호, 2019.
정상조, 『인공지능 법에게 미래를 묻다』, 사회평론, 2021.
최종고, 『법철학(2판)』, 박영사, 2005.
프란츠 M. 부케티츠/원석영 역, 『자유의지 그 환상의 진화』, 열음사, 2009.
Arno Buschmann, Textbuch zur Strafrechtsgeschichte der Neuzeit, 1997.
Claus Roxin, Strafrecht Allgemeiner Teil I(4.Aufl.), 2006.
Günther Jakobs, Strafrecht Allgemeiner Teil(2. Aufl.), 1993.
Sabine Gleß·Thomas Weigend, “Intelligente Agenten und das Strafrecht”, Zeitschrift für die gesamte Strafrechtswissenschaft Volume 126 Issue 3, 2014.

[연세대학교 법학전문대학원 교수 김정환]

제8장

일반 자동차 사고와 자율주행 자동차 사고의 형사책임

| 김정환 |

우리의 생활에 가장 다가온 인공지능인 자율주행 자동차와 관련된 형사책임을 살펴보고자 하는데, 먼저 일반 자동차 사고의 형사책임에 대해서 살펴본 후 자율주행 자동차 사고의 형사책임에 대해서 살펴본다.

Ⅰ. 일반 자동차 사고의 형사책임

1. 교통사고의 형사책임

(1) 과실치사상죄와 업무상과실치사상죄

형법 제266조 제1항에는 "과실로 인하여 사람의 신체를 상해에 이르게 한 자는 500만원 이하의 벌금, 구류 또는 과료에 처한다."고 하여 '과실치상죄'가 규정되어 있고, 형법 제267조에는 "과실로 인하여 사람을 사망에 이르게 한 자는 2년 이하의 금고 또는 700만원 이하의 벌금에 처한다."고 하여 '과실치사죄'가 규정되어 있다. 그리고 형법 제268조에는 "업무상과실 또는 중대한 과실로 인하여 사람을 사상에 이르게 한 자는 5년 이하의 금고 또는 2천만원 이하의 벌금에 처한다."고 하여 '업무상과실·중과실 치사상죄'가 규정되어 있다.

과실치상죄, 과실치사죄, 업무상과실·중과실치사상죄에서 말하는 ***과실***은 상해나 사망의 결과발생을 예견하여 회피할 수 있었는데 그렇게 하지 않았다고 평가할 수 있는 ***주의의무위반***이 있었다는 것을 말하고, 그러한 주의의무위반이 상해·사망의 결과 발생과 인과관계가 인정될 때 범죄(과실범)가 성립하여 처벌된다. 업무상과실치상죄나 업무상과실치사죄는 업무자라는 신분으로 인하여 과실치상죄나 과실치사죄보다 무겁게 처벌하도록 규정된 것인데, 이때 ***업무***란 사회생활상의 지위를 바탕으로 하는 것이고 일상생활에서의 사무(식사, 수면, 육아, 가사 등)는 업무에 해당하지 않는다. 업무자에게는 높은 주의의무가 요구된다거나 업무자는 결과에 대한 예견가능성이 커서 비난가능성도 크기 때문에 일반의 과실 범죄보다 업무상과실의 범죄가 무겁게 처벌된다.

업무상과실치사죄나 업무상과실치상죄가 적용되는 경우는 ① 첫째, 각종 토목공사, 운반 작업, 기계조작 등의 위험한 작업과 관련한 사고, ② 둘째, 경찰관이나 수렵자의 총기 조작·관리와 관련된 사고, ③ 셋째, 폭발물, 가연성물질, 유독물질 등 위험물 취급과 관련된 사고, ④ 넷째, 승선정원 초과, 선박의 접촉·충돌 등 선박과 관련된 사고, ⑤ 다섯째, 유독·유해 물질이 혼합된 식품의 제조·유통과 관련된 사고, ⑥ 여섯째, 유아원, 보육원, 유치원 등에서의 안전사고를 들 수 있다. ⑦ 그리고 ***업무상과실치사·상죄의 가장 대표적인 유형***이 ***자동차 운행*** 중에 발생하는 ***대인***(對人)***사고***이다.

(2) 자동차 사고

자동차 운전자는 자동차의 운행으로 인한 사고의 발생을 방지할 주의의무가 운행 중뿐만 아니라 운행 이전이나 이후에도 있다. 예를 들어, 운전자는 운행 이전에 제동장치에 기름누설 등이 없고 바퀴의 고정이 확실한지를 점검하여야 할 업무상 주의의무가 있으며,[434] 운행 중에는 앞차에 의하여 전방의 시야가 가리므로 앞차의 어떠한 돌발적인 운전이나 사고에서도 자기 차량에 연쇄적인 사고가 일어나지 않도록 앞차와의 충분한 안전거리를 유지하고 진로를 잘 살펴 진로의 안전을 확인하면서 진행할 주의의무가 있으며,[435] 운행종료 후 안전을 확인하지 아니하고 차의 문을 열거나 내려서는 안 되는 주의의무가 있다.[436] 이러한 주의의무를 위반하여 대인사고가 발생하면 업무상과실치사죄(사망의 경우) 혹은 업무상과실치상죄(상해의 경우)가 성립한다.

한편 운전자가 자동차의 운행 중 ***대물***(對物)***사고***를 범한 경우는 운전자가 자동차종합보험 등에 가입했다면 사실상 처벌되지 않는다. 도로교통법 제151조에는 "차의 운전자가 업무상 필요한 주의를 게을리하거나 중대한 과실로 다른 사람의 건조물이나 그 밖의

434 대법원 1985. 12. 24. 선고 85도1755 판결.

435 대법원 2001. 12. 11. 선고 2001도5005 판결.

436 도로교통법 제49조 제1항 제7호.

재물을 손괴한 때에는 2년 이하의 금고나 500만 원 이하의 벌금에 처한다."고 규정하고 있지만, 교통사고처리 특례법 제4조 제1항에서는 교통사고를 일으킨 차가 보험 또는 공제에 가입된 경우는 도로교통법 제151조의 죄를 범한 당해 차의 운전자에 대하여 공소를 제기할 수 없다고 규정하고 있기 때문이다. 즉 운전자가 자동차의 운행 중 일으킨 대물사고의 경우에 도로교통법 위반죄가 성립하지만, 그 자동차가 종합보험 등에 가입되었다면 검사가 공소를 제기할 수 없어 운전자는 형사재판을 받지 않는다.

(3) 교통사고처리 특례법

1982. 1. 1.부터 시행된 교통사고처리 특례법은 자동차의 운전이 국민생활의 기본요소로 되어가는 현실에 부응하여 ***교통사고를 일으킨 운전자에 대한 형사처벌 등의 특례***를 정함으로써 교통사고로 인한 피해의 신속한 회복을 촉진하고 국민생활의 편익을 증진하려는 목적에서 제정되었다. 교통사고처리 특례법의 실질적 의미는 업무상과실·중과실 치사상죄(형법 제268조)와 업무상과실·중과실 재물손괴의 도로교통법 위반죄에 관한 특칙을 규정함에 있다. 따라서 교통사고처리 특례법은 운전자의 '과실'이 없는 교통사고에는 적용되지 않으며, 운전자가 '고의'로 교통사고를 발생시킨 경우도 적용되지 않는다.[437]

교통사고처리 특례법은 제정 당시부터 지금까지 6개의 조항으로 구성되어 있다. 제1조(목적), 제2조(정의), 제3조(처벌의 특례), 제4조(보험 등에 가입된 경우의 특례), 제5조(벌칙), 제6조(양벌규정)로 구성되어 있다. 교통사고처리 특례법의 핵심 규정은 제3조인데, 제3조 제1항에서는 차의 운전자가 교통사고로 업무상과실·중과실 치사상죄(형법 제268조)를 범한 경우의 처벌을 규정하면서 제2항에서는 '치사'의 경우를 제외한 '업무상과실·중과실 치상' 및 '업무상과실·중과실 재물손괴'의 경우에 대한 처벌의 특례를 규정하고 있다. 즉 제3조 제2항에서는 '업무상과실·중과실 치상' 및 '업무상과실·중과실 재물손괴'의 경우를 ***반의사불벌죄***(피해자가 처벌을 바라지 아니한다는 의사표시를 하면

437 김정환·김슬기, 『형사특별법(제2판)』, 박영사, 2022, 222면.

처벌할 수 없는 범죄)로 규정하고 있다. 다만 업무상과실·중과실 치상의 경우 중 반의사불벌죄로 보지 않는 경우(횡단보도사고, 중앙선침범 사고, 음주운전 사고 등 ***12개 예외사유***)를 제3조 제2항의 단서로 규정하고 있다. 제4조 제1항은 자동차가 손해배상금 전액을 보상하는 보험이나 공제에 가입된 경우를 원칙적으로 처벌불원의 의사표시로 간주하여 공소를 제기하지 못하도록 규정하고 있고, 제4조 제1항 단서에서 제3조 제2항의 단서의 경우(반의사불벌죄로 보지 않는 경우)와 중상해의 경우를 처벌불원 의사표시의 간주에서 제외하고 있다.

2. 형사제조물책임

(1) 의의

일반 자동차의 결함으로 인하여 사고가 발생한 때에 형사처벌과 관련해서 형사제조물책임이 논의된다. 자동차와 같이 현재 일상적으로 사용하는 물품이나 교통수단 등은 대부분 기업에서 생산되는 제조물인데, 판매될 제조물의 개발·제조과정에서 사람의 생명이나 신체에 해를 가할 수 있는 위험이 존재할 수 있다. 만약 제조물에 사람의 생명이나 신체에 해를 가할 위험이 존재한다는 것을 인지하고서도 제조물을 제조하거나 판매한 경우는 미필적 고의에 의한 ***살인죄*** 또는 ***상해죄***가 적용될 수 있다. 이와 같은 고의범의 경우는 범죄행위의 주체를 특정하기가 과실범보다 상대적으로 어렵지 않다. 반면 제조물에 사람의 생명이나 신체에 해를 가할 위험이 존재한다는 것을 인식하지 못하고 제조하거나 판매하여 사람의 생명이나 신체에 해가 발생한 경우는 ***과실범(업무상과실치사·상죄)***의 성립여부가 문제 되는데, 이 경우 범죄행위의 주체를 특정하기가 어렵다. 행위의 주체를 특정하기 어려운 ***과실범의 성립여부***와 관련하여 ***형사제조물책임***이 논의된다.[438]

---

438 민사상의 제조물책임과 관련해서는 "제조물의 결함으로 발생한 손해에 대한 제조업자 등의 손해배상책임을 규정함으로써 피해자 보호를 도모하고 국민생활의 안전 향상과 국민경제의 건전한 발전에 이바지함을 목적"으로 하는 「제조물 책임법」이 2000. 1. 12. 제정되었다.

이처럼 형사제조물책임의 논의는 판매된 제조물이 사람의 생명이나 신체에 해를 가하는 결함이 있는 경우, 업무상과실치사·상죄의 성립여부와 관련된다. 특히 제조물의 제조과정은 기업의 조직적 활동과 연결되기 때문에 ***기업체 내부의 누구에게 형사책임을 물을 수 있는 것인지***가 어려운데, 특정한 사람의 주의의무위반을 전제로 하는 일반적인 과실범의 개념에 대한 수정의 필요성이 제기된다.[439] 또한 사람의 생명이나 신체의 피해에 대한 제조물의 영향이 명확히 밝혀지기 어렵기에, ***인과관계의 인정***에서 어려움이 있다. 제품의 사용과 사람의 사망·상해의 결과 간에 자연법칙적 인과관계를 인정하기 어려운 경우 혹은 과학적으로 논란의 여지가 있는 경우에도 침해 결과가 제조물에 의한 것으로서 그 제조자에게 책임을 부과할 수 있는지의 물음이 형사제조물책임에서 다루어진다.[440]

아래에서는 형사제조물책임의 본격적 논의의 계기가 된 독일의 가죽용 스프레이 사건(Lederspray Fall)을 살펴보고,[441] 이어서 제조물의 제조 및 판매단계에서 발생하는 형사책임과 제조물의 유통된 이후의 단계에서 발생하는 형사책임을 구분하여 형사제조물책임의 논의를 살펴본다.

(2) 논의 촉발 사례(가죽용 스프레이 사건)

독일에서 구두나 의류 등의 가죽제품에 바르는 스프레이를 생산하는 W 회사와 M 회사는 E, R, S 등의 자회사를 통해 가죽제품에 바르는 스프레이를 판매하고 있었다. 1980년 늦가을부터 스프레이를 사용한 소비자들이 기침·구역질·발열 증상부터 심지어 폐수종의 건강 이상을 호소하는 사례들이 접수되었다. 피해접수 이후 회사가 자체 조사를 거쳐 스프레이의 성분을 변경하였음도, 1981. 2. 14.부터 다시 추가로 5건의 피해가 발생하였다. 이에 회사는 독성학자들과 전문적인 검토를 하였는데, 제품에서 하자를 발견하지 못했다. 이후 회사는 1981. 5. 12. 긴급대책회의를 개최하였는데 당시 참석자는 W, M, S

439 전지연, 『제조물의 하자에 의한 형사법상 책임에 관한 연구』, 한국형사정책연구원, 1996, 16면.

440 이석배, “형법상 제조물책임과 인과관계의 확정”, 『의료법학』 제17권 제2호, 2016, 15면.

441 이에 대한 소개는 발터 페론/조병선(역), “1990년 7월 6일 독일연방최고법원의 형법적 제조물책임에 대한 피혁보호분무기 판결”, 『청주법학』 제8권, 1994, 217면 이하 참조.

회사의 대표와 그 회사그룹의 중앙연구센터의 소장인 화학자 B 박사 등이었다. 참석자들은 기존 제품의 판매 중지나 회수 대신에 기존 제품을 계속 판매하여 소진하면서 용기에 기재된 경고문구를 개선하기로 하였다. 긴급대책회의 후에도 추가로 38건의 피해가 접수되었고, 이후 독일연방보건부(Gesundheitsministerum)가 개입하자 비로소 위 회사들은 1983. 9. 20. 가죽용 스프레이의 판매를 중지하고 회수조치에 나섰다.

이 사건을 담당한 마인츠(Mainz) 지방법원은, 피해자들에게 나타난 증상의 ***원인***이 가죽용 스프레이의 어떤 물질인지 ***입증되지 못하였지만***, 간접증거에 의해서 일정한 조건에서 인과성이 의학적으로 증명될 수 있다는 일부 감정서의 의견에 따라 ***인과관계를 인정***하였고, 독일연방대법원도 이러한 판단을 유지하였다. 독일연방대법원은 1981. 2. 14.부터 발생한 5건의 피해에 대해서는 시중에 유통된 제품을 회수하지 않은 부분에 대하여 ***과실치상죄***[442]를 인정하였고, 1981. 5. 12. 긴급대책회의 이후 발생한 38건의 피해에 대해서는 상해의 고의를 인정하여 ***상해죄***를 인정하였다.[443]

독일연방대법원은 가죽용 스프레이 사건에서 사용자의 생명이나 신체 등을 침해할 수 있는 제품을 제조하여 판매하는 행위는 주의의무에 위반하는 행위에 해당한다고 판단했는데, 이것은 ***주의의무위반 여부***를 판단하는 시점이 제조시점이나 판매시점이 아니라 ***판매 이후의 시점***이 된다는 것이었다. 이러한 독일연방대법원의 판단에 대해서 형법상 과실범의 개념에 반한다는 비판이 제기되었다. 즉, 행위자가 행위(제조·판매) 당시에 자신의 행위가 법적으로 허용되지 않는 위험을 창출한다는 점을 인식하거나 예견할 수 있었음에도 충분한 주의를 기울이지 않고 행위로 나아간 경우에만 처벌해야 형법의 동기부여적 기능이 발휘된다는 비판과 행위규범이라는 형법의 성질을 고려한다면, 행위당시를 기준으로 주의의무위반 여부를 판단해야 한다는 ***전통적 과실 개념에 반한다는 비판***이 다수 제기되었다.[444]

---

442 독일형법에는 업무상과실이라는 개념이 존재하지 않아, 업무상과실치상죄가 존재하지 않는다.

443 BGH, Urteil vom 6. 7. 1990 - 2 StR 549/89.

444 김호기, "개발위험의 항변과 형법적 제조물책임", 『형사정책연구』 제27권 제1호, 2016, 172면 참조.

(3) 제조·판매단계 형사제조물책임

제조물의 제조·판매과정에서 결함으로 인해 그 제조물을 사용하는 사람의 생명이나 신체에 해가 발생한 때에, 업무상 과실치사·상죄의 적용에 있어서 범죄의 주체를 어떻게 특정할 것인지와 과실범의 성립요건인 주의의무위반(결과에 대한 예견가능성과 회피가능성)을 어떻게 볼 것인지가 논의된다.

① 과실책임의 주체

제조물의 개발이나 제조에는 다수의 사람이 관여하는데, 제조물의 결함으로 제조물 사용자의 생명이나 신체에 침해에 대해서 형사책임을 묻기 위해서는 누구의 어떠한 행위가 책임이 있는지를 특정하여야 한다. 제조과정에 직접 관여하는 종업원의 과실이 제조물 결함의 원인으로 밝혀진다면 그 종업원이 책임의 주체가 될 것이고, 제조물 결함의 원인이 기업의 조직적·구조적인 환경에 있다면 임원 등에게 과실의 책임을 묻게 될 것이다. 후자의 경우 임원 등의 관리·감독상 주의의무위반에 대한 형사책임이 논해진다.

관리과실은 제조과정에서 직접 작업하는 종업원과 관계없이 제조과정의 물적 설비나 인적 체제의 불완전으로 인하여 제조물의 결함이 발생한 때에 ***제조과정의 관리자***에게 인정된다. 제조물을 생산하는 과정에서 결함 있는 제조물에 의해 피해가 발생하지 않도록 기업 내부적으로 안전 체계를 확립할 의무가 요청되기 때문이다. 예를 들어, 납품되는 원료에 유해의 성분이 없는지를 검사하는 절차가 요구될 수 있고, 제품의 유통 전에 최종적으로 안정성을 검사하는 절차가 요구될 수 있다. 제조물의 결함으로 인하여 사용자의 생명이나 신체에 침해가 발생한 때에 제조과정에서 이러한 안전 체계를 갖추지 못했다면, 기업 내부적으로 안전 체계를 수립할 권한이 있는 사람에게 관리과실이 인정되어 형사책임을 물을 수 있게 된다.[445] 예를 들어, (제조물은 아니지만) 혈액의 경우에 헌혈자들로부터 혈액의 적격 여부를 확인하지 않고 채혈하고 혈액원 소속의 검사자들이

445 고준성, "일본에서의 형사제조물책임에 관한 논의 검토", 『강원법학』 제64권, 2021, 240면.

그 채혈한 혈액의 검사를 잘못한 상태에서 부적격 혈액들을 출고하여 이를 수혈받은 사람들이 C형 간염으로 감염된 사례에서 혈액원의 관리·운영자인 혈액원장에게 업무상 과실치상죄가 인정된다.[446]

감독과실은 직접 작업하는 종업원의 과실에 의해 사고가 발생한 때에 이러한 사고를 방지하도록 종업원에 대한 지도·감독의 의무가 있는 사람이 그러한 의무를 다하였다면 사고의 발생을 회피할 수 있었을 때 인정된다. 만약 종업원의 과실에 의해 결함 있는 제조물이 제조되었는데 종업원의 과실이 제조 교육의 부실 등에 기인하는 것이라면, 제조물의 결함으로 인한 사용자의 생명·신체의 침해에 대해서 지도·감독의 의무가 있는 사람에게 형사책임을 물을 수 있다.

② 주의의무(결과의 예견가능성과 회피가능성)

과실에 의해 결과나 위험이 야기된 것만으로 과실범의 형사책임을 인정하는 것(결과책임주의)은 형법상 인정되지 않는다. 행위자가 주의의무를 다하였어도 결과의 발생을 회피할 수 없었던 경우라면 형법상 과실책임을 물을 수 없기 때문이다. 과실범의 성립에 요구되는 주의의무는 사회생활상 요구되는 주의의무를 태만하고, 그로 인해 ***예견 가능하며 회피 가능했던 결과를 초래한 것***을 의미한다. 과실범이 성립하기 위해서는 사망·상해의 결과 발생에 대한 예견가능성과 결과 발생의 회피가능성이 필요하다.

그런데 기업의 임원 등 관리자에 대한 형사책임 추궁의 필요성에도 불구하고, 업무의 영역이 결함 있는 제조물의 직접적인 작업 과정에서 멀어질수록 제조물의 결함에 대한 예견가능성의 정도는 낮아지게 되어 과실범 성립의 인정이 어려워지게 된다. 또한 새로운 기술을 도입하여 제조물을 생산하는 경우는 생산단계에서 그로 인한 부작용을 알기

---

446 대법원 2007. 5. 10. 선고 2006도6178 판결. 대법원은 이 사건에서 혈액원은 대한적십자사가 혈액관리업무를 실시하기 위하여 혈액관리법에 따라 보건복지부장관의 허가를 받아 개설한 혈액사업본부 소속 기관으로서 특별회계로 독립하여 운영되고, 그 원장이 혈액사업본부의 방침에 따라 헌혈 혈액의 채혈, 검사, 제재, 보관, 공급에 관한 사항 등 원무를 통할하며 소속 직원을 지휘·감독하였고, 필요하다고 인정할 때는 업무를 일시 조정·분장하는 한편 세부적인 원무에 관하여 혈액원장의 내규로 정하여 시행하는 등 각종 권한을 행사한 사실을 인정하여 '혈액원장'을 관리의 주체로 인정하였다. 반면 혈액원의 내부적 업무분장에 따라 부여된 행정적 업무를 처리하는 '검사과장'은 그 각 지위와 업무 내용에 따라 요구되는 업무상의 주의의무의 내용이 혈액원장과 다르다고 인정되어 업무상 과실치상죄가 인정되지 않았다.

가 어렵고, 분업체계의 제조과정을 통해 제조물을 생산하는 경우는 어느 부분에서 위험이 발생할 것인지를 예견하기가 어렵다. 이에 ***제조물에 의한 침해 결과의 발생을 어느 정도까지 예견할 수 있을 때*** 과실의 형사책임을 인정할 수 있는지가 문제 된다.[447]

독일에서는 이러한 경우의 과실범 처벌을 적극적으로 인정하기 위해서 민법에서 불법행위의 해석론으로 발전해 온 거래안전의무(Verkehrssicherungspflicht)의 개념을 형법에 받아들여, 제조기업을 시설물과 같은 위험원으로 파악하고 그것을 지배하는 지위에 있는 사람에게 제3자의 법익침해가 발생하지 않도록 할 의무(위험원 감시의무)가 있다는 '***거래안전의무설***'이 등장하였다. 제조자는 어떤 원료를 사용하여 어떤 방법으로 제품을 제조할 것인지를 결정할 수 있으나 소비자는 이러한 과정에 사실상 어떠한 영향력도 행사하기 어렵기에, 시설물 등의 관리자에게 결과발생 방지의무를 부담시키는 것처럼 제품의 제조자에게도 형법상 의무를 인정해야 한다는 것이다.[448]

일본에서도 예견가능성을 쉽게 인정하는 '***위구감***(危懼感)***설***'이 등장하였다. 위구감설은 위구감(***어떠한 위험이 있을지도 모른다는 추상적인 예견가능성***)이 있을 때 이러한 위구감을 불식시키기에 필요한 회피행위를 할 의무가 발생한다는 견해이다.[449] 이것은 과학기술의 발전이 가져오는 부정적인 측면을 중요시하여, 특히 기업의 활동으로 초래된 사고에 대응하기 위해서 형사처벌의 확대를 뒷받침하는 이론이다. 일본의 법원은 비소(Arsenic)가 함유된 재료를 잘못 납품 받은 후 비소가 함유된 분유를 제조하여 판매하여 다수의 영유아를 사망 또는 상해에 이르게 한 분유 제조회사의 제조과장에게 위구감설을 채택하여 업무상과실치사죄와 업무상과실치상죄를 인정한 사례도 있었다.[450] 그러

---

447 법률규정에서 '***개발위험의 항변***'을 인정하여 제조자의 책임을 면제하기도 하는데, 민사상 제조물책임과 관련한 「제조물 책임법」 제4조 제1항 제2호에서도 "제조업자가 해당 제조물을 공급한 당시의 과학·기술 수준으로는 결함의 존재를 발견할 수 없었다는 사실"을 입증한 경우는 손해배상책임을 부담하지 않도록 규정하고 있다. 민사상 제조물책임에서는 "피해자의 증명 곤란을 해결하기 위하여 결함 및 인과관계에 관한 피해자의 증명책임을 경감시켜 주는 '간접반증'의 법리가 확립되어 있다. 따라서 피해자는 설계상의 결함 그 자체를 증명하는 것도 물론 가능하겠지만, 설계상의 결함을 추단케 하는 간접사실들을 증명함으로써 증명의 부담에서 벗어날 수 있고, 피해자가 이러한 간접사실들을 증명한 때에는 제조업자가 '설계상의 결함 부존재'를 증명하여야 한다."(이해원, "인공지능과 제조물책임", 『정보법학』 제25권 제2호, 2021, 84면).

448 김호기, 앞의 논문, 174면 참조.

449 고준성, 앞의 논문, 241면.

450 德島地判 1973. 11. 28. 判時721号7頁: "모리나가 공장에서는 분유 제조과정에서 사용되는 안정제인 제2인산소다를 A라는 회사로부터 납품받고 있었는데, 약국에서 판매되는 규격품을 지정하여 주문하지 않고 공업용 약품을 납

나 행위시에 예견할 수 있었는지에 대하여 구체적인 검토 없이 어떠한 위구감만으로 그러한 조치의 요구가 가능하다고 보는 것은 책임주의 원칙에 반한다는 비판을 받았고, 이후 위구감설은 일본의 판례에서 사용되지 않았다.

종합해 보면, 제조물의 결함으로 인한 사용자의 피해와 관련해서 제조과정에 대한 관리·감독의무를 부담하는 사람의 형사책임을 물을 필요가 있지만, 제조자의 책임인정에 있어서 과실책임원칙에 의하면 제조 당시 과학기술 지식의 한계로 인하여 제조물의 결함을 인식하거나 예견하는 것이 사실상 불가능한 경우는 제조자에게 책임을 부담시킬 수는 없다.[451] 제품의 제조 당시의 과학기술로는 발견하기 불가능했던 결함에 대해서까지 제조자에게 형사책임을 부과하는 것은 연구개발과 기술혁신을 막게 되고 이것은 사회의 발전에 부정적 결과로 이어지게 될 것이다. 책임주의 원칙에 기초하여 결과 발생에 대해서 귀책사유가 특정될 때 비로소 형사책임을 부과하는 것이 형법이다.

품받고 있었다. A는 이 약품을 B사로부터 납품받고 있었고 지난 몇 년간 아무런 문제도 없었다. 그런데 어느 특정 시점에서 B사는 비소가 함유된 제제를 제2인산소다로서 잘못 납품하였고, A 또한 그것을 제2인산소다라고 확신하여 모리나가 공장에 납품했다. 그 결과 모리나가에서 제조한 분유에 다량의 비소가 혼입되어 이를 음용한 다수의 영유아를 사망 또는 상해에 이르게 하였다. 검찰은 모리나가 공장의 제조과장과 공장장을 업무상과실치사·상죄로 기소하였다. 이에 관하여 파기환송 후 제1심 판결(제1심은 예견가능성이 없다고 하여 무죄를 선고하였으나, 제2심은 파기환송 하는 판결을 하였고, 이에 대하여 피고인들이 상고하였으나 최고재판소는 상고를 기각하고 제2심을 유지하였다. 이로써 사건은 제1심으로 파기환송 되었다.)은 객관적주의의무의 본질은 결과회피의무에 있음을 전제로, 결과의 발생을 회피하기 위한 적절한 행동을 취하기 위해서는 결과의 발생을 예견하지 않으면 안 되지만, 이러한 예견가능성을 예견의무로까지 보아 결과회피의무와 병존시킬 필요는 없고 결과회피의무의 전제로서 결과의 예견가능성을 고려해야 한다고 보았다. 이 경우의 예견가능성은 결과방지를 위해 어떠한 부담을 부과하는 것이 합리적인가를 근거지우는 정도의 것이면 족하고, 구체적인 인과관계를 예견할 가능성까지 요구할 필요는 없다는 것이다. 무엇인지는 특정할 수 없지만 어떤 종류의 위험이 절대 없을 것이라고 무시할 수 없을 정도의 위구감이면 족하다고 보았다. 따라서, 제조과장으로서는 비소를 다량 함유한 조악한 유해품이 유아용 조제분유에 혼입되지 않도록 그러한 위험성을 제거하기 위하여, 우선 규격품을 발주하도록 담당 직원(부하직원)에게 명하여 규격품을 사용하도록 할 업무상주의의무가 있었고, 이에 반하여 공업용 제2인산소다를 사용할 때에는 마찬가지로 담당 직원에게 명하여 납품된 약제의 사용 전에 그것이 제2인산소다가 맞는지 확인하기 위한 화학검사를 실시하게 할 업무상주의의무가 있었다고 판단하여 업무상과실치사·상죄의 유죄를 인정하였다. 반면 함께 기소된 공장장에 대해서는 사무직 출신이라는 이유로 공장장이 스스로 제2인산소다의 규격품을 발주하거나 납품된 공업용 약품에 대해 화학적 검사를 할 주의의무는 없으며, 또한 부하직원이 이를 행하도록 감독할 주의의무도 없다고 보아 무죄를 선고하였다."(고준성, 앞의 논문, 242면).

451 김호기, 앞의 논문, 170면.

(4) 유통 이후 단계 형사제조물책임

① 의미

제조물의 유통 이후 단계의 형사제조물책임으로 논의되는 것은 제조자의 안전대책 의무로서 결함제조물을 회수하는 조치를 할 의무를 이행하지 않은 경우이다. 제조물의 제조 및 판매단계에서 발생하는 형사책임과 별개로 ***제조물의 유통 이후에 발견된 결함의 처리에 대한 제조자의 과실***에 대해서 형사책임을 부과하게 된다. 제조자에게는 '***제품 관찰 의무***'가 부과되고,[452] 제조물이 판매되어 시장에 유통된 이후에 제조물에 결함이 있다는 점이 밝혀졌음에도 제조물의 회수 등 적절한 조치를 하지 않아 사람의 생명이나 신체에 해를 가한 경우에 형사책임을 묻는 것이다. 이것은 결함제조물로 인한 피해가 발생하였거나 그러한 위험이 확인된 때에 피해의 확대를 방지하기 위해서 그러한 조치를 하지 않은 과실에 대한 형사책임을 묻는 것이다.

유통 이후 단계의 형사제조물책임은 이미 인지된 위험에 대해서 조치를 요구하는 것이므로, 미지의 위험에 대한 예견가능성이 문제 되는 제조 및 판매단계 형사제조물책임보다 상대적으로 형사책임의 인정이 수월하다. 그리고 유통된 이후에 제조물에 결함이 있다는 점이 밝혀졌을 때 제조물의 회수 등의 조치는 일반적으로 종업원에 의해 결정되는 것이 아니라 기업의 관리직 지위에 있는 사람이 결정하는 것이므로, 기업의 관리자 등이 유통 이후 단계 형사제조물책임의 주체가 되는 것이 보통이다.

② 대표 사례(일본 미쯔비시 트럭 바퀴 빠짐 사고)[453]

일본의 미쯔비시(Mitsubishi)사가 제작한 트럭의 좌측 앞바퀴가 허브 파손으로 인해 빠져 보도상에 있던 3명을 충격하여 그중 1명이 사망한 사고가 발생하였다. 이와 관련하여 미쯔비시사의 자동차 품질보증업무를 총괄하고 제조된 자동차의 안전성에 관한 문제가 발생한 때에 관계회의를 주재하는 등의 업무에 종사하는 품질보증부문의 부장과

452 전지연, "형법상 제조물책임에서 주의의무위반에 대한 비교법적 고찰", 『법학연구』 제18권 제4호, 2008, 96면.
453 고준성, 앞의 논문, 255면.

이 사람을 보좌하면서 품질보증업무에 종사하는 그룹장이 기소되었다. 두 사람은 위 사고의 약 2년 반 전에 발생한 유사한 사고(츄코쿠 JR버스 사고) 당시에도 같은 지위에 있었고, 허브 파손사고는 이미 여러 차례 있었다. 일본 검찰은 두 사람이 미쯔비시의 트럭 바퀴 허브에 강도 부족의 우려로 위와 같은 인명사고가 발생할 수 있음을 예견할 수 있었음에도 그러한 허브를 장착한 차량에 대해 리콜 등의 필요한 조치를 하지 않아 그로 인해서 위의 사고가 발생하였다는 이유로 품질보증부문의 부장과 그룹장을 업무상과실치사죄와 업무상과실치상죄로 기소한 것이다.

2012. 2. 28. 일본 최고재판소는 바퀴 허브의 강도 부족에 관한 우려의 정도나 예측되는 사고의 중대성·다발성 그리고 당시 미쯔비시사가 허브 파손의 사고 정보를 비밀정보로 취급하여 사고에 관한 정보를 장악하고 있었다는 점 등을 고려하여, 미쯔비시사에서 리콜 등의 개선조치에 관한 업무를 담당하는 사람은 리콜 등의 조치를 하여 허브의 강도 부족에서 기인하는 파손사고의 재발을 방지할 주의의무가 있다고 판단하였다.

3. 형사제조물책임의 자동차 사례

자동차의 유통 이후 단계의 형사제조물책임의 대표적 경우로서 미쯔비시 트럭 바퀴 빠짐 사고를 살펴보았다. 이외에 자동차의 형사제조물책임과 관련하여 제조·판매단계의 대표적 사례를 하드웨어의 결함과 소프트웨어의 결함의 경우로 나누어 살펴본다.

(1) 하드웨어의 결함

자동차에 소프트웨어가 활용되기 이전에는 하드웨어로서의 제조물 자체의 결함이 문제 되었다. 자동차의 하드웨어 결함으로 인한 사고와 관련한 형사제조물책임의 대표적인 사례로서 포드(Ford)사의 ***핀토(Pinto)***의 경우를 들 수 있다. 핀토는 1970년 9월 포드사가 출시한 소형자동차 모델로서 1980년까지 약 310만 대 이상이 판매되었다. 당시 업계의 평균 신차개발 기간이 43개월 소요되었는데, 핀토는 25개월 만에 개발되었다.

그런데 핀토는 후방 추돌 사고시 화재가 발생하여 탑승자가 사망하거나 상해를 입는 사고가 빈발하였고, 화재의 원인으로 ① 충돌을 흡수하지 못하는 후방 범퍼가 설치된 점, ② 충돌 시 연료탱크의 파열을 방지할 공간이 축소된 점, ③ 후방 공간의 구조적 보강이 부족한 점이 지목되었다.[454] 이러한 원인으로 차량이 핀토의 후방을 저속으로 추돌하라더라도 연료탱크가 쉽게 파열되어 연료가 누출되고 화재가 발생하였다. 미국도로교통안전국(NHTSA)은 1978. 5. 8. 핀토의 연료탱크에 결함이 있다는 결론을 내렸고, 포드사는 차량에 대한 리콜을 결정하였다.

핀토의 결함과 관련한 형사책임의 사례로는 1978년 8월 후방 추돌 직후에 발생한 차량화재에 의해서 탑승자 3명이 사망한 State of Indiana v. Ford Motor Company 사건이 대표적이다. 이 사건에서 포드사는 무모한 살인(reckless homicide)으로 기소되었는데,[455] ***미국*** 역사상 최초로 설계상 결함 있는 제조물과 관련하여 ***기업이 살인죄로 기소된 사건***이었다. 그러나 재판에서 화려한 변호인단을 구성한 포드사에 무모한 살인죄는 인정되지 않았고, 각 탑승자에게 7,500달러의 보상금을 지급하는 합의가 이루어지고 사건은 종결되었다.[456]

---

454 백건하, "제조물책임에 대한 형사책임의 부과와 수사-자동차산업의 사례를 중심으로-", 『범죄수사학연구』 제11호, 2020, 236면.

455 미국 모범형법전(Model Penal Code)은 주관적 요소(mens rea)를 의도적 고의(purpose), 지적 고의(knowledge), 무모성(recklessness), 과실(negligence)의 네 가지 유형으로 분류한다. 이 중 ***무모성(無謀性, recklessness)***은 고의와 과실의 중간 영역에 위치하는데 ***한국 형법상 미필적 고의와 인식 있는 과실을 포함한 개념***으로 이해된다. 고의범으로 처벌하는 것은 중하고 과실범으로 처벌하는 것은 경한 경우를 무모범으로 처벌함으로써, 고의범과 과실범으로 구분해야 하는 어려움을 덜 수 있다고 한다(김종구, "고의와 과실의 중간 개념에 관한 비교법적 고찰-영미법상 무모성(recklessness)을 중심으로-", 「형사법의 신동향」 제57호, 2017, 195~198면). 미국의 각 주는 무모한 운전(reckless driving)을 처벌하는 규정을 두고 있는데, 무모한 운전이란 사람이나 재산에 대한 안전을 의도적 또는 악의적으로 무시한(willful or wanton disregard) 채 운전하는 경우라고 정의된다. 뉴욕주의 경우 고속도로를 자유롭고 적절하게 사용하는 것을 터무니없이(unreasonably) 방해하거나, 고속도로의 이용자를 불합리하게 위험에 처하게 하는 방식으로 차량을 운행하는 것을 무모한 운전(reckless driving)으로 처벌하는데, 무모한 운전죄는 30일 이하의 자유형 또는 300달러 이하의 벌금형에 처한다(김종구, 같은 논문, 211~212면). 한편 독일형법을 계수한 한국형법에서는 무모성이라는 개념이 사용되지 않고, 과실의 개념이 일반 과실과 중과실(grobe Fahrlässigkeit)로 구분된다. 경솔(Leichtfertigkeit)하게 행동한 때에 인정되는 중과실은 객관적으로 판단해서 구성요건의 실현이 쉽게 예견되고 이를 쉽게 회피할 수 있었던 상황이라면 그에 대한 행위자의 인식 여부와 관계없이 중과실이 인정될 수 있다(김정환, "형사싱 중과실 해석·직용의 판단기준-구성요건실현의 개연적 상황-" 『연세법학』 제38호, 2021, 318면).

456 백건하, 앞의 논문, 237면.

(2) 소프트웨어의 결함

자동차에 소프트웨어가 활용된 이후에 하드웨어와 소프트웨어의 결함이 모두 문제된 대표적 예로서 도요타(Toyota)사의 ***렉서스 ES350***(2009년형)의 경우가 있다. 2002년부터 도요타사가 생산한 차량이 이상 급가속 현상을 보인다는 신고가 있었지만, 운전자의 조작 미숙으로 처리되었다.

그런데 2009. 8. 28. 고속도로 순찰대원이 휴일에 가족 3명을 태우고 도요타사의 ES350(2009년형)을 운전하던 중 교통사고가 발생하여 탑승객 전원이 사망하였다. 당시 차량의 속도가 192㎞/h이었고, 운전자가 운전에 능숙한 사람이었으며, 탑승자 1명이 911에 전화하여 "가속페달이 고정되었고 차량을 멈출 수 없다"라고 말하였던 점에 비추어 급가속 여부가 사회적으로 문제 되었다.

처음에 지목된 급가속 원인은 크기가 맞지 않는 바닥 매트였는데, 크기가 맞지 않는 바닥 매트가 설치되면 가속페달이 매트에 걸려 의도하지 않은 급가속 현상이 발생한다는 것이었다. 2011년 미국교통부와 미국도로교통안전국은 급가속 원인이 가속페달의 오작동과 바닥 매트뿐이라고 보고하였다. 이후 도요타사가 바닥 매트의 리콜을 하였는데, 그럼에도 급가속 현상이 발생하였다. 이때 급가속의 원인으로 지목된 것은 가속페달잠김(sticky gas pedal) 현상이었는데, 가속페달에 사용된 내부의 플라스틱 부품이 마모되면 가속페달이 기계적으로 잠겨 급가속 현상이 발생하는 것이 확인되었다. 그 외에 소프트웨어가 급가속 원인으로 등장하였는데, 도요타사의 차량에 장착된 전자스로틀제어시스템(ETCS, Electronic Throttle Control System) 내의 소스코드가 결함이 있다는 점 등이 제시되었다.[457]

이러한 급가속을 초래한 결함에 대하여 미국 법무부는 2014년 3월 도요타사가 소비자에게 의도적으로 급가속 현상 관련 결함을 은폐하고, 안전과 관련된 사항을 속였다는 혐의로 도요타사를 ***사기죄***(Fraud)로 기소하였다. 이 재판에서 소프트웨어의 결함 여부 및 급가속 현상과의 인과관계가 밝혀지지는 않았고, 다만 도요타사와 합의로 도요타사에 12억 달러의 벌금형이 부과되었고 의무사항의 준수와 관련된 정책과 절차를 평가할

457 백건하, 앞의 논문, 239면.

독립적인 감독기구의 설치·운영이 명해졌다.[458]

II. 자율주행자동차 사고의 형사책임

앞에서는 일반 자동차 사고의 형사책임 및 그와 관련하여 형사제조물책임에 대하여 살펴보았는데, 아래에서는 자율주행자동차의 등장에 따라 논의되는 자율주행자동차의 사고와 형사책임에 대해선 살펴본다.

1. 자동차 운행과 관련한 법률

자동차의 운행을 위해서는 ***자동차***, ***운전자***, ***도로***라는 ***3가지 요소***가 필요하다. 자동차의 운행으로 인한 위험과 장해를 방지하고 제거하여 국민이 안전하고 편리하게 이용할 수 있도록 3가지 요소에 관하여 개별적으로 법률이 규정되어 있다. 이를 살펴보면 다음과 같다.

(1) 자동차관리법

자동차 운행의 3요소 중 ***자동차***와 관련해서는 자동차관리법이 있는데, 이 법은 자동차의 등록, 안전기준, 자기인증, 제작결함 시정, 점검, 정비, 검사 및 자동차관리사업 등에 관한 사항을 정하고 있다. 자동차관리법에서는 “원동기에 의하여 육상에서 이동할 목적으로 제작한 용구 또는 이에 견인되어 육상을 이동할 목적으로 제작한 용구”를 ‘자동차’라고 정의하면서(제2조 제1호), 별도로 “운전자 또는 승객의 조작 없이 자동차 스스로 운행이 가능한 자동차”를 ‘자율주행자동차’라고 정의한다(제2조 제1호의3).

자동차관리법은 2015. 8. 11. 법률개정을 통해 자율주행자동차의 개념을 정의하고, 자

458 백건하, 앞의 논문, 239면.

율주행자동차를 시험·연구 목적으로 운행할 수 있도록 자동차를 등록하지 아니하고 일시적으로 운행하는 임시운행 허가제도를 신설하였다(제27조). 다만 현재 규정은 시험·연구 목적의 임시운행을 위한 법적 근거라는 한계가 있고, 상용화를 위한 입법의 필요성이 제기된다.

(2) 도로교통법

자동차 운행의 3요소 중 ***운전자***와 관련해서는 도로교통법이 있는데, 교통안전시설의 종류·설치·관리기준, 운전면허제도, 운전자의 각종 의무 등에 관해 정하고 있다. 도로교통법은 본래 인간인 운전자를 전제로 하여 음주운전의 금지나 무면허운전의 금지 등에 관하여 규율하고 있는데, 2021. 10. 19. 법률개정을 통해 자율주행시스템과 자율주행자동차의 정의규정을 신설하고, 자율주행자동차 운전자의 준수사항과 그 위반에 대한 처벌 근거를 마련하여 자율주행자동차에도 도로교통법이 적용되도록 하였다.

'자율주행자동차'의 개념은 앞의 자동차관리법의 개념을 준용하고 있으며(제2조 제18호의3), '자율주행시스템'은 자율주행자동차 상용화 촉진 및 지원에 관한 법률 제2조 제1항 제2호에 따른 자율주행시스템을 말하는데 그 종류는 완전 자율주행시스템, 부분 자율주행시스템 등 행정안전부령으로 정하는 바에 따라 세분한다(제2조 제18호의2). 본래 자동차 운전자는 운전 중에 휴대전화를 사용할 수 없고, 운전자가 운전 중 볼 수 있는 위치에 방송 등 영상물을 수신하거나 재생하는 장치의 영상이 표시되지 않도록 하여야 하는데(제49조 제1항 제10호부터 제11호의2), 운전자가 자율주행시스템을 사용하여 운전하는 때에는 휴대전화의 사용이나 영상물의 시청이 가능하다(제50조의2 제2항). 다만 부분 자율주행시스템을 갖춘 자동차의 경우에 운전자는 자율주행시스템의 직접 운전 요구에 바로 대응하여 조향장치, 제동장치 및 그 밖의 장치를 직접 조작하여 운전하여야 하는데(제50조의2 제1항), 이를 위반하면 20만 원 이하의 벌금이나 구류 또는 과료에 처한다(제156조 제6호의2).

(3) 도로법

자동차 운행의 3요소 중 ***도로***와 관련해서는 도로법이 있는데, 도로의 시설 기준, 도로의 관리·보전·비용 부담 등에 관해 정하고 있다. 자율주행자동차는 도로의 신호기, 교통표지 등 도로시설을 자동으로 인식하고 운행하게 되는데, 자칫 도로의 차선을 인식하지 못하거나 신호기를 잘못 이해한 경우는 큰 사고로 이어질 수 있으므로, 자율주행자동차의 운행을 위한 도로 자체 설치기준의 재정립이 필요하다.[459] 2022년 12월 현재 도로법에는 자율주행자동차와 관련한 규정이 존재하지는 않는다.

2. 자율주행자동차의 사고와 형사책임

자율주행자동차 사고의 형사책임에 대하여 관련 법률에는 아직 직접적인 규정은 존재하지는 않지만, 그에 대한 기존의 논의되었던 내용과 외국의 사례 등에 대해서 살펴본다.

(1) 자율주행자동차의 개념과 구분

자동차의 운전을 위해서는 ***인지 → 판단 → 제어·구동***의 단계를 거치게 되는데, 일반 자동차의 경우에는 인간이 인지와 판단을 하며 자동차가 제어·구동을 한다. 그런데 기술이 발전하면서 인간이 하던 인지와 판단을 인공지능이 대체할 수 있게 되었다. 운전자의 조작 없이 목적지까지 스스로 주행환경을 '인지' 및 '판단'하고 '제어'하면서 운행하는 자동차가 자율주행자동차이다. 자율주행자동차는 환경인식, 위치인식, 맵핑, 제어, HCI(Human Computer Interaction) 등 5개 주요 요소와 ADAS(Advanced Driver Assistance System)[460], V2X(Vehicle to Everything)[461], 정밀지도, HMI(Human

459 한국인공지능법학회, 『인공지능과 법』, 박영사, 2019, 263면.

460 카메라와 센서로 주변환경을 인식하여 자동차의 조향장치를 통제하는 첨단운전자지원시스템.

461 유·무선망을 통하여 차량과 교통 인프라(신호등, 가드레일, 가로등, 정류장 등) 간, 차량과 네트워크 간, 차량과 보행자 간, 차량과 차량 간 정보를 교환하는 통신기술.

Machine Interface)[462] 등 4개 핵심기술로 구성된다.[463]

일반 자동차 VS 자율주행 자동차 구조

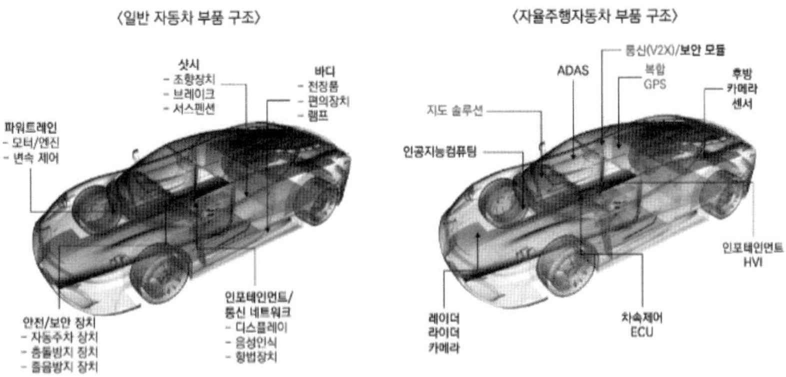

자료: 한국수출입은행 해외경제연구소, 2020.12, 2020 이슈리포트, 뉴딜산업 분석보고서

자율주행자동차 상용화 촉진 및 지원에 관한 법률 제2조 제2항에서는 자율주행자동차의 종류를 '부분 자율주행자동차'와 '완전 자율주행자동차'의 2가지로 구분하고 있다. 이에 의하면 자율주행시스템만으로는 운행할 수 없거나 운전자가 지속적으로 주시할 필요가 있는 등 운전자 또는 승객의 개입이 필요한 자율주행자동차가 '***부분 자율주행자동차***'이고, 자율주행시스템만으로 운행할 수 있어 운전자가 없거나 운전자 또는 승객의 개입이 필요하지 않은 자율주행자동차가 '***완전 자율주행자동차***'이다. 미국자동차공학회(SAE)의 자율주행기술 발전 6단계(이하 자율주행자동차 등급 기준) 중 운전자가 차량의 운행에 개입하는 Level 0부터 Level 3까지를 부분 자율주행자동차라고 볼 수 있고, 운전자가 차량의 운행에 개입하지 않는 Level 4부터 Level 5까지를 완전 자율주행자동차라고 볼 수 있다.[464]

---

462 탑승자 정보제공, 운전제어권 양도 관리 등 인간과 자동차의 상호작용(자동차가 운전자에게 경고 또는 정보를 제공하고 운전자의 명령을 입력받음)을 위한 기술.

463 KOTRA, 『글로벌 모빌리티 시장동향 보고서』, 대한무역투자진흥공사 제조산업팀, 2021, 20면.

464 미국도로교통안전국은 Level 4와 Level 5를 구분하지 않고 통합하여 완전 자율주행 자동화(Full Self – Driving Automation)라고 한다.

[미국자동차공학회의 자율주행기술 발전 6단계]

자동화 단계	정 의	특 징	운전 환경감시	비상 상황 개입
Level 0	비자동 (No Automation)	운전자가 전적으로 모든 조작을 제어하고 모든 동적 주행을 제어하는 단계	운전자	운전자
Level 1	운전자 보조 (Driver Assistance)	자동차가 조향 지원시스템 또는 가속/감속 지원시스템에 의해 실행되지만, 사람이 자동차의 주행에 대한 모든 기능을 수행하는 단계	운전자	운전자
Level 2	부분 자율주행 (Partial Automation)	자동차가 조향 지원시스템 또는 가속/감속 지원시스템에 의해 실행되지만, 주변환경의 모니터링은 사람이 하며 안전운전의 책임도 운전자가 부담	운전자	운전자
Level 3	조건부 자율주행 (Conditional Automation)	시스템이 운전 조작의 모든 측면을 제어하지만, 비상상황의 발생 등으로 시스템이 운전자의 개입을 요청하면 운전자가 적절하게 자동차를 제어해야 하며, 그에 따른 책임도 운전자가 보유	자동차	운전자
Level 4	고도 자율주행 (High Automation)	주어진 일정한 운행상황에서 주행에 대한 핵심제어, 주행환경 모니터링 및 비상시의 대처 등을 모두 자율주행시스템이 수행하지만, 시스템이 전적으로 항상 제어하는 것은 아님	자동차	자동차
Level 5	완전 자율주행 (Full Automation)	주어진 일정한 운행상황뿐만 아니라 모든 상황에서 시스템이 항상 주행 담당	자동차	자동차

자율주행자동차의 상용화에 대한 예견을 보면, 2025년부터 자율주행자동차 등급 기준 Level 3의 단계가 본격적으로 도입되고 2030년 이후에는 자율주행자동차 등급 기준 Level 3의 비중이 절반을 넘어설 것이라고 한다.[465]

부분 자율주행자동차의 상용화를 넘어서 완전 자율주행자동차가 상용화되면 다음과 같은 삶의 변화가 예측된다.[466] 자동차 사고율과 고장율이 감소할 것이고, 사고 감소에 따라 자동차 보험의 수요가 감소하고 교통사고 환자의 감소가 예상된다. 그리고 자율주행자동차로 이동하면 숙박을 해결할 수 있어서 야간에 취침을 위해 투숙하는 수요가 감소하고, 단거리 이동에서 항공기 수요가 감소할 것이며, 출퇴근이 편리해져 도시 외곽지역의 부동산 가치가 상승할 것이라고 한다. 그 외에 차량에서 이용할 수 있는 영상 산

465 KOTRA, 앞의 보고서, 25면.

466 조동관, "완전 자율주행차 충돌시 이용자 보호에 관한 미국의 입법례", 『최신 외국입법정보』 제189호, 2022, 2면.

업이 발전할 것이고 이동 중 차량 내에서 편리하게 식사할 수 있는 제품의 수요가 증가할 것이 예상된다.

(2) 부분 자율주행자동차

자율주행자동차의 사고와 관련한 형사책임에 대한 논의는 부분 자율주행자동차와 완전 자율주행자동차로 구분하여 설명할 수 있다.

① 의의

부분 자율주행자동차의 경우에는 운전자가 자동차 주행에 대한 통제권을 가지고 있으므로, ***부분 자율주행자동차***의 운행 중 사고에 대한 형사책임은 ***운전자***에게 있다. 따라서 부분 자율주행자동차의 운행 중 사고는 기존의 자동차사고 형사책임의 문제로 해결되며, 앞서 살펴본 바와 같다. 실제로 부분 자율주행자동차 사고에서 행해졌던 형사책임을 보더라도 기존의 자동차의 사고의 경우와 다르지 않다.

테슬라(Tesla)의 오토파일럿(Autopilot)이 대표적인 부분 자율주행시스템인데,[467] 오토파일럿이 작동된 상태에서 사고가 발생한 경우를 보면 이러한 점이 잘 확인된다. 오토파일럿은 지정된 최고속도로 운행하며 앞차와 간격이 가까워지면 속도를 줄이거나 정차하고 앞차와 간격이 늘어나면 다시 지정된 최고속도로 운행할 수 있는 '교통 인식 크루즈 컨트롤(Traffic Aware Cruise Control)'과 현재의 차선을 계속 유지하면서 운행하는 '오토스티어(Autosteer)'의 기능을 포함하고 있다. 이러한 오토파일럿 기능은 자동으로 작동하지만, 그 기능이 잘 작동하고 있는지를 사람이 감시해야 하는 단계의 자율주행시스템으로서 자율주행자동차 등급 기준의 Level 2에 해당한다. 오토파일럿의 기능을 탑재한 테슬라 차량의 교통사고에서 운전자에게 일반 차량의 교통사고와 마찬가지로 형사책임이 부과된다.

467 부분 자율주행자동차에는 센서가 위험상황을 감지하여 사고의 위험을 운전자에게 경고하고 운전자가 판단하여 대처할 수 있도록 도와주는 안전장치인 '첨단 운전자 보조 시스템(Advanced Driver Assistance System, ADAS)'이 장착되어 있는데, 오토파일럿은 테슬라 자동차에 장착된 첨단 운전자 보조 시스템을 말한다.

② 사고 사례

대표적인 사례로서 2016. 5. 7. 발생한 테슬라 차량의 첫 사망사고를 들 수 있다.

(출처:https://post.naver.com/viewer/postView.nhn?volumeNo=28453356&memberNo=32157774)

이 사고는 미국 플로리다주 고속도로에서 발생했는데, 오토파일럿의 기능이 탑재된 테슬라 모델 S에 탑승한 조슈아 브라운(40세)이 트레일러와 충돌하며 사망한 사건이다. 옆면이 하얀색으로 칠해진 대형 트레일러트럭이 테슬라 앞에서 좌회전할 때 충돌사고가 발생했는데, 사고 지점은 중앙분리대로 양방향이 분리된 고속도로의 교차로였으며 신호등은 없었다. 운전자와 자동주행 센서 모두 트레일러의 하얀색 면을 인식하지 못했고 브레이크가 걸리지 않았다. 테슬라사는 사고 당시 '밝게 빛나고 있던 하늘'이 배경에 깔려 있어 운전자나 자동주행 센서가 트레일러의 하얀색 면을 인식하지 못했던 것으로 보인다고 설명했다. 당시 사고 트럭의 운전자는 브라운이 탄 테슬라 차량이 빠른 속도로 움직였으며 브레이크가 작동하지 않았다면서, 충돌 당시 브라운이 차 안에서 영화를 보고 있었던 것으로 생각된다고 진술했다.[468]

468 연합뉴스, "테슬라 자율주행차 첫 사망사고…안전성 논란 증폭", 2016. 7. 1. 기사(https://www.yna.co.kr/view/AKR20160701134800009).

이 사고에서 테슬라 차량의 결함 등을 조사한 미국 연방교통안전위원회(NTSB)는 보고서에서 테슬라 모델 S의 운전자인 조슈아 브라운이 사고 전 37분간 주행을 했으며, 주행 중 자동차 핸들을 잡고 있어야 했지만 실제로 핸들은 잡은 시간은 25초에 불과했다고 밝혔다. 보고서에 의하면 주행 중 거의 대부분이 오토파일럿 상태였고, 소프트웨어가 운전자에게 '핸들에 운전자 손 감지 불가능' 경고를 7차례 했으나 운전자는 이를 모두 무시했다고 한다. 보고서에서는 조슈아 브라운이 충돌 7초 전에 트럭을 봤을 것이지만, 브레이크를 밟거나 운전대를 돌리는 등의 행동을 하지 않았다고 밝혔다. 이에 미국 연방교통안전위원회는 사고가 오토파일럿의 잘못이 아닌 운전자인 조슈아 브라운이 경고를 수차 무시해 발생한 것으로 판단했다.[469]

언론에서 크게 다루어진 사례 한 가지를 더 보면, 미국 로스앤젤레스 카운티 검찰은 2016년 테슬라 모델 S의 오토파일럿 모드에서 신호등을 무시하고 다른 차를 들이받아 2명을 숨지게 한 테슬라 차 운전자 케빈 조지 아지즈 리아드(27세)를 2022. 1. 19. 살인(vehicular manslaughter) 혐의로 기소한 사건이 있다. 부분 자율주행시스템을 사용하다가 사망사고를 낸 혐의로 기소된 운전자에 대한 미국 최초의 중범죄 기소라고 한다.[470] 사고는 2019. 12. 29. 자정이 조금 넘은 시간에 교차로에 정차했던 혼다 시빅 한 대를 테슬라 모델 S가 고속도로를 빠져나와 빨간 신호를 무시하고 달려 시빅과 충돌해서 발생했고, 시빅의 운전자와 동승자 2명이 즉사했다. 사고 현장을 조사한 미국 도로교통안전국은 사고 당시 테슬라 차에 오토파일럿 기능이 활성화된 상태였다고 확인했다.[471]

그 외에 자율주행자동차 등급 기준 Level 3에 해당하는 부분 자율주행자동차의 경우도 운전자에게 비상상황 시 개입의무가 있으므로, 자율주행 중 사고에 대해서는 운전자에게 형사상 과실책임을 묻게 된다. 다만 독일에서는 Level 3의 자율주행자동차의 경

469 녹색경제신문, "NTSB, 1년 전 테슬라 오토파일럿 사망사고, 운전자가 경고 무시한 탓", 2017. 6. 20. 기사(http://www.greened.kr/news/articleView.html?idxno=31135).

470 Los Angeles Times, "A Tesla on autopilot killed two people in Gardena. Is the driver guilty of manslaughter?", 2022. 1. 19. 기사(https://www.latimes.com/california/story/2022-01-19/a-tesla-on-autopilot-killed-two-people-in-gardena-is-the-driver-guilty-of-manslaughter).

471 머니S, "테슬라 모델S '오토파일럿' 2명 사망 사고… 검찰 첫 기소", 2022. 1. 19. 기사(https://moneys.mt.co.kr/news/mwView.php?no=2022011916228078834&outlink=1).

우에 과실범에서 논의되는 예견가능성, 주의의무 판단기준, 행위결과의 귀속, 신뢰원칙, 허용된 위험 등의 적용에 있어서 자율주행시스템의 특성을 고려한 점이 이론적으로 논의된다.[472]

(3) 완전 자율주행자동차

예를 들어, Level 4 이상에 해당하는 완전 자율주행자동차의 보유자가 평상시 정비의무를 이행하지 않은 것이 자동차 운행사고의 원인이었다면, 보유자가 형사책임을 부담할 것이다. 완전 자율주행자동차의 경우에 차량의 센서가 장애물을 인식하지 못해서 사고가 발생했다면, 즉 사고의 원인이 자동차 자체에 있었다면 형사제조물책임으로 해결하면 된다.

그런데 ***완전 자율주행자동차의 운행 중에 발생한 사고에서 사고의 원인이 밝혀지지 않는다면***, 형사책임의 주체를 누구로 볼 것인지가 논의된다. 완전 자율주행자동차의 경우에 탑승자는 목적지를 지정하여 주행을 지시한 후 자동차의 운행에 대해 개입하지 아니하여 부분 자율주행자동차의 사고와 달리 운전자에게 책임을 묻기 어려운 상황이다.

이처럼 사고의 원인이 밝혀지지 않은 완전 자율주행자동차의 운행 중에 발생한 사고에 대해서 첫째, ***탑승자***를 형사책임의 주체로 보는 견해가 있다. 비록 Level 4에 해당하는 완전 자율주행자동차의 사용자는 기존 운전자의 지위에서 탑승자의 지위로 변화하지만, 탑승자가 시동을 걸고 목적지를 설정하는 등 탑승자로부터 운행이 시작되

472 이원상, "인공지능 및 자율주행자동차의 새로운 발전과 요청에 대한 한독 비교", 『형사정책』 제32권 제2호, 2020, 190면: '예견가능성'과 관련하여 운전자의 능력으로는 예견할 수 없지만 부분 자율주행자동차의 위험방지시스템으로 인해서 예견이 가능할 수 있는데, 이때는 예견가능성을 운전자의 능력이 아니라 시스템의 기술에 따라 판단할 수 있을 것이다. '주의의무의 판단기준'도 현재는 주어진 상황에서 특정한 사회집단의 이성적인 사람이 어떠한 행동을 하는지가 기준인데, 부분 자율주행시스템은 충분한 성능을 가지고 있고 기술표준에 부합하는지 등이 고려될 수 있다. '결과의 귀속'과 관련하여 부분 자율주행자동차의 교통사고 책임을 운전자에게 지울 것인지, 자동차 부품의 생산자에게 지울 것인지, 자동차 제조자에게 지울 것인지 등이 논의되는데, 기본적으로는 운전자가 책임을 지도록 한다. '신뢰의 원칙'과 관련하여 도로교통에 참여하는 사람들 간에 적용되던 신뢰의 원칙이 사람과 사람뿐만 아니라 사람과 자율주행자동차 사이, 자율주행자동차와 자율주행지동차 시이끼지 확장된다. '히용된 위험'에 있어서도 부분 자율주행시스템이 교통사고의 위험을 낮추는 것이 명백하다면, 부분 자율주행시스템을 사용한 것은 위험을 감경시킨 것으로 볼 수 있다.

므로 탑승자가 자율주행자동차의 운행에 대해서 여전히 주의의무를 부담한다는 것이다.[473] 이 견해는 자동항법시스템으로 운항하는 항공기와 완전 자율주행자동차가 유사하여, 자동항법시스템으로 운항하는 항공기의 사고에 있어서 조종사의 형사책임을 인정하는 것을 예시로 든다. 그러나 자동항법시스템으로 운항하는 항공기는 자율주행자동차 등급 기준 Level 4에 해당하는 완전 자율주행자동차가 아니라 Level 3에 해당하는 부분 자율주행자동차와 유사하다고 보는 것이 타당하다. 완전 자율주행자동차는 고속도로 등과 같이 조건을 충족하는 특정 상황에서 시스템에 의한 자율주행만이 인정되더라도 그 시간 동안 탑승자에게 항공기 조종사와 달리 상시 감시의무와 비상시 개입의무가 없으므로, 탑승자를 형사책임의 주체로 보기는 어렵다.[474] 완전 자율주행자동차의 탑승자는 승객에 불과하다.

둘째, 완전 자율주행자동차의 ***제조사*** 또는 자율주행시스템을 제공한 기업을 형사책임의 주체로 보는 견해가 있다. Level 4에 해당하는 완전 자율주행자동차의 사용자는 탑승자로서 승객에 불과하므로, 형사책임의 주체는 자동차의 제조자로 보고 ***법률***에 제조자의 안전운행 책임을 ***규정***하는 것이 필요하다고 한다.[475] 미국 캘리포니아주는 자율주행자동차법(California Vehicle Code Division 16.6 Autonomous Vehicles)에서 운전자의 개입에 의존하지 않고 동적 운전 임무의 모든 측면을 수행할 수 있는 Level 4에 해당하는 완전 자율주행자동차의 제조자는 차량이 운영설계도메인 내에서 작동되는 경우 항상 도로법령이나 다른 법령의 준수를 포함하여 차량의 안전운행에 대해 책임을 져야 한다고 규정하고 있다(§ 227.86.).[476]

셋째, 완전 자율주행자동차도 제조물이므로 ***제조사***가 형사책임의 주체가 된다는 견해도 있다.[477] 앞서 본 형사제조물책임의 경우와 같이, 자율주행자동차의 설계상의 결함에 대한 주의의무위반과 이후 결함발생에 대한 감시·감독의 주의의무위반 여부를 판단

473 한성훈, "자율주행자동차의 기술단계에 따른 형사책임에 관한 연구", 『형사법연구』 제32권 제3호, 2020, 289면.
474 이승준, "자율주행자동차의 도로 관련법상 운전자 개념 수정과 책임에 관한 시론 – 독일의 논의를 중심으로 -", 『형사법의 신동향』 제56호, 2017, 99면.
475 이승준, 앞의 논문, 99면.
476 이승준, 앞의 논문, 92면.
477 소프트웨어를 제조물로 볼 수 있는지에 대해서 견해가 대립하지만, 임베디드 시스템 형태인 자율주행시스템의 경우는 제조물에 해당하는 것으로 볼 수 있다.

해야 한다는 것이다.[478] 이것은 제조사를 형사책임의 주체로 본다는 점에서는 앞의 두 번째 견해와 일치하지만, 법률규정의 입법을 통해 제조사를 형사책임의 주체로 보는 것이 아니라 기존의 ***형사제조물책임의 이론***을 사용하여 제조사를 형사책임의 주체로 보는 견해이다. 자율주행자동차와 관련된 형사책임의 문제는 현재 시점에서 예측이 가능한 기술 수준을 전제로 하며 향후 기술의 발전에 따라 새로운 기술이 등장하면 그에 따라 법적 논의도 달라져야 하므로, 형사제조물책임의 이론을 사용하는 것이 타당하다고 한다.[479]

생각건대 운전자가 없는 자율주행자동차 등급 기준 Level 4의 완전 자율주행자동차의 경우에 승객에 불과한 탑승자에게 자동차사고의 형사책임을 부담시킬 수는 없다. 그렇다면 자율주행자동차의 제조사 등에 형사책임을 부담시켜야 할 것이다. 이때 운전자가 없는 완전 자율주행자동차에 의한 사고로 발생한 침해에 대해서 사고의 원인이 불명확한 경우에 ***제조사***가 ***형사책임***을 부담한다고 ***법률***에 규정하는 것은 형법의 기본원리인 책임주의에 반한다는 비판을 받을 것이며, 현실적으로 그러한 법률이 존재한다면 제조자가 완전 자율주행자동차를 상용화할 것인지도 의문시된다. 결국 앞의 세 번째 견해와 같이 형사제조물책임의 이론을 사용하여 제조사를 형사책임의 주체로 보는 방안을 택하리라고 생각한다. 다만 자동차 제조사와 판매사가 다른 경우 어디에 형사책임을 부과할 것인지의 문제나 제조사와 판매사가 같더라도 법인의 범죄능력을 인정하지 않는 상황에서는 자동차 제조·판매사 자체에 형사책임을 부과하는 것이 아니라 자동차 제조·판매사의 임직원 중 책임 있는 자를 찾아야 한다는 추가적인 문제가 남는다.

결론적으로 완전 자율주행자동차의 운행 중의 사고에 대한 형사책임의 문제는 기존의 자동차 운행 중의 사고에서 적용되었던 형사책임의 원리가 적용되리라고 생각한다. 사고의 개별적인 원인이 밝혀진다면 그 원인의 제공자에게 형사책임을 묻게 될 것이고, 사고의 원인이 밝혀지지 않는다면 형사제조물책임의 법리에 따르게 될 것이다. 다만 앞의 형사제조물책임에 관한 설명에서 보았듯이, 형사제조물책임 이론에 의해 형사처벌을 부과하기는 여전히 쉽지 않을 것이다.

---

478 이승준, 앞의 논문, 96면.

479 한성훈, 앞의 논문, 294면.

3. 자율주행자동차와 관련된 법령 정비

(1) 법령 정비의 필요성

앞에서 보았듯이 자동차의 운행을 위해서 필요한 자동차·운전자·도로라는 3가지 요소에 관하여 법률로서 자동차관리법·도로교통법·도로법이 존재하는데, 기본적으로 책임의 주체를 인간으로 하고 있다. 법률개정을 통해 자율주행자동차에 대한 규정이 일부 신설되었다. 하지만 ***현재*** 한국에서 개정된 내용은 ***부분 자율주행자동차***를 전제로 한 것이고, 개정된 내용도 매우 제한적이다.

자동차생산기술의 발전에 따라 현재의 자동차 운행과 관련한 법률의 개정은 지속해서 필요하다. 아래에서는 먼저 국토교통부가 고시한 시험·연구 목적용의 자율주행자동차와 관련한 임시운행 허가제도를 살펴본 후, 자율주행자동차 등급 기준 Level 4를 전제로 한 한국의 (법적 효력이 없는) 자율주행자동차 윤리가이드라인을 살펴본다.

(2) 자율주행자동차의 안전운행요건 및 시험운행 등에 관한 규정

자동차관리법은 자율주행자동차를 시험·연구 목적으로 운행할 수 있도록 '임시운행 허가제도'를 두었다.[480] 자동차관리법 및 자동차관리법 시행령의 시행에 관하여 필요한

---

480 제27조(임시운행의 허가) - 자동차를 등록하지 아니하고 일시 운행을 하려는 자는 대통령령으로 정하는 바에 따라 국토교통부장관 또는 시 · 도지사의 임시운행허가(이하 "임시운행허가"라 한다)를 받아야 한다. 다만, 자율주행자동차를 시험 · 연구 목적으로 운행하려는 자는 허가대상, 고장감지 및 경고장치, 기능해제장치, 운행구역, 운전자 준수사항 등과 관련하여 국토교통부령으로 정하는 안전운행요건을 갖추어 국토교통부장관의 임시운행허가를 받아야 한다.

② 국토교통부장관 또는 시 · 도지사는 임시운행허가의 신청을 받은 경우에는 국토교통부령으로 정하는 바에 따라 이를 허가하고 임시운행허가증 및 임시운행허가번호판을 발급하여야 한다. 다만, 수출목적으로 운행구간을 정하여 임시운행 허가기간을 1일로 신청한 자의 요청이 있는 경우로서 임시운행허가번호판을 붙이지 아니하고 운행할 필요가 있다고 인정되는 때에는 이를 발급하지 아니할 수 있다.

③ 임시운행허가를 받은 자동차는 그 허가 목적 및 기간의 범위에서 임시운행허가증 및 임시운행허가번호판(제2항 단서의 경우는 제외한다)을 붙여 운행하여야 한다.

④ 임시운행허가를 받은 자는 제3항의 기간이 만료된 경우에는 국토교통부령으로 정하는 기간 내에 임시운행허가증 및 임시운행허가번호판을 반납하여야 한다.

⑤ 제1항 단서에 따라 임시운행허가를 받은 자는 자율주행자동차의 안전한 운행을 위하여 주요 장치 및 기능의 변경 사항, 운행기록 등 운행에 관한 정보 및 교통사고와 관련한 정보 등 국토교통부령으로 정하는 사항을 국토교

사항을 규정하기 위해서 규정된 자동차관리법 시행규칙의 제26조의2에는 자율주행자동차의 안전운행요건이 규정되어 있다.[481] 그리고 자동차관리법 시행규칙 제26조의2 제3항에 따른 자율주행자동차의 임시운행에 필요한 세부요건 및 확인방법 등 안전운행요건을 정하기 위해서 국토교통부장관은 자율주행자동차의 안전운행요건 및 시험운행 등에 관한 규정(이하 자율주행자동차 고시)을 2016. 2. 12. 고시하였다. 그 주요한 내용은 다음과 같다.

임시운행이 허용되는 자율주행자동차를 A형·B형·C형의 3가지로 분류했는데, 운전자가 차량의 운전석에 탑승하여 운행상황 및 정상작동 여부 등을 확인하고 비상시 가속·제동페달 또는 조향 핸들 조작 등의 안전조치를 수행하는 것이 ***A형 자율주행자동차***이고, 운전자가 차량의 내부에서 운행상황과 정상작동 여부 등을 확인하고 비상시 안전조치를 수행하는 것이 ***B형 자율주행자동차***이고, 운전자가 차량 외부의 지정된 위치에서 운행상황과 정상작동 여부 등을 확인하고 비상시 안전조치를 수행하는 것이 ***C형 자율주행자동차***이다(제2조 제8호).

통부령으로 정하는 바에 따라 국토교통부장관에게 보고하여야 한다.

⑥ 국토교통부장관은 제5항에 따른 보고사항에 대하여 확인이 필요한 경우에는 제32조 제3항에 따라 성능시험을 대행하도록 지정된 자에게 이에 대한 조사를 하게 할 수 있다.

⑦ 국토교통부장관은 제6항에 따른 조사 결과 제1항 단서에 따른 안전운행요건에 부적합하거나 교통사고를 유발할 가능성이 높다고 판단되는 경우에는 시정조치 및 운행의 일시정지를 명할 수 있다. 다만, 자율주행자동차의 운행 중 교통사고가 발생하여 안전운행에 지장이 있다고 판단되는 경우에는 즉시 운행의 일시정지를 명할 수 있다.

481 제26조의2(자율주행자동차의 안전운행요건) - 법 제27조 제1항 단서에서 "국토교통부령으로 정하는 안전운행요건"이란 다음 각 호의 요건을 말한다.

1. 자율주행기능(운전자 또는 승객의 조작 없이 자동차 스스로 운행하는 기능을 말한다. 이하 이 조에서 같다)을 수행하는 장치에 고장이 발생한 경우 이를 감지하여 운전자에게 경고하는 장치를 갖출 것
2. 운행 중 언제든지 운전자가 자율주행기능을 해제할 수 있는 장치를 갖출 것
3. 어린이, 노인 및 장애인 등 교통약자의 보행 안전성 확보를 위하여 자율주행자동차의 운행을 제한할 필요가 있다고 국토교통부장관이 인정하여 고시한 구역에서는 자율주행기능을 사용하여 운행하지 아니할 것
4. 운행정보를 저장하고 저장된 정보를 확인할 수 있는 장치를 갖출 것
5. 자율주행자동차임을 확인할 수 있는 표지(標識)를 자동차 외부에 부착할 것
6. 자율주행기능을 수행하는 장치에 원격으로 접근 · 침입하는 행위를 방지하거나 대응하기 위한 기술이 적용되어 있을 것
7. 그 밖에 자율주행자동차의 안전운행을 위하여 필요한 사항으로서 국토교통부장관이 정하여 고시하는 사항

② 제26조 제1항에 따라 자율주행자동차의 임시운행허가 신청을 받은 국토교통부장관은 법 제32조 제3항에 따라 성능시험을 대행하는 자(이하 "성능시험대행자"라 한다)로 하여금 제1항에 따른 안전운행요건에 적합한지 여부를 확인하게 한 후 안전운행요건에 적합하다고 인정하는 경우 임시운행허가를 하여야 한다.

③ 제1항 및 제2항에 따른 안전운행요건의 확인에 필요한 세부사항은 국토교통부장관이 정하여 고시한다.

모든 자율주행자동차는 당연히 시스템우선모드에서도 도로법, 도로교통법을 포함한 모든 공공도로 주행 관련 제반 법령을 준수하도록 제작되어야 한다(제3조 제2항). 그리고 C형 자율주행자동차를 운행하기 위해서는 ① 시험운전자가 해당 자동차의 외부에 임시운행허가 신청인이 지정한 위치에서 자율주행자동차의 운행상황과 주변 교통상황을 실시간으로 관측할 수 있도록 하는 장비를 갖출 것, ② 장비나 장치가 통신 지연, 단절 또는 고장 등으로 인해 정상 작동이 불가능할 때는 시험운전자에게 즉시 경고하고 비상점멸표시등 점멸과 함께 자동으로 안전하게 정지하고 필요시 안전하게 견인될 수 있을 것, ③ 최고속도가 10km/h를 넘는 C형 자율주행자동차를 운행하기 위해서는 해당 자동차의 기능과 운행 여건을 고려한 추가적인 안전성 확보방안을 마련하여 자율주행자동차 안전운행 계획서에 포함하여야 하고, ④ 국토교통부장관은 자율주행자동차 안전운행 계획서의 적정성에 대하여 C형 자율주행자동차가 운행하려는 구간의 관할 지방자치단체의 장과 지방경찰청장 등 관계기관의 장의 의견을 들어야 한다(제19조).

그 밖에 자율주행자동차를 시험이나 연구 목적으로 임시운행허가를 받으려는 자동차 소유자나 자동차를 사용할 권리가 있는 사람(자율주행자동차 임시운행허가 신청인)은 해당 자동차의 운행으로 발생한 교통사고 피해에 대하여 자동차손해배상보장법에 따른 손해배상책임을 져야 하는데, 자율주행자동차 임시운행허가 신청인은 교통사고 피해에 대한 적절한 손해배상을 보장하기 위하여 자동차손해배상보장법에 따른 보험 등에 가입하여야 한다(제4조).

(3) 자율주행자동차 윤리가이드라인

사람들은 종종 교통법규를 위반한다. 그런데 현재의 자율주행자동차에 입력되는 알고리즘에 있어서, 같은 도로에서 주행 중인 다른 자동차가 교통법규를 위반하면 방어운전을 해야 하지만 어디까지 방어해야 하는지 등의 문제로 인하여 완벽한 자율주행 알고리즘을 만들기가 어렵다고 한다.[482] 이러한 문제점을 해결하기 위해서 자율주행자동차

---

482 김진형, 『AI 최강의 수업』, 매일경제신문사, 2021, 62면.

의 윤리적 운행연구로서 윤리적 기계 프로젝트가 진행되고 있으며,[483] 프로젝트의 내용은 향후 자율주행자동차에 대한 법률제정에 있어서 방향을 제시할 것이라고 한다.

그리고 기업에서 제작하는 인공지능은 공공성보다는 효율성을 추구하도록 설계될 수 있다. 예를 들어 자본주의사회의 기업에서 만들어지는 자율주행자동차는 같은 위험도라면 청년과 노인 중에 손해배상액을 낮추기 위해 노인과의 충돌을 선택할 수 있도록 알고리즘이 만들어질 수도 있다.[484] 이러한 상황을 대비하여 인공지능의 윤리성에 대한 논의가 이루어진다.

국토교통부에서는 자율주행자동차의 기본가치와 행동원칙을 제시하고 자율주행자동차 관련 주체(설계·제작·관리·서비스 제공·이용자 등)가 한국 사회에 정립된 윤리 수준에 따라 자율주행자동차를 제작·운행할 수 있도록 ***권고***하는 '자율주행자동차 윤리가이드라인'을 2020년 12월 제정하였다.[485] 이것은 8개의 자동차 및 윤리 전문가 집단[486]의 공동 제안 발표 후 마련된 것인데, 자율주행자동차 관련자의 자발적 책임성을 확보할 수 있도록 하는 권고이고 법적 강제성은 없다. 자율주행자동차 윤리가이드라인이 대상으로 하는 것은 운전자가 정해진 조건에서 운전에 전혀 개입하지 않거나 사람이 모든 상황에 개입하지 않는 기술 수준에 해당하는 완전 자율주행자동차로서, 자율주행자동차 등급 기준 Level 4 이상의 자율주행자동차이다.[487]

자율주행자동차의 경우는 기존의 자동차에서 제기되지 않은 사이버보안이나 개인정보보호의 문제가 발생하고, 자동차의 운행이 운전자인 인간보다는 자율주행시스템이 장

---

483 ***대표적인 윤리사례***로 언급되는 경우를 보면 다음과 같다. 세 명의 승객을 태우고 주행하던 자율주행자동차가 피할 수 없는 장애물을 발견했고 이때의 자율주행자동차가 급히 핸들을 꺾어서 길을 건너던 무고한 3명을 사망시키고 탑승객을 지키거나 아니면 장애물과 충돌하여 탑승객 3명을 상해하는 경우 중 어느 경우를 선택하는 것이 윤리적인가가 질문된다. 사람들은 대부분 후자의 경우가 더 윤리적이라고 답할 것이다. 후자가 전자보다 윤리적이므로 후자의 프로그램을 자율주행자동차에 탑재시킨다면, 소비자들은 그러한 프로그램이 탑재된 제품의 구매를 피할 것이라는 문제점이 발생한다(김진형, 앞의 책, 64면).

484 정상조, 『인공지능 법에게 미래를 묻다』, 사회평론, 2021, 136면.

485 http://www.molit.go.kr/USR/policyData/m_34681/dtl.jsp?id=4508에서 내용을 확인할 수 있다.

486 공동제안에 참여한 기관 및 학회는 국토교통과학기술진흥원, 대한교통학회, 인공지능윤리협회, 한국교통안전공단, 한국교통연구원, 한국윤리학회, 한국자동차학회, 한국자동차안전공학회이다(국토교통부, 자율주행자동차 윤리가이드라인, 2020, 4면).

487 국토교통부, 앞의 자료, 7면.

착된 차량에 의존하게 됨으로써 새로운 안전기준의 설정이 필요해진다.[488] 윤리를 논할 때, 그리고 특히 법률상 의무가 부과될 때는 그 의무를 준수하여야 하는 의무의 ***주체***를 정하는 것이 출발점이다. 자율주행자동차 등급 기준 Level 4 또는 Level 5의 경우는 의무의 주체가 인간이 아닐 수 있다. 완전 자율주행자동차는 자율주행시스템만으로 운행할 수 있어서 운전자가 없거나 인간의 개입이 필요하지 않기 때문이다.

국토교통부의 '자율주행자동차 윤리가이드라인'에서 제시된 행위주체별 대표적인 책임을 보면,[489] 첫째, 자율주행자동차의 '***설계자***'는 자동차의 운행과 관련된 제반 법규를 준수하도록 설계해야 하고, 운행 중 사고 발생 시 책임을 명확히 하기 위해서 운행기록 등을 보관할 수 있도록 설계해야 하고, 부득이하게 사고가 발생한 경우는 탑승자를 비롯한 관련 당사자의 피해를 최소화하도록 설계하여야 한다. 둘째, 자율주행자동차의 '***제작자***'는 자율주행자동차의 제작상의 결함으로 인해 발생한 피해에 대하여 책임을 져야 하고, 운행 관련 내용을 기록하고 보관할 수 있도록 제작해야 하고, 자율주행자동차에 대한 사이버 보안시스템을 갖추고 항상 변경 내용을 제공해야 한다. 셋째, 자율주행자동차의 '***관리자***'(관련 인프라, 정책, 법, 운행 허가, 사고 모니터링, 교육 등에 대한 관리의 책임과 의무를 지는 자 또는 정부)는 사고 발생에 따른 책임소재를 규명하기 위해 사고의 사후 조치를 관리·감독할 의무를 지고, 개인정보 보호를 위해 자율주행자동차 데이터 보관 및 폐기에 대한 지침을 이해관계자들에게 제공하여야 한다. 넷째, 자율주행자동차의 '***서비스 제공자***'(시장의 수요에 맞춰 서비스를 제공하고 운영하여 부가가치를 창출하는 자)는 타인의 이익이나 공익을 침해하거나 위해를 가하여서는 안 되고, 자율주행 소프트웨어를 최신의 상태로 유지해야 하고, 불법적으로 사용하거나 오남용한 이용자는 이로 인해 발생하는 문제에 대해서 책임을 져야 한다.

---

488 한국인공지능법학회, 앞의 책, 269면.
489 국토교통부, 앞의 자료, 31~36면.

4. 독일의 입법례

(1) 의의

독일은 자율주행자동차 관련 입법에 있어서 가장 앞선 국가로 평가된다.[490] 독일은 2017년 자율주행윤리위원회(Ethik-Kommission Automatisiertes und Vernetztes Fahren)[491]에서 컴퓨터주행에 관한 윤리지침(Ethik Regeln für Fahrcomputer)을 세계 최초로 작성하여 법률개정에 반영하였다. 특히 일반도로에서 자율주행자동차의 운행을 위해서 도로교통법을 2017년과 2021년에 개정하여, 셔틀버스·노선버스·물류허브연결 차량 등의 운행에서 자율주행의 상용화를 예정하고 있다. 또한 자동차 보유자의 의무보험을 규정한 의무보험법(Pflichtversicherungsgesetz, PflVG)에서도 자율주행자동차에 대하여 기존의 의무보험제도를 유지하였는데, 자율주행자동차 등급 기준 Level 4에 해당하는 완전자율주행자동차의 보유자는 기술감독(Person der Technischen Aufsicht)에 대해서도 책임보험에 가입하고 유지하도록 규정되어 있다(의무보험법 제1조 제2문).

[기술감독(Person der Technischen Aufsicht)]
자율주행자동차 등급 기준 Level 4 이상인 완전자율주행(autonomes Fahren)의 경우에는 차량에 운전자가 없으므로, 자율주행시스템의 한계에 도달한 긴급 시에 자동차 스스로 ***'최소위험상태'***(Risikominimaler Zustand, 자율주행자동자 스스로 또는 기술감독에 의해서 안전한 장소에 정차하여 비상등을 작동시킨 상태)로 변환할 수 있어야 한다. 이를 위해서 완전자율주행자동차는 극단적인 상황에서 자율주행기능을 중지할 수 있어야 하고 차량 외부에 있는 ***'기술감독'***이 이것을 담당한다.[492] 기술감독은 자연인인 인간이 담당한다(독일 도로교통법 제1d조 제3항).
기술감독의 자격요건은 독일 도로교통법의 하위법령인 자율주행자동차 승인·운행령(AFGBV) 제14조에 규정되어 있는데, 다음과 같은 자격이 요구된다.[493]

490 박진애·조경희, "독일과 일본의 자율주행 레벨4 관련 입법례", 『최신 외국입법정보』 제207호, 2022, 1면.

491 자율주행윤리위원회는 윤리·법·기술 분야의 전문가 14명으로 구성되었는데, 이에는 교통전문가, 법학자, 컴퓨터과학자, 엔지니어, 철학자, 신학자, 소비자보호협회, 기업대표 등이 포함되었다(박진애·조경희, 앞의 자료, 8면).

492 Entwurf eines Gesetzes zur Änderung des Straßenverkehrsgesetzes und des Pflichtversicherungsgesetzes - Gesetz zum autonomen Fahren, 2021. 2. 8., S. 20.

493 박진애·조경희, 앞의 자료, 7면.

- 기계공학, 자동차공학, 전기공학, 항공우주공학, 항공기공학 분야의 학사·석사·국가공인기술자
- 해당 자동차의 제작사에서 자율주행자동차 관련 교육을 이수
- (해당 자율주행자동차의 등급과 일치하는) 운전면허증의 보유
- 신원보증서, 운전면허등록부의 정보, 운전적성등록부의 기재사항에 관한 정보 등의 심사를 통해 기술감독으로 담당 업무수행에 있어서 신뢰할 수 있는 경우

독일에서는 자율주행자동차와 관련한 육성정책을 국가가 주도하는 것이 법제화되어 있으며, 자율주행자동차의 사고에 있어서 '생명 최우선의 원칙'을 표방한다. 완전자율주행자동차의 사고에 대해서도 기존의 법률체계와 보험제도를 동일하게 적용하면서도 자율주행자동차의 정보처리를 법제화함으로써 저장장치를 통해 사고 당시의 주행시스템 상태를 확인하여 책임소재를 명확히 할 수 있도록 규정하고 있다.[494] 자율주행자동차가 수집한 정보는 자동차 보유자에게 귀속되도록 규정하고 있으며, 그 외 기술감독의 의무와 제조사의 의무도 상세히 규정하고 있다. 아래에서 구체적인 내용을 살펴본다.

(2) 독일 도로교통법의 2017년 개정내용

독일에서는 2017. 6. 21. 도로교통법(Straßenverkehrsgesetz, StVG) 개정을 통해 자율주행자동차 등급 기준 ***Level 3***과 관련된 규정을 신설하였다. 이것은 2016년 3월 도로교통에 관한 비엔나 협약(Vienna Convention on Road Traffic)에서 운전자가 주행에 개입하여 자동차를 통제할 수 있는 자율주행자동차의 운행을 회원국에 허용하면서, 개정된 것이다. 자율주행자동차 등급 기준 Level 3에 해당하는 자율주행자동차의 운전자에게는 기존의 Level 2에 해당하는 자동차의 운전자와 달리 자동차의 운행에 있어서 상시적인 주의의무가 면제되고 필요시에 차량제어권을 행사할 수 있도록 하는 주의의무만 부과되었다.

2017년 독일 도로교통법의 주요 개정내용은 제1a조(고도 또는 완전 자동화된 주행기능을 갖춘 자동차),[495] 제1b조(고도 또는 완전 자동화된 주행기능의 이용에서 운전자의

494 박진애·조경희, 앞의 자료, 13면.

495 제1a조 (고도 또는 완전 자동화된 주행기능을 갖춘 자동차)
① 고도 또는 완전 자동화된 주행기능에 의해서 자동차를 작동하는 것은 그 기능이 규정에 따라 사용되는 경우에

의무),[496] 제63a조(고도 또는 완전 자동화된 주행기능을 갖춘 자동차에서의 정보처리)의 신설이었다. 자동화된 주행기능을 갖춘 자동차는 자동화된 차량조종 중 차량운행에 관한 교통법규를 준수하는 장치를 갖추고 있는 경우인데, 운전자가 언제든지 그 기능을 활성화하지 않을 수 있고 수동으로 조종할 수 있어야 하며, 자동화된 장치는 운전자에게 차량조종을 인계하기 이전에 충분한 시간적 여유를 가지고 직접적 차량조종의 필요성을 시각, 청각, 촉각 등으로 지각할 수 있도록 표시할 수 있어야 한다(제1a조 제2항). 자동화된 주행기능으로 운전하는 운전자에게는 자동화된 시스템이 운전자에게 차량조종의 인수를 요청한 때 또는 자동화된 주행기능을 규정된 대로 사용할 수 있는 전제조건이 더이상 존재하지 않는다는 것을 인지하거나 명백히 인지해야 하는 때 운전자는 지체없이 차량조종을 인수할 의무가 있다(제1b조).

(3) 독일 도로교통법의 2021년 개정내용

이후 독일에서는 2021. 5. 28. 자율주행자동차 등급 기준 ***Level 4***의 상용화를 위한 도로교통법이 개정되어, 자율주행시스템의 기술발전과 사회적 수용을 위한 법제를 마련하

허용된다.

② 도로교통법에서 고도 또는 완전 자동화된 주행기능을 갖춘 자동차라고 하는 것은 다음의 모든 기술적 장치를 구비한 경우를 말한다.

1. - 앞뒤좌우진행을 포함한 - 운전을 하는데 그것의 활성화에 따라 자동차를 조종할 수 있는 장치(차량조종)
2. 고도 또는 완전 자동화된 차량조종 중 차량운행에 관한 교통법규를 준수하는 장치
3. 운전자가 언제든지 수동으로 조종할 수 있거나 활성화하지 않도록 할 수 있는 장치
4. 운전자의 직접적 차량조종의 필요성을 인식시킬 수 있는 장치
5. 운전자에게 차량조종을 인계하기 이전에 충분한 시간적 여유를 가지고 직접적 차량조종의 필요성을 운전자에게 시각, 청각, 촉각 또는 그 외로 지각할 수 있도록 표시할 수 있는 장치
6. 그리고 시스템설명서에 반하는 사용을 알려주는 장치

자동차의 생산자는 자동차가 이와 같은 조건들에 부합한다는 것을 반드시 시스템설명서에 설명하여야 한다.

496 제1b조 (고도 또는 완전 자동화된 주행기능의 사용시 운전자의 권리와 의무)

① 운전자는 제1a조에 규정된 고도 또는 완전 자동화된 주행기능으로 운전하는 중에는 교통상황과 차량조종에서 벗어날 수 있다; 이때 운전자는 아래 제2항의 의무를 언제든지 이행할 수 있을 정도로 인지상태가 준비되어 있어야 한다.

② 운전자는 다음의 경우에 지체없이 차량조종을 인수할 의무가 있다.

1. 고도 또는 완전 자동화된 시스템이 운전자에게 차량조종의 인수를 요청하는 경우
2. 운전자가 고도 또는 완전 자동화된 주행기능을 규정된 대로 사용할 수 있는 전제조건이 더이상 존재하지 않는다는 것을 인지하는 경우 또는 명백한 상황에 비추어 인지해야 하는 경우

였다. 독일연방디지털·교통부(Bundesministerium für Digitales und Verkehr, BMVI)는 독일이 운전자 없는 자율주행자동차의 일상적 운행을 보장하는 세계 최초의 국가라고 밝히면서, 2021년 도로교통법 개정이 가져오게 될 시나리오는 '특정 지점 간의 왕복셔틀', '일정한 경로를 운행하는 버스와 같은 대중운송', '두 개의 분할된 도심 사이와 같은 허브 대 허브 운송', '시골지역에서 수요에 맞춘 서비스', '사람과 물건의 처음부터 끝까지 운송', '자동발렛주차의 경우와 같은 듀얼모드 차량'이라고 밝혔다.[497]

① 자동화주행과 자율주행의 구분

독일 도로교통법의 2017년의 자율주행자동차 등급 기준 Level 3과 관련된 개정에서는 '***자동화주행***(automatisiertes Fahren)'이란 용어가 사용되었는데, 2021년의 개정에서는 기존의 자율주행자동차 등급 기준 Level 3을 대상으로 하는 것과의 구분을 명확히 하기 위해서 '***자율주행***(autonomes Fahren)'이란 용어를 사용하였다. 자율주행자동차 등급 기준 Level 3을 대상으로 하는 자동화주행(automatisiertes Fahren)의 경우에는 운전석에 운전자의 착석이 필수적이고 운전자가 필요시에 차량제어권을 행사할 수 있도록 주의의무를 다하여야 했는데, 자율주행자동차 등급 기준 Level 4를 대상으로 하는 자율주행(autonomes Fahren)의 경우에는 그러한 주의의무가 없게 되었다.[498] 2021년 독일 도로교통법의 주요 개정내용은 제1d조(지정된 운행구역에서 자율주행 자동차), 제1e조(자율주행자동차의 운행; 이의제기와 항고소송), 제1f조(자율주행자동차의 운행에 있어서 관련 행위주체들의 의무), 제1g조(정보처리), 제1h조(자동화주행기능과 자율주행기능의 추가적인 활성화) 등의 신설이었다.

---

497 BMVI, "Gesetz zum autonomen Fahren tritt in Kraft", Mobilität Digitales, 2021. 7. 27. (https://www.bmvi.de/SharedDocs/DE/Artikel/DG/gesetz-zum-autonomen-fahren.html): Shuttle-Verkehre von A nach B, People-Mover (Busse, die auf einer festgelegten Route unterwegs sind), Hub2Hub-Verkehre (z.B. zwischen zwei Verteilzentren), nachfrageorientierte Angebote in Randzeiten, die Beförderung von Personen und/oder Gütern auf der ersten oder letzten Meile, 'Dual Mode Fahrzeuge' wie zum Beispiel beim Automated Valet Parking (AVP).

498 차종진, "Level4 자율주행자동차 상용화를 위한 2021년 독일 도로교통법 개정과 시사점", 『4차산업혁명 법과 정책』 제3호, 2021, 241면.

② 최소위험상태와 기술감독

자율주행자동차 등급 기준 Level 4를 대상으로 하는 자율주행자동차는 허용된 특정한 지역의 공공도로에서 주행이 가능하도록 하였는데(제1d조 제1항, 제2항), 완전 자율주행자동차의 일반도로 운행을 위한 핵심 전제는 '최소위험상태'와 '기술감독'이다.

자율주행(autonomes Fahren)의 경우에는 운전자 없이 운행하므로 자율주행시스템의 한계에 도달했더라고 긴급시에 자동차 스스로 ***'최소위험상태'***(Risikominimaler Zustand)로 변환할 수 있어야 하는데, 이를 위해서 자율주행자동차는 극단적인 상황에서 자율주행기능을 중지할 수 있어야 하고 ***'기술감독'***(Technische Aufsicht)이 이것을 담당한다.[499] 최소위험상태란 자율주행자동자 스스로 혹은 기술감독에 의해서 가능한 한 안전한 장소에 정차하여 비상등을 작동시킨 상태를 말하며(제1d조 제4항), 기술감독은 자연인인 인간이다(제1d조 제3항). 기술감독이 규정된 것은 현행 국제규정에서 외부에서 자율주행을 중지할 수 있거나 자율주행자동차의 운행권을 행사하는 책임 있는 자연인을 필요로 하기 때문이다.[500]

③ 완전 자율주행자동차의 허가조건

완전 자율주행자동차는 생산자가 독일연방교통국(Kraftfahrt-Bundesamt)에 신청하여 자율주행자동차허가(Betriebserlaubnis für ein Kraftfahrzeug mit autonomer Fahrfunktion)를 받아야 운행할 수 있고(제1e조 제4항), 완전 자율주행자동차로 허가받기 위해서는 10개의 기술이 설치되어 있어야 한다. 10가지 기술은 ① 특정한 지역 내에서 기술감독의 계속적인 감시가 없거나 운전자의 조종 없이 독자적인 운행의 수행, ② 교통법규의 준수 및 생명 이외의 법익에 대한 피해가 회피불가능한 상황에서 인간의 생명보호가 가장 우선이라는 법익의 의미를 고려하는 사고방지시스템의

499 Entwurf eines Gesetzes zur Änderung des Straßenverkehrsgesetzes und des Pflichtversicherungsgesetzes - Gesetz zum autonomen Fahren, 2021. 2. 8., S. 20.

500 Entwurf eines Gesetzes zur Änderung des Straßenverkehrsgesetzes und des Pflichtversicherungsgesetzes - Gesetz zum autonomen Fahren, 2021. 2. 8., S. 28.

장착, ③ 운행의 계속이 단지 도로교통법의 위반을 통해서만 가능하다면 자동차를 최소위험상태로 전환, ④ 최소위험상태로 전환하는 경우 기술감독이 결정할 수 있도록 상황판단과 관련된 데이터를 전달, ⑤ 기술감독이 제시하는 운행전환의 검토 및 기술감독의 제시에 의하지 않고도 자동차 스스로 최소위험상태로 전환, ⑥ 기술감독에게 기능침해에 대한 즉시 보고, ⑦ 자율주행시스템의 한계를 인지하고 그 한계에 도달할 때 또는 기술적 고장이 발생한 때 또는 자율주행이 허용된 특정된 지역의 경계에 도달한 때에 있어서 자동차가 독자적으로 최소위험상태로 전환, ⑧ 언제든지 기술감독 또는 탑승자에 의한 자율주행시스템의 비활성화 및 비활성의 경우에 자동차 스스로 최소위험상태로 전환, ⑨ 운행전환의 필요성, 충분한 시간을 둔 상태에서 비활성화의 필요성, 그리고 현재 기능상태의 표시를 기술감독에게 시각, 청각, 기타 인지 가능한 방식으로 표시, ⑩ 비자동화된 침입로부터도 보호될 수 있는 안정적인 통신망이다(제1e조 제2항).

④ 관련자의 의무

독일 도로교통법에서는 완전 자율주행자동차의 운행에 관여하는 사람의 의무를 자동차 보유자(Halter), 기술감독(Technische Aufsicht), 자동차 제조자(Hersteller) 등 3가지로 구분하여 명시하고 있다(제1f조).

첫째, 자동차 보유자에게 다음의 의무가 부과된다.

- 교통안전의 유지의무 및 자동차의 환경적합성 유지의무와 이에 필요한 준비조치의 의무
- 완전 자율주행기능에 필요한 시스템에 대한 정기적인 정비조치의 의무
- 자동차의 운행과 관련 없는 교통규칙의 준수를 위한 준비조치의 의무
- 기술감독의 업무수행에 대한 보장의 의무

둘째, 기술감독에게 다음의 의무가 부과된다.

- 운행의 긴급한 대체의 경우에 있어서, 운행시스템에 의해 준비된 자료를 긴급한 대체의 상황에 사용할 수 있게 하여 긴급한 대체 운행이 교통안전을 해하지 않도록 활성화할 의무

- 운행시스템을 통해 자율주행기능의 비활성화가 시각, 청각 또는 기타 방식으로 고지된 경우, 바로 자율주행기능을 비활성화할 의무
- 자동차의 기능 상태에 대한 기술장비의 신호를 평가하고 사안에 따라 운행 안전에 필요한 조치를 할 의무
- 자동차가 최소위험상태로 변환될 경우에 있어서, 즉시 자동차의 탑승자와 연락하여 교통안전에 필요한 조치를 할 의무

셋째, 자동차 제조자에게 다음의 의무가 부과된다.

- 자동차의 개발기간 및 운행기간 동안 자동차의 전기·전자적 구조와 그와 연결된 전기·전자적 구조가 안전함을 독일연방교통국과 담당부처에 보고할 의무
- 자동차의 위험부담평가를 시행하고 위험부담평가에서 확인된 위험에 대한 한계요소가 유지됨을 독일연방교통국과 담당부처에 보고할 의무
- 자율주행에 충분한 무선통신의 안전함에 대해 보고할 의무
- 모든 자동차에 대해서 시스템을 설명하고, 운행설명서를 작성하고, 자율주행가능 기술장비 조건 및 손상 발생 시 요구되는 조건을 자동차가 충족한다는 점을 독일연방교통국과 담당부처에 보고할 의무
- 운행에 관여하는 사람에게 운행기능과 기술감독의 업무수행에 대한 기술적 작동방식에 대한 교육을 제공할 의무
- 자동차에 대한 조작을 인지하거나 자동차의 전기·전자적 구조나 그와 연결된 전기·전자적 구조에 대한 조작을 인지하면, 특히 자동차의 무선통신에 대한 무허가 접근의 경우에, 독일연방교통국과 담당부처에 보고할 의무

5. 전망

산업계에서는 2025년부터 자율주행자동차 등급 기준 Level 3의 단계가 본격적으로 도입되고 2050년 이후에는 Level 4의 단계에 진입할 것이라고 전망한다. 완전 자율주행자동차의 사고에 있어서 사고의 원인이 명확하지 않은 경우에 형사책임을 누구에게

물을 것인지, 즉 탑승자에게 물을 것인지 아니면 제조자에게 물을 것인지 등에 대해서는 기존의 자동차 운행 중의 사고에서 적용되었던 형사책임의 원리가 적용되리라고 생각한다. 사고의 개별적인 원인이 밝혀진다면 그 원인의 제공자에게 형사책임을 묻게 될 것이고, 사고의 원인이 밝혀지지 않는다면 형사제조물책임의 법리에 따르게 될 것이다. 자율주행자동차 관련 입법에 있어서 가장 앞선 국가로 평가되는 독일의 입법을 살펴보더라도, 사고의 원인이 명확하지 않은 완전 자율주행자동차의 사고에 있어서 형사책임에 대하여 입법을 하지는 않는다.

한편 현재 이미 무인전동차의 운행이 이루어지고 있는 도시철도의 경우를 보면, 이것은 다음과 같은 전제 상황이 존재하기에 무인운행이 가능한 것이다. 첫째, 전동차의 특성상 전동차는 일정한 궤도를 따라서 이동할 수밖에 없고, 그 궤도에는 다른 전동차가 끼어들기 어려운 구조이다. 둘째, 운행종합제어시스템으로 일정 지역의 전동차 운행을 종합적으로 관리할 수 있다. 셋째, 승객이 타고내리는 승강장에서 발생하는 사고를 예방하기 위해서 스크린도어가 설치되어 있다. 반면 자동차의 운행에는 이러한 상황이 전제되지 않는다. 자동차는 특정된 궤도를 따라서만 운행하는 것이 아니라 매우 다양하고 변화무상한 도로를 운행하며, 일정 지역의 자동차 운행을 전체적으로 관리할 수 있는 운행종합제어시스템을 갖추기도 어려우며, 불법으로 도로를 횡단하는 사람과 끼어들기 차량이 상시 나타날 수 있는 상황이다.

이처럼 무인전동차의 운행이 가능할 수 있는 전제 상황이 완전 자율주행자동차의 운행에 있어서 조성될 때, 비로소 운전자가 없는 완전 자율주행자동차의 상용화는 이루어질 것이라고 본다. 이를 위해서는 자동차의 운행과 관련하여 도로교통법 및 도로법의 정비가 이루어져야 한다. 이에 대해서는 독일 도로교통법의 개정에서 시사점을 찾을 수 있다. 독일은 2021년 도로교통법을 개정하여 Level 4 단계의 완전 자율주행자동차에 대한 입법을 현실화하였는데, 그 핵심은 첫째, '최소 위험상태'라는 개념과 '기술감독'이라는 개념에서 찾을 수 있다. 긴급 시 최소위험상태로 전환하고, 그러한 전환에 대해서 차량 외부에 존재하는 기술감독의 통제가 가능하게 하는 것이다. 둘째, 완전 자율주행자동차의 운행을 모든 도로에서 가능하게 하지 않고, 운행이 가능한 상황이 존재하는 일정 지역에서 허용하는 것이다. 이것은 무인전동차의 운행이 이루어질 수 있는 상황의 조성과 유사한 상황을 조성하는 것이며, 앞으로 완전 자율주행자동차의 상용화에 있어서 이러한 방향으로 관련 법률이 발전하리라고 생각한다.

참고문헌

고준성, "일본에서의 형사제조물책임에 관한 논의 검토", 『강원법학』 제64권, 2021.

국토교통부, 자율주행자동차 윤리가이드라인, 2020.

김정환·김슬기, 『형사특별법(제2판)』, 박영사, 2022.

김정환, "형사상 중과실 해석·적용의 판단기준-구성요건실현의 개연적 상황-" 『연세법학』 제38호, 2021.

김진형, 『AI 최강의 수업』, 매일경제신문사, 2021.

김호기, "개발위험의 항변과 형법적 제조물책임", 『형사정책연구』 제27권 제1호, 2016.

박진애·조경희, "독일과 일본의 자율주행 레벨4 관련 입법례", 『최신 외국입법정보』 제207호, 2022.

발터 페론/조병선(역), "1990년 7월 6일 독일연방최고법원의 형법적 제조물책임에 대한 피혁보호분무기 판결", 『청주법학』 제8권, 1994.

백건하, "제조물책임에 대한 형사책임의 부과와 수사-자동차산업의 사례를 중심으로-", 『범죄수사학연구』 제11호, 2020.

이석배, "형법상 제조물책임과 인과관계의 확정", 『의료법학』 제17권 제2호, 2016.

이승준, "자율주행자동차의 도로 관련법상 운전자 개념 수정과 책임에 관한 시론 - 독일의 논의를 중심으로 -", 『형사법의 신동향』 제56호, 2017.

이원상, "인공지능 및 자율주행자동차의 새로운 발전과 요청에 대한 한독 비교", 『형사정책』 제32권 제2호, 2020.

이해원, "인공지능과 제조물책임", 『정보법학』 제25권 제2호, 2021.

전지연, 『제조물의 하자에 의한 형사법상 책임에 관한 연구』, 한국형사정책연구원, 1996.

전지연, "형법상 제조물책임에서 주의의무위반에 대한 비교법적 고찰", 『법학연구』 제18권 제4호, 2008.

정상조, 『인공지능 법에게 미래를 묻다』, 사회평론, 2021.

조동관, “완전 자율주행차 충동시 이용자 보호에 관한 미국의 입법례”, 『최신 외국입법정보』 제189호, 2022.

차종진, “Level4 자율주행자동차 상용화를 위한 2021년 독일 도로교통법 개정과 시사점”, 『4차 산업혁명 법과 정책』 제3호, 2021.

한국인공지능법학회, 『인공지능과 법』, 박영사, 2019.

한성훈, “자율주행자동차의 기술단계에 따른 형사책임에 관한 연구”, 『형사법연구』 제32권 제3호, 2020.

KOTRA, “글로벌 모빌리티 시장동향 보고서”, 2021.

[연세대학교 법학전문대학원 교수 김정환]

제9장

형사소송법의 개념과 인공지능의 활용

| 김정환 |

인공지능이 형사절차에서 활용되는 것을 살펴보고자 본다. 이것은 인공지능과 관련한 형사법의 논의 중 ***형사법을 위한 인공지능의 측면***(인간의 기술화)이다. 아래에서는 먼저 형사소송법의 개념과 증거재판주의를 살펴본 후, 형사절차의 각 단계(수사, 재판, 형집행)에서 활용되는 인공지능을 살펴본다.

I. 형사소송법

1. 개념

형사소송법이란 ***형법을 실현하기 위한 절차***를 정한 법률로서, 형법과 형사소송법은 서로 보완관계에 있다. 형사소송법은 범죄와 그에 대한 법률효과인 형벌을 규정해 놓은 형법을 구체적인 사건에 적용하기 위한 절차를 규정하고 있는데, 형법은 형사절차에 의하지 않고는 실현될 수 없으므로 범죄가 발생하여도 범인을 즉시 처벌할 수는 없다는 것을 의미하며, '절차 없으면 형벌 없다.'는 말이 성립하게 된다. 형사사건에 대한 실체의 해명은 정해진 형사절차를 통해서만 가능하게 되고, 민사분쟁의 해결에 있어서와 같은 사인(私人) 간의 합의에 따른 국가형벌권의 실현이라든지 또는 사적(私的)제재와 같은 자의적인 절차에 의한 형사제재라는 것은 허용되지 않는다.

형사소송은 좁은 의미로는 형사사건에 대하여 법원의 심판 절차로서 검사가 기소한 때로부터 재판이 확정되기까지의 절차인 공판절차를 말하나, 넓은 의미로는 ***공판절차*** 이외에 공소제기의 앞 단계인 ***수사절차***와 공판절차에서 형이 확정된 후의 단계인 ***형집행절차***를 포함하는 개념으로 사용된다. 일반적으로 형사소송 또는 형사소송법이라는 말은 넓은 의미의 형사소송으로 사용되고 있으며, 이것은 형사절차 또는 형사절차법이라는 말과 같은 내용이다.

형사절차법정주의는 수사절차·공판절차·형집행절차 등 모든 형사절차는 국민의 대표인 국회에서 제정한 법률로 규정하여야 한다는 원칙을 말한다. 형사절차법정주의는

형법의 죄형법정주의에 상응하는 개념으로서, 법률로 규정하지 아니하고는 국가기관이 형사절차에 있어서 피의자(수사를 받는 사람)·피고인(공소제기를 받은 사람)·수용자(교정시설에 수용된 사람) 등의 기본적 인권을 제한할 수 없다는 것을 의미한다.[501] 형사절차에서 수사기관 등의 각종 처분 등에 의하여 개인의 기본권에 대한 침해가 초래될 수 있으므로, 부당한 개인의 권리침해를 방지하여 형사절차가 적정하게 이루어지도록 하기 위해서는 기본적으로 형사절차를 법률로 규정할 것이 요구되는 것이다.

2. 형사소송의 목적

(1) 실체적 진실 vs. 객관적 진실·절대적 진실

형사소송법은 국가의 형벌권을 구체적으로 실현하기 위한 절차를 규율하는 법으로서, 형사소송법도 모든 법의 이념인 정의를 실현하는 데 그 목적이 있다. 따라서 과거의 범죄사실을 밝혀 죄 있는 사람을 벌하고 죄 없는 사람이 무고하게 처벌되지 않도록 하는 것, 즉 '***실체적 진실의 발견***'은 형사소송에 있어서 기본적으로 중요한 의미를 차지한다.

'실체적'이라는 개념은 '***객관적***'이라는 개념과 구별되어야 함에도, 형사소송에서 실체적 진실은 '객관적 진실'이라고 보는 시각이 있다. 실체적 진실의 발견이란 "역사적 공간 속에서 실체로서 존재했던 형사사건을 객관적으로 그리고 진실하게 인식해야 한다는 원칙"이라고 하면서, 여기서 실체적 진실은 언어 이전에 객관적 세계에 존재하는 실체라고 하기도 한다.[502] 형사소송에서 실체적 진실의 추구가 형사소송의 목적이라면, 형사소송에서 목적이 실현되는 때는 객관적 진실을 발견하는 때라는 것이다. 이러한 시각에서는 형사소송법을 "객관적 진실(범죄사실과 범죄자)을 밝혀내는 독자적인 원리와 규칙을 규정한 절차법"이라고 설명하기도 한다.[503]

하지만 객관적 진실과 관련해서 생각할 문제가 있다. '객관적'이라는 것은 다음의 3

---

501 이은모·김정환, 『형사소송법(제8판)』, 박영사, 2021, 5면.

502 김혜경, '실체적 진실발견'은 형사소송법의 목적인가?, 『형사법연구』 제26권 제2호, 2014, 165면 참조.

503 이주원, 『형사소송법』, 박영사, 2019, 전론.

가지 의미로 사용될 수 있는데, ① 첫째, 수학적 사실(예, 2+4=6)과 같은 추상적·형이상학적 의미, ② 둘째, 보거나 듣거나 만지는 등의 직접 경험이 가능한 것과 같은 물리적·존재론적 의미, ③ 셋째, 다른 사람이 함께 인식하는 것과 같은 사회적·인식론적 의미이다.[504] 그런데 형사소송에서 추구하는 실체적 진실은 형이상학적 의미의 사실이 아니고, 직접 경험할 수 없는 과거의 사실이다.[505] 그리고 특정 사실에 대한 사람들의 인식은 시간의 경과에 따라 변하므로 사회적 의미의 객관적 사실도 존재하지 않는다.[506] 그 외에 인식의 주체는 각자의 경험 등에 따라 독자적인 선이해를 전제로 하여 외적으로 존재하는 요소를 인식하므로, 객관적 사실의 인식에 도달하는 것은 보장되기 어렵다.[507] 객관성을 이러한 의미로 이해하면, 형사소송에서 '객관적' 진실을 추구한다는 것은 개념모순이고, ***형사소송이 추구하는 실체적 진실은 객관적 진실이라고 말할 수 없다.***[508]

또한 '실체적'이라는 개념은 '***절대적***'이라는 개념과도 구별된다. 인간의 인지능력에 한계가 있어서 절대적이고 객관적인 진실규명은 불가능하다. 절대적이라는 것은 인간이 도달할 수 없는 한계개념이므로 절대적 진실개념을 형사소송에서 사용할 수는 없다.[509]

결국 형사소송을 통해서 추구하는 실체적 진실은 인간의 인지능력의 한계 내에서 찾아진 사실로서, 추상적·형이상학적 의미나 물리적·존재론적 의미 혹은 사회적·인식론적 의미의 객관적 사실이라고 말할 수 있는 것이 아니다. 즉 ***인간의 인지능력 한계 내에서 객관적 사실이라고 믿는 사실***이 실체적 진실이라고 할 수 있다.

(2) 적법절차에 의한 실체적 진실의 발견

실체적 진실의 발견이 중요하다고 해서 이것이 어떤 대가를 치르더라도 실현해야 할 형사소송법의 유일한 목적은 아니다. 과거에 일정한 범죄사실이 있었는가를 발견하기

504 박광배·김상준·안정호, 『무죄론』, 학지사, 2017, 16면.
505 박광배·김상준·안정호, 앞의 책, 17면.
506 박광배·김상준·안정호, 앞의 책, 18면.
507 김혜경, 앞의 논문, 183면.
508 김정환, "사실확정을 전제하는 형법이론과 사실미확정을 전제하는 형사절차의 조화", 『연세법학 또 다른 백년 – 진리·자유와 법학』, 연세대학교 출판부, 2021, 80면.
509 김혜경, 앞의 논문, 166면.

위한 절차를 진행함에 있어서는 수사 및 재판단계에서 피의자·피고인의 인권을 충분히 보장하지 않으면 안 된다는 것을, 우리는 역사적 경험을 통해 알고 있다. 있는 그대로의 실체를 밝히는 것 못지않게 실체를 어떤 절차에 따라 밝히는가도 중요한 일이며, 헌법이 "누구든지 … 적법한 절차에 의하지 아니하고는 처벌 … 을 받지 아니한다."고 규정하여 적법절차를 직접 규정(제12조 제1항 후단)하는 것도 이러한 이유라고 할 수 있다. '적법한 절차에 의한 진실의 발견'이 형사사법을 통한 정의의 실현이다. 그리고 신속한 재판의 실현 역시 형사소송이 추구하는 목적의 하나라고 할 수 있으며, 헌법 제27조 제3항은 이를 피고인의 기본권으로 보장하고 있다.

결국 형사소송은 '***적법한 절차에 의해 신속하게 실체적 진실을 발견***'하는 데 그 목적이 있다.[510] 그런데 형사소송의 목적 혹은 이념인 '***실체적 진실주의***'와 '***적법절차***' 및 '***신속한 재판***'의 요구는 구체적 사건에서 서로 충돌할 수 있다. 적법절차와 신속한 재판의 이념은 근본적으로 피의자·피고인의 기본권을 보장하고 방어권을 보호하기 위한 원리라는 점에서 실체적 진실주의와 대립할 수 있기 때문이다. 진실발견을 위해서는 기본적 인권을 침해하게 되고, 반대로 인권보장을 중시하면 진실발견을 방해하는 경우가 생기게 된다. '위법하게 수집된 증거'의 증거능력을 인정할 것인지가 대표적인 경우라고 할 수 있다. 이 경우에 어느 가치를 우선 시킬 것인지는 매우 중요한 문제이며, 이러한 모순된 형사소송의 목적을 어떻게 조화하는가에 따라 형사소송법의 기본적 성격 자체가 달라진다. 구체적인 사안에서 어떤 지점에서 조화를 찾을 것인가를 결정하는 감각이야말로 형사소송법의 생명이라고 할 수 있다. 형사소송법의 이론은 이에 대한 해결방안을 제시하는 것이라고도 할 수 있다.[511]

이렇게 볼 때 ***적법절차*** 및 ***신속한 재판***은 ***실체적 진실주의***와 함께 형사소송의 목적이 된다고 하여야 한다. 그리고 이들은 실제로는 상호제한적인 형태로서 나타나게 되는데, 실체적 진실주의가 적법절차와 신속한 재판의 원칙에 의해 제한을 받을 뿐만 아니라 적법절차와 신속한 재판의 원칙이 실체적 진실발견을 위해 제한되는 결과를 가져오

---

510 이은모·김정환, 앞의 책, 17면.

511 이은모·김정환, 앞의 책, 18면.

기도 한다.

3. 형사소송의 주체

경찰의 수사 후 검사의 공소제기로 사건이 법원에 넘어오면, 이후 형사절차는 법원·검사·피고인의 활동을 통하여 진행된다. 법원·검사·피고인을 '형사소송의 주체'라고 한다.

소송의 주체는 독립적인 소송법상의 권한을 가지고 소송을 성립·발전시키는 소송의 인적 구성요소로서, 소송법률관계를 형성하는 주체라고도 할 수 있다. ***법원***은 재판권의 주체이고, ***검사***는 공소권의 주체이며, ***피고인***은 방어권의 주체이다. 그리고 재판을 받는 주체인 검사와 피고인을 '당사자'라고 부른다. 변호인은 소송의 주체가 아니라 피고인 또는 피의자의 보조자로서 역할을 한다.

[참고 : 변호인과 변호사의 구별]
'**변호인**'은 형사절차에서 피의자(수사를 받는 사람) 또는 피고인(공소가 제기된 사람)의 방어능력을 보충하는 임무를 가진 자로서, 피의자·피고인 및 그와 일정한 관계에 있는 사람에 의하여 선임되는 '사선변호인'과 현실적으로 변호인을 선임하기 어려운 피의자·피고인의 보호를 위하여 법원이 선임한 '국선변호인'이 있다. 변호인은 피의자·피고인의 보호자 지위뿐만 아니라 실체적 진실발견에 협력하는 공익적 지위에 있다.
'**변호사**'는 법학전문대학원을 졸업하고 변호사시험에 합격한 자격을 갖춘 사람으로, 소송에 관한 행위 및 행정처분의 청구에 관한 대리행위와 일반 법률사무 등의 직무에 종사한다. 형사사건에서 피의자·피고인은 변호사 중에서 변호인을 선임하는 것이 원칙이지만, 특별한 사정이 있으면 변호사 아닌 사람을 변호인으로 선임할 수 있고 이를 특별변호인이라고 부른다(형사소송법 제31조). 다만 대법원에서는 변호사 중에서 변호인을 선임하여야 한다.

4. 수사

(1) 수사의 의의

수사란 ***범죄의 혐의 존재를 명백히 밝혀 공소를 제기하고 유지하기 위하여*** 범인을 발견·확보하고 증거를 수집·보전하는 ***수사기관의 활동***을 말한다. 공소제기 전에 공소제기 여부를 결정하기 위한 수사기관의 활동뿐만 아니라 공소를 제기한 후에 공소의 유지를 위한 보강수사나 공소의 취소 여부를 결정하기 위한 수사기관의 활동도 수사에 포함된다. 그리고 이러한 수사 활동이 연속적으로 이루어지는 과정을 수사절차라고 한다. 형사절차는 수사에 의하여 개시되므로 수사는 형사절차의 제1단계라고 할 수 있다.

수사기관이 범죄의 혐의가 있다고 판단하게 된 원인을 '***수사의 단서***'라고 하는데, 수사의 단서에는 수사기관이 직접 체험한 단서와 타인의 체험을 근거로 하는 단서가 있다. 현행범인의 체포, 변사자의 검시, 불심검문, 신문기사 등이 수사기관이 직접 체험한 단서이고, 고소(범인의 처벌을 구하는 피해자의 수사기관에 대한 의사표시), 고발(범인의 처벌을 구하는 피해자 이외의 사람의 수사기관에 대한 의사표시), 자수(자신의 처벌을 구하는 범인의 수사기관에 대한 의사표시) 등이 타인의 체험을 근거로 하는 단서이다.

수사는 범죄의 혐의가 있다고 판단되는 때에 개시되는 수사기관의 활동이므로 범죄혐의 유무를 알아보기 위하여 수사 이전에 행하는 수사기관의 조사활동인 '***입건 전 조사***'(과거에는 '내사'라 칭함)와는 구별된다. 입건 전 조사단계에서 조사의 대상인 사람은 ***피조사자***(과거에는 '피내사자'라 칭함)라고 하며, 수사기관에 의해서 일정한 혐의가 인정되어 수사가 개시되면 ***피의자***라고 부른다.

(2) 수사기관

수사기관이란 법률상 수사할 권한이 부여된 국가기관을 말한다. 수사기관에는 검사, 사법경찰관리, 특별사법경찰관리 및 고위공직자범죄수사처 소속의 검사와 수사관이 있다. 과거에는 검사에게 수사지휘권과 수사종결권이 인정되어 사법경찰관은 모든 수사에 관하여 검사의 지휘를 받았으나, 2020년 형사소송법의 개정으로 검사와 사법경찰관은 기존의 수직관계에서 협력관계로 변하였고 사법경찰관에게도 수사종결권이 인정된다.

검사와 사법경찰관은 범죄의 혐의가 있다고 판단하는 때에는 범인, 범죄사실과 증거를 수사하고(형사소송법 제196조 제1항, 제197조 제1항), 수사와 공소제기 및 공소유지에 관하여 서로 협력하여야 한다(형사소송법 제195조 제1항). 검사는 특별사법경찰관(삼림, 해사, 전매, 세무, 군수사기관, 그 밖에 특별한 사항에 관하여 사법경찰관리의 직무를 수행할 자와 그 직무범위에 관한 법률에 의하여 사법경찰관의 직무를 행하는 공무원)의 수사에 관하여 지휘권을 가지나(형사소송법 제245조의10 제2항), 일반 사법경찰관의 수사에 관해서는 감독권만을 가진다.

(3) 수사의 기본원칙과 방법

수사기관이 범죄의 혐의를 인지한 경우는 수사를 개시하여 사실을 밝혀야 할 직무상의 의무가 있다(형사소송법 제196조, 제197조). 이를 수사법정주의 또는 수사강제주의라고 한다. 또한 수사방법은 그 목적을 달성하는 데 적합한 것이어야 하고, 필요한 최소한에 그쳐야 하며, 수사목적을 달성하여 얻는 이익과 수사로 인해 침해되는 이익이 균형을 이루는 상당한 것이어야 한다.

수사의 방법에는 강제수사와 임의수사가 있는데, 강제수사란 수사기관의 강제처분(체포, 구속, 압수, 수색, 검증 등)에 의한 수사로서 법률에 규정된 경우에만 예외적으로 허용된다. 임의수사는 강제수사 이외의 수사로서 상대방의 동의나 승낙을 얻거나 기타 합목적성의 차원에서 법률의 근거 없이도 가능한데, 수사는 원칙적으로 임의수사에 의한다(임의수사의 원칙). 형사소송법은 "피의자에 대한 수사는 불구속 상태에서 함을 원칙으로 한다."고 규정하여(제198조 제1항), 특히 대인적 강제수사에 대한 엄격한 제한을 명시하고 있다. 수사의 방식이 강제수사인지 임의수사인지는 수사의 상대방에 대한 실질적 법익침해의 초래 여부나 기본권 침해의 여부로 구분한다.[512]

강제수사는 법률에 특별한 규정이 없으면 하지 못하는 것을 ***강제수사법정주의***라고 한다. 강제수사는 형벌권 실현에 있어서 불가결하지만, 개인의 기본권을 침해하는 필요악이므로 이에 대한 법적 규제가 필요하게 된다. 법률주의는 강제처분의 적법성의 한계를 법률에 명백히 규정하여 법관에 의한 구체적 판단을 가능하게 한다는 점에서 영장주

512 이은모·김정환, 앞의 책, 214면.

의의 전제가 되는 원칙이라고 할 수 있다.

'*영장주의*'란 법원 또는 법관이 발부한 적법한 영장에 의하지 않으면 강제수사를 할 수 없다는 원칙을 말한다. 영장주의는 강제수사의 남용을 억제하고 시민의 자유와 재산을 보장하기 위한 사법적 통제 수단이다. 또한 영장주의는 강제수사를 할 당시에 이미 영장이 발부되어 있어야 한다는 의미이므로, 영장 없는 강제수사뿐만 아니라 강제수사를 한 후에 사후영장을 발부받는 것도 영장주의의 예외가 된다. 그 외에 내용이 특정되지 않은 포괄영장 또는 일반영장이 금지되는 것도 영장주의의 내용이다. 구속영장의 경우에 피고인의 성명, 주거, 죄명, 공소사실의 요지, 인치구금할 장소, 발부년월일, 그 유효기간을 특정하여야 하며(형사소송법 제75조, 제209조), 압수·수색·검증영장도 해당 사건과 관계가 있다고 인정할 수 있는 것에 한정하게 된다(형사소송법 제215조).

II. 증거재판주의

1. 합리적 의심이 없는 증명

판사는 법률 문언, 기존 판례, 법질서 속에 존재하는 법원리 그리고 자신의 규범적 판단에 근거하여 사건에 대해서 결론을 내린다. 재판에서는 법적 판단 이전에 사실의 인정이 우선되는데, 사실의 인정은 증거에 의하여야 한다는 원칙을 '*증거재판주의*'라고 한다. 이는 형사소송에서 판사의 자의에 의한 사실인정을 배제하고 공정한 재판을 실현하기 위하여 요구되는 원칙이다. 형사소송법 제307조 제1항은 "사실의 인정은 증거에 의하여야 한다."고 규정함으로써 증거재판주의 원칙을 선언하고 있으며, 다시 제2항에서 "범죄사실의 인정은 합리적인 의심이 없는 정도의 증명에 이르러야 한다."고 규정하여 사실인정을 위한 심증형성의 엄격성을 요구하고 있다.

형사소송법 제307조는 국가형벌권의 행사에 전제되는 사실은 증거능력이 있고 법에서

정한 증거조사절차를 거친 증거를 통해 ***합리적 의심이 없는 정도의 증명***(proof beyond a reasonable doubt)에 이르렀을 때 비로소 인정할 수 있다는 엄격한 증명의 법리를 표현하고 있다. 형사재판에서 유죄의 인정은 법관에게 합리적인 의심을 할 여지가 없을 정도로 공소사실이 진실한 것이라고 확신을 주는 증거에 의하여야 하고, 그러한 증거가 없다면 피고인에게 유죄의 의심이 가더라도 피고인의 이익으로 판단할 수밖에 없다.[513]

'***합리적 의심***'이란 논리와 경험법칙에 의할 때 입증이 필요한 범죄사실과 양립할 수 없는 사실의 개연성에 대한 합리성 있는 의문을 의미하고, 단순히 관념적인 의심이나 추상적인 가능성에 기초한 의심은 합리적 의심에 포함되지 않는다. 법원이 범죄사실의 존재 여부에 대하여 심리를 다하였음에도 불구하고 합리적인 의심을 할 여지가 없을 정도의 심증을 형성하지 못하면 '의심스러운 때에는 피고인의 이익으로(in dubio pro reo)'의 원칙에 의하여 무죄를 선고하여야 한다. 범죄를 저질렀을 개연성이 있다는 이유로 범죄사실에 대한 증명이 있다고 인정해서는 안 된다.

형사재판에서의 사실인정은 합리적인 의심이 없는 정도의 확신을 요구하는 점에서 '증거우위의 원칙'이 적용되는 민사재판에서의 사실인정과 구별된다. 개인 간 분쟁의 해결을 목적으로 하는 민사소송과는 달리, 피고인의 생명·자유·재산·명예 등을 제한하는 국가형벌권의 행사는 엄격하게 이루어져야 하기 때문이다. 따라서 민사재판에서 인정된 사실관계에 기초하여 공소가 제기되었더라도, 형사법원이 민사재판에서의 사실판단을 합리적인 의심 없이 받아들이기 어렵다면 피고인에게 무죄를 선고한다.[514]

2. 자유심증주의

증거의 가치판단을 법률로 정하지 아니하고 ***판사의 자유판단***에 맡기는 것을 '***자유심증주의***'라고 한다. 형사소송법 제308조는 "증거의 증명력은 법관의 자유판단에 의한다."라고 규정하고 있다. 이것은 사실의 인정에 있어서 법관이 형식적인 제한을 받지 않는다는 것을 의미하고, 어떤 증거를 취사선택하여 사실을 인정할 것인가가 법관의 자유

513 이은모·김정환, 앞의 책, 590면.

514 이은모·김정환, 앞의 책, 592면.

판단에 맡겨져 있다는 것이다.

검사나 피고인이 제출한 증거라도 이를 증거로 채택할 것인지의 자유가 법관에게 있고, 모순되는 증거가 있는 경우에 그중 어느 것을 채택할 것인가도 법관의 자유이다. 증거의 내용이 분할될 수 있는 경우는 증거의 내용 중 일부에 대해서만 증명력을 인정할 수 있고, 여러 개의 증거를 결합한 종합증거에 의하여 사실을 인정할 수도 있다. 인접한 시기에 같은 피해자를 상대로 저질러진 같은 종류의 범죄라도 각각의 범죄에 따라 범행의 구체적인 경위, 피해자와 피고인 사이의 관계, 피해자를 비롯한 관련 당사자의 진술 등이 다를 수 있으므로, 법원은 인접한 시기에 같은 피해자를 상대로 저질러진 같은 종류의 범죄에 대해서도 각각의 범죄에 따라 피해자 진술의 신빙성이나 그 신빙성 유무를 기초로 한 범죄성립 여부를 달리 판단할 수 있다.[515] 인적증거(사람이 말이나 글과 같이 언어로 진술하는 내용이 증거로 되는 경우)와 물적증거(물건의 존재 또는 상태가 증거로 되는 경우)의 증명력에 차이가 있지 않으며, 법원은 증거신청자의 취지에 구속되지 않으므로 증거가 제출자에게 불리하게 사용될 수도 있다.[516] 자유심증주의는 판사의 이성적 판단에 대한 신뢰를 기초로 하는데, 이때 판사가 자신에게 부여된 사실인정의 권한을 남용할 위험은 항상 존재한다.

자유심증주의는 중세의 규문주의 형사절차에 존재하였던 '***법정증거주의***'와 대립하는 개념이다.[517] 법정증거주의는 각종 증거의 증명력을 법률로 미리 정해 두고, 일정한 증거가 있으면 반드시 유죄를 인정하도록 하거나 반대로 일정한 유형의 증거가 없으면 유죄를 인정할 수 없도록 함으로써 법관의 증명력 평가에 일정한 법률적 구속을 가하는 원칙이다. 법정증거주의는 증거의 가치판단에 있어서 법관의 개인차와 자의를 배제함으로써 법적 안정성을 보장할 수 있다는 장점이 있으나, 각기 다른 가치가 있는 증거의 증명력을 획일적으로 법률로 규정함으로써 구체적 사안에 있어서는 불합리한 결과

---

515 대법원 2022. 3. 31. 선고 2018도19472, 2018전도126(병합) 판결.

516 이은모·김정환, 앞의 책, 606면.

517 고대 로마법에서도 법정증거주의를 택하였다. 로마법은 유죄를 인정하기 위해서는 증인 1명의 진술로는 충분하지 않다고 규율하였고, 범죄마다 각기 필요한 증인의 숫자를 규율하는 형태를 취하였다. 심증은 가나 입증이 충분하지 않을 때는 고문을 통해 필요한 자백을 받는 것이 통상이었다(설민수, "민사·형사재판에서의 입증의 정도에 대한 비교법적·실증적 접근", 『인권과정의』 제388호, 2008, 89면).

를 가져올 수 있다. 특히 역사적 경험에 비추어 보면, 법정증거주의는 '자백'을 '증거의 왕'으로서 그 가치를 높게 인정하도록 하였기 때문에 자백을 얻기 위한 강요·고문의 폐해를 초래하였다.[518]

프랑스 혁명과 함께 대륙법계 국가(독일과 프랑스 등)에서 일반인에 의한 배심제도가 몰락하고 직업법관제도가 자리 잡게 되면서 자유심증주의가 나타났고, 법관은 자신이 행한 재판의 결과에 대한 이유가 제시되는 판결서를 작성하게 되었다. 결국 법정증거주의는 프랑스 혁명 이후 인간의 합리적인 이성에 대한 신뢰를 기초로 하는 자유심증주의로 바뀌어 대륙법계 형사소송법의 기본원칙이 되었다.

3. 운전자의 형사책임이 부정된 자동차 급발진 사례

증거재판주의와 관련하여 자유심증주의와 합리적 의심이 없는 증명의 개념에 대해서 살펴보았는데, 아래에서는 자동차 대인사고에 있어서 판사의 자유판단 하에서 합리적 의심이 없는 정도의 증명이 다투어진 구체적 사례를 살펴본다.

(1) 공소사실

甲은 2005. 11. 22. 20:30경 랜드로버 차량(이하 가해차량)을 운전하여 서울 마포구 용강동 38의 1 도로를 진행하고 있었다. 그곳은 식당이 밀집된 일방통행 도로로서 진입금지표지가 설치되어 있었음에도 甲의 차량이 그대로 진입하여 도로 좌측 가장자리로 걸어가던 피해자 A(30세)의 허리 부위를 가해차량의 앞부분으로 충격하고, 계속 진행하다가 노상에서 숯불작업을 하던 B(67세)의 허리 부위를 가해차량의 앞부분으로 충격하고, 계속해서 그 부근에 주차된 승용차의 앞부분을 가해차량의 앞부분으로 들이받아 피해 차량이 뒤로 밀리면서 그 뒷부분으로 그곳을 지나던 피해자 C(35세)의 다리와 신호대기 중인 피해자 D(22세) 운전의 차량 좌측 앞부분을 충격하게 하고, 가해차량의 앞부

518 이은모·김정환, 앞의 책, 604면.

분으로 피해자 E(29세) 운전의 차량 앞부분을 들이받았다. 이로 인하여 B는 폐기능 부전으로 사망하게 되었고, A는 약 12주간의 치료가 필요한 요추 1, 2번 압박골절상을, C는 약 3주간의 치료가 필요한 우측 슬관절염좌상을, D는 약 2주간의 치료가 필요한 경추염좌상을, E는 약 3주간의 치료가 필요한 두부좌상을, E의 차량에 동승한 F(23세)는 약 2주간의 치료가 필요한 좌측 슬관절염좌상을 입었다.

검사는 위의 사실에 근거하여 甲을 교통사고처리특례법위반(치사) 및 교통사고처리특례법위반(치상) 혐의로 기소하였다.

(2) 피고인의 주장

사고에 대하여 甲은 '자신은 당시 대리운전을 의뢰받고 위 일방통행로가 끝나는 지점에 있는 '주물럭 숯불갈비'라는 음식점 앞에서 의뢰인이 나오기를 기다리고 있었는데, 가해차량이 보행자들의 통행에 방해가 되어 가해차량을 약간 옆으로 옮기기 위해서 자동차 시동을 걸고 변속기를 주차(P) 위치에서 주행(D) 위치로 바꾼 후 브레이크페달을 밟고 있던 오른발을 떼어 가속페달을 약하게 밟는 순간 갑자기 가해차량이 굉음을 내면서 급발진하여 고속으로 위 일방통행로를 역으로 거슬러 진행했던 것이고, 이에 브레이크페달을 밟거나 변속기를 후진(R) 위치로 바꾸는 등(원래 주차 위치로 바꾸려 했던 것인데 급박한 상황 속에 경황이 없어 후진 위치까지만 간 것이라고 한다) 긴급조치를 취했음에도 시속 100㎞/h 이상의 고속으로 그대로 질주하였던 것이므로, 불가항력적 사고이었다.'고 수사부터 재판에 이르기까지 일관되게 주장하였다.

(3) 법원의 판단[519]

재판을 담당한 판사가 인정한 사실은 ① ~ ⑥이다.

① 1980년에 1종 보통 운전면허를 취득한 甲은 1994년에 교통사고로 운전면허가 취

519 대법원 2008. 6. 12. 선고 2007도5389 판결.

소되었다가 다시 2000년에 1종 대형 운전면허를 취득하였고, 2004년 말경부터는 대리운전기사로 일하고 있는 등 운전경력이 풍부한 사람이며, 사고 직후 받은 음주 및 약물검사에서도 모두 정상으로 판명되었다.

② 사고장소는 음식점과 주택 밀집지역에 있는 차선이 설치되어 있지 않은 약 5m 정도 폭과 길이 약 160m 정도의 일방통행 직선도로이다. 사고장소에는 거주자 우선주차구역이 설정되어 있고 당시 도로 양쪽으로 여기저기 음식점 손님들의 차량이 주차되어 있어 차량 1대가 지나기 쉽지 않을 정도의 공간밖에 없었고, 음식점 종사자나 손님 등의 통행도 상당수 있었다. 甲에게 대리운전을 의뢰한 원래의 운전자가 진입금지표시를 위반하고 일방통행로에 진입하여 주차해 둔 가해차량은 위 일방통행로의 마지막 부분에 이르러 좌측에 주차된 쏘나타 승용차를 약 10m 정도나 밀고 나간 후 위 일방통행로와 직각으로 만나는 대로에 이르러 그곳에 정차 중인 다른 차량들을 들이받고 비로소 정지하였다.

③ 다수의 목격자는 가해차량이 당시 굉음을 내면서 매우 빠른 속도(각자의 느낌에 따라 시속 50㎞/h에서 100㎞/h 사이라고 진술하고 있다)로 일방통행로를 질주하였다고 거의 일치하여 진술하였고, 그중에는 차량 밑부분에서 불꽃이 튀는 것을 보았다는 목격자들도 있었다.

④ '마포 일번관'이라는 음식점의 폐쇄회로TV에 찍힌 당시 상황을 보면, 가해차량이 위 음식점 부근에 설치되어 있는 과속방지턱을 막 넘어가는 순간 차량 후미에 있는 브레이크등과 후진등이 켜지는 모습을 확인할 수 있는데, 甲이 당시 브레이크페달을 밟거나 변속기를 후진(R) 위치로 바꾸는 등 차량의 제동을 위해 필요한 조치도 취하였던 사실이 인정된다.

⑤ 가해차량은 시속 10㎞/h 이상의 속도에서 전진 중에도 변속기를 주차(P)나 후진(R) 위치로 변경시킬 수 있고 이렇게 하더라도 차량이 고속으로 전진하고 있을 때는 그 관성에 의해 상당한 거리를 그대로 진행할 수 있으며 이 경우 변속기에 무리가 가서 손상될 수 있는데, 가해차량은 사고 후 트랜스퍼 케이스의 하우징(변속기로부터 바퀴로 동

력을 전달하기 위한 중간장치로서 변속기에 이상이 생겼을 경우 함께 영향을 받음)이 깨지는 등의 손상이 있어 이를 수리한 사실이 인정된다.

⑥ 사고 후 가해차량을 중고로 매수한 제3자도 2006년 8월경 가해차량을 주차한 상태에서 뒤로 빼려고 할 때 급발진 상황처럼 '왕'하는 소리가 나면서 앞으로 튀어 나가는 사고를 경험한 적이 있다.

법원은 위의 ① ~ ⑥의 사실에 비추어, 甲이 가해차량을 운전하여 위 일방통행로를 벗어나려고 역주행하였다고 볼 수 없으며, 오히려 가해차량 자체에서 발생한 甲이 통제할 수 없는 어떤 불가항력적 상황에 의해서 위와 같은 역주행이 일어났다고 볼 수 있는 합리적인 의심의 여지가 있는 정황들이 확인된다고 판단하였다. 이에 법원은 이러한 합리적인 의심을 배제하고 甲의 업무상 과실의 점 등을 인정할 만한 다른 증거가 없으므로, 甲에게 무죄를 선고하였다.

III. 형사절차에서 인공지능의 활용

1. 의의

한국 국민의 사법부에 대한 신뢰도는 경제협력개발기구(OECD) 가입국 중 최저 수준이다. OECD가 2015. 5. 6. 총 42개국(회원국 34, 비회원국 8) 국민의 사법부에 대한 신뢰도를 조사한 결과에 의하면, 2014년 기준으로 한국 국민의 27%가 사법부를 믿는다고 답했다. OECD 전체 평균치가 54%이고, 27%는 OECD 42개국 가운데 39위에 해당하는 수치로 한국보다 사법부에 대한 신뢰도가 떨어지는 국가는 콜롬비아(26%), 칠레(19%), 우크라이나(12%)뿐이었다. 상위 1~3위는 덴마크(83%), 노르웨이(83%), 스위스(81%)로 모두 유럽국가들이 차지했다. 주요 국가들의 사법부 신뢰도를 보면 핀란드 74%, 독일 67%, 인도 67%, 일본 65%, 호주 60%, 영국 60%, 미국 59%, 캐나다 55%, 프랑스 48%,

그리스 44%, 스페인 36%, 이탈리아 29%를 기록했다.[520]

근본적으로 인간의 판단이 완벽하지 않고 100% 공정하지도 않은데, 사법부에 대한 신뢰가 낮은 상황이라면 '***인공지능 판사***'에 의한 재판을 기대하게 된다. 빅데이터를 활용하여 사법 작용의 일관성과 예측가능성을 높인다면, 공정한 판결에 대한 국민의 신뢰를 높일 수 있다고 믿는다. 특히 재판에 빅데이터를 활용하면 판사의 업무량이나 양형의 편차 등에 대한 분석이 이루어져, 사법행정의 합리화와 사법부 전반에 관한 신뢰를 높일 수 있다고 한다.[521]

재판예측은 재판의 대상이 되는 사건자료 자체를 분석하는 '***객관적 기법***'과 판사 개인의 성향을 분석하는 '***주관적 기법***'으로 나눌 수 있는데,[522] 인공지능 판사의 재판예측에 있어서는 객관적 기법이 선호된다.[523] 유니버시티칼리지런던(UCL), 셰필드대, 펜실베니아주립대의 2016년 공동 연구에 의하면 인공지능 판사의 재판예측 정확도가 79%라고 한다. 연구진은 유럽인권재판소(ECHR)의 인권 조항 제3조(고문 및 비인간적 대우·처벌 금지), 제6조(공정한 재판을 받을 권리) 및 제8조(사생활을 존중받을 권리)와 관련된 판례 584건을 토대로 알고리즘을 만들었는데, 이 알고리즘은 판례 584건의 법적 증거, 도덕적 판단 등을 고려하여 만들어졌기에 실제로 법원에 제출된 법적 자료와 판결에 영향을 미친 도덕적 상황까지 고려한 것이라고 설명하였다.[524]

그 외 전자정부 선도국가라고 평가되는 에스토니아(인구 133만여 명)는 모든 국민의 세금·의료·부동산·교육·재판기록 등 데이터를 디지털화한 엑스로드 시스템을 운영하는데, 2020년부터 정형화되어 있어 분쟁 가능성이 적은 7천 유로 이하의 민사 소액재판에 대해서 인공지능 판사가 재판하고,[525] 오스트레일리아에서는 이혼재판의 경우에 인공

---

520 파이낸셜뉴스, "한국 사법부 신뢰도 27%.. OECD 최저 수준", 2015. 7. 6. 기사.

521 서울대학교 산학협력단, 사법부에서의 인공지능(AI) 활용방안, 2020, 160면.

522 주관적 기법은 '판사의 의사결정이 사건 자체의 내용보다는 판사의 주관적 성향이나 인지편향(cognitive bias)에 의존한다'는 가설에 기초한다.

523 박기주, "인공지능 시대, 사법제도의 사회적 가치 실현체계의 법적 기초 연구", 『사법』 제59호, 2022, 592면.

524 조선일보, "인공지능(AI)판사, 실제 재판 판결 80% 예측", 2016. 10. 25. 기사.

525 소송당사자들이 모든 문서와 관련 정보를 소프트웨어 데이터베이스에 업로드하면 이른바 로봇 법관(robot judge)이 해당 자료를 분석학 사전에 프로그래밍 되어 훈련된 알고리즘에 따른 결정이 내려지게 되는데, 인공지능의 결정에 대해 당사자들이 불복하여 상소하면 상소심은 인간 법관이 담당한다(정채연, 사법절차 및 사법서비스에서 인공지능 기술의 도입 및 수용을 위한 정책 연구, 2021, 71면).

지능이 94개 요소를 제시하고 부부의 재산 분할을 한다고 한다.[526]

그렇다면 인공지능이 형사절차에 사용된다면, 편견을 갖지 않고 사실에 근거하여 판단하여 수사나 재판의 오류를 줄이고 더 나은 판단을 빠르게 내릴 것이라고 기대할 수 있을까? 이에 현재 인공지능이 수사, 재판, 형의 집행 등 형사절차에 사용되는 상황을 살펴보고, 어떻게 평가할 수 있는지를 아래에서 살펴본다. 먼저 디엔에이 신원확인정보의 이용 및 보호에 관한 법률이 제정되어 수사단계에서 사용되는 DNA신원확인정보 데이터에 대해서 살펴보고, 드론을 이용한 수사의 가능성 및 경찰에서 인공지능 수사관을 활용하고 있는 모습에 대해서 살펴본다. 그리고 구속이나 가석방, 양형 등에서 활용되는 재범예측 프로그램과 형의 집행에서 사용되었던 로봇교도관에 대해서 살펴본다. 마지막으로는 인공지능 판사의 한계를 생각해 본다.

2. DNA 정보의 활용

인간의 고유한 신체·행동적 특징을 기초로 개인을 특정하여 개인의 신원확인이 가능한 정보가 '***생체정보***'인데, 생체정보에는 얼굴·지문·홍체·유전자·서명 등이 있다. 성명·주소·주민등록번호 등의 ***일반 개인정보***와 달리 생체정보는 해당 개인의 신체와 결합되어 있어 변경되지 않는 특징이 있고, 이로 인하여 범죄자의 특정에 유용하게 활용된다.[527] 생체정보 중 DNA와 관련된 정보의 활용이 활발한데, 신체 어느 부위에서 추출하든 그 내용이 같다는 점에서 유전자 정보의 확보와 이용은 과학수사의 방법으로서 가치를 인정받고 있다.[528]

---

526 한겨레, "'인공지능 판사'는 사람보다 공정하게 판결할까", 2019. 12. 22. 기사.

527 김유근·김정연·최준혁·김정환·박성민, 『공정하고 인권친화적인 형사절차를 위한 형사사법의 선진화 방안 연구(Ⅲ) : 수사절차에서 인권강화방안 연구』, 한국형사정책연구원, 2021, 279면.

528 그러나 최근 크리스퍼(Clustered Regulaly Interspaced Short Palindromic Repeats, CRISPR) 유전자 가위의 등장으로 DNA가 신뢰성 높은 증거로서 더 이상 활용되지 못할 수 있다는 우려가 제기된다. 1980년대 이후 DNA 제조 기술이 보급되면서 과학자들은 질병을 유발하는 유전자를 찾아서 고치는 유전자 치료를 연구했는데, 2012년 크리스퍼 기술이 개발되면서 특정 DNA 정보만을 찾아내서 정확하고 효율적으로 자르고 붙일 수 있는 유전자 편집 기술이 본격적으로 발전되었다. 범죄자가 크리스퍼 기술을 이용하여 자신의 유전자를 편집한다면 DNA는 더이상 신뢰성 있는 증거로 사용할 수 없게 된다(윤지영·임정호·이민화·김성돈, 『제4차 산업혁명 시대의 형사사법적 대응 및 발전방안(Ⅰ)』, 한국형사정책연구원, 2018, 140면).

이에 2010. 1. 25. 디엔에이 신원확인정보의 이용 및 보호에 관한 법률(이하 ***디엔에이법***)이 제정되어, 살인·강도·절도·강간·강제추행·약취·유인·방화·실화·마약범죄 등의 중범죄를 대상으로 DNA신원확인정보 데이터베이스를 구축할 수 있게 하였다(제5조 제1항). 개별 사건에서 피의자로부터 채취한 DNA와 범죄현장이나 피해자의 신체·물건에서 채취한 DNA를 감정하여 일정한 대상자의 DNA신원확인정보를 미리 데이터베이스화하여 보관하고 있다가 필요한 경우에 이를 신원확인을 위한 자료로 활용하는 것이 가능하게 되었다. DNA정보의 수집은 지문정보의 수집 등과 달리 채취대상자의 기본권 침해의 정도가 커서 도입 자체에 대해서 논란이 많았는데, 아동성폭력범죄가 사회적 이슈로 떠오르자 재범위험성이 높은 범죄에 대한 대책으로 비로소 입법되었다.[529]

DNA란 생물의 생명현상에 대한 정보가 포함된 화학물질인 디옥시리보 핵산(Deoxyribonucleic acid, DNA)을 말하는데(디엔에이법 제2조 제1호), DNA 전체 정보 중 유전정보를 뺀 정보에 대해서 개인 식별을 목적으로 DNA감식을 통하여 취득한 정보가 'DNA신원확인정보'이고 이것은 일련의 숫자 또는 부호의 조합으로 표기된다(제2조 제4호).[530] DNA신원확인정보의 특성에 대해서는 2018년 헌법재판소 결정에 다음과 같이 잘 정리되어 있다. DNA신원확인정보는 ① "개인의 동일성을 확인할 수 있는 하나의 징표일 뿐 종교, 학력, 병력, 소속 정당, 직업 등과 같이 정보주체의 신상에 대한 인격적·신체적·사회적·경제적 평가가 가능한 내용이 담겨 있지 아니하므로, 그 자체로는 타인의 평가로부터 단절된 중립적인 정보"이고, ② "누구나 손쉽게 정보주체를 확인할 수 있는 성명, 사진, 주민등록번호 등과는 달리, 일반인의 경우 DNA신원확인정보 그 자체만을 가지고는 정보주체를 파악하는 것은 불가능하고, 인적관리시스템에서 인적사항 등과 식별코드를 확인해야만 정보주체의 확인이 가능"하고, ③ "채취대상자에게만 국한되는 것이 아니라 일부 전후세대의 혈족들과도 일정 부분 공유하게 되는 특성을 가진다는

529 김유근·김정연·최준혁·김정환·박성민, 앞의 보고서, 284면.

530 DNA 중에는 특정한 단백질을 만드는 정보가 담긴 부분인 Exon 영역과 생물학적으로 의미가 없는 Intron 영역(소위 junk DNA)이 있고, 이 중 전자와 같이 특정한 단백질에 관한 정보를 담고 있는 부분을 유전자라고 한다. 유전정보는 유전자검사를 거쳐 얻게 된 정보로서 이를 통해 해당 개인뿐만 아니라 혈연집단의 현재의 건강정보와 미래에 발현될 수 있는 질병의 위험까지 예측할 수 있다. 개인정보보호법에서는 '유전정보'를 정보주체의 사생활을 현저히 침해할 우려가 있는 민감정보로 분류하여 처리하고 있지만(동법 제23조 제1항), '디엔에이신원확인정보'는 민감정보가 아니라 일반 개인정보로 처리한다.

점에서 채취대상자의 정보인 동시에 타인의 정보이기도 하다."[531]

'DNA감식'이란 개인 식별을 목적으로 디엔에이 중 유전정보가 포함되어 있지 아니한 특정 염기서열 부분을 검사·분석하여 DNA신원확인정보를 취득하는 것을 말한다(제2조 제3호). 'DNA감식시료'란 사람의 혈액, 타액, 모발, 구강점막 등 DNA감식의 대상이 되는 것을 말하며(제2조 제2호), 'DNA신원확인정보데이터베이스'란 디엔에이법에 따라 취득한 DNA신원확인정보를 컴퓨터 등 저장매체에 체계적으로 수록한 집합체로서 개별적으로 그 정보에 접근하거나 검색할 수 있도록 한 것을 말한다(제2조 제5호).

검사나 경찰관은 대상 범죄의 구속피의자로부터 혈액, 타액, 모발, 구강점막 등의 DNA감식시료를 채취할 수 있는데(제6조, 제2조 제2호). DNA감식시료는 구속피의자의 동의를 얻어 채취하거나 검사가 관할 지방법원판사에게 청구하여 발부받은 DNA감식시료채취영장에 의하여 채취할 수 있으며, 채취대상자가 동의하면 영장 없이 DNA감식시료를 채취할 수 있다(제8조 제1항·제3항).

2020년 2월의 국회 법제사법위원회의 법률개정안 검토보고서를 보면, DNA감식시료채취의 대부분 경우(약 99.4%)는 당사자의 동의로 행해진다고 한다. 구속된 피의자 또는 형이 확정된 수형인이라고 해서 DNA감식시료 채취에 대한 동의의 진정성이 없다고 단정할 수는 없지만, 동의의 진정성은 구체적인 상황에 따라 판단해야 한다. 동의의 진정성은 동의자가 DNA감식시료 채취로 인한 효과를 정확히 이해하고 있어야 인정된다. 진정성 있는 동의가 되기 위해서는 동의자가 DNA감식시료의 채취이유와 방식뿐만 아니라 채취 이후 수사기관의 활용에 대해서도 이해하고 있어야 하는데, 현재 실무상 DNA감식시료의 보유 및 이용 기간 등에 대해서는 동의자에게 고지되지 않는 문제점이 존재한다.[532]

디엔에이법 제13조에는 DNA신원확인정보의 삭제를 규정하고 있는데, 구속된 피의자의 형이 확정된 경우는 일반적으로 사망 시까지 DNA신원확인정보는 삭제되지 않는다. 이렇게 일단 수집된 DNA신원확인정보가 피채취자의 사망 때까지 보존되는 것은 피채취자의 기본권을 침해하는 것이라는 문제가 제기되었는데, 헌법재판소는 DNA신원

531 헌법재판소 2018.8.30. 2016헌마344·2017헌마630(병합) 결정.

532 김유근·김정연·최준혁·김정환·박성민, 앞의 보고서, 281면.

확인정보를 평생토록 데이터베이스에 수록하여 발생하는 피채취자에 대한 불이익보다는 장래의 범죄수사에 DNA신원확인정보를 이용하는 공익이 크다는 이유로 합헌으로 결정하였다.[533]

디엔에이법에서는 DNA신원확인정보를 보관할 수 있는 기간이 별도로 규정되어 있지 않으며, 디엔에이법이 제정된 2010년 이후 약 10여 년간 수집된 대상자들의 정보는 90% 이상이 사망 시까지 보관되었다. 이와 관련하여 기본권 침해에 해당하고 보관된 정보가 유출될 수 있다는 많은 비판이 있었음에도, 현재까지 DNA신원확인정보에 대한 보관기간을 따로 디엔에이법에 명시하지 않고 있다. 이와 같은 입장은 헌법재판소의 합헌결정에 의해 더욱 견고해졌다. 그러나 DNA정보에 대한 장기간 보관의 필요성이 증명되지 않은 채 단순히 유지된다면 인권침해로 간주 될 수 있다. 2008년 유럽인권재판소에서 기간을 정하지 않은 보관은 사생활 침해임이 확인되었고, 설령 추후 장기 보관의 필요성이 인정되더라도 대상자의 기본권을 보호하기 위한 충분하고 구체적이며 비례적인 조치가 법률로 보장되어야 할 것이다.[534]

3. 드론의 활용

(1) 방범에서의 활용

드론(Drone)으로 불리는 무인항공기(Unmanned Aerial Vehicle: UAV)는 정찰이나 전투 등의 목적으로 개발되었다.[535] 미국은 1918년 Kettering Bug이라는 무인항공기를 개발하였으나 성공률이 낮아서 실제 사용으로 이어지지 않았다. 드론의 원조는 1934년 영국이 개발하여 양산한 Queen Bee라는 '무인표적기'라고 평가되는데,[536] 1960년 미국

533 헌법재판소 2014.8.28. 2011헌마28·106·141·156·326, 2013헌마215·360(병합) 결정.

534 김유근·김정연·최준혁·김정환·박성민, 앞의 보고서, 295면.

535 드론의 어원은 '벌 떼'라고 하는데, 여왕벌과의 교미를 준비하며 시간을 보내는 게으른 수컷 벌을 가리키는 단어이었고, 벌이 날아갈 때 발생하는 소리를 표현하는 단어라고도 한다(윤지영·임정호·이민화·김성돈, 앞의 보고서, 279면).

536 윤지영·윤정숙·임석순·김대식·김영환·오영근, 『법과학을 적용한 형사사법의 선진화 방안(VI)』, 한국형사정책연구원, 2015, 118면.

의 정찰기 U2가 구소련에 의해 격추된 것을 계기로 '무인항공기'로서 드론이 본격적으로 개발되었다.[537]

경찰청은 2017년 하반기에 드론 전문 인력 5명을 드론 이용 수사 전담 경찰관(순경급)으로 선발했다.[538] 경찰청과 과학기술정보통신부 및 한국항공우주연구원이 함께 실종자 수색에 특화된 '***인명구조드론***'을 개발하였는데, 광학카메라와 적외선카메라가 모두 탑재되어 있어 어두운 곳이나 산골짜기에서도 실종자 수색이 가능하다.[539] 고속도로에서 교통사고가 발생한 때에 현장에 출동한 경찰은 해당 사고를 처리하는 것뿐만 아니라 2차 사고를 방지하기 위한 현장통제의 업무도 수행해야 하는데, 현장통제를 수행할 수 있는 드론을 경찰차에 탑재하는 시스템을 개발 중이다.[540] 이처럼 카메라가 장착된 드론은 교통이나 생활안전에 관한 경찰의 방범 영역에서 자동차의 블랙박스, CCTV 등의 고정형 촬영기기의 한계를 넘어서 사용되고 있다.

(2) 수사에서의 활용

① 수사상 수색

경찰의 방범 영역이 아니라, 카메라가 장착된 드론을 사용하여 범죄현장을 공중에서 촬영하거나 범죄자를 추적하는 것처럼 수사의 영역에 있어서 드론을 활용하면 수사의 실효성이 높아질 수 있다. 하지만 카메라가 장착된 드론을 ***범죄의 수사에 활용할 때***는 형사소송법의 원칙을 위반하기가 쉬워 그 사용이 ***제한적***이다.

수사에 있어서 수색이 허용되는 대상은 수사 사건과 관계가 있다고 인정할 수 있는 피의자의 신체, 물건 또는 주거 등의 장소인데(형사소송법 제109조, 제219조), 수사기관이 수색 등의 강제수사를 할 때는 법관이 발부한 영장이 있어야 하고, 수색영장은 처분을 받는 자에게 반드시 제시 하여야 한다(형사소송법 제118조, 제219조). 영장 없이 강제

537 윤지영·임정호·이민화·김성돈, 앞의 보고서, 279면.

538 양현호·주양선, "경찰·민간조사(탐정)무인항공기(드론)이용 활성화 방안에 관한 연구", 『한국드론연구』 창간호, 2018, 46면.

539 양현호·주양선, 앞의 자료, 47면.

540 윤지영·임정호·이민화·김성돈, 앞의 보고서, 128면.

수사를 하거나 영장집행의 절차를 위반하면, 위법한 수사가 되고 위법한 수사로 취득한 증거는 재판에서 사용할 수 없다.

다만 수사기관은 범행 중 범행 직후의 범죄장소에서 판사의 영장을 받을 수 없는 긴급한 상황에서는 영장 없이 수색 등의 강제처분을 할 수 있다(형사소송법 제216조 제3항). 또한 수사기관은 피의자를 체포하는 때에 필요하다면 영장 없이 체포현장에서 수색 등의 강제처분을 할 수 있는데(형사소송법 제216조 제1항 제2호), 피의자를 체포하는 때라는 것은 피의자가 체포현장에 현재하는 상태에서 수사기관이 체포에 착수한 상태를 의미한다.[541] 따라서 이처럼 ***영장주의의 예외가 인정되는 경우***라면 제한적으로 드론을 활용하는 것은 ***가능***할 것이다.

② 검증

검증은 수사기관이 물건, 사람의 신체, 장소의 존재나 성질 또는 형태를 시각, 청각, 후각, 미각, 촉각 등 오관으로 인식하는 것으로서 판사가 발부한 영장에 의하여 할 수 있는 강제처분이다.[542] 사진촬영은 사물의 존재와 상태를 인식하여 필름이나 디스크에 담는 것이라는 점에서 강제수사인 검증[543]과 유사하므로 원칙적으로 법관이 발부한 검증영장에 의해서 행해져야 하는데, 드론에 의한 사진촬영에 있어서는 촬영의 일시와 대상을 특정하기가 어려워 영장의 발부와 집행에 관한 형사소송법의 절차를 준수하기는 현실적으로 어렵다.

다만 수사기관이 범죄의 수사에 있어서 "현재 범행이 행하여지고 있거나 행하여진 직후이고, 증거보전의 필요성 및 긴급성이 있으며, 일반적으로 허용되는 상당한 방법에 의하여 촬영을 한 경우"는 판사의 영장이 필요 없는 임의수사로서 허용된다는 것이 판례이다.[544] 여기서 수사기관이 영장 없이 드론으로 촬영한 것을 일반적으로 허용되는 상당한 방법에 의하여 촬영한 것으로 볼 수 있는지가 문제 되는데, 일반적으로 허용되는 상

541 이은모·김정환, 앞의 책, 339면.
542 이은모·김정환, 앞의 책, 330면.
543 범죄현장에서 행하는 검증을 현장검증이라고 한다.
544 대법원 1999. 9. 3. 선고 99도2317 판결.

당한 방법에 의하여 촬영한 것으로 보기는 어렵다. 그 이유는, 드론의 특성상 넓은 시야각을 확보해서 촬영할 수 있고 근접촬영도 가능하므로 드론으로 촬영하는 것은 보통의 촬영보다 사생활의 비밀과 자유에 대한 침해의 우려가 크기 때문이다.[545]

[참고 : 무단촬영에 대한 형사처벌]

① 의의

성폭력처벌법 제14조 제1항에는 "카메라나 그 밖에 이와 유사한 기능을 갖춘 기계장치를 이용하여 성적 욕망 또는 수치심을 유발할 수 있는 사람의 신체를 촬영대상자의 의사에 반하여 촬영한 자는 7년 이하의 징역 또는 5천만원 이하의 벌금에 처한다."고 하여 카메라등이용촬영죄를 규정하고 있다. 예를 들어 장소와 관계없이 타인의 나체, 레깅스를 입고 있는 엉덩이 부위 등을 촬영한 행위는 성폭력처벌법위반(카메라등이용촬영)죄에 해당한다.

그런데 성적 욕망이나 수치심을 유발할 수 있는 사람의 신체를 무단 촬영한 것이 아니라, 타인의 주거 내부를 무단을 촬영한 행위를 처벌할 수 있을까? 비록 항공관리법」제129조 제4항에는 "무인비행장치 조종자는 무인비행장치를 사용하여 개인정보 보호법 제2조 제1호에 따른 개인정보 또는 「위치정보의 보호 및 이용 등에 관한 법률」 제2조 제2호에 따른 개인위치정보 등 개인의 공적·사적 생활과 관련된 정보를 수집하거나 이를 전송하는 경우 타인의 자유와 권리를 침해하지 아니하도록 하여야" 한다고 규정하고 있으나, 이를 위반한 행위자를 처벌하는 규정은 존재하지 않는다.

따라서 주거지 등에서 거주하는 사람에 대한 드론의 무단촬영의 경우는 형법의 주거침입죄(제319조)와 주거·신체수색죄(제321조)를 적용할 수 있는지가 논의되고 있다.

② 주거침입죄

형법 제319조 제1항에는 "사람의 주거, 관리하는 건조물, 선박이나 항공기 또는 점유하는 방실에 침입한 자는 3년 이하의 징역 또는 500만원 이하의 벌금에 처한다."고 주거침입죄가 규정되어 있다. 사람의 일상생활에 사용되는 장소뿐만 아니라 주거에 사용되지 않는 곳이라도 타인의 출입을 막기 위한 인적·물적 설비가 갖추어진 장소로서 사실상 사람이 관리하는 곳이면 주거침입죄의 보호 대상이 된다.

주거침입죄에서 침입이란 '거주자가 주거에서 누리는 사실상의 평온상태를 해치는 방식으로 주거에 들어가는 것'을 의미하고, 침입에 해당하는지는 출입 당시 객관적·외형적으로 드러난 행위 모습을 기준으로 판단한다. 이것은 주거침입죄가 개인의 생활관계에 있어서 사실상 누리고 있는 주거의 평온, 즉 '사실상 주거의 평온'을 보호법익으로 하기 때문이다.546 드론으로 타인의 주거나 관리하는 건조물에서 무단촬영을 한 경우는 그곳에서 사실상 누리고 있는 주거의 평온을 해하는 것으로 볼 수 있으므로, 주거침입죄가 성립한다고 주장할 수 있다. 다만 외부에서 창문을 통해 타인의 주거를 들여다보는 것을 주거침입으로 볼 수 없는 것처럼 사람의 신체가 직접 주거에 들어가는 것이 아니라면 주거침입으로 볼 수 없다는 반론이 가능하고, 아직 드론으로 타인의 주거나 관리하는 건조물 내부를 무단촬영을 한 행위자를 주거침입죄로 처벌하는 판례는 없다.

---

545 윤지영·김한균·감동근·김성돈, 『법과학을 적용한 형사사법의 선진화 방안(Ⅷ) : 인공지능 기술』, 한국형사정책연구원, 2017, 272면.

546 대법원 2021. 9. 9. 선고 2020도12630 전원합의체 판결.

참고로 독일은 주거침입죄 외에 명시적으로 '불법촬영죄'를 형법에 규정하여 무단으로 촬영하는 행위를 처벌하고 있다. 독일형법 제201a조(사진촬영을 통한 전속적 생활영역과 인격권의 침해) 제1항에서는 주거 안이나 특별히 관리되는 공간에서 엿보면서 권한 없이 사진을 찍거나 전송하여 사진 찍힌 사람의 전속적 생활영역을 침해하는 행위 등을 2년 이하의 징역이나 벌금형으로 처벌하도록 규정되어 있다.

③ 주거·신체수색죄
형법 제321조에는 "사람의 신체, 주거, 관리하는 건조물, 자동차, 선박이나 항공기 또는 점유하는 방실을 수색한 자는 3년 이하의 징역에 처한다."고 주거·신체수색죄가 규정되어 있다. '수색'이란 사람이나 물건을 발견하기 위하여 사람의 신체 또는 일정한 장소를 조사하는 것이다. 본래 주거·신체수색죄는 적법하게 타인의 주거에 들어간 사람이 불법하게 사람의 신체나 주거 등을 수색하는 경우를 처벌하는 규정이지만,547 형법 제321조 문언에서 적법하게 주거에 들어간 경우로 제한하고 있지 않으므로 드론으로 타인의 주거나 관리하는 건조물에서 무단촬영을 한 경우는 주거·신체수색죄의 성립이 가능하다고 반론할 수 있다. 현재 드론으로 타인의 주거나 관리하는 건조물에서 무단촬영을 한 행위자에 대해서 주거·신체수색죄를 직접 적용한 판례는 없다.

결론적으로 말해서, 드론으로 타인의 주거나 관리하는 건조물에서 (성적 욕망이나 수치심을 유발할 수 있는 사람의 신체 이외에 대해서) 무단촬영을 한 행위에 대해서 한편으로 현행의 주거침입죄나 주거·신체수색죄의 해석을 통해 이를 적용하는 논리도 가능하지만, 다른 한편으로 주거침입죄나 주거·신체수색죄를 적용하는 것에 대한 반대 논리도 가능하다. 독일형법 제201a조와 같이 불법촬영죄의 규정을 신설하여 입법적으로 해결하는 것이 바람직하다.

4. 인공지능 수사관의 활용

경찰의 수사에 있어서 인공지능은 참고인조서의 작성과 인터넷상 수사단서 확보 등 2가지 영역에서 적극적으로 활용되고 있다.

(1) 참고인조서의 작성 (인공지능 속기사)

수사기관(검사 또는 경찰관)은 수사에 필요한 때에는 피의자가 아닌 자(참고인)에게 출석을 요구하여 진술을 듣는데(형사소송법 제221조), 이것을 참고인조사라고 한다. 수

547 신동운, 『형법각론』, 법문사, 2017, 780면.

사기관이 참고인의 진술을 들은 때에는 참고인조서를 작성하여야 하는데, 참고인조서에 기재된 진술은 일정한 요건을 갖추면 재판에서 증거능력이 인정된다(형사소송법 제312조 제4항).

참고인조사를 한 경찰관은 참고인조서를 직접 작성하게 되는데, 2020년 12월부터 성폭력 피해자에 대한 경찰의 참고인조사에서 인공지능이 경찰관과 피해자인 참고인 간의 대화 내용을 받아 적는 기술이 도입되었다. 인공지능이 경찰관과 피해자 간 대화를 자동 인식해 문자화하는 방식이며, 인공지능의 인식 오류는 (인간인) 경찰관이 실시간으로 수정하거나 음성녹음과 사후 대조해 바로잡는다.[548]

이것은 수사를 담당하는 경찰관을 조서 작성의 부담에서 벗어나게 하며, 이를 통해 경찰관의 개방형 질문으로 피해자의 진술이 충분히 전달될 수 있도록 한 것이다. 현재 이것은 'AI 속기사'라고 불리며 경찰에서 널리 활용되고 있다.[549] 경찰은 참고인조사를 할 때 노트북을 펴고 조사를 시작하여 피조사자의 눈빛과 표정을 살피면서 질문을 이어가고 노트북에 탑재된 인공지능이 수사관과 참고인의 대화를 자동으로 받아 적기 때문에, 경찰서 조사실에서 컴퓨터 자판 소리는 들리지 않는다.[550]

(2) 인터넷상 수사단서의 확보

다음으로 인공지능이 인터넷상 수사단서의 확보에 있어서 활발히 활용된다. 특별사법경찰인 서울시 민생사법경찰단[551]이 불법 대부, 다단계 판매 등의 범죄 수사에 국내에서 처음으로 인공지능 기술을 도입('인공지능을 활용한 민생범죄 수사지원 분석사업')하였다.[552] 이것은 온라인에서 불법성이 의심되는 게시글이나 이미지를 수집·저장하고 불법 광고에서 자주 발견되는 패턴 등을 인공지능에 학습시켜 정

548 동아일보, "성폭력 피해자 조사, 수사관 대신 AI가 진술 받아적는다", 2020.12.14.자 기사.

549 매일경제, "AI속기사, 이젠 경찰조사때 대신 받아쓴다", 2022.8.2.자 기사.

550 매일경제, 앞의 기사. 이처럼 녹음된 음성을 실시간 텍스트로 변환하는 STT(Speech-to-Text) 서비스가 상용화 단계에 접어들었고, 음성 인식률이 90%를 넘어서면서 문서로 기록을 남겨야 하는 업무 대부분이 AI로 대체될 것이란 전망까지 나오고 있다.

551 서울특별시 민생사법경찰단은 「사법경찰관리의 직무를 수행할 자와 그 직무범위에 관한 법률」에 따른 서울특별시 내 특별사법경찰 전담 부서이다.

552 머니투데이, "서울시, 'AI 수사관' 국내 최초 도입… 민생범죄 잡는다", 2018.8.22.자 기사.

상적인 게시물과 불법 게시물을 분류하는 방식인데, '머신러닝' 기법을 활용해 알고리즘을 개발하는 방식으로 이루어졌고, 특히 베테랑 경찰관들의 노하우를 기계에 학습시키는 지도학습(supervised learning) 기법이 사용되었다. 이를 통해 기존에 (인간인) 경찰관이 일일이 인터넷 사이트를 방문하거나 검색해서 게시물의 불법성을 판단했던 방식에서 벗어나게 되어, 빅데이터 분석 기법으로 인터넷상의 막대한 수사단서를 신속·정확하게 찾을 수 있다. 예를 들어, 한글을 파괴하거나 기호·은어를 사용하여 검색을 회피하는 패턴을 찾아내는 알고리즘을 개발하여 '대출'→'머출', '명작'→'띵작' 같이 자·모음의 유사성을 이용해서 비슷한 글자로 바꿔쓰는 이른바 '야민정음' 등을 인공지능 수사관이 발견하였다.[553] 서울시 민생사법경찰단의 인공지능 수사관이 도입된 지 6개월 후인 2019년 4월에 불법 다단계 업체를 적발한 수사결과도 나왔다. 몇십만 원의 가입비만 내면 10년간 시중 최저가로 물건을 살 수 있다며 불법 다단계 인터넷 쇼핑몰을 운영해 온 일당이 인공지능 수사관에 의해 적발된 것이다. 피해 금액만 200억 원이 넘는데, 인공지능 수사관이 사건 해결에 큰 역할을 했다고 한다.[554]

그런데 불법 다단계 업체를 적발한 바로 후에 서울시 민생사법경찰단의 인공지능 수사관의 행위가 개인정보 보호법에 위반된다는 개인정보보호위원회의 결정이 나왔다. 개인정보보호위원회는 "범죄 수사와 내사의 전단계에서 이루어지는 조사활동을 목적으로 인공지능 기반 시스템을 개발하여 인터넷·SNS 등 온라인에 공개된 게시물을 광범위하게 수집하고, 범죄 관련성이 높다고 판단되는 게시물을 분석하여 해당 게시물에 포함된 성명, 아이디, (휴대)전화번호, 주소, 업체명 등을 이용하는 것은 개인정보 보호법 제15조 제1항 제1호, 제2호 및 제3호[555]에 위반된다."라고 결정하였다.[556] 인공지능 수사관이 수집한 데이터는 온라인 게시물의 통상적인 이용 범위, 정보 주체의 공개 의도나 목

553 머니투데이, 앞의 기사.

554 KBS, "200억 다단계 사기…'AI 수사관'에 덜미", 2019.4.4.자 뉴스.

555 제15조(개인정보의 수집·이용) ① 개인정보처리자는 다음 각 호의 어느 하나에 해당하는 경우에는 개인정보를 수집할 수 있으며 그 수집 목적의 범위에서 이용할 수 있다.
1. 정보주체의 동의를 받은 경우
2. 법률에 특별한 규정이 있거나 법령상 의무를 준수하기 위하여 불가피한 경우
3. 공공기관이 법령 등에서 정하는 소관 업무의 수행을 위하여 불가피한 경우

556 개인정보보호위원회 2019. 5. 13. 의결 제2019-09-130호 결정.

적을 벗어나는 것으로 정보 주체가 이에 대해 동의한 것으로 볼 수 없으며, 서울시 민생사법경찰단의 직무수행 근거 법령인 사법경찰관리의 직무를 수행할 자와 그 직무범위에 관한 법률은 수사나 입건 전 조사(내사) 단계의 조사활동과 이 과정에서 이루어지는 개인정보의 수집·이용에 대해 구체적으로 규정하고 있지 않으므로 서울시 특별사법경찰이 인공지능 수사관을 이용하여 수행한 개인정보의 수집행위를 법률상 특별한 규정 또는 법령상 의무를 준수하기 위하여 불가피한 것으로 볼 수 없다고 판단한 것이다.[557]

개인정보 보호법 제15조 제1항을 위반하여 개인정보를 수집한 경우는 형사처벌의 대상이 아니라 단지 과태료 부과의 대상으로 규정(제75조)되어 있는 상황이며, 개인정보보호위원회의 결정에도 불구하고 서울시 민생사법경찰단은 인공지능 수사관의 수집하는 데이터에 포함되는 개인정보에 대하여는 한국인터넷진흥원의 도움을 받아 비식별화 조치를 추진하여 범죄 수사에 본격적으로 운영할 예정임을 밝혔다.[558]

5. 교정보조서비스로봇(로봇 교도관)의 활용

2011년 인공지능형 로봇이 징역형을 집행하는 교정(矯正)에 있어서 세계 최초로 한국에서 도입되었다. 2011. 11. 24. 법무부 교정본부는 '***교정보조서비스로봇***'을 개발 중이라고 발표하였다. 법무부는 2012년 중으로 교정보조서비스로봇 3대를 제작하여 포항교도소에서 시험 운용할 계획이라고 밝혔는데, 교정보조서비스로봇은 키 150㎝, 체중 70㎏으로 몸체 하부에 달린 바퀴 4개를 돌려 사람의 보행 속도와 비슷하

(사진=연합뉴스, 2011.11.24.자 기사)[556]

557 홍지은·이동희, "개인정보를 이용한 인공지능 알고리즘과 범죄 수사-'AI 수사관'에 대한 「개인정보보호법」 위반 결정을 중심으로-" 『형사정책』 제34권 제2호, 2022, 54~55면.

558 홍지은·이동희, 앞의 논문, 60면.

559 https://n.news.naver.com/mnews/article/001/0005386626?sid=102 (2022.11.5. 접속)

게 이동할 수 있으며 얼굴 부위에는 영상감지 및 이상행동 판별 장치가 장착되어 있다.

교정보조서비스로봇은 수용시설 복도를 돌아다니면서 수용실 내 수형자의 상태를 관찰하다가 자살이나 폭력사태 등 이상·돌발 행동이 감지되면 중앙통제실의 교도관에게 즉시 통보하는 시스템을 갖추고 있으며, 원격 대화기능이 탑재돼 수형자와 중앙통제실 교도관을 연결하는 대화창구 역할도 담당하도록 설계되었다.[560] 언론에서는 '로봇 교도관'이라는 명칭으로 보도되었고, BBC, TIME, Wall Street Journal 등 외국언론매체들도 한국의 교정보조서비스로봇을 소개함으로써 세계적으로 IT/RT업계의 전문가뿐만 아니라 많은 형사정책 전문가들의 관심도 끌었다고 한다.[561]

교정보조서비스로봇은 일선 교정현장의 ***인력부족의 문제를 해결하려는 취지***로 개발되었다. 교정현장에서 겪게 되는 가장 큰 문제점은 인력 부족인데, 인력 부족은 특히 보안업무에서 더욱 뚜렷이 나타난다. 교도관 1인이 야간에 관리하는 범위는 매우 광범위하여, 근무상의 허점이 되어 교정사고의 원인이 되기도 한다. 교정현장에는 수형자의 도주·자살, 교도관에 대한 수용자의 폭행 등 교정사고의 우려가 항상 존재하는데, 이러한 사고가 발생하면 교도관의 정신적 충격은 매우 크고 경우에 따라 교도관에 대한 엄중한 책임추궁도 뒤따르기 때문에 이를 겪게 되는 교도관의 업무상 스트레스나 사고후유증은 일반인들이 생각하는 것보다 훨씬 크다고 한다.[562] 교정보조서비스로봇을 위험한 근무지나 반복적인 순찰업무 등에 투입함으로써 교정인력의 손실을 예방하고 부족한 인력문제를 해소해 나갈 것으로 기대하였다.[563]

도입 당시 교정보조서비스로봇이 도입됨으로써 야기되어질 수 있는 문제점들도 지적되었다. 첫째, 기계적 결함이나 오작동으로 교정보조서비스로봇이 수형자를 공격하거나 시설물을 파손할 수도 있으며, 둘째, 수형자들이 로봇이라는 기계에 감시당한다는 거부감이나 이로 인한 인권침해 시비가 일어날 수도 있고, 셋째, 교정보조서비스로봇을 관리하는 교도관이 필요하게 되어 인력감축의 효과는 그리 크지 않고, 넷째, 수형자도 감정

560 연합뉴스, "교도소 야간순찰 '로봇 교도관'이 맡는다", 2011. 11. 24. 기사.
561 최진규, "교정보조서비스로봇 소개", 『형사정책연구소식』 2012년 봄호, 15면.
562 최진규, 앞의 자료, 16면.
563 최진규, 앞의 자료, 17면.

을 가진 사람이므로 로봇이라는 기계와 사람의 관계에서 발생할 수 있는 인간미 부족 등이 문제점으로 제시되었다.[564]

그러나 대대적 홍보 속에서 등장한 교정보조서비스로봇은 시범운영에 그쳤고 2012년 이후 ***폐기***되었다. 교정보조서비스로봇은 수형자의 행동 패턴 분석능력이 미완성인 상태로 등장하였고, 2~3년간 이러한 점을 보완하여 2014년 6월 포항교도소에 투입돼 시범운행될 예정이었는데, 성과가 바로 나타나지 않는다는 이유로 폐기되었다. 교정보조서비스로봇의 운용이 폐기된 것은 야간순찰 시 발생하는 소음이나 ***기계적 결함 및 오작동***이 원인이었다.[565] 판단 오류로 인해 잘못된 경보음을 울리면, 수형자가 폭력을 행사하지 않았는데 마치 폭력을 행사한 것처럼 비쳐질 수 있었다. 그리고 폐기된 또 다른 중요한 원인은 교도관과 수형자 간에 중요한 ***감정의 교류***를 교정보조서비스로봇은 할 수 없었다는 점이다.[566]

6. 재범예측프로그램의 활용

(1) 재범예측의 사용 영역

검사가 기소한 피고인의 범죄사실에 대해서 법원이 죄가 성립하는지를 판단하여 범죄의 증명이 있다고 유죄의 판단을 하면, 법원은 그에 대한 법적 효과로서 형벌을 선고하여야 한다.[567] 피고인에 대하여 선고할 형은 일련의 계산과정을 거쳐서 구체적으로 결정되는데, 선고할 형을 구체화하는 과정을 ***양형***이라고 한다. 양형 판단은 법관의 합리적 재량의 영역에 속하는 사항으로서, 양형은 법관에게 부여된 임무 중 가장 어려운 과

564 최진규, 앞의 자료, 17면.

565 윤지영·김한균·감동근·김성돈, 앞의 보고서, 296면; 머니투데이, "10억 들여 만든 '로봇 교도관', 취업 못한 이유는", 2016. 5. 26. 기사.

566 서울신문, "난 전직 한국 로봇 교도관… 인간들의 논란에 사라졌습니다", 2016. 3. 14.자 기사.

567 삼단논법의 틀에서 형사재판의 판단과정을 보면, 첫째 사실인정의 단계로서 형사분쟁을 해결하기 위해서 분쟁의 전제가 되는 사실관계를 확정해야 한다. 이를 실체적 진실의 발견이라고 할 수 있다. 둘째, 사실인정을 통해 확정된 사실관계가 형법상 어떠한 범죄가 되는지 판단하는 단계이다, 셋째, 확정된 죄책에 따라 형을 선고하는 단계이다.

제에 속한다.

한편 ***구속 사유의 판단***을 보면, 법원이나 수사기관은 피고인이나 피의자가 죄를 범하였다고 의심할만한 상당한 이유가 있는 상황에서 피고인이나 피의자가 증거를 인멸할 염려나 도망할 염려가 있다면 피고인이나 피의자를 구속할 수 있다(형사소송법 제70조 제1항, 제201조). 이때 구속 사유를 심사함에 있어서는 범죄의 중대성 및 재범의 위험성 등을 고려하여야 한다(형사소송법 제70조 제2항, 제209조).

그 외에 ***가석방***[568] ***의 판단***을 보면, 징역이나 금고의 집행 중인 사람의 행상(行狀)이 양호하여 뉘우침이 뚜렷한 때에는 무기형은 20년, 유기형은 형기의 3분의 1이 지난 후 행정처분으로 가석방을 할 수 있는데(형법 제72조 제1항), 교정시설의 장은 가석방 적격심사 신청 대상자 선정을 위한 예비회의에서 재범여부의 판단 등을 위해서 여러 사항을 확인할 수 있다(법무부 가석방업무지침 제19조 제1항).

이처럼 재범가능성은 양형의 판단이나 구속의 판단 및 가석방의 판단 등에 있어서 사용되는 요소인데, 재범가능성의 예측에 있어서 인공지능이 사용될 수 있다. 인공지능 기반의 대표적인 재범예측 프로그램으로 미국의 Equivant사(구 Northpoint사)가 개발한 COMPAS(Correctional Offender Management Profiling for Alternative Sanctions)가 있는데, 미국에서는 재판 전 구금, 가석방 심사 및 양형 판단에서 COMPAS가 활용되고 있다. 이것은 137개의 지표를 바탕으로 피고인의 응답 및 과거 범죄기록을 기초로 3가지 위험도(저위험, 중위험, 고위험)로 분류하여 재범가능성을 평가하도록 설계되어 있다.[569] 미국 위스콘신, 애리조나, 콜로라도, 델라웨어, 켄터키, 루이지애나, 오클라호마, 버지니아, 워싱턴 주 등에서 형사재판에 재범예측 프로그램이 도입되었다.[570] 뉴욕주에서는 보석에 있어서 기계학습 알고리즘의 인공지능이 활용되어 범죄율의 증가 없이 수감인원이 42% 감축되었다고 한다.[571]

---

568 징역 또는 금고의 집행 중인 사람이 죄를 현저하게 뉘우치고 있다고 인정되는 때에 형기만료 전에 조건부로 석방하고 석방 후 일정한 기간이 경과하면 형의 집행이 종료된 것으로 보는 것.

569 주현경·정채연, "범죄예측 및 형사사법절차에서 알고리즘 편향성 문제와 인공지능의 활용을 위한 규범 설계", 『법학논총』 제27집 제1호, 2020, 126면.

570 윤지영·임정호·이민화·김성돈, 앞의 보고서, 142면.

571 정채연, 앞의 보고서, 21면.

(2) 재범예측에 대한 우려

① 편향성

인공지능의 활용에 있어서 가장 중요한 윤리적 문제로 알고리즘의 편향성(algorithmic bias)이 논의된다. 알고리즘은 통계에 기반하여 작동하는데 일정 부분의 데이터에 대한 배제가 불가피하게 이루어지고 빅데이터를 처리하는 과정에서 배제되는 데이터를 정확히 파악하기 어려운데, 데이터의 포함 및 배제는 인간의 개입이나 통제 없이도 발생하는 것으로서 인공지능 알고리즘 본래의 속성에 기인하는 것이라고 한다.[572] 이를 '숨겨진 편향'이라고도 한다. 그 외 데이터의 포함 및 배제에는 개발자 등 인간의 의도도 개입할 수 있기에 알고리즘의 편향성 문제는 더욱 부각 된다.[573]

미국에서 사용되는 COMPAS의 재범예측 평가에서도 인종차별적 편향이 내재해 있어서 흑인이 백인보다 장래에 범죄자로 잘못 평가될 가능성이 크다는 내용의 보고서가 발표되었다. 미국 플로리다주 Broward 카운티 법원에서 유죄를 선고받은 7천 명 이상의 사람을 대상으로 한 COMPAS의 재범예측도와 판결 이후 2년간 실제의 재범 여부를 조사한 결과를 보면, 재범위험성이 높은 고위험으로 예측되었지만 실제로는 재범을 저지르지 않은 경우가 백인은 23%인데 반하여 흑인의 경우 45%이었고, 반대로 저위험으로 예측되었지만 실제로는 재범을 저지른 경우가 백인은 48%인데 흑인은 28%이었다. 이 보고서의 타당성을 검토한 전문가들은 재범가능성 예측에 있어서 완전한 공정성을

572 정채연, 앞의 보고서, 90면.

573 인공지능은 개인 또는 사회적 편향성을 다음의 3가지 차원에서 재생산한다(이신행, "편향적 인공지능: 알고리즘으로 재생산되는 편향의 원인과 유형, 그리고 개선방안을 중심으로", 디지털 사회 제42호, 2022). ① 첫째 ***개인의 편향성***이다. 인공지능 알고리즘이 사용자의 취향과 선호를 반영하는 검색기록 등의 데이터를 학습하고 이에 따른 맞춤형 정보와 뉴스, 영상 등을 선택해 추천함으로써 개인이 기존에 가지고 있던 편향성을 강화하도록 작동하는 경우이다. 자신의 신념과 일치하는 정보는 수월하게 받아들이고 그렇지 않은 정보는 무시하거나 거부하는 경향인 확증편향(confirmation bias)을 인정지능이 부추겨 사회적 분열과 갈증을 조장할 수 있다고 비판된다. ② 둘째 ***권력의 편향성***이다. 정권의 유지나 지지여론의 강화 등을 위해서 인공지능이 활용되는 경우이다. 정치적 용도의 알고리즘이 소수의 인원만으로 여론을 형성하거나 바꾸는 실질적 계책(maneuver)이 될 수 있다는 것으로 특히 소셜미디어 네트워크를 통해 오정보와 허위조작정보를 유포하여 정치적으로 편향된 담론이 조성되는데 인공지능이 활용된다. ③ 셋째 ***사회적 편향성***이다. 알고리즘이 학습하는 데이터에 사회적으로 구조화된 편향성이 내재하고 있어서 인공지능 역시 편향되는 경우이다. 이러한 데이터의 편향은 알고리즘의 설계와 사용 의도와는 관계없이 발생하는 '숨겨진 편향'으로 일상의 세밀한 부분까지 포함하는 대단위 데이터를 구축해 인공지능의 예측성능을 높일수록 현실 세계에 존재하는 사회적 편향이 반영된다는 역설이 존재한다.

기대할 수는 없다는 결론에 이르렀다.[574]

인공지능에서 나타나는 위와 같은 문제는 이미 사회가 갖고 있던 편견을 그대로 반영한 결과이다. 알고리즘을 만들어낸 데이터가 애초에 오염되어 있었기 때문에, 인공지능에도 편견이 존재한다.[575] 인공지능이 참고한 빅데이터에는 과거의 편견과 관습이 담겨 있고 알고리즘 또는 편견에 익숙한 누군가가 정해준 규칙이기 때문에, 인공지능이 재판하는 것에 대해서 기존의 법률가들은 부정적인 시각을 피력한다.[576] 그리고 데이터에 기초한 패턴분석에 의존한 알고리즘에 따르면 개인의 특수성보다는 집단적 특성의 고려가 우선시되므로, 개별화되어야 할 재판에서 개인의 특성이 무시될 수 있다.[577]

결국 인공지능의 편향성이 극복될 수 있도록 인공지능 알고리즘의 전제인 데이터의 보완이 필요하고, 인공지능의 편향성이 극복되지 않은 한 인공지능에 의한 재판은 부정적으로 평가된다.

② 투명성

유죄판결은 피고인의 형사책임을 인정하는 불이익한 재판이기 때문에 판결문에는 판결이유까지도 구체적으로 명시해야 한다. 형사소송법은 “형의 선고를 하는 때에는 판결이유에 범죄될 사실, 증거의 요지와 법령의 적용을 명시하여야 한다.”고 규정하고 있다(제323조 제1항). 이것은 어떤 범죄사실에 어떤 법률을 적용하여 유죄판결을 하였는지를 객관적으로 알 수 있도록 분명하게 기재하라는 의미이다. 재판의 공정성을 담보하고 피고인의 상소권 보호 등을 위하여 필요하다고 생각되는 사항에 대해서는 역시 그 이유를 명시하여야 한다.[578] 특히 판결이유에 증거의 요지까지도 기재하도록 요구하는 것은 당사자에게 증거평가의 오류를 시정할 기회를 제공하고 상소심 법원에 심사의 자료를 제공함으로써 궁극적으로 법관에 의한 사실인정의 합리성을 담보하기 위한 것이다.[579]

574 정채연, 앞의 보고서, 24면.
575 정상조, 『인공지능 법에게 미래를 묻다』, 사회평론, 2021, 131면.
576 예를 들어 이진웅, “별이 빛나는 법정”, 법률신문 2022. 1. 27. 기사.
577 박기주, 앞의 논문, 609면
578 이은모·김정환, 앞의 책, 751면.
579 이은모·김정환, 앞의 책, 755면.

재판은 과학실험과 같은 ***사실판단***의 영역이 아니라 법 규범을 기준으로 결론을 내리는 ***가치판단***의 영역이고, 가치판단에 있어서는 결론 자체뿐만 아니라 어떻게 그 결론에 도달했는지에 대해서 논증하는 것이 중요하다. 따라서 유죄판결서에 판결이유를 구체적으로 명시하도록 요구하는 것이고, 법원의 재판을 인공지능이 담당하기 위해서는 인공지능의 법적 판단의 이유를 당사자에게 설명할 수 있어야 한다. 즉 인공지능 판사에 의한 재판의 신뢰성을 얻기 위해서는 알고리즘 관련 정보를 공개하고 제공하는 것이 필요하고,[580] 그 외에 당사자들이 이해할 수 있도록 평이하게 정보가 제공되어야 한다. 알고리즘의 설계원칙 및 변수체계 등 관련 정보를 공개하여야 하고(***알고리즘의 '투명성'***), 알고리즘의 추론과정을 인간이 이해할 수 있는 언어 및 논증구조로 설명할 수 있어야 한다(***알고리즘의 '설명가능성'***).[581] 피고인의 형량을 좌우하는 COMPAS 재범예측도의 판단근거와 판단과정을 알 수 없다면, 피고인은 형사절차에서 보장되어야 하는 방어권을 제대로 행사하기가 어렵다. 그러나 COMPAS의 제작사(Northpoint)는 인공지능의 알고리즘이 영업비밀이라고 하면서 판단과정이나 근거를 공개하지 않는다.[582]

인공지능도 완벽할 수 없다. 인공지능에도 인간과 마찬가지로 편견이 존재할 수 있고 실수를 범할 수도 있는데, 실수를 확인하기 위해서는 알고리즘의 투명성이 필요하다.[583] 투명성은 선함을 추구하는 힘으로서, 잘못을 드러나게 하고 관련자들을 협력하게 만들고 사회에서 공정한 경쟁 규칙을 마련하게끔 한다.[584] 의사결정 과정을 설명하려면 연관관계뿐만 아니라 인과관계, 계층관계 등 다양한 세상의 모델이 필요한데, 기계학습 시스템이 배우는 것은 연관관계뿐이다.[585] 질문에 대한 답을 구할 때 컴퓨터는 도움이 되지만,

---

580 박기주, 앞의 논문, 609면.

581 정채연, 앞의 보고서, 92면.

582 Loomis라는 사람의 재판에서 위스콘신 주법원이 COMPAS의 위험평가를 바탕으로 재범가능성이 높다는 점을 양형판단에서 인정하자, Loomis가 해당 알고리즘의 판단과정과 작동방식이 공개되지 않아 자신의 방어권행사가 침해되었다고 상소를 하였다. 이에 대해서 위스콘신 주법원은 COMPAS의 위험평가 결과는 의미 있는 정보라는 것을 확인하면서 해당 평가결과가 없었더라도 Loomis에 대한 형량이 다르지 않았을 것이라고 하여 재판의 공정성에 문제가 없다고 판단하였다(윤지영·임정호·이민화·김성돈, 앞의 보고서, 141면).

583 정상조, 앞의 책, 140면.

584 리처드 왓슨/방진이 역, 『인공지능 시대가 두려운 사람들에게』, 원더박스, 2019, 52면.

585 김진형, 『AI 최강의 수업』, 매일경제신문사, 2021, 276면.

답에 의문을 제기하거나 질문을 찾을 때는 도움이 되지 못한다.[586] 현재까지 인간은 의식의 작동 원리를 제대로 설명하지 못하고 있고, 그래서 인공지능에 의식을 인위적으로 재현하는 것도 불가능하다.[587] 인과관계를 이해하지 못하여 기계학습 시스템에 '왜?'라고 물으면 대답하지 못하는 인공지능에서 판단과정의 투명성은 확보되기 어려울 것이다.

(3) 형사재판에서 인공지능 사용 제한에 관한 유럽의회 결의안

유럽연합의 입법기관인 유럽의회(European Parliament)는 2021년 10월 '형사사건에서 경찰과 사법부의 인공지능 사용 및 형법상 인공지능에 대한 결의안'(Resolution on artificial intelligence in criminal law and its use by the police and judicial authorities in criminal matters, 이하 형사법 인공지능 결의안)을 공포하였다.[588] 유럽의회는 인공지능이 내린 결정이 형사재판에서 그대로 사용될 때 그 순기능을 넘는 역기능이 존재하는데, 이러한 역기능은 현재로서는 해결될 수 없다는 결론을 형사법 인공지능 결의안을 통해 제시했다. 유럽의회는 형사법에서 순수한 통계적 계산에 기초한 결정을 피해야 하고, (인간인) 판사의 주권적 재량과 사건별 의사결정이 유지되어야 한다는 점을 명확히 하였다.[589]

유럽의회의 형사법 인공지능 결의안에는 이전에 논의된 두 가지 사항이 영향을 미쳤다. 첫째는 2018년에 유럽사법효율위원회(European Commission for the Efficiency of Justice)에서 채택된 '사법 시스템과 환경에서 인공지능의 사용에 관한 유럽윤리헌장'(European Ethical Charter on the Use of Artificial Intelligence in Judicial Systems and Their Environment, 이하 인공지능 사법윤리헌장)인데, 인공지능 사법윤리헌장에서는 미국의 COMPAS 재범예측도 판단과 영국의 HART 프로그램에 있어서

---

586 리처드 왓슨/방진이 역, 앞의 책, 327면.

587 리처드 왓슨/방진이 역, 앞의 책, 329면.

588 비록 결의안은 권고적 성격을 가질 뿐 강제적인 효력이 발생하지는 않지만, 향후 가입국에 이행의 강제적 효력을 나타내는 지침(EU Directive)이나 규정(EU Regulation) 형태로 발전할 가능성이 존재한다.

589 정소영, "형사사법에서의 인공지능 사용에 대한 유럽의회 결의안-'인공지능에 의한 결정' 금지에 관하여-", 『형사정책』 제34권 제2호, 2022, 143면.

재범예측성 판단이 명백히 차별적인 결과를 나타냈다는 점을 예시하면서 인공지능을 통해 재범가능성을 계산하는 것은 개인의 기본권과 양립하기 어려운 사항으로 사용해서는 안 됨을 밝혔다.[590] 둘째는 2021년 7월에 발표된 LIBE 위원회의 보고서(Committee on Civil Liberties, Justice and Home Affairs REPORT)이다. LIBE 위원회는 뉴욕시 경찰국과 메사추세츠주 케임브리지 경찰국에서 실효성 부족, 차별적 효과, 실제 적용에서의 실패로 인해 예측 치안 프로그램을 폐지하고, 대신 지역 치안 유지를 채택하였으며 그 후에 오히려 범죄율이 감소하였다는 점을 2020년 2월 미국을 방문하여 확인하였다. 일부 국가의 형사재판에서 인공지능이 재범확률을 계산하고 집행유예를 결정하거나 형량을 결정하는 등의 역할을 하고 있는데 그로 인한 형사재판에서의 잠재적 위험은 악화될 수 있음을 LIBE 위원회는 경고하면서, 형사사법에 인공지능이 사용되기 위한 선결과제로서 차별과 편견의 문제, 투명성과 책임성의 문제 그리고 자동화 편향에 대한 문제를 제시하였다.[591]

7. 인공지능 재판의 한계

(1) 과학 vs. 재판

재판에서 인간의 의사결정에 따른 판단을 인공지능이 대체하는 것에 대하여 근본적인 의문이 제기된다. 재판은 법적 정당성과 규범적 당위성에 기초하여 권위가 유지되는데, 이것이 계산적 확실성 및 수학적 합리성에 의해 대체될 수 있는지가 의문시된다.[592]

물론 과학과 재판에는 유사한 점이 있다. 과학에서는 수집한 데이터를 바탕으로 가설을 수립하여 실험을 통해 가설을 검증하여 최종적으로 과학적 지식을 얻는데, 재판에서도 사실에 기초한 증거를 바탕으로 당사자가 주장(가설)을 제시하고 판사가 법률 문언,

590 정소영, 앞의 논문, 149면.
591 정소영, 앞의 논문, 152면.
592 주현경·정채연, 앞의 논문, 118면.

기존 판례, 법률 해석 등을 활용하여 가설에 대한 결론을 내린다.[593] 반면, 과학에서는 난해한 문제에 대해서 과학자가 반드시 결론을 내려야 하지는 않지만, 재판에서는 판결하기 어려운 사안(hard case)에 대해서도 판사는 반드시 결론을 내려야 한다. 법률 문언이 명확하지 않고 기존 판례 등도 없어 판결하기 어려운 사안이라면 판사는 법원리(법이 추구하는 기본적 가치)나 법이론(법률 문언의 내용을 해석하고 체계화하여 법적 분쟁에 대한 실천적인 해결방안을 합리적으로 근거 짓는 명제들의 집합체) 등을 바탕으로 자신의 직업적 양심에 따라 판단하게 된다. 이러한 측면에서 과학자에게는 재량권이 없지만, 판사에게는 재량권이 있다고 말할 수도 있다. 이처럼 난해한 사건들에서 법의 효력을 생성하여 작동시킨다는 점에서 재판은 창조적인 활동으로서 변화 가능성을 내재하고 있다고 평가된다.[594]

특히 인공지능에 의한 재판은 새로운 환경의 변화를 반영하지 못하고 기존의 판결이 영속적으로 고착화할 위험성이 존재한다. 기존의 데이터를 활용하는 인공지능 알고리즘에 의한 결정에서는 새로운 관점에 의한 변화를 기대하기 어렵기 때문이다. 아래에서는 기존 판례의 변경이나 기존 판례가 없는 대표적인 경우를 살펴본다.

(2) 기존 판례의 변경

재판에서 다루어지는 쟁점과 관련한 사회의 변화에 따라서 법원의 판단도 변화되는데, 다음의 사례에서 잘 확인할 수 있다. ***부부 사이에 강간죄***가 성립할 수 있는지와 관련해서 과거 판례는 실질적인 부부관계의 유무와 관계없이 부부 사이에서 강간죄가 성립할 수 없다고 보았으나, 2009년에 와서 실질적인 부부관계가 있는 부부 사이에서는 강간죄가 성립할 수 없다고 변화하였고, 2013년에는 실질적인 부부관계의 유무와 관계없이 부부 사이에서 강간죄가 성립할 수 있다고 변경되었다.

---

593 박기주, 앞의 논문, 604면.

594 박기주, 앞의 논문, 608면.

[부부 사이의 강간죄 성립에 관한 판례의 변화]

【대법원 1970. 3. 10. 선고 70도29 판결】 "처가 다른 여자와 동거하고 있는 남편을 상대로 간통죄 고소와 이혼소송을 제기하였으나 그 후 부부간에 다시 새 출발을 하기로 약정하고 간통죄 고소를 취하하였다면 그들 사이에 실질적인 부부관계가 없다고 단정할 수 없으므로 설사 남편이 강제로 처를 간음하였다 하여도 강간죄는 성립되지 아니한다."

⇩

【대법원 2009. 2. 12. 선고 2008도8601 판결】 "혼인관계가 존속하는 상태에서 남편이 처의 의사에 반하여 폭행 또는 협박으로 성교행위를 한 경우 강간죄가 성립하는지는 별론으로 하더라도, 적어도 당사자 사이에 혼인관계가 파탄되었을 뿐만 아니라 더이상 혼인관계를 지속할 의사가 없고 이혼의사의 합치가 있어 실질적인 부부관계가 인정될 수 없는 상태에 이르렀다면, 법률상의 배우자인 처도 강간죄의 객체가 된다."

⇩

【대법원 2013. 5. 16. 선고 2012도14788 판결】 "종래 대법원은 혼인관계가 실질적으로 유지되는 한 아내에 대하여 강제적인 성관계를 한 남편을 강간죄로 처벌할 수 없다고 해석하였다. 이는 가정 내의 폭력을 추방하여야 한다는 요청을 대법원이 외면하거나 가볍게 여기는 것이 아니라 혼인생활에서 부부 사이에 은밀히 이루어지는 성관계에 대한 국가의 개입을 자제하여 조금이라도 가정이 유지되도록 하기 위한 배려라고 새길 것이다. … 아내에 대한 성폭력이 가정 내부에서 자율적으로 해결되지 못하고 아내의 성적 자기결정권이 심각하게 유린되는 상황이 지속되고 있음에도 국가가 부부 사이의 내밀한 성생활에 관한 문제라는 이유만으로 그 개입을 자제한다면, 헌법이 천명한 개인의 존엄과 양성의 평등에 기초한 혼인생활을 보장할 국가의 책무를 소홀히 하는 것이다. 특히 부부 사이에서도 양성의 평등과 성적 자기결정권이 존중되어야 한다는 인식이 국민들의 보편적 법의식으로 자리 잡게 된 오늘날에는, 혼인관계가 파탄에 이른 경우는 물론 혼인관계가 실질적으로 유지되고 있는 경우에도 남편의 성폭력이 아내의 성적 자기결정권을 본질적으로 침해하는 정도에 이르렀다면, 국가가 이에 개입하여 더 이상의 피해를 방지하고 건강한 부부관계가 회복될 수 있도록 적절한 조치를 취해야 하며, 필요한 경우 국가형벌권의 행사도 고려하지 않을 수 없다."

그 외 강간죄의 객체를 '부녀'로 한정했던 2012년 이전의 형법(2012년 강간죄의 객체는 '사람'으로 변경)의 적용에 있어서 ***여성으로 성전환수술을 받은 사람***을 강간죄의 객체로 인정할 수 있는지가 문제 되었을 때, 판례는 1996년에 강간죄의 객체로 인정하지 않았지만 2009년에는 강간죄의 객체로 인정하였다.

[강간죄의 객체를 부녀로 한정했던 시절의 강간죄 객체에 대한 판례의 변화]

【대법원 1996. 6. 11. 선고 96도791 판결】 "어릴 때부터 정신적으로 여성에의 성귀속감을 느껴 왔고 성전환수술로 인하여 남성으로서의 내·외부성기의 특징을 더이상 보이지 않게 되었으며 남성으로서의 성격도 대부분 상실하여 외견상 여성으로서의 체형을 갖추고 성격도 여성화되어 개인적으로 여성으로서의 생활을 영위해 가고 있다 할지라도, 기본적인 요소인 성염색체의 구성이나 본래의 내·외부성기의 구조, 정상적인 남자로서 생활한 기간, 성전환수술을 한 경위, 시기 및 수술 후에도 여성으로서의 생식능력은 없는 점, 그리고 이에 대한 사회 일반인의 평가와 태도 등 여러 요소를 종합적으로 고려하여 보면 사회통념상 여자로 볼 수는 없다."

⇩

【대법원 2009. 9. 29 선고 2009도3580 판결】 "종래에는 사람의 성을 생물학적인 요소에 따라 결정해왔으나 근래에는 개인의 남성 또는 여성으로의 정신적·사회적 요소 역시 사람의 성을 결정하는 요소 중의 하나로 인정받게 됐다. 그러나 … 사회적인 영역에서 모두 전환된 성으로서의 역할을 수행하여 주위로부터 그 성으로서 인식되고 있는 등 사회통념상 신체적으로 전환된 성을 갖추고 있다고 인정된다면 성전환자는 출생시와는 달리 전환된 성이 법률적으로도 그 성전환자의 성이라고 평가받을 수 있다."

이러한 판례의 변경은 법원이 사회의 변화에 따른 인간의 존엄이나 성평등, 가족관계 등의 가치변화를 고려하여 심사숙고한 결단을 통해 나온 결과이다. 그런데 규범과 선례를 존중하고 그에 따르는 인공지능이, 사회의 다양한 가치의 변화를 고려하고 새로운 시각으로 판단을 내리는 능력을 갖출 수 있는지 그리고 소수의 의견에 대해서 어떻게 고려할 것인지 등에 대해서 의문이 제기된다.

(3) 선례가 없는 사건의 경우

재판에 있어서 그 사건에 적용되는 법률규정의 적용에 대한 명확한 선례가 있다면 그 선례 판결에 따라 재판을 할 수 있다. 그렇지 않은 경우는 다양한 해석·적용의 가능성 중 그 사안에 가장 타당한 해석을 택하고 그에 따라 판결을 하게 된다. 분명한 선례가 없는 사건의 판결은 법을 새로운 상황에 적용 가능한 규범으로 새롭게 정립하게 된다.[595] 그런데 기존 판례를 통한 통계적 방법론에 기초한 인공지능 재판의 알고리즘은 해

595 정채연, 앞의 보고서, 94면.

당 사건에 대한 직접적인 선례가 없는 경우에는 효과적일 수 없다. 통계적 상관성에 근거하여 판단을 내리는 인공지능의 자동화된 판단은 인공지능에 입력된 데이터와 관련된 답변에 한정되며, 기존의 데이터가 없는 사안에 있어서는 예측 판단의 정확도와 신뢰도가 높을 수 없다.[596]

법률규정은 추상적이어서 구체적인 사건에 적용하기 위해서는 법률규정에 대한 해석이 필요하고, 여러 가지 해석 중 가장 적합한 해석을 택해서 그 사건에 적용하게 된다. 예를 들어, 형법 제31조 제1항에 따르면, 교사범은 "타인을 교사하여 죄를 범하게 한 자"를 말하는데, 교사범은 "죄를 실행한 자와 동일한 형"으로 처벌된다. 다른 사람에게 살인을 교사하여 교사받은 사람이 살인하면, 교사한 사람은 살인한 사람과 마찬가지로 살인죄의 형으로 처벌된다. 그런데 형법 제31조의 교사범이라는 개념을 적용하기 위해서는 교사한다는 의미를 어떻게 해석하여 어떤 경우까지 적용할 수 있는지가 전제된다. 단순히 상황 조성 등을 하여 타인이 범행의 실행으로 나아가도록 야기를 하는 것으로 충분한 것인지, 범죄의 직접적 실행자와의 의사소통을 통해 정신적으로 영향을 주는 행위이어야 하는지, 범죄의 직접적 실행자가 범행 결의 시와 범행 실행 시에 교사자의 의지에 의존하는 경우이어야 하는지, 교사자와 범죄의 직접적 실행자 사이에 명시적인 약속이 필요한 것인지 등 교사의 의미에 대해서는 다양한 해석이 가능하다.[597] 구체적인 사건에 형법 제31조를 적용할 때 교사의 의미를 어떻게 해석할 것인지에 따라 교사범이 성립할 수도 있고 그렇지 않을 수도 있는 것이다.

결국 이러한 문제들이 해결될 때 인공지능에 의한 재판이 가능할 것이다. 이러한 문제점이 해결되지 않는 한, 인간 판사를 대체하는 인공지능의 재판은 어려워 보이고, 인공지능의 재판은 단지 인간인 법관을 보조하는 역할에 한정될 것이라고 예상된다.

596 정채연, 앞의 보고서, 94면.

597 김정환, "형법 제31조 제1항 "교사"의 해석", 『형사법연구』 제26호, 2006, 253면 이하 참조.

참고문헌

김유근·김정연·최준혁·김정환·박성민, 『공정하고 인권친화적인 형사절차를 위한 형사사법의 선진화 방안 연구(Ⅲ) : 수사절차에서 인권강화방안 연구』, 한국형사정책연구원, 2021.

김정환, "형법 제31조 제1항 "교사"의 해석", 『형사법연구』 제26호, 2006.

김정환, "사실확정을 전제하는 형법이론과 사실미확정을 전제하는 형사절차의 조화", 『연세법학 또 다른 백 년 - 진리·자유와 법학』, 연세대학교 출판부, 2021.

김진형, 『AI 최강의 수업』, 매일경제신문사, 2021.

김혜경, '실체적 진실발견'은 형사소송법의 목적인가?, 『형사법연구』 제26권 제2호, 2014.

리처드 왓슨/방진이 역, 『인공지능 시대가 두려운 사람들에게』, 원더박스, 2019.

박광배·김상준·안정호, 『무죄론』, 학지사, 2017.

박기주, "인공지능 시대, 사법제도의 사회적 가치 실현체계의 법적 기초 연구", 『사법』 제59호, 2022.

서울대학교 산학협력단, 사법부에서의 인공지능(AI) 활용방안, 2020.

설민수, "민사·형사 재판에서의 입증의 정도에 대한 비교법적·실증적 접근", 『인권과정의』 제388호, 2008.

양현호·주양선, "경찰·민간조사(탐정) 무인항공기(드론) 이용 활성화 방안에 관한 연구", 『한국드론연구』 창간호, 2018.

윤지영·윤정숙·임석순·김대식·김영환·오영근, 『법과학을 적용한 형사사법의 선진화 방안(Ⅵ)』, 한국형사정책연구원, 2015.

윤지영·김한균·감동근·김성돈, 『법과학을 적용한 형사사법의 선진화 방안(Ⅷ) : 인공지능 기술』, 한국형사정책연구원, 2017.

윤지영·임정호·이민화·김성돈, 『제4차 산업혁명 시대의 형사사법적 대응 및 발전방안(Ⅰ)』, 한국형사정책연구원, 2018.

이신행, "편향적 인공지능: 알고리즘으로 재생산되는 편향의 원인과 유형, 그리고 개선방안을 중심으로", 『디지털 사회』 제42호, 2022.

이은모·김정환, 『형사소송법(제8판)』, 박영사, 2021.

정상조, 『인공지능 법에게 미래를 묻다』, 사회평론, 2021.

정소영, "형사사법에서의 인공지능 사용에 대한 유럽의회 결의안-'인공지능에 의한 결정' 금지에 관하여-", 『형사정책』 제34권 제2호, 2022.
정채연, 사법절차 및 사법서비스에서 인공지능 기술의 도입 및 수용을 위한 정책 연구, 2021.
주현경·정채연, "범죄예측 및 형사사법절차에서 알고리즘 편향성 문제와 인공지능의 활용을 위한 규범 설계", 『법학논총』 제27집 제1호, 2020.
최진규, "교정보조서비스로봇 소개", 『형사정책연구소식』 2012년 봄호.
홍지은·이동희, "개인정보를 이용한 인공지능 알고리즘과 범죄 수사-'AI 수사관'에 대한 「개인정보 보호법」 위반 결정을 중심으로-" 『형사정책』 제34권 제2호, 2022.

[연세대학교 법학전문대학원 교수 김정환]

제10장

인공지능과 지식재산권

| 나종갑 |

I. 지식재산/지적재산

1. 인간의 무형적 노력/지적인 활동의 산물

인간의 노동 활동의 결과는 육체적 노동과 정신적 노동의 결과로 나누어 볼 수 있다. 육체적 노동의 결과에는 외부에 유형적(tangible) 결과를 가져오는 작물의 생산, 공장에서 자동차 조립 등의 노동도 있지만 무형적인(intangible) 결과를 가져오는 저술작업이나 발명활동 등 창작적인 노동도 있다. 후자의 경우, 즉 육체적인 노동이 무형적인 결과를 가져오는 경우에는 정신적인 노동이 수반되는 경우가 거의 대부분으로 볼 수 있고, 정신적 노동의 결과는 많은 경우 무형적인 결과를 가져온다. 물론 이러한 무형적인 결과가 그 자체로서 인간이 도움이 되는 경우도 있지만, 육체적인 노동과 결합하여 인간에게 도움이 되는 결과를 가져온다고 할 수 있다.

외부에 유형적인 결과물, 유체물을 생산하는 경우에 법은 그 유형적인 결과물에 대하여 소유권 등의 권리를 부여한다. 인간의 노동이 가져오는 무형적인 결과에 대하여는 소위 지적재산권이라는 권리가 부여된다. 법적 권리를 부여하는 것은 우리나라 헌법[598]에 의거한 것이다.

2. 지적재산의 보호의 윤리적 필요성

우리 헌법이 지적노동의 결과를 법률로써 보호하라고 한 이유는 어디에 있을까? 이에 대한 해답을 찾기 위해서는 무형물의 특징을 알아야 한다. 무형물은 타인을 배제할 수 없고(non-excludability), 비경합적 사용(non-rivalrous use)을 특징으로 한다. 나아가 공리주의와 실용주의 철학에서는 아이디와 같은 무체물의 공유는 모든 사람의 후생을 증가시키기 때문에 바람직하다. 특정인의 독점을 인정하는 것은 사회적 효용을 감소

598 헌법 제22조 제2항("저작자·발명가·과학기술자와 예술가의 권리는 법률로써 보호한다.") 및 제23조 제1항(" 모든 국민의 재산권은 보장된다. 그 내용과 한계는 법률로 정한다.").

시켜 반사회적, 비경제적인 것이 될 수 있다.

유체물의 경우에는 점유에 의하여 타인을 배제(exclude)하는 효과가 발생한다. 또한 다수에 의한 유체물의 공동점유는 그 공동 점유자에 의한 분할 효과로 인하여 그 효용가치를 떨어뜨린다. 1/n 현상, 즉 경합적 효과가 발생(rivalrous effect)한다.

그러나 무형물의 경우에 점유만으로는 타인을 배제하는 효과가 없을 뿐만 아니라 경합적 효과가 발생하지 않는다. 나의 컴퓨터에 타인의 컴퓨터 소프트웨어를 설치하더라도 타인의 그 소프트웨어의 사용이 나의 사용을 배제하지 않을 뿐만 아니라, 나의 사용이 그 타인이 사용하는 그 소프트 웨어의 효용가치를 침해하지 않는다. 즉, 타인의 사용이 나의 사용을 배제하는 배제효과(exclusive effect)와 사용가치를 침해하는 경합적 효과(rivalrous effect)가 발생하지 않는다. 이러한 경우를 보통 등대에 비교한다.

무체물의 경우 그 소유자의 효용가치를 침해하지 않는다는 이유로 상대적으로 윤리적 도덕적인 비난이나 자책을 적게 느끼기 때문에, 쉽게 무단 복제를 하게 된다. 따라서 그 무체물을 창작해 내 사람의 노력과 투자비용을 보호할 필요성이 있다. 다른 한편으로 무체물은 공유를 함으로써 다수의 효용가치를 증가시킬 수 있기 때문에 특정인에게 독점을 부여하는 것이 사회적으로 타당한지에 대한 철학적인 의문이 제시된다. 이러한 문제에 대하여 선현들은 자연법적 관점과 공리주의 및 실용주의적 관점에서 그 답을 제시하고 있다.

3. 인공지능 기술변화와 인공지능의 규제

인공지능은 그 발전에 따라 인간에게 영향을 미치게 되어, 각국은 규제를 시행하거나 시행을 준비하고 있다. 이는 대부분 행정적 규제를 의미한다 예컨대, EU는 인공지능 기술변화에 대하여 EU 역내의 국가에 대하여 지침[599] 을 마련하였는데, 그 지침에 의하면 금지된 인공지능에 관하여 규정하고 있다. 인공지능이 인간의 기본권을 침해하면 EU 가치를 위반하는 것으로 그 사용이 허용되지 않는다. 예컨대, 인공지능이 인간에게 미치는 특성에 따라 규제되는데, (i) 허용할 수 없는 위험, (ii) 고위험, (iii) 낮거나 최소한의 위험

599 https://eur-lex.europa.eu/legal-content/EN/TXT/HTML/?uri=CELEX:52021PC0206&from=EN.

을 생성하는 인공지능 사용으로 구분한다. '허용할 수 없는 위험을 야기하는 인공지능'은 인간의 의식을 넘어서 잠재의식 기술을 통해 사람을 조종하거나 어린이 또는 장애인과 같은 특정 취약 집단의 취약성을 악용하여 행동을 실질적으로 왜곡하고 그들 또는 다른 사람의 심리적 또는 신체적 피해를 주는 것으로 이러한 인공지능은 금지된다. 또한 인공지능 시스템에 의해 촉진될 수 있는 성인에게 영향을 미치는 기타 조작 또는 착취 관행은 금지되고 법적 통제를 받는다. 고위험 인공지능은 인간의 건강과 안전 또는 자연인의 기본권에 높은 위험을 초래하는 인공지능에 대한 통제도 시행이 된다. 인공지능 가치 사슬 전반에 걸쳐 사용자 및 기타 참여자(예: 수입업체, 유통업체, 공인 대리인)에게도 비례 의무가 부과된다.

세 번째로 낮거나 최소한의 위험을 야기하는 인공지능은 (i) 인간과 상호 작용하거나, (ii) 감정을 감지하거나 생체 인식 데이터를 기반으로 (사회적) 범주와의 연관성을 결정하는 데 사용되거나, (iii) 콘텐츠를 생성하거나 조작('딥 페이크')하는 시스템에 적용되는 경우로서, 인공지능 사용에 투명성이 요구된다. 이제 인공지능에 대하여 다양한 규제가 시행될 것이다.

Ⅱ. 지적노동의 결과물 보호에 대한 철학

1. 인간의 권리

인공지능의 수행결과물에 대하여 어떤 독점적인 권리를 부여하는 것이 그 자체로서 정당한 것인지 또는 인간에게 이로운 결과를 가져오는 것인지 검토를 하여 봐야 한다. 노동의 결과물에 대하여 이를 수행한 인간만이 재산적인 권리를 가지는 것인지 또는 인간 이외에 인공지능에게 권리를 인정할 것인지는 인간사회의 기본철학을 바꾸어야 하는 문제점이 있다.

노력에 의한 결과물이나 창작물에 대한 권리는 자연인(自然人)[600]의 권리라고 인정되어 왔고, 이는 서구 철학을 지배하여 왔다.

(1) 자연법적 관점

자연법은 인간이 제정한 실정법(institutional law) 이전에 보편적이고 불변적인 법원칙이다. 자연법은 신학을 바탕으로 하고 있는 스콜라 철학자들에 의해 주장되었다. 서로마 후기의 성 아우구스티누스(Augustinus Hipponensis)와 토마스 아퀴나스(Thomas Aquinas)가 자연법의 제창자이고, 이를 법학자인 휴고 그로티우스(Hugo Grotius)가 정치와 법의 영역에 자연법을 도입했다. 재산권 취득에 대한 자연법과 자연권적 정당성에서는 인간이기 때문에 권리를 가진다.(right based theory) 중세스콜라 학파는 자연권은 자연법에서 나온다고 했다.

자연법사상은 계몽주의 철학자이었던 존 로크(John Locke), 몽테스키외(Baron Montesquieu), 루소(Jean-Jacques Rousseau) 등 정치철학자들에게 영향을 미쳤다. 로크 등은 정치적으로 자연법을 바탕으로 인간의 존엄과 평등, 자유권과 보편성 그리고 생존과 재산에 관한 권리를 강조하면서 중세를 지배한 교황과 가톨릭 교회의 만행, 전제군주의 폭정으로부터 인간의 해방을 주장했다.

특히 로크는 재산권은 신이 인간을 위해 인간에게 부여한 권리라고 하였다. 그의 이론은 한편으로 선점의 원칙과 관련되어 있고, 그의 정치철학적 이론을 영국의 법률가인 윌리엄 블랙스톤(William Blackstone)이 법학에 접목했다. 블랙스톤은 재산권 취득의 기본 법리로 선점의 원칙을 구체화 했다.

인간에게 부여한 권리라고 자연법적 입장에서는 인공지능 자체가 발명자가 될 수는 없다. 특히 로크나 헤겔의 이론에 의하면 노동이나 정신작용의 주체는 인간만이 가능하고, 따라서 재산권을 취득할 수 있는 것도 인간이므로 인공지능자체가 특허권이나 저작권을 취득할 수 없다. 그럼에도 불구하고 현재 우리나라의 많은 학자들이나 논객들은 인

600 법에서 인격과 권리주체로 자연인과 법인(法人)을 인정한다. 자연인은 심장을 가진 사람을 의미하고, 법인은 법에 인격과 권리주체로 인정한 실체(entity)를 의미한다.

공지능이 독자적인 발명의 주체가 되거나 특허를 취득하거나 저작권을 취득할 수 있음을 전제로 논거를 제시한다.[601]

1) 선점의 원칙

선점의 원칙은 재산권을 인정하는 가장 오래된 원칙이었고, 자연법상의 원칙으로 인정된다. 선점의 원칙은 타인이 점유하기 전에 먼저 점유하는 것이 영구적 점유, 즉 소유에 대한 정당성을 부여했다.

선점의 원칙(the principle of first occupancy)은 네덜란드의 국제법학자인 휴고 그로티우스(Hugo Grotius), 토마스 홉즈(Thomas Hobbes) 및 푸펜도르프(Samuel von Pufendorf) 등에 의해 주장되었는데, 영국의 경험론의 선구자이자 사회계약설을 주장한 존 로크(John Locke)에 의해서도 주장되었다. 그리고 존 로크의 자연법과 재산권 철학을 법학으로 계승한 윌리엄 블랙스톤(William Blackstone)은 선점원칙(the principle of the first occupancy/possession)에 의하여 무체물에 대한 재산권을 정당화 했다.[602] 윌리엄 블랙스톤에게 있어서 재산권이란 외부의 물체에 대한 지배를 의미했는데, 지속적인 점유는 그 점유한 것에 대한 배타적 지배권을 발생시켰다. 선점원칙은 전통적으로 소유권을 확립하는 원칙으로 이어져 왔고, 현재에도 무주의 동산에 대하여는 선점 원칙에 의하여 소유권을 확립시킨다.[603]

물건에 대한 계속적인 점유에 의해 발생하는 그 물건에 대한 지배(domination)를 재산권으로 이해할 수 있다. 따라서 블랙스톤에게 재산권이란 유체물의 지속적인 지배를 의미했는데, 이를 무체물에 가져온다면 영업비밀에 대한 권리와 같이 '계속적인 점유'를 하는 경우에 지배권, 즉 소유권을 인정할 수 있었다. 그리고 이러한 지배권은 절대적인 지배권으로 타인과 공유가 허용되지 않는 것이다. 그리하여 19세기 초반까지 영업비

601 최근의 연구로는 황인복, 신혜은, "인공지능발명에 대한 고찰-AI 발명자 인정의 전제 요건을 중심으로-", 산업재산권, vol. 72 (2022년 8월) pp. 111-171 참조.

602 선점의 원칙은 그로티우스 등 여러 철학자와 법학자가 주장했다.

603 민법 제252조 (제1항 무주의 동산을 소유의 의사로 점유한 자는 그 소유권을 취득한다.; 제2항 무주의 부동산은 국유로 한다.; 제3항 야생하는 동물은 무주물로 하고 사양하는 야생동물도 다시 야생상태로 돌아가면 무주물로 한다.).

밀보호법에서는 절대적 비밀성(absolute secrecy)을 요구하여 영업비밀인 정보를 타인과 공유하는 것은 영업비밀의 지위를 상실하는 것이었다. 19세기 중반 이후 공리주의의 영향으로 상대적 비밀성(relative secrecy), 즉 비밀성 유지의무를 부담하는 타인과 그 정보를 공유하더라도 영업비밀의 지위를 상실하지 않는 상대적 비밀성을 인정하고 있다. 비밀성 유지의무는 결국 비밀성 유지노력에 의한 것으로써 상대적 비밀성 이론에서는 비밀성 유지노력이 있다면 비밀성을 인정한다. 공리주의 철학에 따라 상대적 비밀성은 지식을 타인과 공유하는 것으로써 결국 최대다수의 최대행복을 구현하는 수단이 되었다. 즉 절대적 비밀성에 의하여 자신만이 해당 지식이나 정보를 독점하는 것보다 타인과 공유하는 것이 사회적 효용을 증가시키는 것이므로 상대적 비밀성은 공리주의 철학이 그 철학적 바탕이 된 것이다.

2) 노동가치설

노동에 의하여 창조되는 가치에 대하여 재산을 인정한 것은 존 로크(John Locke)이었다. 로크는 전제 왕권에 대항하기 위하여, 전제 왕권을 옹호했던 로버트 필머(Robert Filmer)의 왕권신수설을 반박하면서 그의 유명한 통치론(Two Treatises of Government)을 저술한다.

로크는 신이 인간의 편안한 삶을 위하여 인간, 즉 아담과 이브의 후손에게 자연을 주셨고, 자연에서 노동을 하여 인간에게 필요한 곡식, 음식 등을 생산하여 소유하게 하였다. 즉 로크는 성경의 재해석을 통하여 신이 인간에게 직접 자연을 하사한 것이고, 왕은 그 권한을 인간으로부터 위탁받은 것으로, 신이 인간에게 부여한 자연과 인간이 자연에서 노동을 하여 얻은 가치, 즉 왕은 인간의 재산을 박탈할 권한이 없다고 주장했다.

로크에 따르면 자연(the natural law)이나 자연상태(the state of nature)는 신이 창조한 것으로써 인간에게 자연을 이용할 수 있도록 한 것일 뿐이므로 인간의 소유가 될 수 없다. 인간은 자연에서 노동을 함으로써 그 산출물, 창작물을 인간의 소유로 할 수 있을 뿐이다. 인간 노동의 결과, 즉 인간이 자연을 이용하여 창조하는 부가가치(added value)는 인간의 재산이다.

로크의 재산권 철학에 따르면 재산권이란 인간의 권리이다. 신(God)이 인간에게 평온하고 안락한 삶을 위하여 자연을 하사하시고, 인간에게 노동을 할 것을 명하였으므로[604] 재산권이란 인간이 자연에 노동을 하여 취득할 수 있는 권리를 의미하게 된다.

로크에 있어서 재산에 대한 권리는 인간의 권리이다. 따라서 인공지능은 재산권을 취득할 수 없다. 저작물이나 발명도 인간에 의하여 수행되는 것이므로 인간 이외에 기계에 불과한 인공지능은 어떠한 저작권이나 특허권 등 지적재산을 취득할 수 없다. 로크의 이론은 인간이기 때문에 재산권을 가진다는 권리 기반 이론(right-based theory)이다.

로크에 의하면 자연법칙, 아이디어는 자연 그 자체로서 재산권의 대상이 되지 않는다. 자연법칙을 이용한 결과에 대하여는 특허를 취득할 수 있다. 이는 우리의 특허법이나 외국의 특허법에 모두 반영되어 있다.

로크의 재산권 취득의 단서 중에 '타인을 해하지 않을 것'(no harm proviso)은 성경말씀과 일치하고 있는데, 마태복음 25:24-27의 말씀과 같다:

> 24 Then the man who had received one bag of gold came. 'Master,' he said, 'I knew that you are a hard man, harvesting where you have not sown and gathering where you have not scattered seed.
>
> (마 25:24) 한 달란트 받았던 자는 와서 이르되 주인이여 당신은 굳은 사람이라 심지 않은 데서 거두고 헤치지 않은 데서 모으는 줄을 내가 알았으므로
>
> 25 So I was afraid and went out and hid your gold in the ground. See, here is what belongs to you.
>
> (마 25:25) 두려워하여 나가서 당신의 달란트를 땅에 감추어 두었었나이다 보

604 인간에게 노동을 명한 것은 창세기 1장 28절의 '문화명령(cultural mandate, creation mandate)'이라고 한다. '야웨 하나님께서 이 세계와 이 세계의 모든 것들을 창조하시고 인간들에게 생육하고 번성하고 땅을 정복하고, 땅에 충만하도록 임무를 주신 것'을 말한다. 데살로니가후서 3장 6~12절은 형제들아 우리 주 예수 그리스도의 이름으로 너희를 명하노니 규모 없이 행하고 우리에게 받은 유전대로 행하지 아니하는 모든 형제에게서 떠나라 어떻게 우리를 본받아야 할 것을 너희가 스스로 아나니 우리가 너희 가운데서 규모 없이 행하지 아니하며 누구에게서든지 양식을 값없이 먹지 않고 오직 수고하고 애써 주야로 일함은 너희 아무에게도 누를 끼치지 아니하려 함이니 우리에게 권리가 없는 것이 아니요 오직 스스로 너희에게 본을 주어 우리를 본받게 하려 함이니라 우리가 너희와 함께 있을 때에도 너희에게 명하기를 누구든지 일하기 싫어하거든 먹지도 말게 하라 하였더니 우리가 들은즉 너희 가운데 규모 없이 행하여 도무지 일하지 아니하고 일만 만드는 자들이 있다 하니 이런 자들에게 우리가 명하고 주 예수 그리스도 안에서 권하기를 종용히 일하여 자기 양식을 먹으라 하노라"라고 적고 있다.

소서 당신의 것을 가지셨나이다

26 His master replied, 'You wicked, lazy servant! So you knew that I harvest where I have not sown and gather where I have not scattered seed?

(마 25:26) 그 주인이 대답하여 이르되 악하고 게으른 종아 나는 심지 않은 데서 거두고 헤치지 않은 데서 모으는 줄로 네가 알았느냐

27 Well then, you should have put my money on deposit with the bankers, so that when I returned I would have received it back with interest.

(마 25:27) 그러면 네가 마땅히 내 돈을 취리하는 자들에게나 맡겼다가 내가 돌아와서 내 원금과 이자를 받게 하였을 것이니라

이는 현재의 부정취득이용(misappropriation)법리에 부합하는데, 데이터 베이스 보호법리 등 타인의 노력에 무임승차 하는 행위를 금하는 것과 같다.

그리고 로크의 단서중에서 충분하고 동등하게 남겨둘 것(enough and as good left)은 재산권 취득에 있어서의 조건으로, 다른 사람에게도 충분한 기회를 주어야 한다는 것이다. 따라서 자연법칙, 아이디어 등은 한정된 것으로써 인간의 노력으로 생산된 것이 아닌 신이 만든 자연 그 자체일 뿐만 아니라 충분하고 동등하게 남겨둘 수 없다. 그리하여 우리 특허법상 발명의 개념은 "자연법칙을 이용한(application) 기술적 사상의 창작으로서 고도한 것"이라고 정하고 있는데, 이는 로크의 재산권 이론과 일치한다.

만유인력의 법칙, 보일의 법칙, 아보카도르의 법칙, 상대성이론(E=MC2) 등 수많은 자연과학적 발견이 존재하는데 그러한 자연과학적 발견에 대하여는 특허를 부여하지 않는다. 물론 이에 대한 보상의 필요성이 제기된 적이 있었고, 최근에도 그와 같은 주장이 있었다.[605]

1844년 프랑스 특허법 제30조는 "Shall be declared null and void the patents issued for principles, methods, systems, discoveries and theoretical or purely scientific conceptions, the industrial applications of which have not been specified." 라고 하여 자연과학적 발견에 대한 특허는 무효로 하고 그와 자연법칙을 응용한 것에 대하여 특

605 자연과학적 발견에 대한 보상에 관하여는 나종갑 '영업비밀보호법의 철학적·규범적 토대와 현대적 적용-존 로크의 재산권 철학을 바탕으로-, pp. 187-188(2022년 경인문화사 간)

허를 부여하도록 명시하였다.

미국 연방대법원의 Funk Bros. Seed Co. v. KaloInoculant Co. 사건[606]에서

> The qualities of these bacteria, like the heat of the sun, electricity, or the qualities of metals, are part of the storehouse of knowledge of all men. They are manifestations of laws of nature, free to all men and reserved exclusively to none. He who discovers a hitherto unknown phenomenon of nature has no claim to a monopoly of it which the law recognizes. If there is to be invention from such a discovery, it must come from the application of the law of nature to a new and useful end.

라고 판시하여 자연과학적 발견, 법칙 등은 특허대상이 아님을 명백히 하였다. 물론 이를 응용(application) 한 것은 특허를 받을 수 있다. 기본적으로 자연법칙, 자연에 존재하는 것 등은 인간이 창작한 것이 아니므로 인간의 것이 될 수 없기 때문이다.

로크적 관점에서 보면, 인공지능에 사용될 데이터 베이스를 창조/창작한 경우와 단지 수집한 경우가 모두 재산권의 대상이 된다. 다만, 창작적인 데이터 베이스는 없던 것을 창작한 것이므로 창작한 것 전부가 그 창작을 한 사람의 재산권의 대상이 되는 반면, 자연에 존재하는 데이터를 수집한 것에 불과하다면 원데이터 자체는 보호대상이 되지 않고, 수집의 노력을 보호의 대상으로 한다.

3) 개성론(personality thoery; personhood theory)

헤겔의 이론은 개인의 자유의지(freewill)가 핵심이다. 헤겔의 이론은 근본적으로 개인의 자유를 증진시키기 위한 것이라는 점에서 로크나 칸트와 같은 자유주의적 재산권 이론과 같이한다. 따라서 헤겔의 이론은 자연권에 기초한 것이다. 로크의 자유는 소극적인 '간섭으로부터 자유'이지만, 헤겔의 자유는 개성과 불가분적인 것으로 적극적으로 자아를 성취하기 위한 것이다.

---

606 Funk Bros. Seed Co. v. KaloInoculant Co., 333 U.S. 127 (1948).

헤겔은 인간을 순수한 독립적인 존재로서의 자유인으로 간주한다.("a person is a unit of freedom aware of its sheer independence") 인간은 자신이 자유임을 알고, 인간은 모든 것을 추상화할 수 있고, 어느 것도 인간의 개성을 침범할 수 없다. 그 뿐만 아니라 인간에게 관련된 모든 것을 스스로 결정할 수 있는 존재이다. 자유의지는 인간으로 하여금 인간의 욕구를 인식하게 하고 인간의 욕구는 주어진 인성이 아니라 자신이 스스로 선택하는 적극적인 존재임을 알게 한다.

헤겔에 있어서 재산이라 자유의지를 가진 인간이 자신의 개성을 불어 넣은 것이므로 그의 소유가 된다. 예컨대 시(詩)는 시인의 개성이 외부로 발현된 것이고, 소설은 소설가의 개인이 외부에 나타난 것이다. 따라서 그의 재산이 된다. 따라서 시나 소설 등 저작물의 소유는 그와 같이 저작한 때 발생하게 된다.[607] 발명(invention)도 발명가의 개성이 외부에 발현된 것이므로 그의 소유가 된다.

그렇지만 헤겔의 재산권은 개인의 개성(personality)이 체화된 것이므로 매우 주관적이고 개성적인 것이 된다. 저작권법상의 저작인격권은 그의 철학이 반영되어 저작자의 사망으로 소멸하는 것으로 규정되어 있다.[608] 이 점에서 객관적인 재산권이 되어 상속이나 승계, 이전 라이센스 등이 가능한 로크의 재산권과 다른 점이다. 예컨대 저작권 법상 저작재산권이 로크의 재산권을 토대로 하고 있다면, 저작인격권은 헤겔의 재산권을 토대로 하고 있다고 할 수 있다. 물론 저작권법상의 권리가 실정법상의 권리이지만, 그 근본 토대는 자연법상의 자연권을 토대로 하고 있는 것이다.

2. 자연법론과 지적재산

(1) 인간의 권리

우리법이나 외국의 법이나 지적재산권법은 자연법이론을 수용하고 있다. 예컨대 우

607 저작권법 제10조 제2항.
608 저작권법 제14조 참조.

리 헌법 제22조 제2항은 "저작자·발명가·과학기술자와 예술가의 권리는 법률로써 보호한다." 라고 규정하여 인간의 권리로써 인정하고 있고, 위 조항에 의하여 제정된 법률인 저작권법과 특허법 역시 저작물과 발명에 대한 권리를 인간의 권리로 규정하고 있다.

프랑스 헌법의회가 제정한 1791년 프랑스 특허법(Loi relative aux découvertes utiles et aux moyens d'en assurer la propriété à ceux qui seront reconnus en être les auteurs (An act concerning useful discoveries and the means of securing their property to those who shall be recognized as their authors)은

> every novel idea whose realization or development can become useful to society belongs primarily to him who conceived (착상) it, and that it would be a violation of the rights of man in their very essence if an industrial invention were not regarded as the property of its creator.

라고 규정하여, 착상한 사람에게 특허를 부여하는 것이 인간의 권리를 보장하는 것이라고 규정하였다.

저작권법 제10조 제2항은 저작권은 창작한 때부터 발생한다고 규정하고 있는데 이는 자연인의 창작을 전제로 한 규정이고, 그럼으로써 저작인격권[609]이 발생한다. 특허법은 인간의 창작, 즉 발명과 특허에 대한 권리를 구분하고 있는데, 특허법은 제33조 제1항은 "발명을 한 사람 또는 그 승계인은 이 법에서 정하는 바에 따라 특허를 받을 수 있는 권리를 가진다. 다만, 특허청 직원 및 특허심판원 직원은 상속이나 유증(遺贈)의 경우를 제외하고는 재직 중 특허를 받을 수 없다."고 규정하여 발명은 인간만이 할 수 있다는 전제하에 규정되어 있다. 반면에 특허 취득은 그 승계인(承繼人)도 할 수 있다고 함으로써 자연인이나 법인도 특허를 받을 수 있는 권리를 승계하여 취득할 수 있음을 전제로 하고 있다. 즉 승계인이라고 하여 인(人)만이 취득할 수 있으므로 자연인과 법인이 취득할 수 있다는 것을 전제로 하고 있다. 따라서 자연인과 법인 이외는 특허 취득을 할 수 없음을 전제로 규정하고 있다.

609 저작권법 제11조 공표권, 제12조 성명표시권, 제13조 동일성유지권.

또한 근로계약의 원인이 된 직무발명의 경우에도 그 직무발명가는 고용주의 직무명령에 따라 발명을 하였음에도 그 직무발명을 원시취득하게 된다.[610] 이는 아래 언급하는 Arachnid, Inc. v. Merit Industries 사건에서 미국 법원의 입장도 같다. 따라서 발명을 하게 되면, 그 발명가는 자신의 고용주에게 그 직무발명을 승계할지 여부에 대한 기회를 주어야 한다. 즉 발명을 수행하는 발명가가 자연법상 그 발명에 대한 권리를 취득하고, 실정법상 계약에 의하여 고용주에게 이전할 의무를 지게 된다. 이러한 의무를 위반하게 되면 배임죄의 책임을 지게 되지만, 종업원 등이 비밀유지 및 이전절차협력의 의무를 이행하지 아니한 채 직무발명의 내용이 공개되도록 하는 행위가 곧바로 부정경쟁방지 및 영업비밀보호에 관한 법률 제18조 제2항에서 정한 영업비밀 누설에 해당하지 않게 된다.[611]

재산권이 ‘인간’의 권리임을 나타내는 미국 법원 판결들이 존재한다. 특히 지적재산권이 문제된 미국 법원 판결은 특허권 등 인간의 정신작용에 의해서 발생하는 권리임을 강조하여 자연인 만이 발명의 주체, 창작의 주체 및 노력의 산물에 대한 귀속주체가 될 수 있음을 강조한 판결들이 존재한다.

재산권 개념은 중세봉건시대가 지나고 계몽주의가 태동할 무렵에는 인간의 자유와 생명에 대한 권리도 포함하는 현재 보다 광범위 한 것으로 이해했다. 그 이후 물건에 대한 사용, 수익, 통제 및 처분 등에 관한 권리로 변화했는데, 특히 우리나라를 포함한 대륙법에서는 유체물에 대한 권리, 즉 물권(物權)을 재산권이라고 한다.

최근 인공지능의 수행활동과 관련하여 인공지능의 수행결과물에 대하여 사람이 아닌 인공지능에게 재산권, 특히 특허권과 저작권을 인정할지에 대하여 논란이 되어 오고 있다.

미국의 경우, 발명은 자연법상 노동을 한 인간에게 인정되는 것이고 특허는 미국 헌법에 의해 제정된 특허법에 의해 인간(시민)이 취득하는 권리라는 것이 확고한 입장이라고 할 수 있다. 예컨대, Arachnid, Inc. v. Merit Industries 사건에서 연방항소법원은

> At the outset, we note that although the act of invention itself vests

---

610 발명진흥법 제10조 제1항.

611 대법원 2012. 11. 15. 선고 2012도6676 판결.

> an inventor with a common law or "natural" right to make, use and sell his or her invention absent conflicting pa tent rights in others (and in certain circumstances, may similarly vest such rights in an employer of the inventor), a patent on that invention is something more. A patent in effect enlarges the natural right, adding to it the right to exclude others from making, using or selling the patented invention .... A patent is a creature of statute, as is the right of a patentee to have a remedy for infringement of his patent. Suit must be brought on the patent, as ownership only of the invention gives no right to exclude, which is obtained only from the patent grant.[612]

라고 판시하여 발명에 대한 권리는 자연인의 자연법상의 권리라고 할 수 있다. 본 판결은 발명은 인간의 활동의 결과물로서 '신이 인간에게 부여한 권리'라는 권리기반이론(right based theory)이다. 본 철학적 바탕에서 재산권은 신이 인간에게 부여한 권리라는 것은 명제가 된다.

본 철학과 그에 바탕하는 재산권 이론하에서 재산권은 노동을 수행하거나 발명(conceive-invent)을 한 인간의 권리이다. 예컨대 Townsend v. Smith 사건[613]에서 미국 법원은 발명이나 아이디어의 착상/착안(conception)은 발명활동에 대한 정신작용을 수행하는 결과(the complete performance of the mental part of the inventive act)이고 자연인인 인간만이 발명의 착상(conception)을 할 수 있다는 것을 강조하면서, 완전하고 실용적인 발명에 대한 구체적이고 영구적인 아이디어에 대한 발명가의 정신에 존재하는 것으로 특허법상의 의미에서 구체화된 착상(conception)을 구성하는 실시에 적용하는 것("the formation in the mind of the inventor of a definite and permanent idea of the complete and operative invention as it is thereafter to be applied in practice that constitutes an available conception within the meaning of the patent law.")이라고 판시[614]하여 발명의 착상이란 발명자의 마음에 형성되는 것임을 강조하고 있다.

---

612 Arachnid, Inc. v. Merit Industries, 939 F.2d 1574, 1578-79 (Fed. Cir. 1991).

613 Townsend v. Smith, 36 F.2d 292 (CCPA 1930).

614 Id., 295.

Hiatt v. Ziegler 사건[615]에서 법원은 착상(conception)은 발명이 충분하게 명확하고, 그 분야의 기술자가 광범위한 실험이나 발명적 기술을 도입하지 않고도 실시할 수 있을 때 완성된 것("[C]onception is established when the invention is made sufficiently clear to enable one skilled in the art to reduce it to practice without the exercise of extensive experimentation or the exercise of inventive skill."[616])라고 하여, 해당 분야의 기술자라는 자연인에 의해 발명이 이뤄지는 것임을 분명히 하고 있다. 그 이외에도 Gunter v. Stream 사건[617]에서 법원은 착상(conception)이란 발명의 실제화 함(exercise of the inventive faculty)이 없이 기술자(one skilled)로 하여금 발명을 실재화(實在化) 할 수 있도록 하는 것이라고 판시하고, 착상은 발명가의 생각을 발명으로 완성시켜 작동하도록 하는 것[618]이라고 판시하여 발명이란 결국 자연인의 생각으로부터 발생하는 것임을 인정하고 있다.

타인에게 고용이 되어 수행하는 직무발명(hire to invent)의 경우에도 발명 자체는 인간이 수행하므로 인간만이 그 주체가 되어 그 발명을 수행한 사람이 발명자가 된다.[619] 그리고 계약상의 의무로서 자신의 고용주에게 이전할 의무가 발생한다.

저작권법의 영역에서도 위와 같은 미국 법원의 입장은 확고하다. 저작물은 인간의 사상 감정의 표현으로 인간만이 수행할 수 있는 것이고, 이는 국가 이전에 신이 부여한 권리가 된다. 예컨대, Wheaton v. Peters 사건[620]에서 저작권은 영구적인 권리(common law copyright)인지가 문제되었는데, 미국 연방대법원은 영구적인 권리성을 부인하지 않았다. 즉 영국에서는 Donaldson v. Beckett 사건[621]에서 1710년 영국 최초의 저작권법인 앤여왕법(Statute of Anne, 1710)에 의하여 창조되는 실정법적 권리로 이해했지만, 미국에서는 실정법 이전에 존재하는 창작자의 권리로 이해했다. 다만 그 창작물을 출판

615 Hiatt v. Ziegler, 179 USPQ 757 (Bd. Pat. Inter. 1973).

616 Id., 763.

617 Gunter v. Stream, 573 F.2d 77 (CCPA 1978).

618 Hybritech Inc. v. Monoclonal Antibodies Inc., 802 F. 2d 1367 (Fed. Cir. 1986).

619 Stanford University v. Roche Molecular Systems, Inc., 563 U.S. 776 (2011).

620 Wheaton v. Peters, 33 U.S. 591 (1834).

621 Donaldson v Becket, 2 Brown's Parl. Cases (2d ed.) 129, 1 Eng. Rep. 837; 4 Burr. 2408, 98 Eng. Rep. 257 (1774).

을 하는 경우에 영구적인 권리, 즉 커먼로 저작권은 상실한다고 판시했다. 연방대법원은 커먼로 저작권은 일기장과 같이 출판하지 않은, 미래에 출판할 저작물에 대하여 영구적, 배타적으로 보호하는 것인 반면에 연방저작권법상의 저작권은 세상에 출판한 이후(즉, 공개한 이후)에 갖는 권리로서 저작권법상 저작권은 커먼로 저작권과는 다른 권리라고 판시했다. 즉 저작물을 출판하지 않는 한 커먼로상의 권리로서 그 저작물에 대하여 영구적인 권리를 갖게 되는 것이다. 다만 출판한 이후에는 커먼로 저작권은 소멸하고 실정법인 저작권법에 규정된 제한된 기간만 배타적인 권리를 갖게 된다.

미국 저작권법은 저작권의 보호대상을 매체(medium)에 고정된(fixed) 저작물(original works of authorship)로 한정하고 있는데, 이는 인간의 표현방법들을 보호하기 위한 것으로써, 미국 법원은 저작물은 인간의 감정과 사상을 표현한 것임을 분명히 하고 있다.

(2) 인공지능의 수행결과물에 대한 입법논의

최근 우리나라는 인공지능에 의한 저작물이 인정될지가 문제가 되자, 매우 발빠르게 움직였다. 2020. 12. 21. 주호영 의원등 11인의 의원에 의하여 인공지능 저작물의 개념을 명시한 저작권법 일부개정법률안이 발의되었다. 동 법률안의 제안이유는

> "인공지능(Artificial Intelligence)"은 외부환경을 스스로 인식하고 상황을 판단하여 자율적으로 동작하는 기계장치 또는 소프트웨어를 말하는 것으로, 최근 빅데이터 기술 및 컴퓨팅 연산기술 등과 결합하여 인간 고유의 영역이라고 여겨졌던 미술, 음악, 소설 등 창작분야까지 도전하고 있는 등 전 세계적으로 4차 산업혁명시대를 이끌 중추적인 분야로 급부상하고 있음.
>
> 이렇게 비약적으로 발전하는 인공지능 산업과 더불어 인공지능이 제작한 창작물 보호의 필요성이 대두되고 있으며, 이를 보호할 수 있는 법제도 개선과 관련한 논의가 전 세계적으로 활발히 진행되고 있음. 특히 영국, 뉴질랜드, 아일랜드 등에서는 각각 저작권 관련법에서 컴퓨터로 제작된 저작물에 대한 정의 규정을 두고, 해당 저작물의 창작을 위하여 필요한 준비나 조정을 하는 사람이 저작

자라고 규정을 두고 있음.

하지만, 우리나라는 현행법 상 인공지능 저작물에 대한 명확한 규정이 없고, 저작권이 인간 창작물을 기준으로 마련되어 있어 인공지능 관련 산업 발전에 걸림돌이 되고 있는 실정임.

이에 인간의 창작활동을 도와주거나 스스로 저작물을 생산해 낼 수 있는 인공지능이 제작한 저작물에 대한 저작권의 법적근거 등을 마련함으로써 인공지능 저작물의 창작과 이에 대한 투자를 활성화하려는 것임.

이라고 입법목적을 제시하고 있다.

인공지능의 수행 결과물은 사진기에 의한 사진과 매우 흡사하다. 카메라의 발전에 따라 많은 부분 카메라가 작업을 수행하고 이에 인간은 구도와 셔터만 누르면 사진을 담을 수 있는 시대가 되었듯이 인공지능은 점차 발전되어 인간의 노동을 대체하고 있다.

그러나 서구 법원리의 기본이 되었던 자연법리에 의하면 창작이나 노동의 결과는 그것을 수행한 인간만이 소유할 수 있으므로 인간의 창작물은 인공지능은 그 수행결과에 대한 소유를 할 수 없다. 즉 인공지능은 발명의 주체가 될 수 없다는 것을 의미한다. 인공지능이 수행한 결과는 단지 기계가 수행한 결과, 예컨대 공장에서 기계가 생산한 결과물, 컴퓨터가 수행한 결과물과 다를 것이 없다.

3. 공리주의 및 실용주의 관점과 지적재산

공리주의와 실용주의는 영국과 미국에서 탄생한 철학이다. 공리주의는 데이빗 흄(David Hume)으로부터 시작되어 제레미 벤담(Jeremy Bentham), 존 스튜어트 밀(John Stuart Mill)[622]로 이어지는 공리주의는 사회 전체의 이익을 기준으로 사회의 제도나 문화 그리고 그 운영방식을 판단한다.

공리주의는 미국으로 건너가 실용주의 철학이 된다. 미국의 찰스 샌더스 퍼스(Charles Sanders Peirce)와 윌리엄 제임스(William James)는 영국의 공리주의 철학을 실용주의

622 존 스튜어트 밀은 벤담의 제자인 제임스 밀(James Mill)의 아들이다.

철학으로 확립시키고, 존 듀이(John Dewey)가 실용주의를 완성했다. 실용주의에서 지적재산은 과학기술발전을 위한 장려 내지 동기(incentive)라고 한다.

미국의 실용주의와 영국의 공리주의의 차이점은 1958년 Mazer v. Stein 사건에서 보여준다. 공리주의 철학자인 벤담은 특허제도에 대하여 발명가가 발명을 공개함으로써 사회가 이익을 얻는 것이고, 그러한 사회적 헌신(devotion)에 대한 보상(reward)라고 하였다. 영국의 공리주의자이자 벤담을 계승한 존 스튜어트 밀은 특허제도는 사회적으로 유용한 결과를 가져오기 위해 노력한 발명가의 기여(contribution)에 대한 보상(reward)이라고 하였다.

영국의 공리주의가 지적재산을 헌신(devotion)이나 기여(contribution)이라고 보는 반면 미국의 실용주의는 새로운 창조와 혁신을 위한 동기부여/장려(incentive)라고 한다. 이러한 실용주의 정신은 미국법원의 판결에서도 뚜렷하게 찾아 볼 수 있다.

연방대법원은 저작자나 발명가에 대한 보상은 부차적인 목적이고 궁극적인 목적은

> The economic philosophy behind the clause empowering Congress to grant patents and copyrights is the conviction that encouragement of individual effort by personal gain is the best way to advance public welfare through the talents of authors and inventors in "Science and useful Arts."[623]

이라고 판시하여, 지적재산제도의 목적이 장려("encouragement of individual effort")라고 하였다. 나아가 저작권에 대하여도 연방대법원은 세상에 지속되는 이익을 위해 문학적 예술적 작품의 생산을 장려 하기 위한 것(to afford greater encouragement)이라고 판시[624]하여, 미국의 전통적인 실용주의적 장려 또는 유인설/장려설(incentive theory)을 명확히 하고 있다.

위와 같이 영국의 공리주의와 미국의 실용주의 전통은 사회적 효용성을 높이기 위한 철학적 바탕에서 출발하는 것은 같지만, 구체적인 수단적 목적은 다르다고 할 수 있다.

---

623 Mazer v. Stein, 347 U.S. 201, 219 (1954).

624 Washington Pub. Co. v. Pearson, 306 U.S. 30, 36 (1939).

그러한 공리주의와 실용주의적 전통에서도 지적재산제도의 출발점은 자연법과 자연권이다. 특히 앞서 언급한 미국의 실용주의에서도 발명과 특허를 구분하여 발명은 인간만이 할 수 있는 것이다. 물론 공리주의에서도 발명은 인간이 수행하는 것으로 볼 수 있다. 기계는 희생이나 공헌, 또는 동기에 의해서 일을 하는 것이 아니라, 인간의 명령에 의해 일을 한다.

4. 인공지능에 의한 연구수행결과와 그 보호

(1) DABUS 사건 : 인공지능에 대한 특허권 부여는 가능한가?[625]

본 논의는 인공지능 자체에 대한 보호와 인공지능에 의한 수행결과에 대한 보호를 구분한다. 마치 컴퓨터 발명과 컴퓨터에 의한 수행결과가 다른 것과 같다. 컴퓨터는 컴퓨터를 발명한 사람에 대하여 그 발명 내용에 따라 특허권 등으로 보호한다. 하지만 인공지능이 수행한 결과물은 누구가 권리자가 되는가? 이에 대하여는 새로운 논쟁이 시작되었다.

인공지능의 실현성이 가시화 된 21세기에는 인공지능이 수행한 결과물에 대하여 인공지능이 주체로서 그에 대한 특허를 받을 수 있는지가 문제화 되었다. 이러한 논쟁에 대하여 일말의 결론을 내리게 된 사건이 바로 영국의 스티븐 태일러[626](Stephen Thaler) 박사의 인공지능기계, 'DABUS'("Device for the Autonomous Bootstrapping of Unified Sentience")이었다.

2018년 10월 경 미국 소재 인공신경망 연구 기업 이매지네이션 엔진스(Imagination Engines) 설립자이자 컴퓨터 과학자인 스테판 테일러(Stephen Thaler) 박사는 자신을 특허출원자로 하고, 자신이 개발한 인공지능을 DABUS라고 이름지어 DABUS를 '발명자'로 하여 유럽 특허청(EPO)과 영국 특허청(UKIPO) 그리고 우리나라 특허청 등 많은 국가에 특허출원을 하였다.

---

625 이하는, 나종갑 '영업비밀보호법의 철학적·규범적 토대와 현대적 적용-존 로크의 재산권 철학을 바탕으로-, (2022년 경인문화사 간)에서 발췌한 것을 출간이후의 변화를 반영하여 수정한 것임.

626 발음은 탈러, 테일러, 탤러 등으로 발음되나, 테일러라고 표기한다.

DABUS는 인공지능으로, 다중신경망을 연결해서 새로운 아이디어를 구상하고 그 아이디어의 효과를 계산해 내는 인공지능이었다. 테일러 박사에 의하면 DABUS가 한 발명은 '레고처럼 오목·볼록부가 반복된 프랙털 구조를 가져 손에 쥐기 쉬운 식품용기'와 '신경 동작 패턴을 모방해 집중도를 높여주는 램프' 두가지라고 했다.

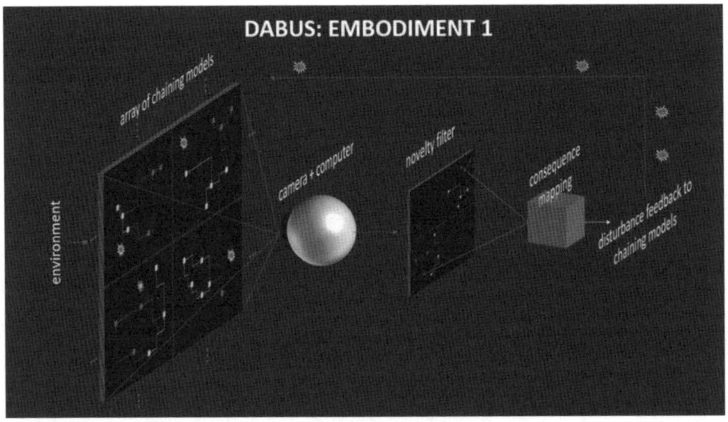

[Device for the Autonomous Bootstrapping of Unified Sentience]

DABUS의 제1발명은 내외부에 프랙탈 구조를 갖는 식품용기(용기의 결합이 쉽고, 높은 열전달, 손으로 잡기 쉬움)이고 제2발명은 신경동작패턴 모방한 램프로, 관심집중개선하는 효과가 있다고 주장했다.

테일러 박사는 DABUS 자체가 실체가 없는 인공지능일 뿐이므로 DABUS의 소유자인 자신이 특허 권리의 승계인이므로 자신을 특허발명의 출원인으로 기재해서 출원하였다. 테일러 박사가 발명자와 그 승계인 및 출원인을 달리한 것은 인공지능 자체는 법적으로 특허권 등 어떤 권리를 가질 수 있는 주체가 될 수 없으므로 자신이 DABUS의 소유자가 되고, DABUS가 발명하는 것에 대하여도 자신이 소유할 수 있도록 하기 위함이었던 것이었다. 테일러 박사는 직무발명의 경우와 같이 피용인이 발명자가 되고 고용주가 출원자가 되어 발명을 승계하는 것처럼 자신이 DABUS 소유자로서 DABUS가 창작하거나 발명한 것에 대한 특허권의 승계인에 해당한다고 주장했다.

2020년 1월 28일 유럽특허청 접수부(Receiving Section of the European Patent Office)는 DABUS의 인격을 인정할 수 없는 이상 승계를 통한 특허 권리의 이전 역시 인정할 수 없다고 하여 특허를 거절하였다.

유럽 특허청은 유럽특허협약(European Patent Convention)에 근거해 발명자는 사람이어야 한다는 요건이 충족 되지 않았다는 이유로 각하 결정하였고, 이에 대하여 테일러 박사는 유럽특허청(EPO)의 법률심판부(Legal Board of Appeal)에 불복하였는데 법률심판부도 불복심판청구를 기각하였다. 법률심판부는 어떤 인간도 발명자로 확인되지 않았지만, 자연인이 인공지능시스템인 DABUS의 "소유자 및 창작자이기 때문에 유럽특허에 대한 권리"를 가지는 것이 바람직하다고 하여 자연인 만이 발명자가 될 수 있음을 확인했다.

2019년 12월 4일 영국 특허청도 인간만이 특허를 취득할 수 있다는 이유로 테일러 박사의 주장(the applicant identified no person or persons whom he believes to be an inventor as the invention was entirely and solely conceived by DABUS)을 인정하지 않았다. 이에 테일러 박사가 영국 법원에 항소했는데 2021년 9월 21일 영국 항소법원도 1977년 영국 특허법 제13조 제2항[627]을 근거로 DABUS의 특허청구를 기각했다.

2019년 7월 29일 테일러 박사는 미국 특허청에도 특허출원하였으나 2019년 8월 8일 미국 특허청은 발명자를 보완을 하도록 통지하였지만 테일러 박사가 이를 거절하여 결국 2020년 4월 22일 미국의 특허출원은 최종 거절되었다.

미국 특허청은 미국 특허법에 따르면 인간만이 발명자가 될 수 있다는 이유로 인간으로 보정할 것을 명했지만 테일러 박사가 이를 보정하지 않아 거절하였다. 미국 특허

---

627 The Patents Act 1977 (as amended)
Section 13: Mention of inventor
Right to apply for and obtain a patent and be mentioned as inventor.
(2) Unless he has already given the Patent Office the information hereinafter mentioned, an applicant for a patent shall within the prescribed period file with the Patent Office a statement -
(a) identifying the person or persons whom he believes to be the inventor or inventors; and
(b) where the applicant is not the sole inventor or the applicants are not the joint inventors, indicating the derivation of his or their right to be granted the patent; and, if he fails to do so, the application shall be taken to be withdrawn.

청은 미국 특허법상 개인(individual)이나 개인들(individuals)이 공동으로 특허를 취득할 수 있다고 규정하고 있는데, 연혁적으로 보면 그와 같은 규정은 자연인을 전제로 규정한 것이라고 판단하였다.

특허법상 발명의 착상(conception)이나 발명가의 마음속에 고안(formation in the mind of the inventor)한다고 규정한 것은 자연인을 전제로 규정하고 있는 것으로 인간만이 발명의 착상을 할 수 있다고 강조했다.

그러나 2021년 7월 28일 남아프리카 공화국과 같은달 30일 오스트렐리아의 경우에는 DABUS를 발명자로 인정했다. 다만 남아프리카 공화국은 발명자의 정의가 없다. 그러나 기계가 발명자가 될 수 있다는 것은 카메라와 프린터가 저작권자가 될 수 있다는 것과 다를 것이 없다.

위 두 나라에서는 발명자를 정함에 있어서 법이라는 형식의 문제가 아닌 실질의 문제라는 점을 간과한 것으로 판단된다. 2021년 7월 30일 오스트렐리아 연방법원의 Jonathan Beach 판사는 인공지능도 '발명자'가 될 수 있다고 하였으나 다만, 인공지능 명의의 특허등록은 인정하지 않았다.

인간만이 특허등록의 명의자가 될 수 있기 때문이다. 다만 Beach 판사는 사람(자연인, 법인)이 등록자가 될 수 있다는 것이, 발명자를 제한하지 않는다는 이유로 인공지능을 발명자로 인정했다. 그 판사는 발명자(inventor) 말에서 어미(or)는 앞의 동사(invent)를 수행하는 에이전트(agent)를 가리키는 말에 불과하여 사람 또는 기계에 붙일 수 있으며, 이러한 예로 컴퓨터(computer), 식기 청소기(dishwasher)가 있다고 하면서 특허를 받을 수 있는 발명품 성격이 발전하고 있어서 '발명가' 개념 또한 더 넓은 개념으로 인정되어야 한다고 하였다. Beach 판사는 "우리는 모두 창조됐고 창조한다. 왜 우리의 창조물이라고 창조하지 말라는 법이 없겠느냐"고 하면서 "인공지능의 발명가 지위를 인정하는 것이 특허법이 추구하는 목적과 일치한다."고 하였다. 나아가 그는 "특허법의 목적은 기술 혁신, 기술의 이전 및 보급을 통한 경제 복지와 안녕을 도모함에 있다"고 하면서 "이를 위해 특허 시스템은 기술 생산자, 소유자, 사용자와 공공성 사이에서 균형을 맞춰야 한다."고 하였고, "만약 인공지능의 발명가 지위를 인정하지 않는다면 논리적이지 않은 결과가 발생한다."고 하였다.

본 판결은 특허법이나 특허법의 상위에 존재하는 법리에 맞지 않는다는 비판이 가해졌다. 그리하여 2022년 4월 13일 호주 연방법원(full court: five judges)은 "'AI inventor' DABUS cannot be named as an inventor for the purposes of applying for a patent in Australia, and that the law requires the inventor to be a natural person or persons."라고 하면서 1624년 영국의 독점법 이래, 발명은 인간이 수행하는 것을 전제로 했다고 판시하여 Beach 판사의 판결을 무효로 하여 오스트렐리아에서도 DABUS에 대한 발명자나 특허권자의 지위를 인정하지 않았다.[628]

남아프리카공화국에서 DABUS는 2021년 특허등록에 성공했다. 그러나 이는 특허시스템이 정비되지도 않았고, 특허법에 대한 법리이해가 부족하여 나온 결정으로 보인다. 남아프리카 특허법 제27조는 "An application for a patent in respect of an invention may be made by the inventor or by any other person acquiring from him the right…." 라고 규정하고 있는데 여기에 인간으로 제한을 하지 않았다는 것이다. 이는 특허법에 대한 기초적인 법리를 이해하였다면 나오지 않을 결정이었다고 할 수 있다. 국가가 발전하여 발명이 많아질수록 특허제도와 그 법리적 이해가 높아지는데, 남아프리카공화국은 아직 그 수준에 못 미친다고 평가할 수 있다.

(2) 인간이 아닌 원숭이는 저작권의 주체가 될 수 있는가?

인간이 아닌 다른 실체가 저작권의 주체가 될 수 있는지에 대하여 저작권은 인간의 권리를 전제로 부정하여야 할 것이다. 미국저작권청은 저작권은 인간의 마음과 창의적인 표현간의 연결고리로서 인간의 창의적인 표현만이 저작권의 대상이 될 수 있다고 하고 있다. 다만 우리 저작권법상 제9조(업무상저작물의 저작자)는 "법인등의 명의로 공표되는 업무상저작물의 저작자는 계약 또는 근무규칙 등에 다른 정함이 없는 때에는 그 법인등이 된다." 라고 규정하고 있다. 본 조항은 업무상 저작물의 주체가 법인등으로 규정하

628 Commissioner of Patents v Thaler [2022] FCAFC 62.

고 있는데, 이는 저작권의 본질이나 저작권법 체계와 맞지 않는 저작자나 지적재산권의 본질을 전혀 고려하지 못한 조항이다. 저작인격권 같은 경우에는 법인이 주체가 될 수 없음은 명백하다. 나아가 본질상 법인이 표현을 할 수 없음은 당연하므로 법인을 저작자로 의제할 것이 아니라 저작재산권을 양도받아 행사하는 자로 변경해야 한다. 발명진흥법 제10조는 발명자를 인간을 전제한 조항인데 발명진흥법 규정과도 조화되지도 않는다.

인공지능지 저작자가 될 수 있는지에 대하여는 이미 카메라가 발명되었을 때 카메라의 수행결과물 즉 사진에 대한 미국의 논쟁에서 그 해답을 찾아 볼 수 있다.

1884년 미국 연방대법원에서 다뤄진 Burrow-Giles Lithographic Co. v. Sarony 사건[629]은 사진기에 의한 사진의 저작물성이 문제된 사건이다. 사진기가 발명된 이래 사진기에 의한 사진은 그 저작권자가 문제가 되었다. 현재의 인공지능에 의한 수행결과물과 매우 흡사하다.

[사진작가 Napoleon Sarony의 오스카 와일드 사진 "Oscar Wilde No. 18"]

연방대법원은 만장일치로 저작물은 저작자의 표현이라고 하여, 카메라가 아닌 인간이 저작권자라고 하였다. 위 소송은 원고 Napoleon Sarony가 오스카 와일드의 초상 사

629 Burrow-Giles Lithographic Company v. Sarony, 111 U.S. 53 (1884).

진을 찍은 것인데, 피고 Burrow-Giles Lithographic Co.가 무단으로 “Oscar Wilde No. 18”라는 제목으로 석판인쇄를 하였다.

이에 원고는 피고회사를 1865년 저작권법 위반으로 제소했다. 피고는 사진을 찍은 사진가는 저작자가 될 수 없고, 사진은 저작물(“writings”)이 될 수 없으므로 사진에 대하여 저작권 보호대상을 확대한 1865년 저작권법(the Copyright Act of 1865) 제4952조는 저작자(author)에 대한 보호를 하도록 규정한 미국 헌법에 위반된다고 주장했다. 즉 미국 헌법 제8조는 발명가와 저작자는 미국연방의회에 입법에 의해 보호하도록 한 조항의 범위를 벗어난 것이라고 주장했다. 사진가는 저작자가 아니므로 그 사진가가 찍은 사진은 저작물에 포함되지 않으므로 사진을 저작물로 보호하도록 한 1865년 미국 저작권법은 연방헌법의 위임범위를 벗어난 것으로서 위헌이라고 주장했다.

뉴욕주 남부지구 연방지방법원은 피고의 주장을 인정하지 않고, 저작권 침해를 인정하여 610달러의 손해배상금을 인정하였고, 항소법원도 피고의 주장을 기각했다.[630] 이에 피고가 연방대법원에 상고를 하였다. 연방대법원의 Samuel Freeman Miller 대법관은 대법관 전원의 만장일치로 미국 연방의회가 저작자의 마음에 있는 생각을 시각적 표현의 방법에 의해, 저술, 인쇄, 조각, 에칭 등의 모든 형식을 포함하는 것으로 적법하게 규정했다(“[p]roperly declared these to include all forms of writing, printing, engraving, etching, &c., by which the ideas in the mind of the author are given visible expression.”)고 판시했다.

피고는 시각적 표현이 저작권의 대상이 된다고 하더라도 사진은 예술적이기라고 보다는 사진기의 조작에 의한 단순한 기계적인 절차에 의한 결과물이므로 저작자의 어떤 생각이나 아이디어를 담을 수 없고, 따라서 원고의 사진은 저작물이 아니라고 주장했다. 연방대법원은 피고의 위와 같은 주장은 통상적인 사진가에 대하여는 타당할지 모르지만, 원고가 담은 오스카 와일드의 사진에 대하여 피고의 위와 같은 주장은 타당하지 않다고 판시했다. 대법원은 오스카 와일드의 사진을 담기 위해 카메라를 세팅하고, 주위의 사물들은 연출하였을 뿐만 아니라 빛의 조사 각도 등 여러 가지의 연출을 하였으므로 원

---

630 Sarony v. Burrow-Giles Lithographic Co., 17 F. 591 (S.D.N.Y. 1883); affirmed, C.C.S.D.N.Y.

고가 사진을 창작하였다고 판시했다.

그러나 사진기의 성능이 좋아지면서 인간의 창작적 노력은 점차 필요없게 되었다. 물론 피사체의 선정이나 그 각도 등을 선택할 수 있지만, 카메라의 자동성능이 높아지고 필름카메라를 대체한 디지털 카메라의 등장, 그리고 휴대폰에 부착된 카메라 성능의 향상에 따라 인간의 창작적 노력이 거의 없더라도 사진을 쉽게 담을 수 있게 되었다. 이러한 기계적인 성능의 진보는 현재의 컴퓨터 등의 기계 등에서도 발생하고 있다. 자율자동차, 청소기 등에서도 인간의 노동과 창작 대신에 인공지능이 인간의 창작적 노력을 대체하고 있다.

저작자가 인간만이 될 수 있다는 것은 소위 NARUTO 사건에서 문제되었다. 2008년 영국 사진작가 데이비드 슬레이터(David Slater)가 인도네시아의 술라웨시 섬의 정글을 사진을 찍으면서 여행을 하던 중에 잠시 자신의 카메라를 바닥에 내려놓았는데, 그 사이에 NARUTO로 명명한 원숭이가 그의 카메라 앞에서 놀다가 스스로 NARUTO 자신의 사진을 찍었다. NARUTO는 다수의 사진을 찍었는데, 그 중 하나는 아래 사진이다.

[NARUTO로 명명된 원숭이가 자신을 찍은 사진]

2011년 슬레이터는 영국 언론에 원숭이 셀카 사진을 그 사진이 찍히게 된 설명과 함께 공개하였다. 그 후 3년이 지난 뒤에 NARUTO 사진은 무료 사진만 게시되는 위키미디어 커먼스(Wikimedia Commons)에 게시되었다. 2014년 1월 슬레이터는 NARUTO 사진이 위키미디어 커먼스의 인터넷 웹에 공개돼 있다는 사실을 알게 되어 위키미디어에 NARUTO 사진을 삭제하여 달라고 요청했다. 위키미디어는 처음에 슬레이터의 요청에 따라 원숭이 사진을 웹페이지에서 삭제했지만, 그 후 NARUTO의 사진을 찍은 것이 슬레이터가 아니라 원숭이에 불과한 NARUTO이기 때문에 슬레이터가 그 사진을 찍은 저작자가 아니라는 이유로 다시 웹페이지에 게시하기 시작했다. 그동안 슬레이터는 미국 샌프란시스코에서 블러브(Blurb)라는 출판사를 통해 "Wildlife Personalities"라는 책 제명으로 NARUTO 사진들을 출판했다.

2015년 9월 22일 People for the Ethical Treatment of Animals(이하 "PETA")이라는 시민단체가 슬레이터와 블러브 출판사를 상대로 NARUTO에게 그 사진의 저작권을 양도할 것과 PETA가 NARUTO와 술라웨시 섬의 다른 원숭이들의 이익을 위해 사진의 관리 권한을 부여하여 달라는 소송을 캘리포니아 북부지구 연방법원에 제기했다.

2016년 1월 캘리포니아 북부지구 연방지방법원 판사 William Orrick은 미국 연방헌법 제3조는 동물이 소송의 주체가 되는 것을 금지하지 않는다는 선례[631]를 인용하면서, 다만 실제로 소송의 주체가 되기 위해서는 구체적인 법률에 소송주체가 될 수 있음을 규정하여야 하는데 연방저작권법상 저작자(author)의 개념에는 동물이 포함되지 않는다고 해석하면서 저작권은 인간에게만 인정되는 것으로 원숭이에게 불과한 NARUTO에게 저작권이 인정되지 않는다고 하여 원고의 청구를 기각했다.[632]

2016년 3월 20일 PETA는 제9항소법원에 항소하였는데, 슬레이터, 블러브 및 PETA는 슬레이터가 사진으로 얻는 이익의 25%를 동물을 위해 기부하겠다는 합의를 하였다. 항소법원은 슬레이터에게 저작권이 인정되지 않는다는 이유로 승인하지 않았다. 항소법원은 인간의 창작물만이 저작권을 인정받을 수 있는데, 문제된 사진을 찍은 것은 NARUTO이고, NARUTO가 사진을 찍는데 슬레이터가 기여한 바가 없으므로 해당 사진에 대하여 슬레이터는 저작권자가 될 수 없다고 판시했다.[633]

---

631 Cetacean Cmty. V. Bush, 386 F.3d 1169, 1175 (9th Cir. 2004).

632 Naruto v. Slater, 2016 WL 362231 (N.D.Cal., 2015).

633 Naruto v. Slater, 888 F.3d 418 (9th Cir. 2018).

NARUTO가 사진을 찍도록 하는데 있어서 슬레이터가 창작적으로 기여를 하였다면 슬레이터에 부분적으로라도 저작권이 인정될 수 있다. 그렇지만 동물은 창작을 할 수 없다는 원칙은 저작권법 뿐만 아니라 모든 지식재산권법을 아우르는 원칙이라고 할 것이다.

이와 관련된 성경말씀을 찾아보면 창세기 제1장

> 제28절
> "하나님이 그들에게 복을 주시며 하나님이 그들에게 이르시되 생육하고 번성하여 땅에 충만하라, 땅을 정복하라, 바다의 물고기와 하늘의 새와 땅에 움직이는 모든 생물을 다스리라 하시니라."
> 제29절
> "하나님이 이르시되 내가 온 지면의 씨 맺는 모든 채소와 씨 가진 열매 맺는 모든 나무를 너희에게 주노니 너희의 먹을 거리가 되리라."
> 제30절
> "또 땅의 모든 짐승과 하늘의 모든 새와 생명이 있어 땅에 기는 모든 것에게는 내가 모든 푸른 풀을 먹을 거리로 주노라 하시니 그대로 되니라."

라고 하고 있다. 이는 인간만이 주체가 되면 인간보다 열등한 동식물은 인간의 생존에 이용되도록 한 것임을 나타내고 있다. 결국 위 성경 말씀에서도 어떤 것을 소유한다는 것은 인간의 권리임을 알 수 있다. 로크는 성경을 재해석하여 자신의 통치론(Two Treatises of Government)를 저술하였다. 그리하여 로크의 통치론은 신(God) 및 성경 말씀과 일치하는 부분이 많이 있다.

Naruto가 사진을 찍도록 하는데 있어서 슬레이터가 창작적으로 기여를 하였다면 슬레이터에 부분적으로라도 저작권이 인정될 수 있다. 동물의 창작할 수 없으므로 슬레이터가 부분적으로 기여한 것은 저작권법상으로는 전부 기여한 것이 될 것으로 보인다. 컴퓨터를 이용한 창작물이 인간의 것이 되는 것과 같다.

결국 인간의 노동이나 정신적 기여만이 저작물을 만들 수 있다. 이러한 점에서 보면 Naruto 사건의 근본적인 법정신은 자연법이론에 바탕을 두고 있음을 알 수 있다.

Ⅲ. 인공지능과 실정법적 보호

1. 개관

인공지능 자체는 특허나 저작권의 주체가 될 수 없다는 점은 어느 정도 분명해졌다. 따라서 인공지능의 수행결과물이 타인의 특허권이나 저작권을 침해한 경우나 그 반대에도 그 침해소송의 원고나 피고가 될 수 없다는 점도 분명해졌다.

침해소송 그런데 인공지능이 수행한 결과물을 특허나 저작권으로 보호하는 것은 다른 문제이다. 즉 인공지능의 통제하거나 소유한 자의 발명이나 저작물로 보호할 것인지도 문제가 된다. 인공지능이 수행한 결과물을 컴퓨터의 도움을 받아 수행한 결과물처럼 특허의 대상이나 카메라를 이용하여 찍은 사진처럼 사진가의 저작권의 대상으로 할지는 별개의 문제이다.

현재 인공지능의 결과물은 결국 인공지능의 도움을 받아 발명가가 수행한 결과물로 인정받을 수 있다. 물론 상황에 따라 모두 특허를 받을 수 있는 것은 아니다.

다만 일부 국가, 예컨대, EU 같은 경우[634]에는 인공지능 로봇 스스로 의사결정을 할 수 있는 경우에는 전자인간으로서의 지위를 부여할 수 있음을 제시하고 있는데, 인공지능과 로봇에 인격을 부여하는 것은 각국의 국내문제이다. 예컨대 법인(法人)도 물리적인 실체가 없는 존재이지만 법에서는 하나의 인격체로 취급한다. 그리하여 권리와 의무의 주체성을 인정한다. 그러하더라도 자연인과 구별되는 것으로 자연인과 모든 것을 동일하게 취급하는 것은 아니다.

---

634 2016년 5월 31일 유럽의회 법무위원회(European Parliament's Committee on Legal Affairs)는 고도로 자율적인 로봇에 대하여 '특정한 권리와 의무(specific rights and obligations)'을 인정할지에 대하여 규정하고 있는데 로봇이 자율적으로 의사결정을 내리거나 독립적으로 타인과 상호 작용하는 경우에 전자적 인간으로서의 지위를 인정하도록 내용을 보고서(MOTION FOR A EUROPEAN PARLIAMENT RESOLUTION with recommendations to the Commission on Civil Law Rules on Robotics(2015/2103(INL))를 작성하고 2017년 4월 EU의회 유럽 각 회원국에게 권고하는 결의안을 채택했다.

2. 특허

(1) 문제의 정리

특허를 받기 위해서는 반복재현가능성이 존재하여야 한다. 인공지능 자체는 컴퓨터알고리즘으로서 인간이 만든 법칙에 불과하지만, 이를 이용하여 컴퓨터를 작동시키는 기계적인 과정을 거친다면 이는 자연법칙을 이용하는 과정이기 때문에 특허를 받을 수 있다.

인공지능에 대하여 특허를 받았든지 그러하지 않든지와 별개로 인공지능이 수행하는 결과물이 특허요건을 충족하여 그 인공지능의 보유자가 그 결과물에 대하여 발명으로 인정받고, 나아가 특허를 취득할 수 있을지가 문제가 된다. 다만, 수행결과물을 영업비밀 보유하는 것은 문제가 되지 않는다. 영업비밀은 그 대상이 광범위하고 그 요건 충족도 특허에 비하여 용이하기 때문이다.

(2) 반복재현가능성

특허의 경우에는 반복재현가능성(enablement)이라는 문제가 발생한다. 특히 인공지능이 생성한 결과가 알고리즘이나 컴퓨터 코드인 경우에 특히 반복재현가능성의 문제가 발생한다.

법원은 특허법 제31조[635]가 규정하는 변종 식물의 발명도 반복재현성을 가져야만 발명이 완성된 것이고, 그러기 위하여는 첫째 단계로 출원발명의 특징을 가진 돌연변이가 일어난 변종식물을 얻을 수 있어야 하고, 그 다음 단계로서 그 변종을 자손대까지 수립 및 전달하는 과정에 모두 반복재현성이 요구되므로, 먼저 첫째 단계로 당업자가 육종소재(교배친으로 선택된 변종 식물)를 사용하여 교배하는 교배친들의 개체수, 교배과정, 교배에 의하여 얻어진 자손의 개체수, 반복된 세대수, 재배조건, 변이개체를 선발하는 기

635 현재 특허법 제31조는 삭제되었는데 그 당시 특허법 제31조는 식물발명특허에 관한 규정으로 "무성적으로 반복 생식할 수 있는 변종식물을 발명한 자는 그 발명에 대하여 특허를 받을 수 있다."고 규정하고 있었다. 현재 위 규정은 없지만, 식물특허 뿐만 아니라 모든 특허에 있어서 반복재현가능성은 출원시에 제출하여야 하는 명세서의 기재로부터 해당분야의 전문가(POSITA)가 실현가능하여야 한다.

준과 둘째 단계로 육종과정(무성생식)을 반복하면 동일한 변종 식물을 재현시킬 수 있는 방법이 제시되어야 한다고 판시하면서,[636] 반복재현가능성이 없는 장미의 변종 식물은 출원 당시에 완성된 발명이 아니어서 특허법 제29조 제1항 본문의 규정에 위배될 뿐 아니라, 그 명세서는 당업자가 용이하게 실시할 수 있도록 기재되어 있지 아니하여 특허법 제42조 제3항에 위배되므로 특허받을 수 없다고 하였다. 인공지능 자체가 아니라 인공지능의 특성상 인공지능이 수행하는 결과는 항상 동일한 것이 아니다.

물론 이는 인공지능 자체의 특허성에도 영향을 미치지만, 인공지능을 이용하여 기계적인 수행을 하기 때문에 인공지능 자체에 대하여 특허를 받는 것은 어렵지 않아 보인다. 다만, 인공지능이 수행하는 결과는 동일한 결과를 가져오는 것이 아니기 때문에 이로 인하여 반복재현성이 문제가 된다. 일본 판결에 의하면 반복재현가능성은 100%를 요구하는 것이 아니라 2-3%만 되어도 같은 결과를 수행한다면 충족한다고 한 판결이 있다.

인공지능이 수행하는 결과가 반복재현이 가능하여야 인공지능 자체에 대하여 특허를 부여한다. 보통 인공지능의 경우에는 특정 로직을 구성한 것이 인공 알고리즘을 구성하는데, 특허출원에 있어서는 그 특허출원한 발명을 구성하는 알고리즘만을 출원하고, 그 로직은 공개하지 않고 영업비밀로 보호받으므로 특허보호기간이 종료되더라도, 특허명세서에 공개된 발명의 내용만으로 동일한 알고리즘을 구성하기 어렵다.[637] 알고리즘을 구현하는 로직이 공개되지 않기 때문이다. 동일한 데이터 셋을 입력하였는데 동일하지 않은 결과가 나온다면 반복재현성의 문제가 있고, 만일 동일한 결과를 가져온다면[638] 인공지능의 낮은 기여도, 즉 약한 인공지능의 수행이 문제가 된다.

나아가 궁극적으로 발전된 인공지능은 스스로 결과를 수행하는 것이므로 예측가능성

---

636 특허법원 2002. 10. 10., 선고, 2001허4722, 판결 참조; 특허법원 2017. 11. 17. 선고 2017허4501 ("오케스트라의 연주기법에 의한 피부미용법은 사람의 행위가 주요 구성요소로 되어 있는 것으로서 이를 시행하는 각 개인의 숙련도에 의해서 달라질 수 있는 일종의 기능에 해당하는 성질을 가지므로, 이 사건 특허출원의 명세서 기재만으로는 통상의 기술자가 이를 반복하여 재현할 수 있다고 볼 수 없다. 따라서, 이 사건 특허출원 명세서에 기재된 발명의 목적, 구성 및 작용효과 등을 전체적으로 고려하면 이 사건 출원발명은 통상의 기술자가 반복 실시하여 목적하는 기술적 효과를 얻을 수 있을 정도까지 구체적·객관적으로 구성되어 있는 발명이라고 할 수 없으므로 산업상 이용가능성이 결여될 뿐만 아니라, 통상의 기술자가 용이하게 실시할 수 있도록 그 명세서가 기재되어 있지도 않다고 봄이 옳다.")

637 Jessica Meyers, AI and trade secrets, American Bar Association, Landslide Vol. 11 (2019) No. 3.

638 저작권에서는 카메라 수행결과물과 같을 것이다. 아래에 언급하는 소위 '솔섬사건' 참조.

이 없고, 궁극적으로 발전된 인공지능은 동일한 결과를 수행하는 것도 아니다. 각기 다른 결과를 산출한다. 수동카메라에서 자동카메라로 발전된 것과 같다. 자동카메라에서 수행된 결과물은 물론 인간이 의도한 것은 맞지만, 구체적인 결과는 카메라 스스로 결정하여 산출하듯이 우리가 컴퓨터와 다르게 인공지능을 언급하는 것은 인공지능이 결과를 스스로 수행하기 때문이다. 결국 인공지능이 수행하는 결과는 예측가능하지 않다. 이는 궁극적으로 발전된 자율적인 인공지능의 형태이다. 이러한 경우에 인공지능 자체(알고리즘)에 대한 특허는 인간에게 유용한 어떤 결과를 가져온다고 확신할 수 있을까?

영화 '터미네이터'가 상상한 인공지능(터미네이터)은 우리에게 인공지능의 역설적인 모습을 보여준다. 인공지능은 인간에게 해가 될 수 있다. 즉 유용하지 않을 수 있음을 의미한다.

[스스로 판단하는 인공지능은 인간에게 유용하다고 확신할 수 있는가?]

예컨대, 인공지능이 구현한 사진은 타인의 저작권을 침해하지는 않을까? 인간에게 해로운 결과를 가져올 수 있다. 물론 그러한 결과물은 인공지능수행물에 대하여 특허를 부여하더라도 특허요건을 충족하여야 특허를 받을 수 있다. 특허가 사회에 이로운 결과를 가져와야 하는 것은 자연법을 토대로 하든지 공리주의와 실용주의를 토대로 하든지 같다.

그리고 인공지능에 의한 창작이나 발명을 인정할 때 그 심사기준도 문제가 된다. 특히 특허에 있어서 진보성은 소위 POSITA(Person of Ordinary Skill In The Art) 기준, 즉 해당기술분야에서 평균적인 지식을 가진 기술자를 가정하여, 그 기술자의 기술 수준에 의하여 용이하지 않은 발명이어야 하는데, 인공지능은 어떤 기준을 POSITA 기준이라고 하여야 할까? POSITA 기준에 대하여, 2007년 KSR v. Teleflex 사건에서 미국연방대법원은 다음과 같이 판시하고 있다.

> In determining whether the subject matter of a patent claim is obvious, neither the particular motivation nor the avowed purpose of the patentee controls. What matters is the objective reach of the claim. If the claim extends to what is obvious, it is invalid under §103. One of the ways in which a patent's subject matter can be proved obvious is by noting that there existed at the time of invention a known problem for which there was an obvious solution encompassed by the patent's claims. This was applied to the facts before the Court with the following: The proper question to have asked was whether a pedal designer of ordinary skill, facing the wide range of needs created by developments in the field of endeavor, would have seen a benefit to upgrading Asano with a sensor.

한 미국 변호사는 알고리즘은 계속 변화 발전하므로 사용하는 알고리즘은 결국 조만간 열등한 알고리즘이 될 수 있음을 지적하고 있다. 나아가 사용된 데이터의 투명성 등도 알고리즘(AI)의 수행결과물의 질에 영향을 미치게 된다. 데이터가 항상 공정하고 좋은 데이터만을 사용하는 것이 아니라 알고리즘의 개발자의 편견이 알고리즘에 영향을 미치고, 나아가 투명성을 위해 그 사용 데이터와 알고리즘을 공개한다면 공개과정에서 게임(game)이 발생할 수 있다. 그 뿐만 아니라 인공지능에 사용된 알고리즘도 발전하므로 현재 사용한 알고리즘도 곧 진부한 것이 되어, 새롭지 않거나(신규성의 부존재), 진보성이 없는 알고리즘이 될 것이다.

(3) 유용성

인공지능은 인간에게 유용해야 한다. 유용하다는 것은 인간에게 해가되거나 도덕적으로 해롭지 않아야 된다. 성적 행위를 목적으로 하거나 도박을 목적으로 한 인공지능과 그 구현물은 유용성이 존재하지 않는다는 이유로 특허를 받을 수 없을 것으로 판단된다.

물론 칼이나 총이 위험하고 인간을 살상하기 위하여 사용될 수 있지만, 그러한 것은 칼이나 총의 본래의 목적은 아니다. 따라서 인공지능이나 그 수행결과물 비도적이거나 공공질서를 위협할 수 있다는 이유만으로 특허를 받을 수 없는 것은 아니다. 주된 목적이 무엇인지가 중요하다.

(4) 다수에 의한 소프트웨어의 실행과 특허권 침해

특허침해에 대하여 기존의 특허법은 'single entity rule'(한 당사자 원칙)에 의해 특허침해는 한 사람이 그 구성요건을 모두 행하여야 하고('all element rule'), 다수가 나누어 행사하는 경우에는 특허침해를 인정하지 않는 원칙이 지배해왔다. 그러나 인터넷의 발전으로 인하여 인터넷을 통한 소프트웨어 특허의 실시가 한 당사자가 아닌 다수의 당사자에 의해서 행해지는 것으로 변화했다. 기존의 single entity rule을 따르는 경우에는 새로운 문제가 발생하지 않지만, 법원은 single entity rule에 대하여 변화를 시도하고 있고, 이는 국제적인 협업과정이나 인공지능의 실행과정에서 인터넷으로 컴퓨터 프로그램을 실행할 때 특정국가의 특허침해가 발생할 수 있다.

다수의 당사자(multi-entities)가 실행은 특허권의 공동침해가 해당할 수 있는지에 대하여 2015년 미국의 연방항소법원은 전원합의체를 통하여 다수 당사자의 행위에 의한 특허 침해를 인정했다.[639] 다수의 행위자가 일부씩 나누어 특허발명을 실시를 하고, 그 각자의 행위만으로 특허침해가 발생하지 않지만('single entity rule'), 그 다수자의 행위가 모아지면 특허침해를 구성하는 경우에 특허침해를 인정하여 기존의 single entity

639 Akamai Technologies, Inc. v. Limelight Networks, Inc., 797 F.3d 1020 (Fed. Cir. 2015) (en banc), certiorari denied, 578 U.S. 922 (2016).

rule을 변경했다. 본 사건은 미국 연방대법원이 대법원에서 심리를 거부함으로써 확정되었다.

이는 우리법상으로도 가능한 해석법리이므로 이러한 행위에 대하여 관할권 행사할지 검토 필요하다. 특허침행위가 인터넷을 통하여 이루어지는 경우(방법특허)에는 외국에서도 그 침해행위의 일부를 행하는 것이 가능하다. 컴퓨터 프로그램발명을 다수자가 일부는 외국에서 실시를 하는 경우이다. 우리나라의 경우에도 위와 같이 다수자에 의한 특허침해행위를 인정한 사례가 있다.

특허법원은

> 원칙적으로 단일 주체가 모든 구성요소가 유기적으로 결합한 전체로서의 특허발명을 실시하여야 그 특허발명에 관한 특허권을 침해한 것이 되고, 단일 주체가 필수적 구성요소들 중 일부만을 갖추고 나머지 구성요소를 갖추지 아니한 경우에는 다른 주체가 결여된 나머지 구성요소를 갖춘 경우라고 하더라도 양 주체 모두의 행위가 당해 특허발명에 대한 침해로 인정되지 아니한다. 그러나 복수의 주체가 단일한 특허발명의 일부 구성요소를 각각 분담하여 실시하는 경우라고 하더라도 복수의 주체가 각각 다른 주체의 실시행위를 인식하고 이를 이용할 의사, 즉 서로 다른 주체의 실시행위를 이용하여 공동으로 특허발명을 실시할 의사를 가지고, 전체 구성요소의 전부 또는 일부를 함께 또는 서로 나누어서 유기적인 관계에서 특허발명의 전체 구성요소를 실시하는 경우에 해당한다면, 이들 복수 주체를 전체적으로 하나의 주체로 보아 복수 주체가 실시한 구성요소 전부를 기준으로 당해 특허발명을 침해하였는지 여부를 판단하여야 할 것이고, 복수 주체 중 어느 한 단일 주체가 다른 주체의 실시를 지배·관리하고 그 다른 주체의 실시로 인하여 영업상의 이익을 얻는 경우에는 다른 주체의 실시를 지배·관리하면서 영업상 이익을 얻는 어느 한 단일 주체가 단독으로 특허침해를 한 것으로 봄이 타당하다.

라고 판시하여[640] 'single entity rule'을 더 이상 따르지 아니하였다. 본 사건의 상고심인 대법원도 특허법원 판결을 지지했는데,

640 특허법원 2019. 2. 19. 선고 2018나1220, 2018나1237(병합)판결.

> 물건의 발명에 관한 특허권자가 물건에 대하여 가지는 독점적인 특허실시에 관한 권리가 특허권이 등록된 국가의 영역 내에서만 효력이 미치는지 여부(원칙적 적극) 및 국내에서 특허발명의 실시를 위한 부품 또는 구성 전부가 생산되거나 대부분의 생산단계를 마쳐 주요 구성을 모두 갖춘 반제품이 생산되고, 그와 같은 부품 전체의 생산 또는 반제품의 생산만으로도 특허발명의 각 구성요소가 유기적으로 결합한 일체로서 가지는 작용효과를 구현할 수 있는 경우, 국내에서 특허발명의 실시제품이 생산된 것과 같이 보는 것이 특허권의 실질적 보호에 부합한다.

라고 판시했다.[641]

위 대법원 판결에 따르면 외국에서 일부행위가 행해지는 경우에 특허침해를 인정할 수 있다. 이와 같이 다수 당사자에 의해 특허가 침해될 수 있는 경우는 네트워크에 의해 실시되는 블록체인 기술(분산원장기술)이 대표적인 예라고 할 수 있다.

컴퓨터 프로그램(소프트웨어)는 저작물로 보호받으므로 다수국에서 인터넷을 통하여 한국의 서버에 접속하고, 그 공동 행위가 저작권을 침해하는 것이 가능하다.

(5) 발명과 저작물의 홍수

인공지능에 의한 발명이나 저작물을 인정할 경우, 발명과 저작물이 흔해 질 것이다. 이에 대하여 권리를 부여한다면 소위 비공유의 비극(tragedy of anticommons)이 발생한다. 너무 많은 발명에 대하여 심사의 문제 그 심사기준의 문제 등 여러 가지 행정비용이 발생할뿐더러 특허권을 부여하더라도 많은 특허로 인하여 특허덤불(patent thickets) 현상과 그로 인한 재산권의 비효용성(비공유의 비극)이 발생할 것이다. 특허덤불현상이 발생하면 특허가 기술발전을 저해하는 결과가 될 수 있다.

641 대법원 2019. 10. 17. 선고 2019다222782, 2019다222799(병합) 판결.

3. 저작권

(1) 카메라의 발명과 저작권

사진기가 발명되었을 때, 19세기 프랑스 시인 겸 미술 평론가이자 사진가 이었던 샤를 보들레르(Charles Baudelaire)는 사진 기술은 예술의 가장 치명적인 적(photography, by invading the territories of art, had become "art's most mortal enemy")라고 언급했다. 카메라는 인간의 상상력과 표현을 갉아 먹을 수 있기 때문이다.

물론 카메라의 순기능이 존재하고 카메라를 통하여 표현하는 세계는 저작물로 보호된다. 그러나 카메라를 통해 인간은 너무 쉽게 표현하고 복제할 수 있다. 소위 솔섬사건[642]은 그와 같은 문제점을 나타낸다.

이 사건은 영국 출신 사진작가 마이클 케나가 한국의 공근혜갤러리에게 '솔섬'(Pine Trees, Study 1. 2007.)사진 작품에 관한 국내 저작권 등을 양도하였는데, 대한항공이 현상공모를 통하여 취득한 '솔섬'을 배경으로 한 사진을 광고에 사용하자 을이 대한항공을 상대로 '솔섬' 사진의 저작권 침해를 이유로 손해배상을 청구했다.

법원은 자연 경관은 만인에게 공유되는 창작의 소재로서 촬영자가 피사체에 어떠한 변경을 가하는 것이 사실상 불가능하다는 점을 고려할 때 다양한 표현 가능성이 있다고 보기 어려우므로, 갑의 사진과 병 회사의 사진이 모두 같은 촬영 지점에서 풍경을 표현하고 있어 전체적인 콘셉트(Concept) 등이 유사하다고 하더라도 그 자체만으로는 저작권의 보호 대상이 된다고 보기 어렵고, 양 사진이 각기 다른 계절과 시각에 촬영된 것으로 보이는 점 등에 비추어 이를 실질적으로 유사하다고 할 수 없다고 판단했다.

(2) 공유지의 비극(tragedy of commons)과 비공유지의 비극(tragedy of anticommons)

공유지의 비극(tragedy of commons)은 공유지는 과소비가 발생하여 비효율적이

---

642 서울중앙지방법원 2014. 3. 27. 선고 2013가합527718 판결, 서울고등법원 2014. 12. 4. 선고 2014나2011480 판결: 항소기각(확정).

라는 점을 증명한다. 결국 아무도 생산하지 않고 타인이 생산하는 것에 무임승차(free riding) 하려고 할 것이므로 생산이 되지 않는다. 공산사회가 이러한 점을 증명한다.

공유사회에서 개발자는 자신이 투입한 비용을 회수할 방법이 없으므로 어떤 인공지능도 개발하지 않을 것이다. 인공지능에 의한 생산도 마찬가지이다. 그러한 문제점을 극복하는 방안이 개발한 결과에 대하여 독점권을 인정하는 것이다. 특허가 그와 같은 예이다. 이는 공리주의나 실용주의 철학에서 주장하는 바와 같다. 개발자에게 일정기간 특허 등의 독점을 제공하는 것이다. 그런데 일정기간만이라도 특허로 보호하는 것은 항상 긍정적 효과를 가져오는 것일까?

인공지능은 스스로 주어진 값을 이용하여 스스로 만들어 낸다. 창작이란 인간의 노력의 결과물에 대하여 명명하는 것이므로 이를 창작이라고 할 수는 없지만, 기존에 없던 것을 만들어 낸다. 그리하여 많은 사람들이 인공지능의 수행결과물에도 창작성을 인정하여 저작권으로 보호하여야 한다고 한다.

그러나 그렇게 되면 창작물과 저작권의 홍수시대가 열릴 것이다. 만일 인공지능의 수행결과물에 대하여, 그 저작권의 주체가 누구인든, 저작권을 부여한다면 창작의 가치는 낮아지고 소위 비공유지의 비극(tragedy of anticommons)이 발생할 것이다. 인공지능은 하루도 쉼이 없이 작동하고, 저작물을 쏟아 낼 것이기 때문이다. 저작권으로 보호되는 저작물이 많아진다는 의미는 타인의 저작권을 침해[643]함이 없이 저작물을 창작하기 어려워진다는 의미가 된다. 그리하여 저작물을 창작하더라도 타인의 저작권 침해위험으로 인하여 저작권의 이용이 어려워지게 된다. 저작권의 효용성이 감소하는 것이다. 다만 저작권법에서는 실제로 타인의 저작물에 의거(access)하지 않고 독자적으로 창작을 한다면 저작물로 보호받는다. 이점은 특허와 다른 점이다.

발명의 경우에도 마찬가지이다. 인공지능에 의하여 '쉼없이' 소위 '발명'을 한다면 그 많은 발명의 가치는 경제 인플레이션처럼 그 가치가 없게 될 것이고 그 발명을 특허출원한다면 그 특허출원에 대한 특허청의 특허심사는 엄청난 행정적 비용과 부담이 될 것

643 현행법상 저작권 침해는 두 저작물이 실질적으로 유사하고(striking similarity), 한 저작물이 다른 저작물을 보고 저작한 것(access, 의존관계)이어야 한다.

이다. 또한 특허를 취득한다고 하더라도 주위에 많은 특허들로 인하여 특허덤불(patent thickets) 현상과 '비공유의 비극' 현상이 발생하여 특허발명은 그 가치가 없어질 것이다. 그러한 경우에 지적재산권 제도는 사회에 부담이 되는 악(惡)이 될 것이다. 바람직하지 않은 결과이다.

(3) 노력에 대한 보상은 할 수 없는 것인가

다음과 같은 신문기사와 같이 저작권 보호의 결여가 타인의 노력을 좌절시킬 우려를 자아낸다.

> 그후 몽환적인 한 폭의 수묵화를 떠올리게 하는 케나의 솔섬 사진에 열광한 아마추어 사진가들은 강원도 삼척시 월천리 속섬에 몰려들었다. 케나의 솔섬 사진을 찍기 위해 그의 밴티지 포인트(좋은 위치)를 찾고, 조리개, 감도, 셔터속도 등을 연구했다. 이른바 '마이클 케나 따라하기' 열풍이었다. 속섬은 케나의 솔섬 사진과 비슷한 모습으로 무한 복제됐다. 모래톱이 섬이 된 사연은 모래 속에 묻히고 (케나의) 솔섬으로 다시 태어난 것이다.[644]

[마이클 케나: 솔섬]

[대한항공 공모 입선: 아침을 기다리며]

644 김창길의 흔해빠진 풍경사진, 2018.06.07. 경향신문.

카메라의 수행결과는 인간의 창작적인 표현에 대한 제한을 의미한다. 동일한 장소에서 사진을 담으면 기본적으로 동일하거나 유사한 결과물을 가져온다. 만일 사진의 저작권 보호를 확대한다면, 왜 발견자에 대한 보상은 없어야 하는지에 대한 궁극적인 의문이 발생한다. 위대한 과학자들의 많은 발견에 대한 보상은 인용문구에 불과한 경우가 많다. 마이클 케냐가 얻은 보상은 무엇일까?

현재의 저작권은 '예술적 표현'을 보호하는 것으로 '예술적 스타일'을 보호하지 않는다. 예술적 스타일을 보호하는 것이 타당할까? 인공지능은 쉽게 예술적 스타일을 복제할 수 있을 것이다. 그렇다고 하여 특정인에게 그 스타일을 독점시키는 것은 옳지 못하다. 예컨대 만유인력을 특허로 보호하는 것이 타당할까?

헤르츠는 수많은 과학기술자들에게 도움이 되었고, 그 과학기술자들은 그의 발견을 이용하여 많은 발명을 하고 금전적으로 많은 이득을 취하였지만 헤르츠에 대한 보상을 별로 없었다. 헤르츠에게 보상을 하는 것이 타당할까? 보상을 하여야 한다면 어떻게 하여야 할까? Katz v. Horni Signal Mfg Corp. 사건[645]에서 Frank 판사는 과학적 발견이나 학문적 업적은 특별한 보상을 위해 행하는 것이 아니라고 한다:

> Epoch-making 'discoveries' of 'mere' general scientific 'laws', without more, cannot be patented. So the great 'discoveries' of Newton or Faraday could not have been rewarded with such a grant of monopoly. Interestingly enough, apparently many scientists like Faraday care little for monetary rewards; generally the motives of such outstanding geniuses are not pecuniary. Perhaps (although no one really knows) the same cannot be said of those lesser geniuses who put such discoveries to practical uses.[646]

Frank 판사는 만유인력을 발견한 뉴튼이나 자기장을 발견한 패러데이와 같은 많은 위대한 과학자들은 금전적 보상을 위해 그러한 연구를 수행하는 것이 아니며, 위대한 발견은 아무런 금전적 보상이나 특허가 없었어도 발견이 이루어진 것으로서 보상은 불필

645 Katz v. Horni Signal Mfg Corp., 145 F.2d 961 (2nd Cir. 1944).
646 Id.

요하다는 점을 말하고 있다.

타인의 노력을 무단으로 가져가는 것을 방지하는 것은 부정경쟁의 영역에서 해결해야 하는 것이 옳은 방법이라고 보인다. 물론 모든 노력이 보호되어야 하는 것은 아니다.

(4) 인공지능의 역설(paradox of AI)

인공지능이 수행하여 얻는 결과를 저작물로 하여야 할까? 인공지능의 역설(paradox of AI)이 발생한다. 소위 강한 인공지능일수록 인간의 개입이 적어지기 때문에 인간의 표현이 될 수 없을 것이다. 약한 인공지능일수록 인간의 개입이 많아지기 때문에 인공지능이 수행한 결과물은 인간의 표현이라고 할 가능성이 높아진다. 논리적으로 인공지능은 점차 발전되어 가고 있고, 우리가 논하는 인공지능은 현재의 인공지능보다 더 수준이 높은 인공지능의 법적인 의미를 논하는 것이므로 결국 인공지능이 수행한 결과는 저작물로 인정받기 어려워진다.

[제목: "우주 오페라 극장"[647]]

위 그림은 주지하다시피 인공지능 프로그램 미드저니(Midjourney)로 제작한 그림으로, 2022년 콜로라도주 박람회 미술전, 신인 디지털 아티스트 부문(AI) 1위에 오른 그림

647 게임 디자이너인 제이슨 앨런(Jason M. Allen), 인공지능 프로그램 미드저니(Midjourney)(한줄의 문구를 그래픽으로 변환 해주는 이미지 생성 프로그램)로 제작한 디지털 그림.

이다. 위 그림을 생성시킨 제이슨 앨런(Jason M. Allen)은 게임 디자이너이었고, 그래픽 아티스트가 아니었다. 제이슨 앨런은 그래픽 생성 프로그램인 미드저니(Midjourney)에 몇개의 텍스트 명령어(text prompt)를 입력하여 이미지를 생성했다. 그 이후 포토샵으로 해당 이미지의 디테일을 높이는 하이패스(high pass)를 실행하였고, 그림속의 인물에 머리카락을 그려 넣었고, 마지막으로 해상도를 높여주는 기가픽셀 인공지능(Gigapixel AI)으로 이미지를 출력했다고 한다.

몇줄의 단어를 입력하면, 인공지능이 외부의 도움없이 그래픽을 생성하는 시대가 왔다. 그 프로그램은 점차 정밀하고, 정교해질 것이다. 생성속도도 빨라지고, 인간의 개입이 없어질 것이다. 인공지능에 의한 디지털 저작물의 홍수시대가 온 것이다. 이러한 결과를 재산권으로 보호하는 것은 사회적 비용측면도 고려해야 한다. 특정인에게 강한 권리를 부여하면 그만큼 사회와 나머지 사람에게는 큰 부담이 된다.

4. 부정경쟁방지 및 영업비밀보호법

(1) 영업비밀의 보호

앞서 언급한 인공지능의 로직은 공개하지 않는 경우에 영업비밀로 보호받을 수 있다. 역설적이게 그와 같은 보호가 특허요건의 충족을 어렵게 한다. 그러나 영업비밀로 보호하는 것은 경쟁자가 동일한 인공지능 기술을 발명하게 하여 사회적 부담을 줄일 수 있다. 영업비밀은 동일한 아이디어에도 존재할 수 있기 때문이다.

(2) 부정경쟁행위

인공지능 관련하여 부정경쟁행위로 보호받을 수 있는 것은 두가지가 있다. 첫째, 인공지능의 학습에 이용되는 데이터 셋과 둘째, 인공지능의 수행결과물이다. 부정경쟁방지법은 인공지능의 학습에 사용되는 데이터 셋을 부정경쟁행위로부터 보호받을 수 있도록 한다. 또한 인공지능관련하여 노력을 투자한 결과물에 대하여도 부정경쟁행위로부터 보호한다.

앞서 언급한 바와 같이 데이터 베이스는 창작형과 수집형으로 나누어 볼 수 있는데 창작형 데이터 베이스는 전적으로 그 창작자의 노력으로 창작된 것이므로 그의 재산권의 대상으로 하는데 논리적 어려움은 없고, 재산권에 의한 강한 보호가 이뤄질 수 있다. 다만 수집형 데이터 베이스의 경우에는 원데이터를 그가 창작한 것이 아니므로 그의 재산이라고 할 수 없고 그의 수집노력을 보호할 수 있다.

수집형 노력이 부정취득행위(misappropriation)로부터 보호될지가 문제된 사건은 INS v. AP 사건이라고 할 수 있다. 커먼로 국가에서 부정취득이용(misappropriation)의 개념이 수용된 것은 1918년 미국 연방대법원의 INS v. AP 사건 판결[648]로 보인다. 그 이전에는 커먼로 국가에서 부정취득이용의 개념은 발전하지 않았다. INS v. AP 사건은 1차 세계대전 중에 Associated Press("AP")라는 뉴스를 취재하여 회원사에게 제공하는 통신사[649]가 유럽 전선에 특파원을 보내 전쟁기사를 취재하였는데, AP보다 규모가 적은 International News Service ("INS") 라는 경쟁 통신사가 유럽 전선에 특파원을 보내지 않고, AP사의 직원들에게 뇌물을 제공하고 기사를 얻거나 AP사의 속보판에서 기사를 취재하여 자신들의 회원사에게 기사를 제공하였다. AP사는 INS사를 제소하였다. 본 사건에서 쟁점은 신문의 뉴스(news)는 저작권 보호대상이 아니었기 때문에 저작권 침해가 성립되지 않지만, 커먼로상 부정취득(misappropriation)행위로 보호할 수 있는지 여부였다. 연방대법원은 뉴스가 저작권 보호대상은 아니므로 최초로 게재되면 재산적 가치를 상실하지만, 취재하는데 많은 비용, 자본기업, 숙련되 기능과 기술, 노력과 노동이 투입되고, 그 뉴스를 이용함에 있어서 다른 상품들과 마찬가지로 비용을 지불하고 있다는 점을 강조하고 원피고가 뉴스에 대하여 같은 분야에서 같은 시간에 이익을 창출하려고 하고 있으므로 공중에 대한 관계에 상관없이 원피고사이에는 금지명령을 할 수 있는 준재산권(quasi property)으로 간주할 수 있다고 판시하였다.

---

648 International News Service v, Associated Press, 248 U.S. 215 (1918).

649 대부분 언론사에게 제공하고 우리나라의 연합통신이 이와 같은 형태임.

위 사건은 소위 수집형 데이터 베이스와 같은 형태가 문제된 것으로 수집형 데이터 베이스라도 부정경쟁방지법에 의한 보호가 가능하다고 한 판결이다. 미국은 1918년 AP v. INS 사건에서 부정경쟁행위에 부정취득이용(misappropriation)을 포함시켰으나, 그 개념이 불명확하다는 이유로 많은 비판이 제기되었다. 이러한 비판에 앞장 선 판사는 제2순회법원의 Learned Hand 판사이다. 그리하여 제2순회법원에서는 부정취득이용을 불공정경쟁행위에 포함시키지 않았고, 일부 법원에서는 부정취득이용을 불공정경쟁행위에 포함시켰으나, 점차 미국 법원은 20세기 말까지 불공정경쟁행위에 포함시키는 것을 꺼려 했다.[650]

데이터에 대한 보호는 저작권법에도 규정되어 있다.[651] 부정경쟁방지법 제2조 제1항 (카)목은 데이터(「데이터 산업진흥 및 이용촉진에 관한 기본법」 제2조 제1호에 따른 데이터[652] 중에서 업(業)[653]으로서 특정인 또는 특정 다수에게 제공되는 것으로, 전자적 방법으로 상당량 축적·관리되고 있으며, 비밀로서 관리되고 있지 아니한 기술상 또는 영업상의 정보를 말한다. 이하 같다)를 부정하게 사용하는 행위로서 다음의 어느 하나에 해당하는 행위이다.

> 1) 접근권한이 없는 자가 절취·기망·부정접속 또는 그 밖의 부정한 수단으로 데이터를 취득하거나 그 취득한 데이터를 사용·공개하는 행위
> 2) 데이터 보유자와의 계약관계 등에 따라 데이터에 접근권한이 있는 자가 부정한 이익을 얻거나 데이터 보유자에게 손해를 입힐 목적으로 그 데이터를 사용·

650 제2항소법원의 Learned Hand 판사는 부정취득이용의 요건이 불명확하고 광범위하다는 이유로 반대했다. Cheney Brothers v. Doris Silk Corp., 35 F.2d 279 (2d Cir.1929) (옷감의 디자인에 대해서는 INS 사건법리 적용 부인), cert. denied, 281 U.S. 728 (1930); Millinery Creators' Guild, Inc. v. Federal Trade Commission, 109 F.2d 175 (2d cir.1940) (고가의 모자 디자인), aff'd, 312 U.S. 469 (1941); RCA Manufacturing Co. v. Whiteman, 114 F.2d 86 (2d Cir.) (방송녹음의 재방송), cert. denied, 311 U.S. 712 (1940); 다만, Associated Press v. KVOS, Inc., 80 F.2d 575 (9th Cir. 1935) (AP의 뉴스를 라디오 방송한 경우에는 INS 사건과 매우 유사한 사실관계에 법리 적용함).

651 저작권법 제91조 이하. 저작권법상 데이터 베이스의 정의는 "소재를 체계적으로 배열 또는 구성한 편집물로서 개별적으로 그 소재에 접근하거나 그 소재를 검색할 수 있도록 한 것"이다. 동법 제2조 제19호.

652 데이터 산업진흥 및 이용촉진에 관한 기본법」 제2조 제1호의 ""데이터"란 다양한 부가가치 창출을 위하여 관찰, 실험, 조사, 수집 등으로 취득하거나 정보시스템 및 「소프트웨어 진흥법」 제2조 제1호에 따른 소프트웨어 등을 통하여 생성된 것으로서 광(光) 또는 전자적 방식으로 처리될 수 있는 자료 또는 정보를 말한다."고 규정하고 있다.

653 보통 "업(業)"의 의미는 영업이나 상업적인 것을 의미하는 것이 아니라 지속적이고 반복적인 것을 의미한다.

공개하거나 제3자에게 제공하는 행위

3) 1) 또는 2)가 개입된 사실을 알고 데이터를 취득하거나 그 취득한 데이터를 사용·공개하는 행위
4) 정당한 권한 없이 데이터의 보호를 위하여 적용한 기술적 보호조치를 회피·제거 또는 변경(이하 "무력화"라 한다)하는 것을 주된 목적으로 하는 기술·서비스·장치 또는 그 장치의 부품을 제공·수입·수출·제조·양도·대여 또는 전송하거나 이를 양도·대여하기 위하여 전시하는 행위. 다만, 기술적 보호조치의 연구·개발을 위하여 기술적 보호조치를 무력화하는 장치 또는 그 부품을 제조하는 경우에는 그러하지 아니하다.

라고 규정하여, 소위 빅데이터를 보호하고 있다. 이는 인공지능의 학습에 필요한 데이터 셋을 보호하기 위한 조항이다.

부정경쟁방지법 제2조 제1항 (파)목은

> 그 밖에 타인의 상당한 투자나 노력으로 만들어진 성과 등을 공정한 상거래 관행이나 경쟁질서에 반하는 방법으로 자신의 영업을 위하여 무단으로 사용함으로써 타인의 경제적 이익을 침해하는 행위

라고 하여 인간의 노력에 의한 결과물(勞作, the sweat of brow work)을 보호하고 있다. 우리나라 판결 중에는 공중파 3사(KBS, SBS, MBS)의 의뢰계약으로 전문조사업체에서 수행한 투표결과 예측조사결과를 조사업체 직원이 임의로 삼성전자 직원과 신문사 기자에게 알렸고, 그 결과에 대한 정보는 기자들이 공유하는 단톡방을 통하여 JTBC 기자에게 알려졌고, 결국 JTBC가 먼저 방송을 하게 되었다. 본 사안에서 대법원은 JTBC의 방송3사에 대한 위 (파)목의 부정경쟁행위를 인정했으나, 사실 공중파 3사는 JTBC에 의한 직접적인 손해를 입은 것은 아니다. 왜냐하면, 위 투표결과 예측조사결과는 비밀인 정보이었으므로 비밀로 유지해야 할 것인데 스스로 비밀로 유지하고 공개한 것이다. 나아가 예측조사결과는 공중파 3사가 보유하는 영업비밀이 아닌, 조사업체가 보유하는 비밀정보이었으므로 공중파 3사가 소송을 제기할 근거는 없었다. 대법원은 선거결과 예측

조사결과는 상당한 투자나 노력으로 만들어진 성과라고 판시했다.[654]

컴퓨터 코딩은 많은 노력을 필요로 하는 행위이다. 이러한 결과물은 상거래 관행이나 경쟁질서에 반하는 방법으로 정당하지 않은 방법, 예컨대 허락받지 않고 취득하여 간다면 이는 부정경쟁행위에 해당한다. 다만, 대부분의 코딩결과는 영업비밀로 보호받거나 계약에 의해 비밀로 유지할 의무를 부담하는데, 비밀유지를 하지 못하여 경쟁자가 취득한 경우에는 공정한 상거래관행이나 경쟁질서에 반하는 방법으로 취득한 것으로 볼 수는 없다.

5. 메타버스와 지적재산의 침해

(1) 문제의 소재

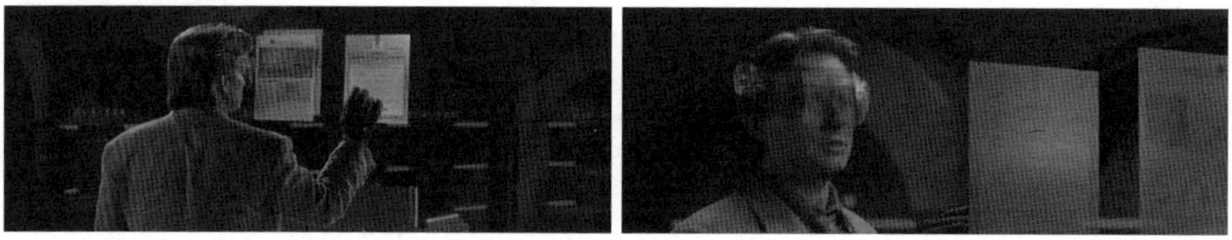

[영화 "DISCLOSURE"]

위 장면은 1994년 개봉된 영화 '폭로'(원제: DISCLOSURE)에서 주인공 마이클 더글라스가 '가상현실도서관'(virtual reality library)에 자신의 분신(아바타)이 들어가 실제 사용될 증거를 찾으려고 하는 장면이다. 이제 메타버스는 영화속에서 볼 수 있는 공간이 아닌 모두가 느낄 수 있는 공간이 되기 시작했다.

메타버스로 대표되는 가상공간에서의 상표사용은 세간의 많은 우려를 자아내고 있다.[655] 우리 대법원의 소위 골프존실내골프장 사건 판결을 보면, 대법원의 특이한 법리

654 대법원 2017. 6. 15. 선고 2017다200139 판결. 다만 본 사안은 영업비밀의 비밀성을 상실한 정보를 취득한 것이므로 영업비밀침해가 아니므로 (파)목의 부정한 취득이 될 수 없다.

655 화우, 상표권 보호, 메타버스에서는? 2021. 11. 12 자. 법률신문, https://m.lawtimes.co.kr/Content/LawFirm-NewsLetter?serial=174273; 김현호, 가상공간에서 팔리는 구찌…저작권 보호받을 수 있을까?, 2021. 7. 1. 자 중앙

적용은 이런 우려를 현실화 하고 있다. 그러나 메타버스는 가상의 세계일 뿐 실재의 상품이 거래되는 것이 아니므로 위와 같은 우려는 상표법리나 부정경쟁방지법리, 그리고 저작권에 관한 법리를 오해한 것으로부터 비롯한 것으로 생각된다.

가상세계에서 실제와 같은 경험을 할 수 있는 것은 서비스에 불과하고 실제상품거래가 아니다. 따라서 상품거래를 전제로 하는 상품에 관한 상표에 관한 법을 가상세계에 적용하는 것은 상표법을 오해한 것이다. 마치 소설속의 이야기를 내가 체험하는 것과 같다. 이순신 장군의 전승기를 소설화 하거나 이를 가상체험 현실화 한다고 하더라도 이는 표현의 자유의 영역에 존재하는 것으로 이순신 장군의 초상권이나 퍼블리시티권을 침해하는 것은 아니다. 이휘소 박사의 이야기를 소설화 한다고 하더라도 이휘소 박사의 초상권이나 퍼블리시티권을 침해하는 것은 아니다. 같은 이치로 현실세계에서 거래되는 상품이 소설속의 이야기에서 등장하고 가상세계에서 거래되더라도 이는 현실세계를 그대로 표현한 것이 불과하기 때문에 표현의 자유의 영역에서 보호되는 것이라고 하여야 할 것이다.

물론 항상 표현의 자유의 영역에서 머무는 것만은 아니다. 현실의 상표의 명성을 손상하거나 식별력을 손상시킨다면 이는 상표의 가치에 손상을 가져오는 것이므로 상표권이 침해된다고 할 수 있을 것이다. 그러나 현실 세계는 표현의 자유에 의하여 이를 픽션화 하거나 현실을 그대로 묘사한다고 하더라도 이는 표현의 자유라는 상위의 가치를 보호하기 위해서 거래세계에 존재하는 한 감수하여야 부분이라고 하여야 한다. 실제 세계에서 거래를 하여 이익을 얻고, 그러한 실제의 거래세계에 존재하는 한 이를 대상으로 하는 표현은 존재하는 사실의 표현이거나 픽션 또는 그 사이에 존재하는 것이기 때문에 표현의 자유에 의하여 보호되는 것이라고 하여야 한다.

만일 가사세계에서 현실 세계를 그대로 가져다 묘사한 것이 상표권 침해라고 한다면, 거리를 사진으로 담아 그 거리에 있던 상표까지 사진에 표현이 되어 있다면 상표침해가 문제되어야 할 것이다.

소위 차용예술은 예술작품도 현실 세계이고, 이러한 현실 세계는 사실(fact)에 불과

일보, https://www.joongang.co.kr/article/24095582#home

하므로 그대로 담을 수 있다고 한다. 즉 저작권 침해가 발생하지 않는다고 주장한다. 세리 레빈(Sherrie Levine)은 그러한 차용예술의 선구자라고 할 수 있는데, 그녀는 워커 에반스(Walker Evans)의 '앨러바마 소작농의 아내(Alabama Tenant Farmer's Wife (1936))' 사진을 그대로 복제하였다. 아래 좌측 사진은 워커 에반스의 사진이고 우측 사진은 세리 레빈의 사진이다.[656]

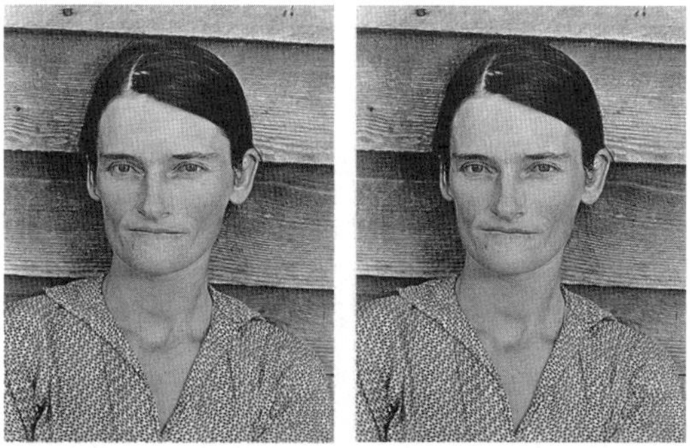

[Sherrie Levine: Untitled(After Walker Evans)]

세리 레빈의 사진 제목에서 보다시피 워커 에반스 이후에 존재하는 사실을 사진으로 담은 것이라고 주장하였다. 본 사건은 복제 논쟁에 휘말렸다.

사실은 만인 공유의 재산(the public domain)이다. 사진도 세상에 만들어진 이후에는 하나의 사실을 이룬다. 세리 레빈의 주장은 타당할까? 메타버스에서 현실 세계를 그대로 묘사할 때 저작권 침해는 발생하지 않는 것일까?

우리 저작권법에는 그에 관련된 조항이 있지만 그 조항이 모두 해결해 주지는 않는다.

656 Singerman H. Sherrie Levine's Art History. October. 2002;(101):96-121.

제35조(미술저작물등의 전시 또는 복제) ① 미술저작물등의 원본의 소유자나 그의 동의를 얻은 자는 그 저작물을 원본에 의하여 전시할 수 있다. 다만, 가로·공원·건축물의 외벽 그 밖에 공중에게 개방된 장소에 항시 전시하는 경우에는 그러하지 아니하다.

② 제1항 단서의 규정에 따른 개방된 장소에 항시 전시되어 있는 미술저작물 등은 어떠한 방법으로든지 이를 복제하여 이용할 수 있다. 다만, 다음 각 호의 어느 하나에 해당하는 경우에는 그러하지 아니하다.

1. 건축물을 건축물로 복제하는 경우
2. 조각 또는 회화를 조각 또는 회화로 복제하는 경우
3. 제1항 단서의 규정에 따른 개방된 장소 등에 항시 전시하기 위하여 복제하는 경우
4. 판매의 목적으로 복제하는 경우

③ 제1항의 규정에 따라 전시를 하는 자 또는 미술저작물등의 원본을 판매하고자 하는 자는 그 저작물의 해설이나 소개를 목적으로 하는 목록 형태의 책자에 이를 복제하여 배포할 수 있다.

④ 위탁에 의한 초상화 또는 이와 유사한 사진저작물의 경우에는 위탁자의 동의가 없는 때에는 이를 이용할 수 없다.

제35조의3(부수적 복제 등) 사진촬영, 녹음 또는 녹화(이하 이 조에서 "촬영등"이라 한다)를 하는 과정에서 보이거나 들리는 저작물이 촬영등의 주된 대상에 부수적으로 포함되는 경우에는 이를 복제·배포·공연·전시 또는 공중송신할 수 있다. 다만, 그 이용된 저작물의 종류 및 용도, 이용의 목적 및 성격 등에 비추어 저작재산권자의 이익을 부당하게 해치는 경우에는 그러하지 아니하다.

즉 저작권으로 보호되는 미술저작물 등은 위 조항에 의해 그 자유이용이 인정된다. 물론 저작권으로 보호되지 않는 미술품 등은 복제하더라도 저작권법상으로는 저작권 침해가 되지 않는다. 제35조 제2항에 의하여 '개방된 장소에 항시 전시되어 있는 미술저작물 등'은 4가지 명시된 예외를 제외하고는 어떠한 방법으로도 복제할 수 있으므로 메타버스 등에 이용하기 위하여 거리의 모습을 디지털화 하고 그 과정에서 그 거리에 있는 건물 등의 모습을 담을 수 있다고 보인다. 그리고 4번째 제한 사유인 '판매의 목적으로 복제[657]하는 경우'란 예컨대 저작권이 있는 저작물을 사진을 찍어 엽서로 제작하여 판매하

657 "복제"는 인쇄·사진촬영·복사·녹음·녹화 그 밖의 방법으로 일시적 또는 영구적으로 유형물에 고정하거나 다시 제작하는 것을 말하며, 건축물의 경우에는 그 건축을 위한 모형 또는 설계도서에 따라 이를 시공하는 것을 포함한다. 저작권법 제2조 제22항.

는 것을 말하는데, 메타버스에서는 복제한 것을 판매하는 것은 아니므로 본 사유에 해당하지 않는다고 판단된다. 세종로에 있는 이순신 장군의 동상을 사진 찍어 엽서로 제작하는 것은 이순신 장군의 동상이 저작권이 종료한 경우라면 침해될 저작권이 없어 아무런 문제가 되지 않는다. 물론 메타버스 상에서 이순신 장군의 동상이 보이는 것은 저작권법 제35조에 의해 허용되는 행위라고 할 수 있다.

사안에 따라 앞서 언급한 부정경쟁방지법 제2조 제1항 (파)목의 부정경쟁행위가 될 수 있음을 유의해야 한다.[658]

Cariou v. Prince 사건[659]에서는 사진을 복제하였는데 법원은 원본과 차이가 있다고 하면서 저작권 침해를 인정하지 않았다.

[Cariou v. Prince 사건: 좌측은 원본, 우측은 변형]

---

658 필자의 소견으로는 부정경쟁방지법 제2조 제1항 (파)목을 적용하는 우리나라 판결 대부분이 잘못되었다고 생각한다.

659 Cariou v. Prince, 784 F. Supp. 2d 337, 98 U.S.P.Q.2d 1318 (S.D.N.Y. 2011), Cariou v. Prince, 714 F.3d 694 (2d Cir. 2013).

위 사건은 Patrick Cariou가 찍은 다수의 사진을 Richard Prince가 변형하였는데, Cariou가 Prince를 저작권 침해로 제소한 사건이다. 원심법원은 Cariou의 주장을 인정하여 저작권 침해를 인정했으나, 항소심인 제2순회법원은 Prince의 작품이 원본과는 근본적으로 다른("fundamentally different") 변형된 작품("[m]anifest an entirely different aesthetic from Cariou's photographs.")이라고 판시했다.[660]

(2) 메타박스에서의 표현의 자유

Rogers v. Grimaldi 사건[661]은 Rogers Test라는 기준을 확립한 사건이다. 상표가 예술작품에서 사용된 경우 그 사용이 상업적이라면 상표로서 혼동 가능성이 발생된다. 제2연방항소법원은 상표가 예술작품에 상업적으로 사용되었을지라도 그 저작물이 예술적으로 관련되고(artistically relevant) 그 저작물에 관한 출처나 후원관계 등에 대하여 명백하게 오해시키지(explicitly misleading) 않는 경우, 상품의 출처 및 후원관계 등에 대하여 소비자의 혼동 가능성은 없다고 판단하였다.[662]

본 사건은 예술가인 Ginger Rogers가 Alberto Grimaldi와 MGM을 제소한 사건이다.[663] 1986년 Federico Fellini 감독의 Ginger and Fred라는 영화의 실제 주인공이었던

---

660 Where Cariou's serene and deliberately composed portraits and landscape photographs depict the natural beauty of Rastafarians and their surrounding environs, Prince's crude and jarring works, on the other hand, are hectic and provocative. Cariou's black-and-white photographs were printed in a 9 1/2" x 12" book. Prince has created collages on canvas that incorporate color, feature distorted human and other forms and settings, and measure between ten and nearly a hundred times the size of the photographs. Prince's composition, presentation, scale, color palette, and media are fundamentally different and new compared to the photographs, as is the expressive nature of Prince's work…

What is critical is how the work in question appears to the reasonable observer, not simply what an artist might say about a particular piece or body of work. Prince's work could be transformative even without commenting on Cariou's work or on culture, and even without Prince's stated intention to do so. Rather than confining our inquiry to Prince's explanations of his artworks, we instead examine how the artworks may "reasonably be perceived" in order to assess their transformative nature.

Id., 706.

661 Rogers v. Grimaldi, 875 F.2d 994 (2d Cir. 1989).

662 Id., 999 (2nd Cir, 1989). Rogers는 지방법원 판결에 항소했지만 항소법원은 지방법원과 그 근거를 달리했지만 Rogers의 청구를 기각했다.

663 Rogers v. Grimaldi, 695 F.Supp. 112 (S.D.N.Y. 1988).

Ginger Rogers가 그 영화의 제작과 배급이 자신에 관한 것으로서 연방상표법상 상표권과 퍼블리시티권 침해 및 명예훼손으로 제소한 것이다. 법원은 Rogers의 퍼블리시티와 영화사와 영화배우의 표현의 자유가 충돌하는 것으로서, 그 영화는 원고는 자신과 공동주인공인 Fred Astaire에 대한 편견을 표현한 허구적인 영화로서 원고는 Ginger and Fred라는 영화제목을 사용하는 것을 금지할 수 없다고 판시했다. 법원은 위 영화가 원고를 직접적으로 표현한 것이 아니라 간접적으로 연결되어 표현한 것이므로 상표법에 기하여 금지를 할 수 없다고 판시했다.

E.S.S. Entertainment 2000, Inc. v. Rock Star Videos, Inc. 사건에서 제9항소법원은 비디오 게임에 사용된 원고의 로고가 실제를 표현하기 위한 것이라면 상표침해를 구성할 수 없다고 판시하였다. 본 사건은 예컨대 메타버스에서 실제의 거리를 구현하고 그 거리에 존재하는 실제의 건물과 상호, 상표 등을 표현한 것이라면 표현의 자유의 영역에서 표현된 것으로 상표 등의 침해가 발생하지 않는다고 판시했다.[664]

University of Alabama Board of Trustees v. New Life Art., Inc.사건에서 제11항소법원은 알라바마 대학과 운동팀의 로고가 사실의 표현을 하는 그림에 사용된 것이라면 대학의 상표침해를 구성하지 않는다고 판시했다.[665]

2020년 AM Gen. LLC v. Activision Blizzard, Inc. 사건[666]에서 뉴욕주 연방지방법원은 액티비전의 '콜 오브 듀티'(Call of Duty)에 미군이 사용하는 차량 '험비'(Humvee)가 사전에 차량제작사의 동의 없이 피고의 게임(Call of Duty)에 구현된 것에 대해 미국 뉴욕 지방 법원이 상표권 침해가 아니라고 판결하였다. 2017년 11월 험비 제조사인 AM 제네럴은 뉴욕지방법원에 액티비전 블리자드 사를 상대로 상표권 침해 소송을 제기했다. AM제너럴은 자사 차량인 험비가 허락없이 액티비전의 대표작 '콜 오브 듀티' 시리즈 다수에 쓰였다는 점에 대하여 상표침해라고 주장했다. 기존 현실기반에서 많은 전투 액션게임의 경우 게임 내에 등장하는 각종 무기, 장비 등을 현실의 제조사로부터 라이선스를 받고 사용하는 경우가 많았지만, 콜 오브 듀티의 경우에는 라이센스를 받지 않고

664 E.S.S. Entertainment 2000, Inc. v. Rock Star Videos, Inc., 547 F.3d 1095 (9th Cir. 2008).
665 University of Alabama Board of Trustees v. New Life Art., Inc., 683 F.3d 1266 (11th Cir. 2012).
666 AM Gen. LLC v. Activision Blizzard, Inc., 450 F. Supp. 3d 467 (S.D.N.Y. 2020).

미군용 차량인 험비를 사용했다.

법원은 '콜 오브 듀티'에 미군용차량인 '험비'를 구현한 것은 미국 수정헌법 제1조가 보호하는 '예술적인 표현'에 해당하는 것으로 상표권 침해가 아니라고 판결했다. 이는 사실의 영역에 존재하는 것으로 사실을 표현하는 것에는 표현의 자유로 보호하고 있는 것으로 볼 수 있다. 즉 공정사용(fair use)의 영역이 존재한다.

(3) 메타버스에서의 상표사용

메타버스는 가상의 공간이지만 인류 모두가 실행가능한 공간이 되면서 인류의 실제 생활에 영향을 미치기 시작했다. 가상공간에서 상품을 사는 것은 실제 공간의 상표권에 영향을 미친다. 우리나라는 2022년 상표법 개정으로 메타버스에서 사용할 상표를 등록할 수 있게 되었다. 메타버스에서 거래되는 goods와 서비스에 사용될 상표를 등록받는 것이다. 개정법은 상표의 사용개념에 "상품 또는 상품의 포장에 상표를 표시한 것을 양도·인도하거나 전기통신회선을 통하여 제공하는 행위 또는 이를 목적으로 전시하거나 수출·수입하는 행위"라고 하여 전기통신회선을 통하여 제공하는 행위에 대하여도 상표사용 개념을 확대했다. 그리고 상표를 표시하는 행위에는 "전기통신회선을 통하여 제공되는 정보에 전자적 방법으로 표시하는 행위"를 포함하고 있다. 메타버스를 통하여 컴퓨터 화면에 보이는 상품의 이미지에 상표가 보이면 상표의 사용으로 인정하려는 의도이다. 다만 메타버스에서 보이는 상품은 이미지에 해당할 뿐 실제의 상품은 아니다. 소유하는 것처럼 하게 하는 서비스 제공행위일 뿐이다.

나아가 메타버스에서 사용하려는 가상상품의 경우에는 상품류 제9류의 상품으로 하여 상표등록을 할 수 있다.

메타버스에서의 상표사용은 속지주의 원칙이 적용되지 않는다는데 그 특징이 있다. 메타버스는 가상 세계라는 점에서 현실 세계가 아니다. 그러나 메타버스에서의 활동은 현실세계(real world)에 미친다. 따라서 메타버스에서의 활동에 현실 세계의 법이 적용되어야 하는지? 현실세계의 법이 적용된다면 어느 국가가 관할권을 행사하고(재판관할권) 어느 나라의 법이 적용되어야 하는지(준거법) 문제가 발생한다. 예컨대, 특정 국가에 등록한 유명상표가 메타버스에서 허락없이 사용되었을 경우, 메타버스에서의 해당 상표 사용이 현실 세계의 상표권의 침해가 되는지, 침해가 된다면 상표를 등록한 국가가 관할권을 행사하고, 그 나라의 상표법이 적용되어야 하는지가 문제가 된다.

메타버스는 가상세계(virtual world)라고 하는데, 사실 가상세계는 그 단어 자체에서 알 수 있듯이, 가상(virtual) 즉, 허구(fiction)에 불과하다. 그 허구(fiction)가 예전에는 문자로 표현되어 구현되던 것이 기술의 발전으로 현실세계와 같이 비주얼로 구현이 되는 것이다. 메타버스는 현실에 존재하지 않고, 정보통신망속에서 인터넷에 구현되는 디지털의 세계이다. 따라서 메타버스는 정보통신망과 인터넷 그리고 계정만 있으면 존재하는 것이므로 물리적인 국경(border)이라는 개념은 존재하지 않는다. 따라서 속지주의(territoriality)를 바탕으로 한 전통적인 지식재산권법 체계는 메타버스 세계에 맞지 않는다. 다만 메타버스는 체험을 할 수 있도록 하는 서비스일 뿐이다.

메타버스 서비스가 제공되기 시작한 초기에는 가상세계를 현실세계와 동일시하여 소송을 제기한 사례들이 많았다.[667] 예컨대, 세컨드 라이프에서 제공되는 가상 침대에 대하여 Kevin Alderman이 자신의 저작권을 침해했다고 가상 세계의 인물인 Volkov Catteneo를 제소했다.[668] 그러나 가상의 인물은 현실에 존재하지 않는 인물이다. 당연히 소송이 성립할 수가 없다.

메타버스에서의 행위가 현실세계에 영향을 미치는 경우에 당연히 그 현실세계가 재판관할권을 가질 수 밖에 없다. 우리나라의 경우 국제사법을 개정하여 2022.8.부터 영업활동 관할권을 창설하였다. 즉 "대한민국에서 또는 대한민국을 향하여 계속적이고 조직적인 사업 또는 영업활동을 하는 사람·법인 또는 단체에 대하여 그 사업 또는 영업활동과 관련이 있는 소는 법원에 제기할 수 있다." 라고 규정하여[669] 영업활동에 한정되기는 하지만, 메타버스에서의 활동이 우리나라에 영향을 미치는 경우에 우리나

667 예컨대, 세커드 라이프에서 제공되는 가상 침대에 대하여 Kevin Alderman이 자신의 저작권을 침해했다고 가상 세계의 인물인 Volkov Catteneo를 제소했다. Eros, LLC v. Leatherwood, No. 07-CV-01158-SCB-TGW (M.D. Fla. Mar. 20, 2008). Marc Andrew Spooner, Comment, It's Not a Game Anymore, Or Is It?: Virtual Worlds, Virtual Lives, and the Modern (Mis)Statement of the Virtual Law Imperative, 10 U. St. Thomas L.J. 533, 560 (2012).

668 Ids.

669 국제사법 제4조 제2항.

라 법원이 재판관할권(jurisdiction)을 행사할 수 있도록 하고 있다. 미국법에서 확립된 doing business jurisdiction에 해당한다. 물론 영업행위 관할권을 행사하는 경우 준거법(governing law)은 침해지법이 되는 것이 원칙이므로 우리나라 상표법 등이 적용될 것이다. 예컨대, 미국 아마존(amazon.com)에서 책이나 물건을 구입하는 것을 가정해 보면, 이러한 경우에 우리나라 법원이 재판권을 행사할 수 있다는 것이다. 다만 아마존 가입시에 관할합의를 하는 경우가 있고 이러한 관할합의는 전속적 관할합의로 추정되므로 영업행위관할권이 배제될 수 있다.[670]

(4) 부정취득이용(misappropriation)

우리나라에서는 메타버스의 프로토 타입 사건이라고 할 수 있는 골프존 사건이 있다. 골프존 사건[671]은 골프장의 소유주인 원고들이 고객들로 하여금 원고의 골프장을 3D 컴퓨터 시뮬레이션화 한 골프연습장에서 골프 코스 시뮬레이션을 통해 골프장을 방문하지도 않고, 골프장에 방문하여 골프를 즐기는 느낌이 나도록 한 피고들을 저작권 침해와 부정경쟁방지법 (파)목의 부정경쟁행위로 제소한 사건이다. 피고는 전국의 골프장의 골프 코스를 디지털 이미지화하여 골프연습장의 스크린에 투사하고, 골프 코스가 디지털화 된 모습이 투영된 스크린을 보면서 골프공을 치면, 스크린에 투영된 골프장의 입체적인 골프 코스와 그 골프코스의 바람 등의 상태 정보가 스크린에 보여져 마치 골프 코스에서 공을 치는 느낌이 나도록 하고, 고객이 쳐서 날아가는 골프공은 센서를 통하여 그 상태를 측정한 다음 그 골프공이 실제로 날라가는 거리, 각도, 회전상태 그리고 바람의 영향 등을 계산하여 실제 골프 코스에서의 비거리와 공의 굴러가는 정도를 나타내어 주어, 마치 자기가 선택한 골프장의 실제 골프코스에서 골프를 즐기는 것처럼 느끼게 하는 실내골프 서비스를 제공했다. 이와 같은 방식은 현재 문제되는 메타버스의 프로토 타입이라고 할 수 있다.

670 국제사법 제8조 제3항.

671 서울중앙지방법원 2015.2.13. 선고 2014가합520165 판결; 서울고등법원 2016.12.1. 선고 2015나2016239 판결, 대법원 2020.3.26. 선고 2016다276467 판결.

인공지능이나 기타 작업을 통해 사실구현을 하는 경우에 타인의 노력의 결과물이 이용될 수 있는데 그 구체적인 이용에 따라 타인의 권리침해문제가 발생할 수 있다. 다만 많은 경우, 미국의 사례들(Cariou v. Prince 사건) 처럼 공정사용(fair use)으로 인정될 가능성이 높다.

['골프존' 최근 모습[672]]

이 사건에서 원고는 골프장의 소유주일 뿐 골프장의 설계자는 아니므로 골프장의 저작권자로 인정받을 수는 없었다. 그러나 법원은 골프장 코스를 완성하기 위해 많은 노력을 투입하였고, 피고가 원고의 승낙을 받지 않고 골프장 코스를 이용하여 이익을 추구하고 있다는 점을 인정하고, 골프장의 종합적인 '이미지'는 골프코스 설계와는 별개로 골프장을 조성·운영하는 원고 등의 상당한 투자나 노력으로 만들어진 성과에 해당하고, 피고의 행위는 원고 등의 성과 등을 공정한 상거래 관행이나 경쟁질서에 반하는 방법으로 자신의 영업을 위하여 무단으로 사용함으로써 원고 등의 경제적 이익을 침해하는 행위로서 부정경쟁방지법 제2조 제1항 (파) 목의 부정경쟁행위에 해당한다고 판시했다.

위 판결은 여러 가지로 문제가 많은 판결이다. 저작권법과 부정경쟁방지법의 기본 법리를 이해하지 못한 판결이다. 저작권자 이외에 자본의 투자자에게 어떤 영구적인 재산권을 인정한 판결로서 이는 헌법 제22조 제2항 및 제23조 제1항을 정면으로 위반하는 것이다. 헌법에 국회의 입법사항으로 정해진 사항을 법원의 판결에 의하여 입법한 것과 같은 것으로 법원이 국회의 역할을 하여, 위 헌법조항과 삼권분립정신원칙도 위반하였을

672 출처: https://www.dailypop.kr/news/articleView.html?idxno=52582.

뿐만 아니라, 저작권법의 이해나 부정경쟁방지법의 이해도 부족한 판결이다. 다만, 아직 위 판결은 실무적으로 유효한 판결이다.

Ⅳ. 인공지능 관련한 특허, 영업비밀, 저작권 및 부정경쟁방지법의 비교

구분	특 허	영업비밀	저작권	부정경쟁
목적	o 발명을 보호 장려, 기술의 발전을 촉진하여 산업발전에 이바지	o 타인의 영업비밀을 침해하는 행위를 방지하여 **건전한 거래질서를 유지**	o 인간의 창작을 보호하여 문화 및 관련 산업의 향상발전에 이바지	o 국내에 널리 알려진 타인의 상표·상호(商號) 등의 부정사용행위 방지하여 **건전한 거래질서를 유지**
법적 보호의 본질	o 법적으로 아이디어에 대하여 독점권(재산권)을 부여함 (특허법 제94조)	o 법적으로 사실상의 점유상태를 보호 o 아이디어를 비밀로 '보유' 하는 것을 보호 o 아이디어가 공개되면 영업비밀의 지위 상실 o 계약자유의 원칙에 따라 영업비밀보호계약에 따른 보호 o 정보가치의 중요성으로서 재산법에 의한 보호 강화 경향	o 인간의 창작적 표현에 대한 독자성 보호 - 모방이 아닌 저작자 스스로의 창작을 보호 - 감성적 성격을 가짐 o 아이디어/사실에 대한 독점권 부여하지 않음 (표현과 아이디어 이분법)(사실과 표현의 이분법)	o 공정한 상거래질서를 침해하는 행위로 부터 보호
보호 요건	o 신규성 (예전에 없었다, novelty-creation) o 진보성 (해당분야+ 전문가+쉽지않게) o 산업상 이용가능성 (유용성) (도덕적, 가치가 없다, 경제적으로 불가능)	o 비밀성 o 독립된 경제적 가치 (비밀성을 전제) o 비밀유지노력(상당한→ 합리적 → 관리) 정부는 대학생들에게 조기 창업을 장려하고 있다. 그러나 이 법이 통과되면 이제 대학생들에게 중소기업에는 취업하지 말고, 일단 취업을 하면 전직이나 창업을 하지 말도록 교육해야 한다. 중소기업에서 비밀유지계약에 서명했다가 퇴직 후 이를 사용하면 범죄자가 될 수 있다. 이러한 이유로 앞으로 중소기업에 취업하려는 좋은 인력은 없어지고 중소기업은 인력난과 경쟁력 저하로 설 자리가 없어질 것이다. 이 법안은 중소기업과 벤처기업을 죽이는 칼이 될 것이다	o 창작성 (creation, originate) 삼국지: -> 박종화, 이문열, 황석영, 고우영, 번역저작물로 각자가 저작권 인정받음: originate	o 유명성, 아이디어, 데이터베이스 수집을 위한 "노력의 결과" 등 o 부정경쟁행위가 다양하여 각 행위에 따른 보호요건이 다름

보호 대상	o 기술적 발명 : **자연법칙을 이용**한 기술적 사상의 **창작**으로서 고도한 것 알고리즘: 자연법칙이 아님 인간의 언어+컴퓨터의 구동(자연력에 의해 기계적으로 구동)=> 자연법칙을 이용하는 결과 => 특허대상 자연과학적 발견(scientific discovery)=> scientific patent, principle patent=> 추급권(예술, 음악) AI 발명→ 공유지의 비극→ 과소비 → 자원의 낭비 특허→ 권리가 많아지면?→ 자원을 효율적으로 쓰지 못한다.→ 특허침해소송→ 특허심사→ 누구를 기준으로? 인간? AI? 지적/지식재산권법 과제: AI의 결과물은 보호되어야 하는가? 보호방법은?	o 기술정보 : 특허요건을 갖추거나 갖추지 아니한 것을 불문하고, 기술, 설계방법, 설계도면, 실험데이터, 제조기술, 제조방법, 제조공정, 연구리포트 등 o 경영정보 : 고객명부, 거래명부, 판매계획, 입찰계획 등	o 영상제작물 (자율주행을 위한 도로영상) o 응용미술저작물 o 방송, 디지털 음성송신 o 설계도, 지도, 도형, 약도 모형 및 그밖의 도형 o 데이터베이스 (데이터 베이스의 보호는 저작권법 체계와는 다른 구조임)-노작(sweat of the brow) (도서관, o 컴퓨터 프로그램 (인간의 언어(파이썬) (컴퓨터 화면에 구현되는 이미지→ 저작물)	o 차. 사업제안, 입찰, 공모 등 거래교섭 또는 거래과정에서 경제적 가치를 가지는 타인의 기술적 또는 영업상의 아이디어가 포함된 정보를 그 제공목적에 위반하여 자신 또는 제3자의 영업상 이익을 위하여 부정하게 사용하거나 타인에게 제공하여 사용하게 하는 행위. 다만, 아이디어를 제공받은 자가 제공받을 당시 이미 그 아이디어를 알고 있었거나 그 아이디어가 동종 업계에서 널리 알려진 경우에는 그러하지 아니하다. o 카. 데이터(「데이터 산업진흥 및 이용촉진에 관한 기본법」 제2조 제1호에 따른 데이터 중 업(業)(계속적, 반복적)으로서 특정인 또는 특정 다수에게 제공되는 것으로, 전자적 방법으로 상당량 축적·관리되고 있으며, **비밀로서 관리되고 있지 아니한 기술상 또는 영업상의 정보**를 말한다. 이하 같다)를 부정하게 사용하는 행위로서 다음의 어느 하나에 해당하는 행위 1) 접근권한이 없는 자가 절취·기망·부정접속 또는 그 밖의 부정한 수단으로 데이터를 취득하거나 그 취득한 데이터를 사용·공개하는 행위 2) 데이터 보유자와의 계약관계 등에 따라 데이터에 접근권한이 있는 자가 부정한 이익을 얻거나 데이터 보유자에게 손해를 입힐 목적으로 그 데이터를 사용·공개하거나 제3자에게 제공하는 행위 3) 1) 또는 2)가 개입된 사실을 알고 데이터를 취득하거나 그 취득한 데이터를 사용·공개하는 행위 4) 정당한 권한 없이 데이터의 보호를 위하여 적용한 기술적 보호조치를 회피·제거 또는 변경(이하 "무력화"라 한다)하는 것을 주된 목적으로 하는 기술·서비스·장치 또는 그 장치의 부품을 제공·수입·수출·제조·양도·대여 또는 전송하거나 이를 양도·대여하기 위하여 전시하는 행위. 다만, 기술적 보호조치의 연구·개발을 위하여 기술적 보호조치를 무력화하는 장치 또는 그 부품을 제조하는 경우에는 그러하지 아니하다. o 파. 공정한 상거래 관행이나 경쟁질서에 반하는 방법으로 자신의 영업을 위하여 무단으로 사용함으로써 타인의 경제적 이익을 침해하는 행위

				[데이터 산업법] 1. “데이터”란 다양한 부가가치 창출을 위하여 관찰, 실험, 조사, 수집 등으로 취득하거나 정보시스템 및 「소프트웨어 진흥법」 제2조 제1호에 따른 소프트웨어 등을 통하여 생성된 것으로서 광(光) 또는 전자적 방식으로 처리될 수 있는 자료 또는 정보를 말한다. 제12조(데이터자산의 보호) ① 데이터생산자가 인적 또는 물적으로 상당한 투자와 노력으로 생성한 경제적 가치를 가지는 데이터(이하 “데이터자산”이라 한다)는 보호되어야 한다. ② 누구든지 제1항에 따른 데이터자산을 공정한 상거래 관행이나 경쟁질서에 반하는 방법으로 무단 취득·사용·공개하거나 이를 타인에게 제공하는 행위, 정당한 권한 없이 데이터자산에 적용한 기술적 보호조치를 회피·제거 또는 변경하는 행위 등 데이터자산을 부정하게 사용하여 데이터생산자의 경제적 이익을 침해하여서는 아니 된다. ③ 제2항에 따른 데이터자산의 부정사용 등 행위에 관한 사항은 「부정경쟁방지 및 영업비밀보호에 관한 법률」에서 정한 바에 따른다.
등록 유무및 권리성	o 등록에 의해 권리발생 자연법(natural law): **발명**에 대한 권리-> 프랑스, 미국 영국 X (공리주의) 특허권- 대세적 주장(독점권) 독점은 특허법이 부여, 특허권은 특허법에 정한 절차에 따라 취득, 특허법은 인간이 만든 제도법(institutional law) 특허→ 특허법상의 절차를 진행→등록	o 권리발생에 있어 등록불필요 국가가 영업비밀의 내용을 보관 o 영업비밀 요건이 충족되면 영업비밀로 보호 o 영업비밀이 침해를 받았을 경우 이에 대한 구제를 청구 - 배타적(독점적) 권리를 부여하는 것이 아니며, 비밀로 유지·관리되고 있는 사실상태(독점적 점유) 그 자체를 보호 - 제3자가 동일한 내용의 영업비밀을 독자적으로 개발하여 사용한다 하더라도 그것만을 이유로 침해 주장을 할 수 없음 (이는 저작권과 유사)	o 창작과 동시에 저작권발생 o 등록이 권리발생의 요건이 아니나, 등록하면 권리자로 추정 등의 이익이 있음	o 등록불필요

공개	o 공개를 전제로 함 (베니스의 특허의 경우에도 공중에게 시연할 것을 요구함)	o 비공개-비밀로 유지해야! o 공개하면 더 이상 영업비밀 아님 → Arrow's Information Paradox Smith v. Dravo	o 창작으로 인해 권리 발생 (데이터 베이스는 제작완료시) o 공표여부는 자유 공표의 자유는 저작인격권으로 보호	o 공중에 대한 사용에 의해 유명성 등 취득하려면 공개적 사용이 전제로 되는 부정경쟁행위 존재 o 대부분의 부정경쟁행위는 공개와 무관
이전	o 타인에게 실시권(라이센스) 설정 가능	o 비밀유지를 전제로 실시계약(라이센스)이 가능 → Arrow's Information Paradox	o 타인에게 이전가능 저작인격권은 일신전속권으로 타인에게 이전불가 o 이용권(라이센스) 설정 가능	o 부정경쟁행위 자체를 금지하는 것이므로 권리를 이전할 수 없음
보호기간	o 1624년 영국의 독점법은 14년 보호 - 길드시대에 두 번의 도제를 양성할 수 있는 기간 o 설정등록일로부터 출원일 후 20년 o 출원일 후 출원공개하면, 침해자에게 보상금 청구 서면경고 또는 출원공개사실을 알고 실시한 자에게 청구 o 보호기간 5년 추가 가능 - 의약품과 같이 실험 등이 필요한 경우	o 비밀로서 관리되는 한 무한정 보호 - 예컨대, 코카콜라의 제조방법	o 저작권: 생존기간+70년 등 o 데이터베이스는 데이터베이스제작자의 권리는 데이터베이스의 제작을 완료한 때(상당한 투자에 의해 내용을 갱신한 때)부터 발생하며, 그 다음 해부터 기산하여 5년간 존속	o 보호기간이 존재하지 않음 o 부정경쟁행위가 존재하는 한 보호됨
권리내용	o 물건발명: 그 물건을 생산·사용·양도·대여 또는 수입하거나 그 물건의 양도 또는 대여의 청약(양도 또는 대여를 위한 전시를 포함한다. 이하 같다)을 하는 행위 o 방법발명: 그 방법을 사용하는 행위 o 물건을 생산하는 방법발명: '방법발명'의 실시 행위 외에 그 방법에 의하여 생산한 물건을 사용·양도·대여 또는 수입하거나 그 물건의 양도 또는 대여의 청약을 하는 행위	o 법에 규정 없으므로 자유롭게 사용	o 저작인격권 - 공표권, 성명표시권, 동일성유지권 o 저작재산권 - 복제권, 공연권, 공중송신권, 전시권, 배포권, 대여권, 2차적저작물작성권 o 데이터베이스 - 데이터베이스제작자는 그의 데이터베이스의 전부 또는 상당한 부분을 복제·배포·방송 또는 전송할 권리	o 타인의 부정경쟁행위로부터 보호

참고문헌

Jessica Meyers, "AI and trade secrets, American Bar Association", Landslide Vol. 11 (2019) No. 3.

황인복, 신혜은, "인공지능발명에 대한 고찰-AI 발명자 인정의 전제 요건을 중심으로-", 산업재산권, vol.72 (2022년 8월)

Marc Andrew Spooner, Comment, "It's Not a Game Anymore, Or Is It?: Virtual Worlds, Virtual Lives, and the Modern (Mis)Statement of the Virtual Law Imperative", 10 U. St. Thomas L.J. 533 (2012)

MOTION FOR A EUROPEAN PARLIAMENT RESOLUTION with recommendations to the Commission on Civil Law Rules on Robotics(2015/2103(INL)

나종갑, 영업비밀보호법의 철학적·규범적 토대와 현대적 적용-존 로크의 재산권 철학을 바탕으로-, 경인문화사 (2022)

[연세대학교 법학전문대학원 교수 나종갑]

인공지능과 법

2023년 4월 7일 1판 1쇄 발행
2024년 5월 10일 1판 2쇄 발행

지은이 오병철·김종철·김남철·김정환·나종갑
펴낸곳 연세대학교 출판문화원
주소 서울특별시 서대문구 연세로 50
등록 1955년 10월 13일(제9-60호)
전화 02) 2123-3378~80
팩스 02) 2123-8673
전자우편 ysup@yonsei.ac.kr
홈페이지 http://press.yonsei.ac.kr
인쇄 네오프린텍(주)

ISBN 978-89-6850-710-6 (93360)

값 30,000원